MANIFIESTO
CAPITALISTA

ROBERT T.
KIYOSAKI

AGUILAR

MANIFIESTO
CAPITALISTA

ROBERT T.
KIYOSAKI

AGUILAR

El papel utilizado para la impresión de este libro ha sido fabricado a partir de madera procedente de bosques y plantaciones gestionadas con los más altos estándares ambientales, garantizando una explotación de los recursos sostenible con el medio ambiente y beneficiosa para las personas.

Manifiesto capitalista

Título original: *Capitalist Manifesto: Money for Nothing — Gold, Silver and Bitcoin for Free*

Primera edición: junio, 2023

D. R. © 2021, Robert T. Kiyosaki

D. R. © 2023, derechos de edición mundiales en lengua castellana:
Penguin Random House Grupo Editorial, S. A. de C. V.
Blvd. Miguel de Cervantes Saavedra núm. 301, 1er piso,
colonia Granada, alcaldía Miguel Hidalgo, C. P. 11520,
Ciudad de México

penguinlibros.com

D. R. © 2023, Alejandra Ramos, por la traducción

ISBN: 978-607-383-268-7
Impreso en México – *Printed in Mexico*

Este libro está dedicado a
nuestras libertades...
y en especial, a la libertad de la verdad

Nos lo advirtieron...

"Ustedes, los estadounidenses, son muy ingenuos. No, no aceptarán el comunismo de forma descarada, pero nosotros los seguiremos alimentando con ligeras dosis de socialismo hasta que un día despierten y se den cuenta de que el comunismo llegó a su país. No tendremos que luchar contra ustedes. Debilitaremos tanto su economía, que en algún momento caerán en nuestras manos como fruto maduro".

—Nikita Jrushchov
Septiembre 29, 1959
Líder de la Unión Soviética (1958 – 1964)

Asimismo, Edmund Burke,
estadista, economista y filósofo irlandés
nacido en 1729 y fallecido en 1797, advirtió:

"Lo único que se necesita para que triunfe el mal
es que los hombres buenos no hagan nada."

Mi compromiso contigo:
Explicaré este libro con el concepto *KISS*:
Keep It Super Simple

Explicaciones súper simples: extra-sencillas
"Lo sencillo puede ser más difícil de abordar que lo complejo:
para que algo sea sencillo, tienes que esforzarte
y depurar tu pensamiento. Vale la pena porque,
una vez que logres purificarlo, podrás mover montañas."
—Steve Jobs

Un mensaje de Robert

Quisiera decirte tres cosas antes de que empieces a leer este libro.

En primer lugar: **todos aprendemos por medio de la repetición.**

A lo largo de tu lectura encontrarás varias citas y mensajes que se repiten infinidad de veces. Tal vez te parezca una locura, pero en realidad se trata de un método. En cada caso, la repetición es deliberada porque les permite entender a los lectores puntos clave que les ayudarán a atar los cabos del pasado y el presente, del presente y el futuro.

En segundo lugar: **el mensaje es más importante que el mensajero.**

Mis editores y el personal encargado de verificar la información me han dicho que los estoy volviendo locos con el tema de la atribución de las citas que encontrarás en este libro. En algunos casos no es claro quién dijo la frase o, al menos, quién fue el primero en decirla. Por eso quiero aclarar que los "mensajeros", ya sean personajes históricos creíbles, líderes políticos, economistas o líderes de opinión, no son tan importantes como el mensaje que transmiten. Tal vez te sientas obligado a avisarnos que la atribución de algunas de las citas está en disputa, pero permíteme decirte que, aunque estamos al tanto de la controversia, dejaremos que las citas, es decir, el mensaje, hablen por sí mismas.

Por último: **los juegos son una poderosa herramienta de enseñanza.**

A lo largo del libro verás muchas referencias a nuestros juegos *Cashflow*®. Debes saber que, más que "mensajes comerciales", dichas referencias son testimonio de la fuerza de los juegos como herramientas de enseñanza y aprendizaje. Padre Rico utilizó el juego

Monopolio® para enseñarnos todo sobre el dinero y la inversión a su hijo y a mí. Los juegos de *CASHFLOW* llevan sus enseñanzas al siguiente nivel por medio de la diversión y la experiencia lúdica. *CASHFLOW* fue creado en 1996 y, desde entonces, ha sido traducido a dieciséis idiomas y se ha jugado en miles de Clubes de CASHFLOW en todo el mundo. De hecho, *Padre Rico, Padre Pobre*, el libro que publicamos en 1997 y que ahora, además de ser un clásico entre los textos de su tipo y de mantenerse como el libro #1 de finanzas personales de todos los tiempos, en realidad fue escrito como "folleto de ventas" del juego *CASHFLOW*… Actualmente este juego es la Herramienta capitalista de Padre Rico para transmitir sus enseñanzas sobre el dinero, la inversión y el capitalismo en nuestros hogares.

— RTK

Cómo protegerte
cuando ataquen los comunistas

George Washington, padre fundador y primer presidente de los Estados Unidos de América, nació en 1732 y falleció en 1799. Esta es su advertencia:

Si nos despojan de la libertad de expresión, nos podrán conducir, mudos y en silencio, como ovejas al matadero.

A menudo veo nuestra historia en retrospectiva, pienso en la inmensa cantidad de pérdidas humanas que hemos tenido y me pregunto: ¿quién ha matado a más gente?

P: El general George Washington llevó a nuestro país a la victoria sobre Inglaterra en la guerra de Independencia, pero ¿a cuántas personas tuvieron que matar nuestros líderes para establecer la República Constitucional de Estados Unidos?

R: A ninguna.

P: ¿A cuánta gente han matado los socialistas?

R: La historia nos recuerda que, después de que los socialistas asumieron el control en sus países, Marx, Stalin, Lenin, Hitler, Mao y otros tuvieron que matar a por lo menos 130 millones de personas para implementar el socialismo como forma de gobierno. En agosto de 2021 empezaron los asesinatos en Afganistán.

Karl Marx nos advirtió:

Los comunistas de todos los lugares apoyan los movimientos revolucionarios en contra del orden político y social existente... Han declarado sin la menor reserva que, para lograr sus fines, bastará con anular por la fuerza todas las condiciones existentes.

El presidente George Washington declaró:

Prefiero morir de pie… que vivir de rodillas.

Parabellum quiere decir:

Si quieres paz, prepárate para la guerra.

El general Washington estaba de acuerdo, por eso nos advirtió:

No hay nada tan eficaz para crear paz, que estar preparado para enfrentar al enemigo.

P: ¿Cómo nos preparamos para enfrentar al enemigo?

R: Escucha las historias de quienes vivieron las experiencias, ve la serie en video de *Manifiesto capitalista*.

Preparé estos videos porque conozco mis libertades y sé que dentro de poco mi reputación será blanco de ataques. Tal vez tú sientes lo mismo, que tus libertades están siendo violentadas. Cada uno de estos breves videos es un arma defensiva de conocimiento, es información proveniente de personas que lucharon contra comunistas de verdad. En su país, en la guerra, y también en Estados Unidos.

Sabes que estamos bajo ataque, que nos están robando nuestras libertades. Están obligando a la gente a vacunarse, pero no las instruyen a usar cubrebocas… o a perder su empleo. Están censurando a nuestro presidente. Las noticias están sesgadas, la policía no cuenta con recursos. Las elecciones están en riesgo. Han invadido nuestras fronteras. Están saqueando e incendiando nuestras ciudades. Los salones de clase de nuestros niños ahora son campos de adoctrinamiento en los que a los padres que cuestionan al sistema les llaman "terroristas domésticos". Estados Unidos está perdiendo guerras en las que nunca debieron vencernos. Les están entregando nuestras armas al enemigo, es decir, a quienes nos odian y a nuestros amigos y aliados.

Nos lo han advertido... durante años

Llegó la hora de *parabellum*. Si amas la paz, por favor ve la serie que te cité y prepárate para la guerra que ya comenzó. Ve los videos y aprende de la gente que está contraatacando.

Abraham Lincoln, otro de los grandes presidentes de Estados Unidos, luchó en la Guerra Civil para mantener unido al país y dijo:

> *Nuestros padres hicieron nacer en este continente una nueva nación, la concibieron en libertad y consagraron su vida al principio de que todos los hombres fueron creados iguales.*

En su discurso inaugural de 1961, el presidente John F. Kennedy desafió a mi generación:

> *No pregunten lo que puede hacer su país por ustedes, pregúntense qué pueden hacer ustedes por su país.*

Las palabras de Kennedy inspiraron a mi madre y a mi padre a unirse al Cuerpo de Paz y, años después, yo me uní al Cuerpo de Marines. Como verás, nuestra familia luchó por Estados Unidos de distintas maneras.

Recuerda la declaración del presidente George Washington:
Prefiero morir de pie… que vivir de rodillas.

En la serie de lecciones en video de *Manifiesto capitalista* aparecen personas que continúan luchando contra el comunismo de pie, no de rodillas. En esta serie escucharás historias reales de…

Philip Haslam… y las razones por las que Robert escribió *Manifiesto capitalista*

    Debbie D'Souza
    Patrick Bet-David
    Nely Galan
    Barry Mitchell
    Yeonmi Park
    Dan Campbell
    Trina White-Maduro
    General de brigada Robert Spalding
    Diputado estadounidense Jack Bergman

Para saber cómo acceder a la
Serie de podcasts y videos de Manifiesto capitalista
Visita:
RichDad.com/capitalist-manifesto

Busca la Historia de la marca Rich Dad en:
RichDad.com

Índice

Introducción

Primera parte:
Panorama del capitalismo frente al comunismo

Segunda parte:
El equipo y el Triángulo D-I

Tercera parte:
La libertad frente al poder

Cuarta parte:
El futuro del dinero y del comunismo

INTRODUCCIÓN

DEFINICIÓN DE *PARABELLUM*

Si vis pacem, para bellum
Si quieres paz, prepárate para la guerra

En esta etapa de mi vida, escribir este libro me aporta muy poco y, en cambio, me podría hacer perder muchísimo.

Por eso tuve que preguntarme: **¿Por qué escribir un libro** si vivo en un mundo regido por liberales de Silicon Valley? ¿Un mundo dirigido por quienes promueven la censura con la actual cultura de la cancelación?

¿Por qué escribir un libro en un mundo regido por gente a la que muchos catalogan de "racista" y que apoya la enseñanza de la Teoría crítica de la raza?

¿Por qué escribir un libro si la gente cancela a Dr. Seuss y lo acusa de ser hiriente e insensible porque usa imágenes que promueven estereotipos raciales?

¿Por qué escribir un libro en un mundo en que los líderes elegidos no hacen ni dicen nada mientras los manifestantes provocan disturbios, causan incendios y saquean los negocios de los ciudadanos, es decir, de las personas a las que se supone que deberían proteger nuestros líderes blandengues?

¿Por qué escribir un libro en un mundo en que los ciudadanos exigen la liberación de criminales convictos... y luego exigen que se "desfinancie a la policía"?

¿Por qué escribir un libro en un mundo en el que la historia puede ser reescrita y los cobardes ultrajan y derriban las estatuas de los héroes de nuestro país? Un mundo en el que algunas personas consideran que la historia de monumentos nacionales como el Monte Rushmore es racista y divisoria.

¿Por qué escribir un libro en un país en el que las empresas de medios de comunicación pueden "boicotear" a una persona y hacerla desaparecer de las plataformas virtuales si sus ideas o posturas no coincide con las suyas, o pueden boicotear incluso al presidente de Estados Unidos? ¿En un país en el que se pone a prueba de manera permanente el inalienable derecho a la libertad de expresión?

¿Por qué escribir un libro si a los maestros les preocupan mucho más los pronombres de género, las palabras que desencadenan emociones y malentendidos, y sus prestaciones sindicales, que la educación real? Y, en especial, ¿la educación financiera?

Como ya mencioné, durante casi un cuarto de siglo, *Padre Rico, Padre Pobre* ha sido *bestseller* y ha vendido decenas de millones de copias desde que fue publicado por primera vez en 1997. Durante casi veinticinco años, mis libros se han publicado en decenas de idiomas, y los ha comprado gente de todo el mundo que aspira a más y ama la libertad, por todo esto, sé que tengo mucho que perder.

Ahora que se encuentran bajo ataque tantas de las libertades y derechos que consideramos sagrados, me pregunto: *¿Cómo quedarme callado?* Debo hablar y defender los mercados libres, el capitalismo, los derechos que nos concede la Constitución de Estados Unidos, y la noción de que los empresarios pueden salvar, no solo al capitalismo, sino también al Sueño americano y a la economía mundial.

En 1997 escribí *Padre Rico, Padre Pobre* y, a finales de 2021, *Manifiesto capitalista*. Este manifiesto lo escribí para que enseñemos el capitalismo en nuestros propios hogares y así luchemos contra los ideales comunistas que se imparten en las escuelas.

Insisto, por todo esto, tuve que preguntarme: **¿Por qué escribir este libro?** ¿Por qué escribir un *Manifiesto capitalista*? ¿Por qué arriesgarme teniendo tan poco que ganar? Luego, me hice otra pregunta y mi decisión fue clara: ***¿Qué es más importante que el dinero?***

La respuesta es simple: la libertad.

Para ser sincero, y a pesar de que este libro no es sobre política, ni sobre Donald Trump, ni sobre el Partido Republicano, debo admitir que es difícil mantener una postura neutral cuando se escribe sobre el capitalismo, cuando el partido político en el poder impulsa una agenda socialista, y cuando vemos que nuestras libertades están siendo atacadas. Por todo lo anterior, quisiera advertirte algo: si odias a "Donald" y a los republicanos conservadores, tal vez debas analizar más a fondo, con más criterio. Donald Trump y yo escribimos dos libros juntos, y en 2015, cuando anunció que se presentaría como candidato presidencial de Estados Unidos, empezábamos a trabajar en una tercera obra. Fíjate bien, este libro va más allá sobre quién es presidente o qué partido político está en el poder.

ESCUCHA A TU PADRE

A menudo, a George Washington le llaman Padre de nuestra patria porque jugó un papel importante como fundador de Estados Unidos. También lideró un ejército estadounidense conformado por el pueblo y lo llevó a la victoria en la guerra de Independencia. Asimismo, dirigió la convención durante la cual se escribió la Constitución de Estados Unidos en 1789, y luego fue electo primer presidente de nuestra nación.

Washington se retiró de la presidencia después de haber servido dos mandatos porque no quería convertirse en el "Rey de Estados Unidos".

El padre de nuestra nación nos advirtió:

> *Si nos despojan de la libertad de expresión, nos podrán conducir, mudos y en silencio, como ovejas al matadero.*

Es obvio, sin embargo, que Estados Unidos no le prestó atención a su padre fundador.

En 2021 los estadounidenses despiertan a una nueva realidad: nos han despojado de la libertad de expresión. En su lugar, ahora tenemos "corrección política", pronombres de identidad de género, reescritura de la historia, estatuas derribadas, monitoreo y censura en las redes sociales, y racistas enseñando racismo en nuestras escuelas.

El padre fundador de nuestra nación también nos advirtió:

Contraer nuevas deudas no es la manera de pagar las antiguas.

En 2021 los estadounidenses despiertan a la realidad de que nuestros líderes están pidiendo dinero para pagar nuestras deudas.

Insisto, los estadounidenses no le prestamos atención a George Washington, nuestro padre fundador.

Él nos advirtió sobre la Fed, es decir, sobre un "banco central":

El papel moneda puede tener en tu estado el efecto, por siempre invariable, de arruinar el comercio, oprimir a los honestos y abrir la puerta a todo tipo de fraudes e injusticias.

Es 2021 y Estados Unidos es uno de los países que más deben en la historia del mundo. Lo dirige un corrupto banco central llamado "La Fed", el cual no es federal, no es un banco y tampoco tiene reservas.

El 27 de septiembre de 2021 Associated Press reportó lo siguiente:

El lunes, en un peculiar momento de controversia ética para la Reserva Federal, dos funcionarios de alto nivel renunciaron después de que se revelara información respecto a intercambios financieros que realizaron y que exhiben defectos potenciales en las reglas de la Fed sobre las inversiones.

Visión 20/20

Tanto la Fed como el gobierno de Estados Unidos se comprometieron a imprimir 10.5+ billones de dólares en 2020 a través de varios programas de estímulos para contrarrestar la paralización económica mundial provocada por la cuarentena de COVID. Esta cantidad, 10 billones, equivale a alrededor de 27 mil millones por día.

El 22 de mayo de 2021 *FinTech News* y *TechStartups* reportaron:

> *40 % de todos los dólares estadounidenses en existencia fueron impresos en los últimos doce meses: ¿Estados Unidos está repitiendo el mismo error que cometió la República de Weimar alemana en 1921?*

En 1933 Adolf Hitler ascendió al poder. Lo logró gracias a la hiperinflación que surgió en Alemania cuando la República de Weimar imprimió dinero para pagar sus facturas y las *indemnizaciones* de la Primera Guerra Mundial.

El 5 de abril de 2019 en Nueva York, en el marco de la conferencia National Action Network del reverendo Al Sharpton, Kamala Harris, contendiente demócrata a la presidencia de Estados Unidos, les dijo a los activistas negros que cuando fuera elegida como presidenta firmaría una ley que respaldara un análisis de las posibles *indemnizaciones para los descendientes de esclavos*.

Volvamos al 30 de enero de 1933: el presidente Paul von Hindenburg nombró a Hitler canciller de Alemania. Hindenburg realizó el nombramiento como un esfuerzo por mantener al líder y al partido nazi "bajo control", pero la decisión tuvo resultados desastrosos para el país y para todo el continente europeo.

En los diecinueve meses siguientes, Hitler logró aprovechar el fallecimiento de Hindenburg y fusionar los puestos de canciller y presidente para crear la figura del Führer: líder supremo de Alemania. La Segunda Guerra Mundial comenzó y millones de personas murieron.

Es 2021, la proporción deuda pública/PIB asciende a más de 140 % y continúa aumentando. Esto significa que la deuda pública crece con cada dólar que se imprime y, sin embargo, la economía sigue estancada.

George Washington, uno de nuestros padres fundadores, nos advirtió:

> *El último acto oficial de cualquier gobierno consiste en saquear el tesoro.*

Estados Unidos alguna vez fue el país más rico del mundo, pero su actual práctica de imprimir y gastar dinero falso nos llevará a la bancarrota.

Un hombre sabio dijo:

> *Si le das dinero a un adicto a la heroína, lo que lo mata es el dinero, no la droga.*

Padre Rico, Padre Pobre

Ya perdí la cuenta de todas las veces que, en los últimos veinticinco años, le he hecho esta pregunta a gente en todo el mundo: ¿Qué te enseñaron en la escuela acerca del dinero?

¿Cuál es la respuesta? Poco o nada. A pesar de ello, el dinero juega un papel en nuestra vida todos los días, en todo el mundo y para todo tipo de gente.

Otra duda que me ha surgido incontables veces es por qué no nos enseñan nada sobre el dinero. ¿Será por accidente… o se tratará de una omisión con un objetivo específico?

Todas las personas que me conocen saben lo que opino al respecto: la omisión de la educación financiera en nuestras escuelas no es un accidente, sino un acto intencional.

En 1997 publiqué *Padre Rico, Padre Pobre*. Fue un libro autopublicado porque todos los editores en Nueva York a los que les presenté mi idea la rechazaron. Algunos añadieron comentarios en sus cartas como: "Usted no sabe de lo que habla."

Los editores pusieron objeciones a los tres puntos principales de las lecciones de mi padre rico:

1. Los ricos no trabajan por dinero.
2. Tu casa no es un activo.
3. Los ahorradores son perdedores.

Obviamente, los editores en Nueva York no tuvieron un padre rico como yo.

Obviamente, la mayoría tuvo un padre como mi padre pobre.

Obviamente, los editores estaban siguiendo el consejo de mi padre pobre:

Ve a la escuela, consigue un empleo, trabaja con ahínco, paga tus impuestos, ahorra dinero, sal de deudas, compra una casa e invierte a largo plazo en la bolsa de valores.

Yo no escuché los consejos de mi padre pobre, escuché a mi padre rico y viajé por el camino menos transitado, así que, claro que tuve que enfrentar desafíos.

Kim y yo nos casamos en 1986, y para 1996, diez años después, ya habíamos alcanzado la libertad financiera. Lo logramos sin tener un empleo, sin heredar y sin recibir limosnas del gobierno. Tampoco ganamos la lotería ni invertimos en la bolsa de valores. Alcanzamos la libertad financiera siguiendo los consejos de mi padre rico, no del pobre.

Para 1996 Kim y yo ya habíamos alcanzado la libertad financiera, pero nos costaba trabajo explicar el proceso, por esa razón desarrollamos el juego de mesa *CASHFLOW*, que luego se convirtió en una herramienta capitalista. Tratar de explicar la verdadera educación financiera, es decir, el capitalismo auténtico, es como tratar de enseñarle a una persona a jugar golf sin utilizar palos ni pelotas, y sin estar en el campo de golf.

El lanzamiento del juego de mesa *CASHFLOW* en 1996 fue el inicio de nuestro *Manifiesto capitalista*:

> *Cómo enfrentar al comunismo que se enseña en nuestras escuelas por medio de la enseñanza del capitalismo... en el hogar.*

En 1996, tratamos de hacer llegar esta herramienta a las escuelas. Kim y yo ofrecimos donar mil juegos de *CASHFLOW* al sistema escolar del estado de Arizona, pero rechazaron nuestra oferta.

Un amigo que conocía a mucha gente se puso en contacto con un grupo de mujeres de Harvard para pedirles que evaluaran el juego. La respuesta de las académicas fue: "Las mujeres no se ocupan de juegos de mesa."

Nuestro problema era que no sabíamos cómo vender el juego porque era muy costoso y complejo, no sabíamos cómo hacerlo llegar a los hogares. Entonces escribí un "folleto explicativo", es decir, un "librito" en el que aclaraba la filosofía capitalista y la génesis del juego. Ese folleto se convirtió en... *Padre Rico, Padre Pobre*.

En 1997 Kim y yo publicamos 1000 copias de *Padre Rico, Padre Pobre* sin saber si la gente lo compraría. Estábamos conscientes de que, si el libro no se vendía, el suministro de papel para encender la estufa nos duraría años.

Hoy, en su vigésimo quinto aniversario de publicación, *Padre Rico, Padre Pobre* continúa siendo un *best seller* internacional como el libro #1 de finanzas personales de la historia.

La primera vez que *Padre Rico, Padre Pobre* llegó a la lista de *best sellers* de *The New York Times*, me denigraron por decir que mi padre pobre era "pobre". Es cierto que era un individuo muy inteligente y tenía un alto nivel académico. También era un buen esposo, padre y funcionario... incluso fue un hombre que, en algún momento, fungió como Superintendente de Educación del Estado de Hawái. Mi padre pobre se graduó de la Universidad de Hawái en dos años y luego realizó estudios de posgrado en la Universidad Stanford, la Universidad de Chicago y la Universidad del Noroeste.

En 1970 mi padre pobre era un hombre decente, y como estaba harto de la corrupción a la que se enfrentaba como parte del personal del Gobierno de Hawái, se postuló como candidato a vicegobernador como republicano y enfrentó a su jefe, el gobernador de Hawái, quien era demócrata.

Después de que mi padre sufriera una derrota apabullante, el gobernador lo puso en la "lista negra" y con eso se aseguró de que jamás volviera a tener un empleo en el gobierno estatal. Al no encontrar otro trabajo, mi padre pobre por fin descubrió cuán pobre era y luego murió en la miseria.

En 1991, poco antes de su fallecimiento, sus colegas le otorgaron un doctorado honorario por su compromiso con la educación a lo largo de su carrera. Recuerdo que se sintió tan conmovido que lloró y dijo: "No se olvidaron de mí."

En 1969, tras graduarme de la Academia de la Marina Mercante de Estados Unidos en Kings Point, me uní al Cuerpo de Marina y asistí a la Escuela de vuelo de la armada en Pensacola, Florida. Después de recibir mis alas asistí a la Escuela Superior de Armamento en Camp Pendleton, California, donde pasé un año volando.

En 1972 me encontraba a bordo de un portaaviones, volando un poco más allá de la costa de Vietnam.

En enero de 1973 volví de Vietnam y encontré a mi padre sentado solo en casa, desempleado. Le pregunté: "¿Qué piensas que debería hacer cuando mi contrato con los Marines llegue a su fin en 1974?", y su paternal respuesta fue:

> *Vuelve a la escuela, estudia una maestría, quizás un doctorado, consigue un empleo como piloto en alguna aerolínea, trabaja muy duro, paga tus impuestos, ahorra dinero, sal de deudas, compra una casa e invierte a largo plazo en la bolsa de valores.*

Al escuchar sus consejos me di cuenta de que me estaba diciendo que hiciera lo mismo que él había hecho, lo mismo que lo llevó a la pobreza.

En enero de 1973 salí de la casa de mi padre pobre y fui a la oficina de mi padre rico en Waikiki para pedirle *sus* consejos paternos. Me dijo justo lo contrario que mi padre pobre, me hizo ver el otro lado de la moneda. Su paternal consejo fue:

> *Obtén un empleo donde puedas aprender a vender. Aprende a invertir en bienes raíces. Aprende a usar la deuda como dinero. Aprende a generar millones de dólares pagando pocos impuestos, pero de forma legal. No te conviertas en empleado de nadie. Aprende a ser empresario para que puedas generar empleos para cientos de personas.*

En junio de 1973, a los 27 años, hice mi último saludo militar cuando me despedí del guardia al atravesar el portón de salida y abandonar la Base aérea del Cuerpo de Infantería de Marina en la Bahía de Kaneohe, Hawái.

En junio de 1974 decidí no escuchar a mi padre pobre y seguir los consejos de mi padre rico.

Manifiesto capitalista

En 1997, tras la publicación de *Padre Rico, Padre Pobre*, empecé a recibir cartas acosándome por haber dicho que mi padre biológico era "pobre". Sé que cuando se publique *Manifiesto capitalista*, los socialistas, la élite académica y la gente en redes sociales me atacarán y denigrarán, y que seré "cancelado" por la cultura "Woke", por decir que mi padre era socialista, marxista, comunista: todo aquello que fue sin saberlo.

George Washington nos advirtió:

> *Debemos desaprobar el peligro que asiste a las mentes ardientes y susceptibles, y les permite fortalecerse y predisponerse en favor de otros sistemas políticos antes de ser capaces de apreciar el suyo.*

¿Cómo puede alguien entender la diferencia entre un capitalista, un socialista, un fascista, un marxista o un comunista si no estudia estas filosofías socioeconómicas?

En 2021 millones de padres de la cultura *woke* "despertaron" y se dieron cuenta de que en nuestras escuelas se está enseñando la Teoría crítica de la raza derivada del movimiento BLM (*Black Lives Matter*) que, a su vez, se deriva de la educación posmoderna y que, como todo lo anterior, se deriva del marxismo.

El 2 de noviembre de 2021, en el marco de una victoria incómoda, los republicanos barrieron en la elección de gobernador, vicegobernador y procurador general del estado de Virginia. La cuestión no fue la política sino la educación. Los padres despertaron y comprendieron lo que les estaban enseñando a sus niños, así que ejercieron presión a su vez y usaron el poder de su voto para expresar su sentir.

Como George Washington nos advirtió que sucedería, en 2021 los padres han empezado a despertar y descubrir que a sus hijos les están enseñando socialismo marxista, fascismo, comunismo y racismo. Pero cero capitalismo.

Con frecuencia le pregunto a la gente:

> *¿Qué te enseñaron en la escuela respecto al dinero?*

¿Cómo puede alguien entender la diferencia entre los comunistas y los capitalistas si no estudia el fenómeno del dinero?

Manifiesto comunista es un libro sobre la revolución, una revolución desencadenada por el hecho de que la brecha entre los pobres y los ricos ha aumentado demasiado.

En 2021 la sociedad estaba consciente del enorme vacío que formaba la brecha entre ricos y pobres, y a pesar de ello, en lugar de solucionar el problema "enseñándole a la gente a pescar", nuestro gobierno fortaleció la noción de un Estados Unidos del bienestar "dándole a la gente pescado listo" y haciéndole pensar que "tenía derecho" a muchas cosas.

Este libro, *Manifiesto capitalista*, es sobre la educación, sobre cómo enseñarle a la gente a pescar y cómo enseñar el capitalismo en nuestros hogares para hacer frente al comunismo que se imparte en las escuelas.

En 1965 me gradué de la preparatoria y dejé Hawái para asistir a la Academia de la Marina Mercante de Estados Unidos en Kings Point, una de las cinco academias federales de los Estados Unidos:

Academia Militar	West Point, Nueva York
Academia Naval	Annapolis, Maryland
Academia de la Fuerza Aérea	Colorado Springs, Colorado
Academia de la Guardia Costera	New London, Connecticut
Academia de la Marina Mercante	Kings Point, Nueva York

Para ingresar a estas academias federales se necesita obtener un nombramiento del congreso por parte de un congresista o senador, o del vicepresidente o presidente de Estados Unidos.

El senador estadounidense Danil K. Inouye me nominó para ingresar a la Academia Naval y a la Academia de la Marina mercante. Inouye fue soldado en la Segunda Guerra Mundial y recibió muchas condecoraciones.

El Manifiesto comunista de Marx

En 1965 entré a la universidad y me convertí en cadete de primer año. Mi maestro de Inglés y Economía nos pidió leer para nuestra clase el *Manifiesto comunista* y *El capital* de Karl Marx; *Mi lucha* de Hitler y el *Libro rojo* de Mao.

Obviamente, el programa de estudios de la academia militar es distinto al de las universidades con agendas académicas liberales donde la Teoría crítica de la raza de Marx es más importante que la educación financiera y donde se educa a los estudiantes hipersensibles, también conocidos como "copos de nieve" o *snowflakes*.

En 1965, mientras leía, estudiaba y discutía las obras de Marx, Hitler y Mao, empecé a comprender que mi padre pobre era comunista y mi padre rico, capitalista.

Hasta que dejé Hawái para asistir a la academia militar en Nueva York, donde estudié a Marx, Hitler, Stalin, Lenin y Mao, comprendí mejor la animadversión y las tensiones entre mi padre rico y mi padre pobre. El primero era un genio financiero que no terminó sus estudios, en tanto que el segundo era un genio que progresó en el entorno académico y llegó a ser Superintendente de Educación del Estado de Hawái.

Asimismo, en 1972, mientras sobrevolaba Vietnam como piloto de los Marines, comprendí que las advertencias de Marx, Hitler y Mao se estaban volviendo realidad. Me entristeció ver a los norvietnamitas desplazarse hacia Vietnam del sur a toda velocidad sin que nosotros pudiéramos detenerlos. Me entristeció ver cómo bombardearon, mancillaron y abandonaron los hermosos castillos de la Riviera de la Indochina francesa.

En 2020 pasé manejando frente a una tienda Polo Ralph Lauren cerca de mi casa en Phoenix, Arizona, y noté que los aparadores estaban tapiados. Entonces empecé a comprender que las lecciones que me impartieron cuando estaba en la academia y sobrevolaba Vietnam se estaban volviendo una realidad en Estados Unidos.

¿Las palabras de George Washington serán aún más ciertas en la actualidad?

Señor, permítame preguntarle algo: ¿En qué otro momento deberían los valientes ejercer su autoridad para defender la libertad y a su patria si no es ahora?

El cumpleaños del Cuerpo de Infantería de Marina

El 10 de noviembre se celebra el cumpleaños oficial del Cuerpo de Infantería de Marina de Estados Unidos, institución fundada en 1975.

El 11 de junio de 2021 le llamé a mi compañero de cuarto y colega piloto del portaaviones en Vietnam. Nos conocemos desde 1972, cuando ambos éramos tenientes. El primer subteniente Jack Bergman se convirtió en el teniente general Jack Bergman y yo salí del Cuerpo siendo teniente porque nunca me ascendieron a capitán.

Ahora, mi amigo, el teniente general Jack Bergman, es el congresista Bergman de Michigan.

Le llamé para hacerle saber que publicaría un nuevo libro: el *Manifiesto capitalista* que tienes entre las manos. Le pedí que me apoyara con su presencia en el lanzamiento, el 10 de noviembre de 2021, día del cumpleaños del Cuerpo de Infantería de Marina.

Solo le pregunté:

¿Llegó el momento de volver a luchar por la libertad?

Su respuesta fue:

Semper fi.

Semper fi significa "Siempre fiel."

George Washington, padre fundador de nuestro país, dijo:

Señor, permítame preguntarle algo: ¿en qué otro momento deberían los valientes ejercer su autoridad para defender la libertad y a su patria si no es ahora?

En cuanto mi amigo, el teniente general y congresista Bergman, dijo "sí", supe que solo tendría entre el 11 de junio de 2021 y el 10 de noviembre de 2021 para escribir y, en ocasiones, reescribir este libro.

El lanzamiento oficial se realizó el 10 de noviembre de 2021, en el 246 aniversario de los Marines. A la celebración asistieron Marines de todos tipos y rangos acompañados de sus cónyuges. Incluso asistieron los Generales de tres y cuatro estrellas.

Elegí para el lanzamiento la fecha del aniversario del Cuerpo de Infantería de Marina porque sabía que yo y el libro seríamos atacados. Sabía que los socialistas y los detractores en las redes sociales me criticarían, me denigrarían y me cancelarían. La izquierda liberal acometería en mi contra por haber llamado marxistas a personas con alto nivel académico como mi padre pobre.

Pero insisto, si la mayoría de la gente no ha leído lo que escribieron Marx, Hitler o Mao, ¿cómo puede entender la diferencia entre el capitalismo y el comunismo?

¿Quiénes son marxistas?

En 2021 mucha gente ha despertado y comprendido que BLM (*Black Lives Matter*) y la educación posmoderna forman parte de organizaciones cuyas raíces se pueden rastrear hasta el *Manifiesto co-*

munista de Karl Marx. Los líderes de BLM admiten sin reserva que son estudiantes de Marx y yo les aplaudo por ser honestos y francos.

Les aplaudo porque Estados Unidos es un país libre y en un país libre tenemos derecho a ser comunistas o capitalistas. En un país libre tenemos libertad y el derecho de ser cristianos, musulmanes, judíos, budistas o ateos. En un país libre tenemos la libertad de elegir ser liberales o conservadores, republicanos, demócratas, libertarios o ecologistas.

Este libro lo escribo en nombre de la libertad. Lo escribo para exponer a las poderosas organizaciones cuyos miembros son discípulos de Marx, pero se esconden como ratas entre las sombras para mordisquear la esencia de la nación y roer nuestras libertades.

En este libro expondré a tres organizaciones.

> La Asociación Nacional de la Educación o NEA (por sus sigla en inglés): el sindicato más poderoso en Estados Unidos.
>
> El servicio tributario o IRS (por sus siglas en inglés): mejor conocido como "el recaudador de impuestos".
>
> El Banco de la Reserva Federal o "la Fed".

Estas tres poderosas organizaciones tienen sus raíces en la esencia del marxismo, y llegó la hora de que salgan de entre las sombras del sospechoso sistema bancario.

Insisto, este libro es sobre la libertad, no tiene nada que ver con política, partidos, géneros ni religiones.

Cuando éramos Marines y sobrevolábamos Vietnam, estábamos luchando por nuestra libertad de elegir ser republicanos o demócratas; capitalistas o comunistas; gay o heterosexuales; cristianos, judíos, musulmanes o ateos.

George Washington nos advirtió de esta manera:

> *Si nos despojan de la libertad de expresión, nos podrán conducir, mudos y en silencio, como ovejas al matadero.*

Y así:

> *Señor, permítame preguntarle algo: ¿en qué otro momento deberían los valientes ejercer su autoridad para defender la libertad y a su patria si no es ahora?*

Llegó el momento de escuchar a nuestro padre fundador... ¿a nuestro padre de la libertad?

¿QUÉ ERES?

¿Eres socialista, marxista, fascista, comunista o capitalista?

Una buena manera de empezar es definiendo nuestros términos. A continuación, te presento los que encontrarás a lo largo de este libro.

Socialismo:
Sustantivo: Teoría política y económica de organización social que promueve que los medios de producción, distribución e intercambio le pertenezcan al estado y sean regulados por el mismo.

Políticas o prácticas basadas en la teoría política y económica socialista.

En la teoría marxista: estado social de transición entre el derrocamiento del capitalismo y la implantación del comunismo.

Marxismo:
Sustantivo: teorías económicas y políticas de Karl Marx y Friedrich Engels. Más adelante, sus seguidores las desarrollaron y así se convirtieron en la base de la teoría y práctica del comunismo.

Filosofía: Como esencia de la teoría marxista encontramos una explicación sobre el cambio social en términos de factores económicos, según la cual, los medios de producción ofrecen la base económica que influye o determina la superestructura política e ideológica.

Marx y Engels pronosticaron que el proletariado derrocaría al capitalismo a través de la revolución y que con el tiempo nos convertiríamos en una sociedad comunista sin clases sociales.

Comunismo:

Sustantivo: teoría política derivada del pensamiento de Karl Marx, la cual defiende la guerra de clases y conduce a una sociedad en la que toda la propiedad es pública y todas las personas trabajan y reciben un salario acorde con sus habilidades y necesidades.

La forma más conocida de comunismo es la que establecieron los bolcheviques después de la Revolución rusa de 1917 y, en general, ha sido entendida como el sistema implantado en la antigua Unión Soviética, en sus países aliados en Europa del Este, en China desde 1949 y en algunos países en vías de desarrollo como Cuba, Vietnam y Corea del Norte.

El comunismo en Europa del Este colapsó entre finales de la década de los ochenta y principios de los noventa en el marco de un intento infructífero por cumplir las expectativas económicas de la gente, un cambio a una vida política más democrática y un aumento en el nacionalismo, como el que condujo a la disolución de la Unión Soviética.

El comunismo aceptó de buena gana la ideología revolucionaria en que el estado se marchitaría tras el derrocamiento del sistema capitalista. En la práctica, sin embargo, el estado creció y llegó a controlar todos los aspectos de la sociedad comunista.

Fascismo:

Sustantivo: sistema autoritario nacionalista de derecha implantado en el gobierno y la organización social. Autoritario, dictatorial e intolerante respecto a otras perspectivas y prácticas.

Ejercido por primera vez en el régimen nacionalista de derecha de Mussolini en Italia, de Hitler en Alemania y de Franco en España.

El fascismo suele promover la idea de la supremacía de un grupo nacional, étnico o racial; el desprecio por la democracia; la insistencia en la obediencia a un líder poderoso, y un intenso enfoque demagógico.

Democracia:

Sustantivo: sistema de gobierno en el que el poder lo ejerce toda la población o miembros elegibles del estado, usualmente a través de representantes elegidos.

Capitalismo:

Sustantivo: sistema político y económico en el que el comercio y la industria de un país son controlados por propietarios independientes a cambio de una ganancia, en lugar de que los maneje el estado.

El manifiesto capitalista frente al manifiesto comunista

La propiedad privada es un rasgo fundamental del capitalismo. En su *Manifiesto comunista*, Karl Marx y Friedrich Engels advirtieron:

> *La teoría del comunismo puede resumirse en una frase: abolición de la propiedad privada.*

Marx y Engels también dijeron:

> *La democracia es el camino al socialismo.*

Y:

Las revoluciones son las locomotoras de la historia.

Los dueños de capital alentarán a la clase trabajadora a comprar más y más productos onerosos, casas y tecnología, y esto la forzará a comprometerse con créditos más costosos hasta que la deuda se vuelva inmanejable. La deuda impagada conducirá a la quiebra de los bancos, los cuales tendrán que ser nacionalizados y, de esa manera, el estado deberá tomar el camino que, con el tiempo, llevará al comunismo.

Padre rico usó una pregunta para alertarnos:

¿Por qué no se imparte educación financiera en nuestras escuelas?

Vladimir Lenin advirtió:

Permítannos cuidar a un niño ocho años y será un bolchevique para toda la vida.

Joseph Stalin también advirtió:

La que cuenta no es la gente que vota, sino la que cuenta los votos.

Adolf Hitler declaró:

La educación universal es el veneno más corrosivo y disolvente que ha inventado el liberalismo para destruirse.

Mao Tse-tung dijo:

La gente dice que la pobreza es mala, pero en realidad es buena. Entre más pobre es la gente, más revolucionaria se vuelve.

Una encuesta de 2020

Los resultados de una encuesta organizada en 2020 por la Fundación para la Memoria de las Víctimas del Comunismo nos ofrecen una visión del panorama estadounidense en relación con el socialismo.

El estudio reportó que 40 % de los estadounidenses tenía una opinión favorable del socialismo, pero en 2019 solo 36 % estaba a favor, lo que quiere decir que hubo un aumento. Este es el desglose demográfico de quiénes tienen una buena opinión de este sistema:

47 % de *millennials* y 49 % de Gen Z, cifra que en 2019 ascendía a 40 %.

La opinión sobre el capitalismo entre los estadounidenses tuvo una ligera caída entre 2019 y 2020 —de 58 % a 55 %—, y 53 % dijo que pensaba que un buen gobierno debería privilegiar la libertad de sus ciudadanos por encima de su seguridad.

¿Y tú? ¿Cómo te sientes en cuanto a este espectro? ¿Qué eres? ¿Socialista, marxista, fascista, comunista o capitalista?

El propósito del
MANIFIESTO CAPITALISTA DE PADRE RICO

La mejor manera de hacer frente al comunismo que se imparte en las escuelas es enseñando el capitalismo… en nuestro hogar.

PRIMERA PARTE

Panorama del capitalismo frente al comunismo

Capítulo 1

NOS LO ADVIRTIERON

El 29 de septiembre de 1959 Nikita Jrushchov, líder de la Unión Soviética, nos advirtió:

> Los hijos de sus hijos vivirán bajo el régimen comunista. Ustedes, los estadounidenses, son muy ingenuos. No, no aceptarán el **comunismo** de inmediato, pero nosotros los seguiremos alimentando con ligeras dosis de **socialismo** hasta que un día despierten y se den cuenta de que el comunismo llegó a su país. No tendremos que luchar contra ustedes. Debilitaremos tanto su economía, que en algún momento caerán en nuestras manos como fruto maduro. [Mi énfasis.]

El 3 de enero de 1973 el avión militar en el que me encontraba se deslizó sobre la pista hasta llegar a la terminal de pasajeros de la Base Norton de la Fuerza Aérea en el norte de California.

A bordo había unos 250 soldados del Ejército, la Fuerza Naval y el Cuerpo de Infantería de Marina que regresaban de la guerra de Vietnam.

¿Por qué recuerdo con tanta precisión la fecha? Porque al día que volvíamos a casa solíamos llamarle "fecha de rotación" y era muy importante, ya que todos estábamos conscientes de que muchos de los que partían a luchar por nuestro país no regresaban.

Cuando la aeronave se acercó a la terminal, el oficial a cargo habló por el intercomunicador:

> *Estados Unidos ha cambiado. Les sugiero que se cambien el uniforme y se pongan ropa de civiles en cuanto les entreguen su equipaje. No salgan de la base en uniforme. Hay miles de manifestantes esperándolos. Estados Unidos ha cambiado. Buena suerte y gracias por su servicio. Bienvenidos a casa.*

A mí nadie fue a recogerme, pero a la mayoría de los soldados los esperaba su esposa, sus niños, su madre, su padre, la familia o la novia. La gente saludaba agitando la mano desde la terminal militar de la base.

Afuera había miles de manifestantes, la mayoría eran jóvenes como los hombres que viajábamos en el avión. Respiré hondo y me preparé para descender. Entonces escuché las advertencias de Jrushchov en mi cabeza:

> *Sus hijos vivirán bajo el régimen comunista.*

Yo era Primer teniente y estaba a cargo de dieciséis Marines, algunos de los cuales aún eran adolescentes. Habíamos viajado juntos y, ahora, también estábamos "rotando" juntos a casa.

Después de recuperar nuestro equipaje nos despedimos agradeciéndonos y abrazándonos unos a otros, luego todos corrimos a la terminal militar para quitarnos el uniforme y vestirnos de civiles.

A la mayoría de aquellos jóvenes los esperaba su familia. Fue conmovedor ver a sus madres, padres, esposas y niños abrazándolos y llorando.

A otros, en cambio, en lugar de sus respectivas esposas, vinieron a recibirlos abogados para entregarles documentos de divorcio. Y me rompió el corazón verlos llorar.

Uno de los Marines a los que les entregaron estos documentos se llamaba John y era amigo mío. Ambos éramos pilotos de aeronaves de combate y habíamos volado juntos todo el año. Cuando me fui, seguía sollozando y escuchando al abogado de su esposa darle la noticia. Pat se había mudado con otro hombre y ahora quería el divorcio. Bienvenido a casa.

La siguiente etapa peligrosa de la guerra vino a continuación... cuando tuvimos que pasar por entre miles de manifestantes. En cuanto me acerqué me lanzaron un huevo crudo y luego me escupió una mujer sosteniendo una pancarta en la que había escrito con trazos furiosos: "Asesinos de bebés".

Me tomó casi veinte minutos conseguir un taxi. Fueron veinte minutos muy largos porque estuve ahí parado solo mientras la gente me insultaba y me atacaba físicamente. Los "hippies", hombres y mujeres de mi edad, me dieron empellones. Por fin apareció un taxi entre la multitud, lo abordé y me dirigí al aeropuerto de San Francisco para tomar mi vuelo a Hawái.

Mientras el avión de United Airlines sobrevolaba el Océano Pacífico, en mi cabeza retumbaba la advertencia que hizo Nikita Jrushchov en 1959:

> *Ustedes, los estadounidenses, son muy ingenuos. No, no aceptarán el* **comunismo** *de inmediato, pero nosotros los seguiremos alimentando con ligeras dosis de* **socialismo** *hasta que un día despierten y se den cuenta de que el comunismo llegó a su país.*

Bienvenido a casa

Mi padre biológico, es decir, mi padre pobre, fue al aeropuerto de Honolulu para recibirme. Mamá había fallecido en 1970 cuando yo estaba en la escuela de aviación naval en Pensacola, Florida. Papá manejó de vuelta a casa y casi no conversamos en el camino.

Fue un recorrido silencioso porque la guerra de Vietnam no era un tema muy popular en casa. Cuando yo estaba en la preparatoria, papá y mamá se tomaron dos años sabáticos para unirse al Cuerpo de paz, así que no estuvieron nada contentos cuando yo me uní al Cuerpo de Infantería de Marina.

Después de algunos días de estar en casa, me llamaron de un periódico local para entrevistarme. ¿Qué tenía el reportero en mente?: "El hijo de Ralph Kiyosaki vuelve de Vietnam." Mi padre era un hombre importante en Hawái, era el Superintendente de educación y también se postuló como candidato al puesto de vicegobernador del estado por parte del Partido Republicano, pero perdió la elección por mucho. El gobernador lo puso en la "lista negra", lo cual le impidió volver a trabajar para el gobierno, así que quedó desempleado de forma permanente.

La revista *Forbes* describe a Hawái como la República popular hawaiana, tal vez por eso mi padre no tuvo oportunidad de ganar como republicano. Hawái se inclina tanto a la izquierda demócrata liberal, que la gente bromea y dice que le sorprende que no se haya votado a favor de ser anexados a China.

Papá también fue líder del sindicato de maestros del estado, HSTA, por sus siglas en inglés.

Cualquiera que haya estudiado a Marx y su *Manifiesto comunista* sabe que los sindicatos son marxistas y, como Marx mismo dijo:

> *Trabajadores del mundo, uníos. Lo único que pueden perder son sus cadenas.*

En 2020, cuando el presidente Donald Trump fue depuesto de la presidencia, la Asociación Nacional de la Educación o NEA, es decir, el sindicato más poderoso de Estados Unidos, estuvo a cargo de la elección.

En 1993, *Forbes,* la revista que ha declarado ser una "herra-mienta capitalista", publicó una serie de artículos. Uno de ellos se intitula: "Que sufran los pequeños: cómo la Asociación Nacional de la Educación corrompe nuestras escuelas públicas." (*"Suffer the Little Children — How the National Education Association Corrupts our Public Schools."*)

En el artículo publicado por *Forbes* en 1993, se describe a la NEA de esta forma:

> La *"Asociación Nacional de la Extorsión":* un sindicato que pelea rudo, dispuesto a defraudar y extorsionar para servir a sus intereses de forma exclusiva.

En el artículo también se afirma:

> El ascenso de la NEA se relaciona de forma directa con la simultánea decadencia de la educación estadounidense de los últimos treinta años, no solo en cuanto a la calidad, sino, en especial, a la cantidad. Nos referimos a su apabullante costo y su aumento permanente.

El 15 de febrero de 2021 la revista bimensual *The American Conserva-tive* publicó un artículo intitulado "Los sindicatos de maestros siem-pre han sido terribles" (*"Teachers Unions Have Always Been Terrible"*).

En el artículo se afirma lo siguiente:

> El comportamiento de los sindicatos de maestros durante esta pande-mia confirma el sobrenombre que la revista Forbes le puso a la NEA en la década de los noventa: "La Asociación Nacional de la Extor-sión". La más reciente traición a los estudiantes estadounidenses no resulta sorprendente si tomamos en cuenta la larga historia de sabotaje a la enseñanza que ha perpetrado este sindicato. Desde los setenta, la Asociación Nacional de la Educación ha sido la principal defensora

de la enseñanza "sin culpa": sin importar lo que pase, el maestro nunca es el responsable. Asimismo, los sindicatos han organizado huelgas para evitar la "interferencia de los padres" en la educación pública. En 1988 The Chicago Tribune llegó a la conclusión de que la Asociación de Maestros de Chicago ejercía "el mismo nivel de control sobre la operación de las escuelas públicas de Chicago que el Consejo de Educación de Chicago" y "más control del que pueden ejercer los directores, los padres, los contribuyentes y los votantes".

La NEA representa a los maestros y a otros profesionales de la educación, y cuenta con casi tres millones de miembros, lo que lo hace el sindicato laboral más grande de Estados Unidos. La NEA afirma defender a los profesionales de la educación y ser una fuerza que une a sus miembros para cumplir la promesa de la educación pública.

Pero eso no es lo que yo he visto. Cuando estaba en la preparatoria, mi padre organizaba para los líderes reuniones del sindicato de maestros en nuestra casa. Aunque yo solo era un adolescente, sabía que el objetivo del sindicato de maestros no era mejorar la educación. Por experiencia sé que lo único que le importa a la NEA es el dinero, el poder y respaldar la proclama de Marx:

Trabajadores del mundo, uníos. Lo único que pueden perder son sus cadenas.

En 1963, cuando aún estaba en la preparatoria, los trabajadores del hotel y el restaurante de padre rico organizaron una huelga. Exigían que les permitieran unirse a un sindicato. Padre rico me llamó y me preguntó si podría ir al hotel y trabajar en el mostrador de recepción, necesitaba que supliera al recepcionista y que registrara la entrada y salida de los turistas. Trabajé en la recepción tres días continuos y solo dormí algunas siestas en un clóset.

Cuando regresé a casa, mi padre pobre estaba tan molesto que me llamó "esquirol", es decir, "rompehuelgas". Dijo que era un traidor porque había caminado entre los huelguistas para entrar a trabajar en el hotel.

En 1969, año en que me gradué de la Academia de la Marina Mercante de los Estados Unidos en Kings Point, me negué a unirme al sindicato laboral de oficiales, capitanes y pilotos de los buques mercantes. Me negué porque no soy marxista.

En 1969 me uní al Cuerpo de Infantería de Marina para luchar en Vietnam contra los marxistas.

En 1973, cuando regresé de Vietnam, tuve que abrirme paso entre miles de hippies y personas que se manifestaban contra la guerra, y de pronto recordé el momento en que pasé por entre los huelguistas para trabajar en el hotel de mi padre rico. Luego, en el trayecto del aeropuerto a casa, papá y yo no conversamos porque teníamos opiniones contrarias respecto a la guerra de Vietnam y la filosofía marxista. Nunca olvidaré ese día.

Mi papá, mi mamá y mis dos hermanas estaban en contra de la guerra. Mi hermano más chico, en cambio, se unió a la Fuerza Aérea y ambos combatimos en Vietnam. En 2020, ambos apoyamos a Trump. Mis hermanas lo odian, así que votaron por Biden.

En noviembre de 2020, la empresa Dominion Voting Systems fue objeto de una controversia, ya que se alegó que hubo fraude electoral en la elección presidencial de Estados Unidos.

A menudo se le atribuye a Joseph Stalin la siguiente frase:

La que cuenta no es la gente que vota, sino la que cuenta los votos.

Asimismo, Hitler declaró:

Lo que importa no es la verdad… sino la victoria.

En 2020, a la gente que votó por Biden no le importó que la elección no hubiese sido justa.

En 2020, a poca gente le importó que Hitler hubiera dicho:

Repite una mentira con suficiente fuerza y frecuencia…
y la gente la creerá.

Hitler también dijo:

Qué afortunado es para el gobierno que la gente bajo su gestión…
no piense.

En 2021 los republicanos ordenaron un recuento de los votos de la elección presidencial en Arizona y que se realizara una investigación bajo los cargos de fraude electoral. La investigación continúa.

En 1973, cuando volví a casa de Vietnam, me entrevistaron en una estación local de radio de Hawái. Fue la primera vez que me propusieron ser entrevistado.

Cuando el reportero preguntó: "¿Qué aprendió en Vietnam?", contesté: "Que si hubiera querido asesinar rojillos, habría podido quedarme en casa y disparar unas cuantas veces en el Ayuntamiento". Ahora me alegro mucho de que nunca hayan transmitido esa entrevista.

En la película *Cuestión de Honor* (*A Few Good Men*), el actor Jack Nicholson personificó al coronel Frank Jessup del Cuerpo de la Marina Mercante y dijo: "¿Quiere la verdad? Usted no puede con la verdad."

La frase se convirtió en un clásico de inmediato y quedó plasmada en la cultura estadounidense.

P: ¿Quieres decir que el *Manifiesto comunista* de Marx se está infiltrando en Estados Unidos a través de nuestro sistema educativo… por medio de nuestros maestros? ¿Estás diciendo que "no podemos con la verdad"?

R: Esa es una pregunta que debes responder tú mismo, pero debes saberlo, por el momento, el debate sobre lo que se enseña en nuestras escuelas es un asunto candente y controvertido. Muchos padres están preocupados, hacen preguntas profundas y exigen respuestas. Albert Einstein dijo:

Quien es descuidado con la verdad en asuntos menores, no es digno de confianza en asuntos relevantes.

Vale la pena repetir la advertencia que hizo Nikita Jrushchov en 1959:

*Los hijos de sus hijos vivirán bajo el régimen comunista. Ustedes, los estadounidenses, son muy ingenuos. No, no aceptarán el **comunismo** de inmediato, pero nosotros los seguiremos alimentando con ligeras dosis de **socialismo** hasta que un día despierten y se den cuenta de que el comunismo llegó a su país. No tendremos que luchar contra ustedes, debilitaremos tanto su economía, que en algún momento caerán en nuestras manos como fruto maduro. [Mi énfasis.]*

En 2020, la economía se cerró por completo debido a la COVID 19, fue como apretar el botón de "pausa". Este cierre nos dio la oportunidad de desacelerar, dar un paso atrás y hacernos muchas preguntas. En mi opinión, estas son algunas de las más importantes:

¿Los estadounidenses son ingenuos?

¿Nos han estado alimentando con ligeras dosis de socialismo y por fin despertamos y descubrimos que el comunismo ya echó raíces?

¿La libre empresa estadounidense y el sistema capitalista están a punto de caer como "fruto demasiado maduro"?

¿Se ha estado enseñando marxismo en nuestras escuelas?

¿Ya "despertamos"? Y, citando una definición publicada, ¿estamos "conscientes y atentos a los hechos y problemáticas importantes, en especial las raciales y las relacionadas con la justicia social"?

Si en nuestras escuelas se está enseñando el *Manifiesto comunista* de Marx, y si la Asociación Nacional de la Educación, el sindicato laboral más poderoso de Estados Unidos, lo está inyectando directo en las venas de nuestros niños como un opioide, ¿qué podemos hacer al respecto? Esa es la pregunta: ¿Qué podemos hacer?

En 2021 los padres dan un paso al frente para expresar su descontento, y por eso los han llamado "terroristas domésticos".

El 6 de octubre de 2021, la revista *The New American* reportó lo siguiente:

Hasta hace muy poco habría sido inimaginable que el gobierno de Estados Unidos considerara siquiera que los padres que se atreven a protestar contra las numerosas políticas destructivas de los comités escolares locales fueran terroristas domésticos. Sin embargo, lo que hasta hace poco era inimaginable, se ha vuelto realidad en la administración de Biden, y no resulta sorprendente que su extravagante postura provoque una enorme indignación entre la gente.

De acuerdo con un memorándum dado a conocer el lunes, el procurador general Merrick Garland le ordenó al FBI movilizarse en contra de los padres que se oponen a la Teoría crítica de la raza (CRT, por sus siglas en inglés) en las escuelas públicas, haciendo referencia a "amenazas" en contra los miembros del comité escolar y maestros que "participan en la labor vital de dirigir las escuelas públicas de nuestra nación".

Garland escribe: "El Departamento toma estos incidentes en serio y está comprometido con ejercer su autoridad y sus recursos para desalentar dichas amenazas, identificar el momento en que ocurran y ejercer acciones legales cuando sea pertinente."

El 5 de octubre de 2021 la revista *National Review* reportó:

El procurador general Merrick Garland ha ordenado al FBI y a las oficinas de los Fiscales estadounidenses investigar las supuestas amenazas en contra de funcionarios de comités escolares por parte de una creciente coalición de padres indignados por la imposición de programas de estudio racializados y cierres impuestos por la COVID, así como por la obligación de usar cubrebocas en los salones de clase locales.

La orden, anunciada en un memorándum comunicado el lunes, se produce después de que un grupo que representa a los comités escolares insta a la administración de Biden a analizar si las confrontaciones provocadas por los padres indignados por las restricciones impuestas por la COVID y la Teoría crítica de la raza violaban la Ley Patriótica.

Herramientas capitalistas

En 1996 Kim y yo produjimos el juego de mesa *CASHFLOW* y en 1997 se publicó el libro *Padre Rico, Padre Pobre* de forma autónoma debido a que todos los editores de Nueva York lo rechazaron.

El juego de mesa *CASHFLOW* y el libro *Padre Rico, Padre Pobre* fueron nuestras primeras herramientas capitalistas, fueron creados para combatir el comunismo que se imparte en nuestras escuelas, por medio de la enseñanza del capitalismo en los hogares.

Marx dijo:

> *Desde el momento en que los niños pueden manejarse sin que su madre los cuide, su educación se lleva a cabo en las instituciones estatales.*

Lenin advirtió:

> *Denme a sus niños de cuatro años y, en una generación, construiré un estado socialista.*

Stalin señaló:

> *La educación es un arma cuyos efectos dependen de quién la tiene en sus manos y de a quién le apunta.*

Hitler advirtió:

> *La educación universal es el veneno más corrosivo y disolvente que ha inventado el liberalismo para destruirse.*

También se le atribuye esta frase:

> *Permítanme controlar los libros de texto y controlaré al estado.*

Este libro, *Manifiesto capitalista*, es sobre cómo recuperar el control de la educación, la economía, el país y, lo más importante, nuestras libertades.

Capítulo 2
UNA EDUCACIÓN DISTINTA

"Qué afortunado es para el gobierno
que la gente bajo su gestión no piense."

—*Adolf Hitler*

Yo también recuerdo el 9 de julio de 1962 como el día que, como lo reportó la revista *Discovery*, se desató el infierno...

El 9 de julio de 1962 Estados Unidos lanzó un misil Thor desde Johnston Island, un atolón de cerca de 1500 kilómetros (900 millas) al suroeste de Hawái. El misil se elevó y trazó un arco a una altura de más de 1100 kilómetros (660 millas), y luego cayó. A la altura programada de 400 kilómetros (240 millas), y solo unos segundos después de las 09:00 UTC, fue detonada la ojiva nuclear de 1.4 megatones.

Y se desató el infierno.

1.4 megatones es el equivalente a una explosión de 1.4 millones de toneladas de dinamita. No obstante, las armas nucleares son distintas de los explosivos químicos simples. La dinamita libera su energía en forma de luz y calor, en tanto que los misiles, además de generar luz y calor, producen enormes cantidades de rayos X y gamma, es decir, formas de luz de alta energía; así como partículas subatómicas como electrones e iones pesados.

Sangre en el cielo

El 9 de julio de 1962 yo tenía solo quince años. Estaba cenando con mi familia cuando, de repente, un destello blanco y abrasador atravesó la casa. Al principio pensamos que se trataba de un flash, o sea, de la intensa luz producida por las cámaras de esa época, pero luego, cuando miramos alrededor y tratamos de averiguar de dónde provenía el destello, mi hermana menor se asomó por la ventana y exclamó jadeante: "Ay, Dios mío."

Las siguientes horas fueron como una eternidad, contemplamos el cielo y lo vimos arder y agitarse. Primero se volvió de un intenso color blanco amarillento, pero luego, casi al final, se extendió como una cortina color rojo purpúreo. Si alguna vez has visto a un animal o a un ser humano sangrar, podrás imaginar justo lo que describieron los periódicos: "Alguien vertió sangre en el cielo."

Debajo de los pupitres

En la escuela no dejábamos de hablar de lo que habíamos visto, de lo que fuimos testigos de primera mano. Nuestros maestros se esforzaron por calmarnos, nos dijeron que conserváramos el ánimo y nos alentaron a continuar trabajando… pero no era una situación trivial: la explosión atómica nos aterró hasta la médula.

A lo largo de los años sesenta, la Guerra Fría contra Rusia más bien fue un asunto candente. Por eso la frase de 1959 que le atribuyen a Jrushchov tuvo tal impacto en mí:

> *Los hijos de sus hijos vivirán bajo el régimen comunista. Ustedes, los estadounidenses, son muy ingenuos.*

Ser testigo del poder de una bomba atómica fue aterrador. La explosión fue testimonio de la locura de nuestra especie, una constatación de la inhumanidad de los humanos, del hecho de que la Guerra Fría y la amenaza del comunismo eran reales.

Como los débiles intentos de los maestros por calmarnos fallaron, el director de la escuela pensó que un "simulacro de bomba atómica" podría ayudar. No bromeo.

Hilo, Hawái, el lugar donde pasé mi infancia, es la ciudad más austral de Estados Unidos, está incluso más al sur que Miami, Florida. Desde ahí fuimos testigos del poder de "la bomba" mientras el resto de los estadounidenses dormía.

La advertencia que nos hizo Winston Churchill el 5 de marzo de 1946 se había vuelto realidad:

> *Una cortina de hierro se ha extendido en el continente.*

Para 1962 todos los estudiantes sabían que a Europa la dividía una cortina de hierro.

El 7 de mayo de 1954 las tropas del Viet Minh bajo las órdenes del general Vo Nguyen Giap infestaron la base francesa de Dien Bien Phu. La victoria de las fuerzas comunistas dio fin a casi un siglo de colonialismo francés en Indochina. Para 1962, sabíamos que la guerra contra el comunismo ya se estaba librando en Asia. Ese mismo año, algo me dijo que yo lucharía en el siguiente conflicto.

Durante la Guerra Fría, la Agencia Estadounidense de la Defensa Civil ordenó que en todas las escuelas se realizaran "simulacros de bomba atómica". En estos simulacros, el director de la escuela activaba una alarma sonora y les ordenaba a todos los estudiantes que se escondieran debajo de sus pupitres de madera. El problema era que, aunque solo éramos estudiantes, habíamos sido testigos de la explosión de 1962 y sabíamos demasiado.

Sabíamos que un pupitre de madera no nos protegería. Justo como sucedió en 2020 y 2021, cuando hubo dos opiniones distintas respecto a si usar cubrebocas y vacunarse nos ayudaría a mantenernos *sanos*. Y, ya estando en ello, como sucede cada vez que nos preguntamos si ir a la escuela nos volverá *ricos*.

Los efectos colaterales de la COVID-19

El 21 de enero de 2021, Bryan Renbaum del *Maryland Reporter* escribió:

"Ahora que van en descenso los índices de resultados positivos y que hay más vacunas disponibles, llegó la hora de que los estudiantes de Maryland vuelvan a los salones de clase", dijo el jueves el gobernador Larry Hogan.

"No hay razones de salud pública por las que los comités escolares deban impedirles a los estudiantes asistir a las escuelas. Ninguna. No se trata de una controversia, la ciencia es muy clara. Además, casi todos queremos que nuestros hijos vuelvan a clases", declaró Hogan en una conferencia de prensa en St. John's College, en Annapolis.

Hogan señaló que la ley estatal no le permite a él, como gobernador, ordenar la reapertura de las escuelas porque esa decisión les corresponde a las jurisdicciones individuales. Sin embargo, le hizo una estricta advertencia al sindicato de maestros del estado: dijo que usará todo su poder para asegurarse de que los estudiantes de Maryland volvieran a los salones de clase.

"Quiero que le quede claro al sindicato, esperamos que los maestros se esfuercen al máximo por volver a los salones de clase… Quiero que quede muy claro que yo haré todo lo posible por…"

Aumenta el índice de deserción de estudiantes

Yahoo News: 11 de mayo de 2021.

En medio de un anticipado incremento en el índice de deserción durante la pandemia de coronavirus, los educadores de Estados Unidos están haciendo todo lo posible por rastrear a los estudiantes de preparatoria que dejaron de presentarse a clases para ayudarles a obtener los créditos que necesitan para graduarse.

"Cuando los estudiantes quieren dejar la escuela, buscan una salida, una excusa para irse. Por desgracia, esto les ha dado lo que necesitaban", dijo hace poco Sandy Addis, presidente del Centro nacional de prevención de la deserción escolar (*National Dropout Prevention Center*), al referirse a la pandemia. Su equipo piensa que el índice de deserción ha llegado a su máximo nivel este año y continuará alto durante varios más.

Las primeras señales no son alentadoras. La Organización de las Naciones Unidas para la Educación, la Ciencia y la Cultura advirtió que la pandemia había provocado que veinticuatro millones de niños en todo el mundo quedaran en riesgo de abandonar la escuela. Asimismo, los efectos de la pandemia podrían anular los logros de Estados Unidos para reducir el índice de deserción, el cual cayó de 9.3 % en 2007 a 5.1 % en 2019, de acuerdo con el Centro Nacional de Estadísticas de la Educación (*National Center for Education Statistics*). No terminar la preparatoria afecta de forma significativa la potencial percepción de ingresos de las personas. De acuerdo con información del Centro Nacional de Estadísticas de la Educación, los estudiantes que abandonaron la escuela ganan, en promedio, 150 dólares menos que los graduados.

Estudiantes en bancarrota

El negocio FindLaw de Thomson Reuters, les ofrece a los abogados información legal y servicios de *marketing* en línea. FindLaw. com es un sitio de internet que brinda información jurídica gratuita para ayudar a los consumidores, dueños de pequeños negocios, estudiantes y profesionales a encontrar las respuestas a sus preguntas cotidianas y, de ser necesario, asesoría legal.

El 17 de mayo de 2021, en FindLaw se aseveró lo siguiente respecto a la crisis provocada por la deuda de préstamos estudiantiles:

Veamos algunas de las estadísticas para comprender mejor la crisis:

*La deuda estudiantil federal asciende a un total de **1.4 billones de dólares**.*
La deuda estudiantil privada asciende a más de 124 650 millones de dólares.

En promedio, cada hogar estadounidense con deuda estudiantil debe 47 671 dólares.

*De **2018 graduados universitarios**, 65 % terminó los estudios endeudado por un préstamo estudiantil.*

*Entre esos **2018 graduados universitarios**, la deuda va de 19 750 dólares en Utah a 38 650 dólares en Connecticut, y el promedio para Estados Unidos es de 29 200.*

*Cerca de un tercio de los estadounidenses **menores de 30 años** tiene una deuda por préstamo estudiantil.*

*Cerca de un quinto de los estadounidenses de entre **30 y 44 años** tiene una deuda por préstamo estudiantil, y lo mismo va para 4 % de quienes tienen más de 45 años.*

*Cerca de 5.2 millones de prestatarios de préstamos federales se encuentran en situación de **incumplimiento de pago**.*

Cualquiera que sepa un poco respecto al dinero comprende que la deuda por préstamos estudiantiles es una de las peores. Esto es lo que dice FindLaw respecto a este tema:

> *Bajo la legislación actual es muy difícil liberarse de una deuda por préstamo estudiantil a través de la declaración de bancarrota. Para deshacerse de la deuda, el prestatario debe demostrar que pagar sus préstamos le impondría una "dificultad excesiva", lo cual es demasiado complicado.*

Muchas familias acaudaladas pueden pagar la educación de sus hijos o ayudarles a pagar la deuda, pero los estudiantes de familias pobres no pueden darse ese lujo.

Candace Owens es la personalidad predilecta de los conservadores en los medios de publicidad. Es una ambiciosa y elocuente joven negra que ha tenido muchos logros dignos de admiración. Candace puede decir lo que muchos hombres, en especial blancos, no tienen derecho a decir.

Respecto al valor de la educación universitaria, nos advierte:

Yo fui estudiante universitaria de primera generación. Se suponía que ese sería mi boleto a la prosperidad, pero no fue así. Salí de la universidad con una montaña de deudas y ninguna habilidad práctica.

Cuando un estudiante no puede pagar su préstamo, la obligación financiera permanece colgada a su cuello como el proverbial albatros. Lo peor que le puede suceder, después de no lograr graduarse, es graduarse con un préstamo estudiantil que afecta el futuro financiero del prestatario durante mucho tiempo o toda la vida.

Condonación de deuda

El colapso inmobiliario de 2008 reveló otra de las siniestras prácticas en Estados Unidos. Cuando Wall Street y los banqueros de las grandes instituciones provocaron que la economía global se desplomara, no solo se embolsaron miles de millones de dólares de manera inmediata y directa, también los recompensaron y les dieron miles de millones adicionales en bonos personales. Y, mientras tanto, sus clientes estaban tocando fondo porque el colapso los destruyó financieramente. ¿Crees que hay algo incorrecto en *este* panorama?

En su libro *La criatura de la Isla de Jekyll*, el autor G. Edward Griffen escribe sobre la creación del Banco de la Reserva Federal en 1913 y nos explica:

Este juego se llama rescate financiero.

Buckminster Fuller dijo: "Están jugando con el dinero."

EXPLICACIÓN SÚPER SIMPLE: FULLER ESTÁ EN LO CIERTO

Con el dinero se puede jugar de distintas formas. Pensemos, por ejemplo, en el futbol. Hay varios tipos de futbol, pero el más popular es el soccer, luego le sigue el futbol americano y después el rugby. Todas estas son variaciones de lo mismo, pero el juego en sí mismo, las reglas y los jugadores son muy distintos.

Con el juego del dinero sucede lo mismo. La gente súper rica que está en la cima juega algo llamado "rescate financiero". Si lo pierde, nosotros, el pueblo, tenemos que rescatar a los banqueros.

Fue lo que sucedió en 2008.

En cambio, cuando una persona común y corriente practica el juego del dinero y pierde, nadie la rescata, tiene que declararse en bancarrota.

Estos dos tipos de juegos enfurecen a las élites académicas porque se dan cuenta de que, en efecto, los capitalistas solo les endilgan sus pérdidas a los contribuyentes. Así es el juego del dinero.

El problema aquí es que la noción de "rescatar a los ricos" no es capitalista sino marxista. Más adelante hablaré sobre la influencia del *Manifiesto comunista* de Karl Marx en el diseño del sistema bancario moderno, en especial del Banco de la Reserva Federal o "Fed", también conocido como "la criatura" de la Isla de Jekyll.

El riesgo moral

En la jerga financiera, al hecho de que los banqueros sepan que serán rescatados y que incluso les pagarán generosos bonos por fracasar se le llama *riesgo moral*.

En la economía…

El riesgo moral se presenta cuando una entidad se ve motivada a exponerse más porque no tiene a cuestas la responsabilidad total de lo que implica dicho riesgo.

En mi opinión, todo se reduce a la responsabilidad y la rendición de cuentas. ¿Quién se responsabiliza de las consecuencias de las decisiones de los banqueros y del hecho de que vean más por sus intereses que por los de sus clientes? En Estados Unidos, a los banqueros más acaudalados los rescatan y les pagan bonos incluso cuando pierden miles de millones de dólares. Y mientras tanto, los estudiantes pobres y de clase media no pueden avanzar en la vida porque están sumidos en el peor tipo de endeudamiento. ¿Esta situación coincide con la definición de *riesgo moral*?

A finales de 2021, la suma total pendiente de la deuda por préstamos estudiantiles federales asciende a 1.7 billones de dólares, cifra que representa una cantidad mayor a toda la deuda existente en tarjetas de crédito y autofinanciamientos. ¿Qué significa esto para la economía estadounidense y para el futuro del país?

Jrushchov advirtió:

No tendremos que luchar contra ustedes. Debilitaremos tanto su economía, que en algún momento caerán en nuestras manos como fruto maduro.

El 16 de abril de 2015, en *Investor's Business Daily* apareció el siguiente encabezado:

La verdadera crisis de préstamos estudiantiles es la que provocó Obama

El artículo incluía la siguiente información:

Irresponsabilidad: de acuerdo con un nuevo reporte, 27.3 % de los préstamos estudiantiles se encuentran en situación de morosidad. ¿Por qué es esto importante? Porque, gracias al presidente Obama, al gobierno federal se le debe cerca de un billón de dólares en deuda por préstamos estudiantiles.

Obama sigue tratando de hacer parecer que la crisis de los préstamos estudiantiles es un problema de los estudiantes que se gradúan agobiados por la carga de una deuda monumental y que no podrán ganar lo suficiente para pagarla.

Pero esa no es la verdadera crisis.

En primer lugar, la deuda promedio por préstamo estudiantil asciende a solo poco más de 20 000 dólares. Si un estudiante renuncia al hábito de comprarse todos los días un café de 5 dólares en Starbucks, podría pagar el capital principal en unos diez años.

En segundo lugar, de acuerdo con el Consejo de Educación Superior, a pesar del incesante alboroto respecto al aumento del costo de las matrículas, la cantidad de estudiantes que en verdad debe pagar para asistir a la universidad —tras la suma total de becas, ayudas, descuentos y similares— casi no ha cambiado. El problema ni siquiera es ese. El total de la deuda por préstamos estudiantiles asciende a casi 1.2 billones, cifra que excede la de la deuda en tarjetas de crédito y autofinanciamientos.

La verdadera crisis es la que ha fabricado Obama desde que asumió el cargo.

En 2010 Obama eliminó el programa federal de préstamos garantizados que les permitía a los prestamistas privados ofrecer préstamos estudiantiles con tasas de interés bajas. Actualmente, el Departamento de Educación es la única entidad a la que se le pueden solicitar este tipo de préstamos.

Obama vendió la capacidad de este gobierno para ahorrar dinero: ¿Por qué enfrentar el costo de garantizar préstamos privados si el gobierno puede eliminar al intermediario y prestar el dinero él mismo?, dijo.

Pero el ahorro no se produjo. De hecho, la Oficina de Administración y Presupuesto acaba de aumentar en 27 000 millones de dólares, o sea, 30 %, su pronóstico de diez años respecto al costo de los programas de préstamos.

Lo que ocurrió fue que hubo un crecimiento exponencial en la cantidad de deuda por préstamos estudiantiles federales. El presidente Clinton introdujo de forma gradual el sistema federal de préstamos en 1993 como una opción, y los siguientes quince años la cantidad de préstamos se mantuvo bastante estable. El resultado de las acciones de Obama es apabullante. En los últimos seis años la deuda por préstamos estudiantiles federales directos ha aumentado en más de 100 000 millones de dólares.

Y como Obama continúa facilitando que más gente no pague los préstamos, tarde o temprano los contribuyentes serán quienes tengan que enfrentar este problema.

Por medio de acciones y palabras, Obama ha alentado la irresponsabilidad de los estudiantes prestatarios. Con frecuencia habla de la deuda estudiantil como si fuera una carga injusta que se les hubiera endilgado sin que supieran de qué se trataba. [Mi énfasis.]

Negro contra negro

En los últimos años se ha hablado mucho respecto a *Black Lives Matter* y a si se trata una organización racista o marxista.

Los tres fundadores de esta organización continúan apareciendo de forma destacada en el sitio de Internet del grupo. Me refiero a Patrisse Cullors, Alicia Garza y Opal Tometi. Los reportes que hablan de sus antecedentes los describen, principalmente, como organizadores de la comunidad, artistas y escritores. Hace poco se publicó una entrevista de 2015 en la que Cullors dijo:

> *Tenemos un marco ideológico. Yo y Alicia en particular somos organizadoras entrenadas. Somos marxistas entrenadas.*

Todas las vidas importan

En lo personal, apoyo la libertad de expresión y el derecho a reunirse. Mi divergencia de opinión con *Black Lives Matter* radica en que yo pienso que *todas las vidas, y toda la vida*, importan. Es decir, la vida de todos los seres humanos que habitan esta tierra, así como la de los animales, las plantas y los ecosistemas de todo tipo.

Estoy en total desacuerdo con la postura de *Black Lives Matter* respecto a que Estados Unidos es un país racista de forma sistemática. Comprendo que hay personas racistas, sin embargo, como individuo asiático-estadounidense que ha sufrido el racismo, me parece que decir que los estadounidenses son racistas… es racista.

El *Diccionario Oxford* define el racismo de la siguiente manera: "Que lo caracteriza o que muestra prejuicio, discriminación o antagonismo contra una persona o pueblo debido a su pertenencia a un grupo racial o étnico específico."

De acuerdo con esta definición, *Black Lives Matter* es una organización racista. Si no lo fuera, se llamarían *All Lives Matter* (Todas las vidas importan). Y si fueran conscientes respecto al ambiente, se llamarían *All Life Matters* (Todo lo vivo importa).

Proyecto 1619

Resulta difícil no llegar a la conclusión de que la iniciativa Proyecto 1619 (*Project 1619*) es marxista. Karl Marx advirtió:

Mantén a la gente alejada de su historia y podrás controlarla con facilidad.

La iniciativa Proyecto 1619 fue desarrollada por Nikole Hannah-Jones y escritores de *The New York Times* y de *The New York Times Magazine*. Es un proyecto periodístico de formato extenso que tiene como objetivo "reestructurar la historia del país por medio de la reescritura de la narrativa nacional de Estados Unidos con base en las consecuencias de la esclavitud y las contribuciones de los estadounidenses negros".

El propósito del Proyecto 1619 es reescribir la historia estadounidense, justo como Marx lo sugiere en su libro *Manifiesto comunista*.

En la Segunda Guerra Mundial, mis tíos formaron parte del Regimiento de Infantería 442, una compañía constituida de forma exclusiva por japoneses-estadounidenses. Además de que este batallón fue el más condecorado en el conflicto, sus integrantes fueron los primeros en abrir los campos de concentración de Hitler.

A pesar de todo lo que vivió mi familia, nunca solicitó la indemnización por sus tierras ni que la historia se reescribiera como algunos quieren que ahora se escriba con base en un Estados Unidos negro cuya economía se construyó apoyándose en la esclavitud y la brutalidad del capitalismo.

Marx impartió esta lección:

La existencia del estado es inseparable de la de la esclavitud.

Este es el mensaje central de la iniciativa Proyecto 1619 de *The New York Times*.

Adolf Hitler alardeó así:

Qué afortunado es para el gobierno que la gente bajo su gestión… no piense.

Me sorprende que los escritores de *The New York Times* no hayan investigado ni hablado más sobre el origen de la palabra *esclavo*. De haberlo hecho, habrían averiguado y publicado que esta palabra proviene del latín *sclavus*, un término que se refiere a la gente blanca del Este de Europa. No estoy diciendo que esto justifique la esclavitud, solo aclaro que, si los periodistas de este diario argumentaran bien, habrían incluido información sobre la gente de los países eslavos como Polonia, Ucrania, Rusia, Checoslovaquia, Bosnia, Croacia y Macedonia, es decir, países con una historia de esclavitud que ha durado siglos.

Me parece interesante que los escritores de *The New York Times* no ofrezcan una perspectiva más amplia respecto al hecho de que, a lo largo de la historia, los humanos siempre han esclavizado a otros humanos. Los africanos de África del Norte, por ejemplo, han esclavizado a blancos del Sur de Europa. Los asiáticos han esclavizado a asiáticos, y los indios americanos han esclavizado a otros indios americanos.

Después de Pearl Harbor

Durante la Segunda Guerra Mundial, el gobierno de Estados Unidos aprisionó a algunos miembros de mi familia en campos de concentración en varios lugares de Estados Unidos y confiscó sus bienes.

El Regimiento de Infantería 442

En lugar de culpar a otros y quejarse, un grupo de japoneses-estadounidenses de segunda generación, conformó la mayor parte del Regimiento de Infantería 442. Este Regimiento empezó su lucha en África del Norte, pero luego atravesó Italia e ingresó a Alemania. Debido a sus dimensiones y a la duración de su servicio, fue la unidad más condecorada en la historia militar de Estados Unidos.

Cinco de mis tíos sirvieron en Europa. Mi abuela me mostró una carta en la que uno de ellos contaba que había descubierto campos nazis de exterminio de judíos antes de que el mundo se enterara de su existencia siquiera. A ella le parecía muy pertinente que quienes liberaron a los judíos de los campos de concentración alemanes hubiesen sido japoneses que, a su vez, estuvieron presos en campos de concentración estadounidenses.

Otros dos de mis tíos se enfrentaron a japoneses en el Pacífico. Uno de ellos fue capturado y apresado en un campo de concentración japonés. Sus experiencias fueron plasmadas en un libro intitulado *A Spy in Their Midst*, escrito por otro de mis tíos. El que fue capturado era espía japonés–estadounidense y trabajaba para Estados Unidos cuando los japoneses lo atraparon, torturaron y castraron. Pasó el resto de su vida en Japón buscando a esos criminales de guerra para llevarlos ante la justicia, incluyendo al oficial que lo castró.

Cuando oigo hablar de las indemnizaciones para los negros, me parece que deberíamos hacernos preguntas más profundas. No respecto a si la esclavitud es un ejemplo de la inhumanidad de la humanidad, sino sobre otros temas que también me inquietan como: ¿Por qué solo los negros? ¿No es eso racista?

Candace Owen advierte:

> *No recuerdo cuando fue la última vez que me topé con un asiático y empezó a hablar de los campos de reclusión. La gente negra, en cambio, siempre quiere hablar sobre la esclavitud.*

¿Por qué tendríamos que pedirles ahora a contribuyentes que nunca tuvieron esclavos que le paguen a gente que nunca estuvo esclavizada? No creo ser el único que se pregunta si eso no es racista.

Creo que si alguien merece indemnizaciones son los indios americanos. En una carta que escribió en 1926 para los directores de la Compañía Neerlandesa de las Indias Orientales, el comerciante holandés Peter Schaghen declaró que Manhattan había sido adquirida por "la cantidad de 60 florines", es decir, 24 dólares.

En dólares actuales, esos 24 equivalen a 1163, lo cual sigue siendo una ganga. Si la Isla de Manhattan solo costara 1163 dólares actuales, ¿cuánto valdría el resto de Estados Unidos?

Como lo mencioné, en 2019, antes de las elecciones presidenciales de 2020, *The New York Times* reportó que Kamala Harris había asegurado que, de llegar a ser presidenta, apoyaría el programa de "indemnizaciones para los negros estadounidenses para atender los legados de la esclavitud y la discriminación", programa pagado por los contribuyentes del país, por supuesto.

Después de la gestión de Obama, el primer presidente negro, resulta obvio que el plan era que Hillary Clinton fuera la primera mujer presidenta. Pero, claro, eso fue solo hasta que Trump se presentó.

Es evidente que, después de que Trump arruinara los planes de las élites académicas, el nuevo proyecto fue presentar a Joe Biden como el "empleado temporal blanco", como un presidente de cartón recortado a la medida; y que Kamala, la mujer de color, entrara en acción en cuanto Biden desapareciera caminando hacia el atardecer.

Cuando la presidenta Kamala Harris, primera mujer presidenta de Estados Unidos, asuma el cargo, ¿sostendrá su postura de campaña respecto a las indemnizaciones para los negros? Y, para ser justos, ¿no debería la presidenta Harris incluir a los indios americanos en las indemnizaciones a los negros? ¿Cuánto les costaría a los contribuyentes el continente americano? Supongo que el precio no sería problema porque lo único que la presidenta tendría que hacer sería imprimir más dinero falso, destruir el dólar y llevar a Estados Unidos a la bancarrota.

En su *Manifiesto comunista*, Karl Marx afirmó:

En este sentido, la teoría del comunista podría resumirse en una sola oración: abolición de la propiedad privada.

Quienes acusan a otros de ser racistas, ¿son racistas? Ahora que vivimos en un mundo hipersensible y con una fuerte carga racial, decir cualquier cosa en contra de los negros es como un suicidio personal y profesional. Para quienes no son negros, es mucho menos riesgoso dejar que sean los negros quienes hablen de otros negros.

Algunos de los negros estadounidenses que tienen el valor de cuestionar a otros negros de forma pública son:

1. Candace Owens
2. Larry Elder
3. Herschel Walker
4. Diamond and Silk
5. Leo Terrell
6. Mark Robinson

Mi comentador negro preferido es Thomas Sowell, un individuo sumamente instruido, valeroso y elocuente. Es un líder de opinión que "flota como una mariposa", pero conecta golpes como Mohammed Ali.

Thomas Sowell es investigador *senior* de la Hoover Institution de la Universidad de Stanford. Nació en Carolina del Norte y creció en Harlem. En la Guerra de Corea sirvió en el Cuerpo de Infantería de Marina y cuando terminó su servicio se inscribió en la Universidad de Harvard, de donde se graduó *magna cum laude* en 1958. En 1968 obtuvo una maestría por la Universidad de Chicago. Trabajó en facultades de varias universidades, entre ellas Cornell y la de California en Los Ángeles. También trabajó en laboratorios de ideas como el Urban Institute. Como ya mencioné, desde 1980 ha laborado en la Hoover Institution de la Universidad de Stanford, donde actualmente tiene la beca Rose and Milton Friedman como investigador *senior* en Políticas públicas. Sowell escribe desde una postura de conservadurismo libertario, ha publicado más de treinta libros y recibió la medalla National Humanities por sus innovadoras investigaciones, las cuales incluían historia, economía y ciencias políticas.

Thomas Sowell hizo todas estas reflexiones respecto a Barack Obama y la élite liberal:

La genialidad política de Barack Obama radica en su habilidad para decir cosas que les sonarán bien a quienes no se han informado con detalle sobre los asuntos, sin importar cuán obvio sea, para quienes sí están informados, que lo que dice es mentira.

Uno puede llegar a ser presidente de Estados Unidos sin tener contacto alguno con la realidad económica.

Es difícil imaginar una manera más estúpida o peligrosa de tomar decisiones que dejando dichas decisiones en manos de gente que no sufrirá ninguna consecuencia si se equivoca.

Para mí no es ningún misterio por qué Jesse Jackson, Al Sharpton y otros dicen lo que dicen: porque los beneficia. Sin embargo, no beneficia a la gente que lideran, y solo son incentivos que usan para conducir a la gente hacia cosas que no la ayudan a ella, sino a ellos.

Uno de los grandes dones de Barack Obama es su habilidad de decir cosas absurdas y lograr que no solo suenen verosímiles, sino inspiradoras y profundas.

Un lector actualizó el viejo adagio sobre darle a un hombre un pescado en lugar de enseñarle a pescar: "Dale a un hombre pescado ¡y te pedirá salsa tártara y papas a la francesa!" Además, cualquier político que quiera obtener el voto del hombre dirá que la salsa y las papas son considerados "derechos fundamentales".

Quienes dicen a gritos que el gobierno debería "hacer algo" ni siquiera solicitan la información respecto a lo que en realidad sucedió cuando el gobierno hizo algo, en comparación con lo que sucedió cuando no hizo nada.

Con el paso de las generaciones, los líderes negros dejaron de ser almas nobles y se convirtieron en charlatanes desvergonzados.

La palabra "racismo" es como la salsa cátsup: se la puedes añadir prácticamente a todo, pero si alguien exige evidencias, lo catalogan de "racista".

Sobre el tema de la educación, Thomas Sowell ha declarado:

Antes de que tanta gente asistiera a los institutos de educación superior y a las universidades, el sentido común era mucho más común.

Hoy en día, en muchas de nuestras escuelas no solo se descuida la educación, también se le reemplaza en gran medida con adoctrinamiento ideológico.

Al parecer, casi cualquier persona puede realizar mejor el trabajo de educar niños que nuestros supuestos maestros en las escuelas públicas. Los niños que son educados por sus padres en casa tienen mejores resultados en las pruebas que los educados en las escuelas públicas. La educación exitosa muestra lo que es posible, ya sea en las escuelas particulares subvencionadas, las privadas, las militares, o con la enseñanza impartida en el hogar. El desafío consiste en ofrecer más escotillas para escapar de las decadentes escuelas públicas, no solo para ayudar a los estudiantes a huir, sino también para forzar a estas instituciones a trabajar como es debido antes de que perdamos más estudiantes y empleos.

El Manifiesto capitalista

En 1996 lanzamos a la venta el juego de mesa *CASHFLOW*. Luego, en 1997, publiqué *Padre Rico, Padre Pobre*.

Ambos productos los desarrollamos para enfrentar lo que Thomas Sowell llama *adoctrinamiento ideológico*, es decir, el comunismo que se enseña en nuestras escuelas. Recuerda que el Manifiesto capitalista de padre rico fue creado para luchar contra el comunismo por medio de la educación capitalista en los hogares.

Thomas Sowell menciona las escuelas militares porque sirvió en Corea como Marine de los Estados Unidos. Yo luché en Vietnam, también como Marine, y sé que la educación militar es distinta a la que se imparte en las escuelas.

Las escuelas militares les enseñan a los estudiantes a ser líderes, las escuelas comunes, en cambio, les enseñan a ser hipersensibles "copos de nieve" o *snowflakes*.

El poder de las palabras

Las palabras más importantes en las escuelas militares son:

1. Misión
2. Honor
3. Disciplina
4. Respeto
5. Deber

En las escuelas donde se imparte "adoctrinamiento para copos de nieve" las palabras más importantes son:

1. Teoría crítica de la raza
2. Agentes provocadores
3. Pronombres de género
4. Corrección política
5. Equidad e igualdad… y "todos se llevan trofeo a casa"

Independientemente de la rama de servicio a la que se pertenezca, la mentalidad del adoctrinamiento militar transmitida es:

Sin sacrificio… no hay beneficio.

Y:

Aguanta ahí, amiguito.

La mentalidad del adoctrinamiento para copos de nieve es:

Si te duele… culpa a otros y rezonga.

Y cuando se equivocan, los copitos de nieve reaccionan como les enseñaron:

Recuéstate, niégalo todo, crea una cortina de humo y… "culpa a otros y rezonga."

Thomas Sowell advirtió:

Una de las fallas comunes entre la gente honorable es no darse cuenta cuán inmorales pueden ser otros y cuán peligroso es confiar en ellos.

Te reitero lo que se publicó en *Investor's Business Daily* respecto al culpable de la crisis de los préstamos estudiantiles:

En 2010, Obama eliminó el programa federal de préstamos garantizados que les permitía a los prestamistas privados ofrecer préstamos estudiantiles con tasas de interés bajas. Actualmente, el Departamento de Educación es la única entidad a la que se le pueden solicitar este tipo de préstamos.

Reitero la advertencia de Thomas Sowell sobre Obama:

> *La genialidad política de Barack Obama radica en su habilidad para decir cosas que les sonarán bien a quienes no se han informado con detalle sobre los asuntos, sin importar cuán obvio sea para quienes sí están informados, que lo que dice es mentira.*

Reitero lo que se publicó en *Investor's Business Daily* respecto a que Obama miente, niega, cubre, y luego culpa y se queja:

> *Obama ha alentado la irresponsabilidad de los estudiantes prestatarios. Con frecuencia habla de la deuda estudiantil como si fuera una carga injusta que se les hubiera endilgado sin que supieran de qué se trataba.*

Thomas Sowell nos advierte:

El punto fuerte de los liberales no son los hechos sino la retórica.

DEFINICIÓN DE RETÓRICA:
Lenguaje diseñado para ejercer un efecto de persuasión o impresión en la audiencia, el cual suele carecer de sinceridad o contenido significativo.

El 9 de julio de 1962, después de ser testigo de primera mano de una explosión atómica, ya no pude continuar escondiéndome debajo de mi pupitre. Había demasiadas cosas en riesgo.

En 2020, Joe Biden ganó la elección presidencial de Estados Unidos tras haberse escondido en su sótano mientras el presidente Donald Trump volaba por todo el país para reunirse con millones de inspirados votantes en actos electorales.

Stalin dijo:

> *La que cuenta no es la gente que vota, sino la que cuenta los votos.*

Refugios nucleares

Poco después de la explosión nuclear de 1962 las familias empezaron a construir refugios nucleares. Incluso organizaban fiestas temáticas. Cuando le pregunté a mi papá si nosotros también construiríamos un refugio nuclear, me respondió lo mismo que respondía a casi todo: *"No puedo pagarlo"*.

Cada vez que mi padre pobre decía "No puedo pagarlo", yo escuchaba en mi mente a padre rico decir:

> *La gente pobre es pobre es porque dice "No puedo pagarlo" o "No puedo darme ese lujo" con más frecuencia que la gente rica. En lugar de decir "No puedo pagarlo", los ricos se preguntan: "¿Qué hacer para pagarlo?"*

Padre rico también decía:

> *Una persona que afirma "No puedo pagarlo" es una persona de mente cerrada.*

> *Cuando alguien se pregunta "¿Qué hacer para pagarlo?", abre su mente y se dispone a aprender.*

Cómo entré a la escuela militar

En 1962, sabía que me encontraba en problemas porque no me agradaba estudiar. No me llevaba bien con los "chicos buena onda", mis amigos más bien eran surfistas que con frecuencia faltaban a clase porque el oleaje ascendía.

En 1962 reprobé una materia, Inglés, y el problema después fue que, como nuestro maestro reprobó a 80 % de los estudiantes, mi padre lo despidió. Él y los otros maestros protestaron y mi padre se paró frente a ellos y les dijo: "Su trabajo consiste en enseñarles a sus alumnos, no en reprobarlos."

Los siguientes tres años de preparatoria fueron miel sobre hojuelas: ningún maestro quiso meterse conmigo porque era el hijo del Superintendente de Educación.

Luego, cuando estaba cursando el último año de preparatoria, llegó a la ciudad un nuevo maestro de inglés que amenazó con reprobarme. Con mucha amabilidad le informé lo que le había sucedido al anterior y apenas pasé la materia con D, es decir, la calificación más baja.

Mi padre me dijo: "Te dejaría reprobar si tu problema fuera que no puedes escribir porque sé que te cuesta trabajo deletrear. Sin embargo, tu verdadero problema es que nunca estás de acuerdo con tus maestros." Ahí fue cuando la 1ª Enmienda, símbolo de la libertad de expresión, se volvió real para mí. Papá reafirmó mi derecho a no estar de acuerdo con mis maestros. Me dijo:

Tienes derecho a decir lo que quieras, incluso a no estar de acuerdo con el maestro, porque los maestros creen que solo hay una respuesta correcta... la que viene al final del libro de texto. En el mundo real, en cambio, todo es una prueba de opción múltiple para la que hay muchas respuestas correctas.

Cuando yo tenía dieciséis años, mi padre fue muy severo conmigo y me dijo que no financiaría mi educación superior. Como de costumbre, su excusa fue: "No puedo pagarlo", pero la verdadera razón era que sabía que solo desperdiciaría su dinero. Sabía que solo me interesaba ir a la Universidad de Hawái porque quería ser surfista de olas gigantes.

Tenía diecisiete años cuando la Universidad de Hawái rechazó mi solicitud de ingreso porque mi promedio general era demasiado bajo. Fue un shock porque siempre pensé que lo único que exigía esa institución para aceptar a un estudiante era que respirara.

Como ya lo mencioné, en 1962 solo tenía quince años, pero ya sabía que estaba en problemas, que mi vida no sería como la había planeado. También tenía claro que, incluso si hubiera un ataque nuclear real, me negaría a ocultarme debajo del pupitre.

Papá tenía razón, inscribirme en la Universidad de Hawái habría sido un desperdicio de tiempo para mí y de dinero para él. Lo que yo necesitaba era disciplina.

Uno de mis poemas preferidos de Robert Frost es *El sendero no elegido*:

> *Dos senderos se apartaron en un bosque dorado,*
> *Sufrí al no recorrer ambos.*
> *Siendo viajero solitario, permanecí ahí un largo rato,*
> *Miré en uno lo más lejos que fui capaz,*
> *Hasta donde su curva se perdió en la espesura;*
>
> *Pero entonces tomé el otro, tan hermoso como el primero.*
> *Y me pareció que tal vez elegí con certeza,*
> *Ya que su hierba era tupida y anhelaba ser recorrida,*
> *A pesar de que en la encrucijada*
> *El paso de otros, ambos senderos dejó marcados.*
>
> *Esa mañana ambos lucían igual,*
> *En sus hojas, ausente la negrura de los pasos no dados,*
> *¡pero dejé el primero para otro día!*
> *Y sabiendo cómo un sendero se reencuentra con otro,*
> *Me pregunté si alguna vez volvería.*
>
> *Diré esto con un suspiro:*
> *A siglos y siglos de la encrucijada,*
> *Dos senderos se apartaron en un bosque. Yo...*
> *Tomé aquel rara vez elegido,*
> *Y todo fue absolutamente distinto.*
>
> *Y eso hizo toda la diferencia.*

En 1959 escuché la advertencia de Jrushchov, vi la explosión de una bomba nuclear con mis propios ojos, y solo me dijeron que me escondiera debajo del pupitre. Luego mi padre amenazó con no pagar mi educación superior y la Universidad de Hawái rechazó mi solicitud de ingreso. Después de todo eso supe que tenía que cambiar y que necesitaba disciplina.

En 1964 el senador Daniel K. Inouye me ofreció la nominación del congreso que necesitaba para ingresar a la Academia Naval de Estados Unidos en Annapolis, Maryland y a la Academia de la Marina Mercante de Kings Point, en Nueva York.

Antes de iniciar el proceso de admisión en estas dos instituciones es necesario presentar una nominación presidencial o del congreso. El proceso fue arduo y prolongado, tuve que someterme a una serie de pruebas médicas, sostener entrevistas individuales y conseguir cartas de recomendación de gente que me conocía. De alguna manera logré que me aceptaran.

Elegí Kings Point porque era la academia en la que en verdad deseaba estudiar. Cuando tenía catorce años estaba en el taller de ebanistería y, mientras mis compañeros de clase fabricaban boles de ensalada para sus madres, yo construí un velero tipo Toro de dos metros y medio. En cuanto terminé navegué con él en la Bahía de Hilo y soñé con países lejanos como Tahití. También soñé con conocer hermosas mujeres tahitianas.

Mis sueños se volvieron realidad en 1968 cuando, siendo estudiante en Kings Point, navegué a Papeete, Tahití, a bordo de un barco petrolero de la Standard Oil. Ahí conocí a una hermosa tahitiana justo como lo había deseado, y de esa manera comprobé que los sueños sí se hacían realidad.

Una de las ventajas que tenía Kings Point por encima de todas las otras academias era la cantidad inicial que les pagaban a los graduados. En 1965 los graduados de las otras cuatro academias de servicio ganaban 200 dólares mensuales, en tanto que los de Kings

Point comenzaban recibiendo 2 000. Aunque yo no era bueno para las matemáticas, sabía que más ceros significaban más dinero.

En 1969, el año en que me gradué, muchos de mis compañeros de clase estaban ganando 120 000 dólares anuales, lo cual no estaba nada mal para un joven de veintiún años.

Ese mismo año, aunque cumplí el sueño de mi padre pobre de conseguir un empleo bien pagado, elegí viajar por el sendero que los demás no elegían, el menos transitado. Me uní al Cuerpo de la Marina Mercante de Estados Unidos, empecé a ganar la ridícula suma de 200 dólares mensuales que había evitado hasta ese momento, fui asignado a la Escuela de vuelo de la Armada en Pensacola, Florida, y comencé mi entrenamiento como piloto.

Las palabras de Kings Point las volví a escuchar en Pensacola:

1. Misión
2. Honor
3. Disciplina
4. Respeto
5. Deber

Thomas Sowell fue Marine y sirvió en Corea antes de graduarse *magna cum laude* de Harvard.

Tal vez si Barack Obama hubiese servido en los Marines y luchado en la Tormenta del Desierto antes de graduarse de Harvard, habría tenido una visión distinta del mundo. Si hubiese servido en el ejército estadounidense y luchado al frente, el mundo sería diferente ahora. No estaríamos tan preocupados por las provocaciones, los pronombres de género, la Teoría crítica de la raza... ni por quién cuenta los votos.

Capítulo 3

GRANDES MAESTROS – VERDADEROS MAESTROS

ACTA NON VERBA
Acciones, no palabras

Lema de la Academia de la Marina Mercante de Estados Unidos,
Kings Point, Nueva York

La Academia de la Marina Mercante de Estados Unidos tiene un estandarte de combate, es decir, una bandera militar. Kings Point es la única Academia de Servicio Federal a la que se le ha otorgado uno. Este tipo de estandarte siempre incluye los colores de la bandera estadounidense. Siempre.

El estandarte de Kings Point perpetúa el recuerdo de los 142 cadetes/guardiamarinas que perdieron la vida en la Segunda Guerra Mundial. Estos 142 cadetes murieron en barcos de la Marina Mercante de Estados Unidos mientras llevaban suministros de guerra a Europa. Fallecieron cuando sus barcos sucumbieron ante los torpedos de los submarinos alemanes que cazaban en manadas como lobos. Kings Point tiene el privilegio de ser la única de las cinco academias federales del país con autorización para que su abanderado porte el estandarte de combate.

Los cadetes/guardiamarinas de Kings Point han servido en las guerras de Corea, Vietnam y Medio Oriente. Yo fui uno de los casi treinta estudiantes que sirvieron en Vietnam y, por suerte, ninguno de ellos ha fallecido desde la Segunda Guerra Mundial.

Una semana infernal

En agosto de 1965 salí de Hawái para ir a Kings Point, pasando por la Ciudad de Nueva York porque mis tíos vivían en Manhattan. Contrataron una limusina que nos llevó a la academia. Después de todos los cumplidos, y de la pompa y circunstancia de la ceremonia en que los oficiales con sus uniformes blancos recibieron a los nuevos estudiantes, llegó un momento en que los padres y parientes se fueron sonriendo, orgullosos de que sus hijos, o sobrinos, como era mi caso, hubiesen sido aceptados en una escuela tan prestigiosa.

Las instalaciones de Kings Point son asombrosas. Los terrenos en que se ubica la escuela solían pertenecer al conjunto de bienes de Walter Chrysler en el estrecho de Long Island, no muy lejos de la Ciudad de Nueva York.

Justo antes de que se fueran los padres, el oficial de publicidad me preguntó si podría tomarme una fotografía con otro cadete/guardiamarina recién llegado. El cadete era de Long Island y vivía a menos de ocho kilómetros de la academia. El oficial quería una fotografía del estudiante lo más cerca posible de mí y la academia, y el cadete quería una lo más lejos posible, así que primero caminamos a la entrada principal para posar.

—Este lugar es muy bonito —le dije al otro cadete.

—Disfrútalo: lo más probable es que la próxima semana ya no estés aquí —dijo él, negando con la cabeza—. Está a punto de comenzar la Semana infernal. En un mes, veinte por ciento de los recién llegados se habrá ido. Además, sesenta y cinco por ciento no se graduará.

—¿Qué pasará con los expulsados? —pregunté con cara de idiota.

—No leíste el contrato, ¿verdad? —me preguntó mi nuevo amigo sonriendo entre dientes.

—No —respondí en un susurro.

—Tienen derecho a enviarnos directo a Vietnam —me dijo mientras sonreía para la cámara.

En cuanto los padres y familiares se fueron, alguien guardó las galletas y el ponche… y comenzaron los gritos. Primera tarea: memorizar la Misión de la Academia de la Marina Mercante de Estados Unidos. Esa noche nos harían un examen después de la cena. Si es que servían cena. Bienvenido a la Semana infernal.

Nos convertimos oficialmente en cadetes novatos, en guardiamarinas de cuarta clase. Un tercer oficial de cubierta de unos diecinueve años se hace cargo y empieza a ladrar órdenes. Somos unos veinte y nos formamos mientras él sigue vociferando.

—*Sección. Atención. Firmes. Ya. Medir distancia. Ya. Flanco derecho. Levantar bolso marinero. Ya. Marchar. Ya…* —y así comenzó la Semana infernal.

Era lunes. Una semana después, el domingo por la noche después de cenar, tuvimos tiempo libre por primera vez. Permanecí de pie en una colina y miré al oeste, vi por encima de las luces de la Ciudad de Nueva York hacia Hawái… y lloré. Había sobrevivido a la Semana infernal. Ahora solo tenía que sobrevivir cuatro años más. Me pregunté si no había cometido el error más grande de mi vida.

Un día dieron a conocer el "índice de expulsados". En 1969, de los casi 400 estudiantes de mi promoción, solo se graduaron 165. Y con nosotros también estaban algunos que fueron expulsados de la promoción de 1968 y se quedaron.

Aspirante a *Anchor Man*

Mientras todos mis compañeros anhelaban ser oficiales de clase y graduarse con el promedio más alto, yo solo quería ocupar el puesto de *Anchor Man*, o sea, el guardiamarina que se gradúa con el promedio más bajo. ¿Por qué? Porque el Anchor Man ganaba un dineral. Los estudiantes ponían dinero en un frasco y se lo daban al *Anchor Man* que, como tenía el promedio más bajo, desviaba la curva para todos. Por desgracia, mi promedio fue superior al de otro cadete por tres centésimas y él ganó.

Creo que solo logré graduarme de Kings Point porque me interesaban las materias que nos enseñaban. Como quería ser oficial de un barco, me esforcé y pasé un año navegando por el mundo. En ese período, tuve maestros fantásticos.

Casi todos eran maestros reales, gente que practicaba lo que enseñaba. Por ejemplo, aprendí trigonometría esférica y navegación celeste con un maestro que ejercía estas actividades en un barco de verdad. La base de la navegación celeste es la trigonometría esférica, es decir, los astros: el sol, la luna y las estrellas vistos desde el mar.

Uno de mis maestros preferidos era un graduado de la Academia Militar de Estados Unidos en West Point que había volado sobre Alemania en un bombardero B-17. Lo derribaron dos veces y en ambas ocasiones evadió la captura. Cuando salió del ejército estudió un posgrado y obtuvo su doctorado en Literatura inglesa con una especialidad secundaria en Economía.

Ese maestro nos habló de las enseñanzas de Marx, Stalin, Hitler, Lenin y Mao. En sus clases comprendí que las filosofías económicas eran muy parecidas a la religiones porque en ambas había un líder. Hizo énfasis en el hecho de que los discípulos y los seguidores eran capaces de matar tanto en las filosofías como en las religiones. Nos habló, por ejemplo, del Ejército Republicano de Irlanda del Norte (IRA, por sus siglas en inglés) y nos explicó que eran protestantes y asesinaban a católicos a pesar de que tanto el protestantismo como el catolicismo eran religiones cristianas.

La ofensiva del Tet

El 30 de enero de 1968 comenzó la ofensiva del Tet, una de las escaladas y campañas militares más imponentes de la guerra de Vietnam. El Vietcong y el Ejército Popular de Vietnam (NVA, por sus siglas en inglés) atacaron ciudades y bases militares en todo Vietnam del Sur.

Como parte del año que debía pasar navegando en un buque carguero para la academia, en 1966 entregamos bombas en Vietnam y Tailandia. Cuando estuve en esa zona la guerra captó mi atención, así que empecé a seguir la crónica del conflicto bélico que hacía Walter Cronkite en *CBS Evening News* todas las noches.

En 1968, en plena ofensiva del Tet, noté un cambio en la cobertura noticiosa. Me pareció que empezaron a reportar de forma desfavorable para Estados Unidos, o sea, nos retrataron sutilmente como "los malos". Y si yo no hubiera estado en Vietnam, no habría notado el cambio porque fue muy tenue.

La Matanza de My Lai

La masacre de My Lai tuvo lugar en 1968, pero gente en puestos de importancia la ocultó durante meses. En cuanto se dio a conocer la noticia y se publicaron las fotografías de la atrocidad, se le dedicaron horas incontables de cobertura en televisión, radio y prensa; y los periodistas se enfocaron en los entre 340 y 500 civiles desarmados que fueron asesinados por los soldados del ejército estadounidense dirigido por el teniente William Calley.

A pesar de que Calley fue el único al que le imputaron cargos, declararon culpable y sentenciaron, muchos sabían que no estuvo solo cuando participó en la masacre y que hubo un encubrimiento por parte de individuos en altos niveles. Pero, claro, nunca sabremos la verdad.

No apruebo lo que sucedió en 1968 en My Lai, pero quiero poner este suceso como ejemplo y mostrar que fue usado para dañar a hombres y mujeres de nuestras fuerzas armadas. Como dije antes, en 1968 empecé a notar que los medios de comunicación corporativos se volvían en contra de Estados Unidos.

El 1 de febrero de 1968, en una calle de Saigón, Vietnam del Sur, el jefe de policía levantó su arma y encañonó en la cabeza a un prisionero del Viet Cong esposado. Luego jaló el gatillo abruptamente. A unos cuantos pasos, el fotógrafo Eddie Adams de Associated Press presionó el disparador de su cámara.

La fotografía de Adams fue tomada durante la inesperada ofensiva del Tet en el Norte y mostraba la brutalidad de la guerra de una manera que los estadounidenses no habían visto hasta entonces. Los detractores consideraron que la imagen era evidencia gráfica de que Estados Unidos estaba luchando del lado de un gobierno injusto, Vietnam del Sur, y Adams ganó el Premio Pulitzer por una fotografía que lo afligió por siempre.

En 1969, estando en casa en Hawái, justo antes de graduarme de Kings Point, conocí a un Marine. Era amigo de un amigo y acababa de volver de Vietnam, participó en la Batalla de Khe Sanh, la cual tuvo lugar entre el 21 de enero y julio de 1968. Luchó en una zona al noroeste de la provincia Quang Tri, junto a Laos.

Las principales fuerzas estadounidenses que defendieron la Base de combate Khe Sanh (KSCB, por sus siglas en inglés) las conformaban dos regimientos del Cuerpo de la Marina Mercante apoyados por elementos del Ejército y la Fuerza Aérea. La Batalla de Khe Sanh fue parte del Viet Cong y de la ofensiva del Tet de Vietnam del Norte.

Mientras bebíamos un par de cervezas, aquel Marine me contó que le permitieron dejar la Marina por lo que ahora llamamos trastorno de estrés postraumático o TEPT. Sorbiendo la espuma de su tarro, me contó su experiencia.

—La verdad es que fui un cobarde —dijo al principio.

Continuó explicándome que, después de que el VC y el NVA infestaron Khe Sanh, en lugar de permanecer de pie y luchar, trepó un cráter formado por la caída de un proyectil. Al ver que el cráter estaba repleto de Marines muertos, se colocó debajo de un cuerpo y permaneció inmóvil. Entonces los soldados del VC y el NVA les dispararon con bayonetas a los Marines vivos y a los agonizantes. Mientras me contaba todo esto, la mano en que tenía el tarro de cerveza no dejaba de temblar.

—Todavía escucho y siento la bayoneta con que un soldado enemigo atravesó el cuerpo del Marine sobre mí —explicó antes de tomarse un instante y beber otro sorbo—. No puedo perdonarme haber sido un cobarde —añadió—. Fue por eso que me permitieron dejar la Infantería de Marina.

Un cambio de carrera

En la primavera de 1969, estando a unos meses de graduarme, recibí una oferta de empleo de la Standard Oil Company de California para ser tercer oficial y navegar en buques petroleros de California a Hawái, Tahití y Alaska.

Me sentí agradecido y aliviado de recibir esa oferta de trabajo porque los oficiales de sus buques no estaban sindicalizados. Aunque la paga era más baja, prefería trabajar para la Standard Oil que para una empresa que me obligara a unirme al sindicato de Capitanes, Oficiales y Pilotos (MM&P, por sus siglas en inglés). Todo era cuestión de principios porque yo soy capitalista, no marxista.

En cuanto volví a Kings Point fui a ver a mi maestro de Economía. Pasamos muchas horas hablando del cambio de opinión de los medios de comunicación y sus ataques contra Estados Unidos porque era un tema que también le atañía.

—Cuando volé en un B-17 sobre Alemania, sabía que los medios y los estadounidenses apoyaban a nuestras tropas y los esfuerzos en la guerra —dijo, y enseguida me enseñó una cita de Adolf Hitler advirtiendo: "Desmoralizar al enemigo desde el interior por medio de la sorpresa, el terror, el sabotaje y el asesinato. Esta es la guerra del futuro."

—Parece que Hitler está ganando en Vietnam —recuerdo haberle dicho.

Pasamos más de una hora juntos. Me contó que lo habían derribado y que perdió a muchos miembros de su tripulación. Se ocultó en granjas, lo cual puso en riesgo la vida de las familias de granjeros franceses que le ayudaron. Finalmente regresó a Inglaterra y volvieron a derribarlo, pero logró escapar y volar de nuevo.

Mientras hablaba y me contaba sus experiencias como piloto en la Segunda Guerra Mundial, empecé a cambiar de opinión a pesar de que él no estaba tratando de influir en mi manera de pensar, solo me estaba hablando de sus experiencias. Cuando salí de su oficina había tomado una decisión: cambiaría de carrera. Tenía un empleo que me pagaba 47 000 dólares al año, lo cual era bastante bueno en 1969, sobre todo porque solo tenía que trabajar siete meses al año y los cinco restantes eran de descanso. Sin embargo, decidí renunciar a ese empleo para ganar 2400 dólares al año y tener solo dos semanas de vacaciones. Fue una de las mejores decisiones de mi vida.

EL MANIFIESTO CAPITALISTA DE PADRE RICO

promueve que nuestros maestros sean maestros de verdad, que ejerzan lo que enseñan. Solo los socialistas, los fascistas y los marxistas emplean a maestros falsos para adoctrinar en lugar de enseñar.

En octubre de 1969 llegué a Pensacola, Florida y empecé otra gran aventura. Fue genial porque, insisto, tuve maestros formidables. A diferencia de los de la primaria, la secundaria y la preparatoria, estos eran maestros de verdad. No enseñaban con ayuda de libros de texto y respuestas memorizadas: todos los instructores que nos enseñaban a volar... podían volar porque eran pilotos de verdad. Fueron maestros sobresalientes, me inspiraron y me hicieron desear ser como ellos.

Fue algo muy parecido a la historia de mi padre rico y mi padre pobre. Mi padre pobre fue un buen hombre, pero nunca recibió educación financiera real y no sabía que era marxista. Yo quería ser como mi padre rico, quería ser capitalista.

María Montessori, empresaria de la educación y creadora del método Montessori, dijo:

> *El crecimiento es producto de la actividad, no de la comprensión intelectual.*

Es por esto que el Manifiesto capitalista de Padre Rico se creó con el juego de mesa *CASHFLOW* de 1996 como base.

Por qué los juegos son excelentes maestros

Una de las cosas que me inspiraron a amasar una fortuna fue que padre rico nos proveía educación financiera, a su hijo y a mí, con el juego de mesa *Monopolio*. Solía decirnos:

> *Hay muchas maneras de volverse rico. Una de las mejores es jugando Monopolio.*

Casi todos conocemos la fórmula:

> *4 casas verdes; 1 hotel rojo. Repite el proceso.*

Una de las razones por las que se aprende mejor con los juegos que con los maestros es porque los juegos exigen el uso de las cuatro inteligencias humanas.

DESPIERTA TU GENIO FINANCIERO
TUS 4 INTELIGENCIAS

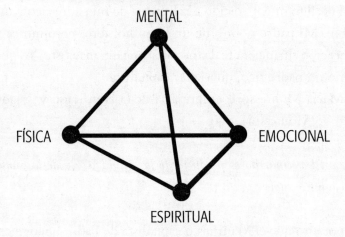

Por qué los maestros en las escuelas son maestros mediocres

Al ver el tetraedro de las Cuatro inteligencias es fácil comprender por qué la mayoría de los maestros en las escuelas son maestros mediocres... ¡y además pobres!

Los maestros utilizan la inteligencia mental para memorizar, pero memorizar algo no significa aprenderlo. La mayoría de las "personas inteligentes" han memorizado hechos, cifras, fechas y fórmulas. Cuando hablan suenan inteligentes porque pueden leer y recitar, pero la pregunta es: ¿Qué pueden *hacer*?

Por eso las palabras de María Montessori son tan profundas y merecen que las repita:

> *El crecimiento es producto de la actividad, no de la comprensión intelectual.*

También dijo:

> *Lo que la mano hace, la mente recuerda.*

Dos versiones de *CASHFLOW*

Hay dos versiones del juego de mesa *CASHFLOW*, la tradicional y la electrónica. Cuando juegas el juego *CASHFLOW* físico, tienes que utilizar tu mente y tu mano para escribir las cifras en el estado financiero del jugador, por eso recomiendo más el juego de mesa que la versión electrónica. El acto físico de llenar los campos del estado financiero es invaluable.

Hay otras razones por las que creo que el juego *CASHFLOW* es mejor que los maestros tradicionales: *CASHFLOW* no te cobra horas extras. Este juego trabajará con el mismo entusiasmo que tú y durante el tiempo que desees seguir practicando. Incluso en vacaciones, el verano o los días laborales. El juego de *CASHFLOW* no pide días de descanso ni vacaciones.

La inteligencia emocional ocupa un lugar fundamental. La principal razón por la que los maestros son mediocres es porque la educación tradicional se imparte a través de la emoción del miedo. Por eso creé un acrónimo para miedo en inglés. *FEAR* quiere decir: Falsa Evidencia Aparentemente Real. La educación tradicional hace que la gente siga siendo pobre y mediocre porque le transmite el temor a cometer errores y a trabajar en equipo con otras personas.

En las escuelas donde mi padre pobre daba clases, a la gente que cometía errores le decían "estúpida", y a quienes trabajaban en equipo les decían "tramposos". En el mundo real, sin embargo, las cosas son diferentes.

En el sistema educativo de mi padre rico, la gente que cometía errores y aprendía de ellos se volvía más inteligente. Asimismo, quienes colaboraban y trabajaban en equipo eran capitalistas que innovaban y preparaban el camino hacia el futuro.

Otra razón por la que los juegos *CASHFLOW* son excelentes maestros es porque quieren que cometas errores con el dinero... pero con dinero de juguete, no de verdad. Los juegos *CASH-*

FLOW te ayudan a ser más inteligente cada vez que te equivocas. Cuando cometes errores, aprendes lecciones distintas que puedes aplicar en la vida real y utilizar para tomar decisiones respecto al dinero. Estos juegos son maestros que no exigen prestaciones médicas ni planes de retiro. Los juegos *CASHFLOW* te servirán a ti, a tu familia y a tus amigos por varias generaciones.

María Montessori dijo:

> *La educación de un niño pequeño, por lo tanto, no tiene como objetivo prepararlo para la escuela, sino para la vida.*

En el mundo real del capitalismo y de los negocios nos pagan por lo que podemos hacer, no por hablar y dar discursos, por eso el mayor problema en las escuelas es que los maestros hablan y hablan, pero no pueden hacer gran cosa.

Mi padre se volvió pobre cuando perdió su empleo como superintendente de educación porque era una persona que no le servía de mucho al Estados Unidos corporativo ni a los negocios pequeños. Tenía un doctorado, pero carecía de habilidades comercializables. No era contador, ni tenedor de libros, ni abogado o secretario. No podía vender y tampoco quería ser intendente.

Los militares de Kings Point ganaban mucho dinero desde que se graduaban porque, además de su diploma, obtenían una licencia para navegar como oficiales o ingenieros navales, así como una comisión de alférez en la Marina estadounidense o de subteniente en el Cuerpo de la Marina Mercante.

El juego *CASHFLOW* enseña educación, historia y alfabetismo financieros, es decir, materias que no aprendes en la escuela. La mayoría de los maestros no saben gran cosa sobre el dinero, impuestos, deuda, flujo de dinero, contabilidad, inversiones o teneduría de libros y, mucho menos, sobre historia de las finanzas. Sin embargo, todos estos temas son útiles y valiosos en la vida real.

El juego *CASHFLOW* no necesita maestros, él mismo empodera a los jugadores para que ellos sean los maestros.

María Montessori dijo:

> *La señal más importante del éxito en un maestro se presenta cuando es capaz de decir: "Los niños están trabajando como si yo no existiera."*

Inteligencia espiritual

La primera palabra que se enseña en las escuelas militares es *Misión*. La misión es espiritual, es la raíz de la palabra *misionario*. Cuando yo estudiaba la maestría, la "declaración de la misión" o, simplemente, la "misión", era un ejercicio mental, no espiritual. Para la mayoría de las empresas, la misión es "generar más dinero", por eso mucha gente odia el capitalismo corporativo, pero adora el capitalismo empresarial, o sea, el espíritu que tenían emprendedores como Henry Ford, Thomas Edison o Steve Jobs cuando echaron a andar sus empresas.

¿Darías tu vida por una misión?

Aquí es donde comienza tu inteligencia espiritual. ¿Le consagrarías tu vida a una causa? ¿A un llamado más grande que tú mismo? Y, quizá, ¿entregarías tu vida por esa misión?

Al principio fui a Kings Point porque quería recibir una educación gratuita y desarrollar la disciplina de la que carecía, pero en algún momento de los cuatro años que duró el proceso, la palabra *misión* se volvió parte de mí. En la Biblia, en Juan 1:14, podemos leer:

> *Y el verbo se hizo carne y habitó entre nosotros.*

Descuida, no tengo la intención de predicar ni de tratar de convertirte al cristianismo. Así como desprecio a los maestros que solo hablan, también desprecio a los predicadores que no practican lo que predican. Prefiero a la gente que mantiene la boca cerrada, pero vive y practica lo que predica. Prefiero a la gente cuyas palabras se encarnan a través de sus actos. *Acta non verba.*

En la escuela militar y en los Marines, a quienes no se comportaban como predicaban les llamábamos "bocones". El mundo de hoy está repleto de "bocones".

En la guerra de Vietnam, tres de mis compañeros de clase fueron derribados en acción. Uno volaba para la Fuerza Naval, otro para el Cuerpo de la Marina y otro para la Fuerza aérea. El piloto del Cuerpo de la Marina y yo habíamos sido amigos desde que teníamos nueve años, estudiamos en la misma primaria en Hilo, Hawái. Robby se graduó de Dartmouth y terminó volando un A-6 Intruder para los Marines.

Jim, el piloto de la Fuerza Naval, era amigo de un amigo de Hawái y también volaba un A-6 Intruder.

Nunca encontraron a Robby ni a Jim ni sus aviones, hasta la fecha continúan "desaparecidos en acción".

Mi compañero de clases volaba el F-4 Phantom para la Fuerza Aérea y fue derribado por un misil superficie-aire. Pasó dos años en el Hanoi Hilton como prisionero de guerra hasta que fue liberado.

Mi maestro de economía era piloto B-17 del ejército y fue derribado en dos ocasiones.

A mí nunca me derribaron, pero tuve tres colapsos. Como volábamos día y noche, nuestra aeronave estaba más fatigada que la tripulación, la primera vez que caímos fue debido a una falla en el motor cuando estábamos mar adentro, a 45 kilómetros de la costa. Nadamos cuatro horas antes de que nos rescataran. La segunda vez fue por una falla hidráulica doble que nos hizo chocar con la popa de un barco en el mar; y la tercera vez se debió a una falla en el rotor de la cola del avión y sobrevivimos porque logramos deslizar la aeronave sobre la cubierta del portaaviones.

La buena noticia es que, a pesar de que perdimos tres aeronaves, toda la tripulación regresó sana y salva a Estados Unidos: dos pilotos, dos artilleros y un jefe de tripulación.

Nuestra supervivencia se la atribuyo a la calidad de las escuelas de vuelo de la Fuerza Naval y de la Marina, así como a las aptitudes de los instructores, entre quienes había muchos pilotos con experiencia legítima de combate. Todos ellos eran formidables porque eran maestros de verdad.

Los hombres y mujeres que servimos en el ejército, en todas las guerras, luchamos por una cosa: por nuestras libertades. Por las libertades que la Constitución de Estados Unidos protege. Son algo por lo que vale la pena luchar… y morir.

Una de las razones por las que el juego de *CASHFLOW* es mejor que los maestros es la misión: enseña el *capitalismo* en el hogar como contrapunto a los maestros que imparten el *comunismo* y sus principios en las escuelas.

Muchos Marines se han tatuado el lema del Cuerpo de Infantería de Marina:

Muerte antes que deshonra

Y también el lema:

"Semper Fidelis."
Siempre fieles.

El lema que les inculcan a los estudiantes en Kings Point es:

"ACTA NON VERBA"
Acciones, no palabras

Capítulo 4

¿QUIÉN MATÓ A MÁS GENTE? ¿LOS SOCIALISTAS? ¿LOS CAPITALISTAS? ¿O LOS MARXISTAS?

"La democracia es el camino al socialismo."

—*Karl Marx*

El 5 de enero de 1972 por la noche, alrededor de 200 soldados, pilotos, marineros y Marines fueron depositados en la Base Aérea de Kadena, en la isla de Okinawa, Japón. Durante la Segunda Guerra Mundial, el espacio aéreo de Kadena fue japonés y en Okinawa se libraron algunas de las batallas más feroces, justo antes del final de la guerra con Japón.

Aletargado por no haber dormido mucho y por haber cruzado varios husos horarios, encontré el camino que llevaba al comedor de los oficiales. Mi intención era desayunar. En medio del intenso bullicio, busqué un lugar para sentarme. Nadie levantó la vista. Nadie dijo: "Hola." Todos me ignoraron. Solo vi un asiento vacío, así que me dirigí a esa mesa con el desayuno en mi charola y me senté junto a otro piloto que también me ignoró.

Me esforcé por romper el hielo y hablar con el hombre sentado a mi lado, pero en lugar de responder a mis preguntas, masculló respuestas incomprensibles. Le di una palmadita en el hombro y finalmente hice la pregunta que todos tenían en mente: "¿Cuándo van a rotar a Estados Unidos?"

El hombre volteó a verme y, con la sonrisa más amplia que he visto en mi vida, exclamó para que su voz se escuchara en todo el comedor:

—Volveré a casa en el avión en que llegaste…

Todos comenzaron a carcajearse. Me habían puesto una trampa. Yo era el ETN, el Estúpido Tipo Nuevo, el remplazo de piloto para el escuadrón.

Sin dejar de sonreír de oreja a oreja, levantó su saco marinero.

—Esta noche dormiré en mi propia cama, con mi esposa. Bienvenido a la guerra —dijo, antes de dar media vuelta y dirigirse al avión en que yo acababa de arribar.

Aquel piloto y yo seguimos siendo amigos hasta la fecha. Ambos estábamos estacionados en Hawái, en la Base Aérea del Cuerpo de la Marina Mercante en Kaneohe, cuando, un año después, rotamos de vuelta y encontramos a los manifestantes contra la guerra al descender del avión en California.

Un escuadrón compuesto

En la isla de Okinawa, el escuadrón de Marines se preparaba para una *flot*, término corto para decir "flotilla". La flotilla es un grupo de siete buques de guerra y se organiza alrededor de un buque portaaviones, el mismo que sería el hogar de nuestro escuadrón en la zona de conflicto.

Yo venía de un "escuadrón de artilleros" que fue entrenado en Camp Pendleton, California, y hasta ese momento siempre me habían asignado a un solo escuadrón de aeronaves. Cuando estuvimos en Okinawa, sin embargo, nos integramos a un escuadrón compuesto.

El nuevo "escuadrón compuesto" HMM-164 lo conformaban helicópteros Sea Stallion CH-53, un tipo de aeronave al que a menudo llamaban El gigante verde feliz.

Este es el CH-46 Sea Knight, un helicóptero
de tamaño mediano para transporte de tropas.

Y el artillero UH-1 Huey…

Vuelo en equipo

El objetivo de nuestro entrenamiento en Okinawa era que aprendiéramos a volar juntos, a volar y a luchar como un equipo constituido por distintos tipos de aeronaves. Pero, claro, no es tan fácil como suena.

Las tareas que tenían que cumplir los CH-53 y los CH-46 consistían en introducir la mayor cantidad posible de tropas en una zona de aterrizaje o LZ, por sus siglas en inglés, y hacerlo tan rápido como se pudiera. La labor del artillero Huey era transportar armas y misiles de apoyo, y realizar disparos de supresión mientras el CH-53 y el CH-46 permanecían en tierra dejando o recogiendo a los Marines en combate.

Obviamente, a mí me gustaba la labor de los artilleros mucho más que la de los helicópteros de transporte porque la idea de permanecer estacionado en tierra mientras los Marines abordaban o descendían no me atraía. Prefería volar y disparar misiles y ametralladoras.

En Okinawa practicábamos vuelo en formación y con frecuencia usábamos dos CH-53 y cuatro CH-46 escoltados por dos artilleros. Volábamos a casi 500 metros sobre la tierra. La altura era importante porque se encontraba por encima del rango eficaz de las armas de fuego de corto alcance como los AK-47 fabricados en China y Rusia que tenía el Viet Cong.

La guerra había cambiado

Justo antes de abordar los buques del grupo de combate recibimos nuevas instrucciones: teníamos que cambiar las tácticas. El Viet Cong y el Ejército de Vietnam del Norte, EVN, ahora tenían el SA-7 hecho en Rusia: un misil con tecnología de infrarrojo que se disparaba apoyándolo en el hombro.

El oficial de inteligencia de nuestro nuevo escuadrón compuesto se puso de pie.

—Caballeros, la guerra ha cambiado. Ya no podemos volar y combatir a 500 metros de altura, ahora tenemos que volar al nivel de los árboles —nos explicó.

Esto cambió todo porque, de por sí, ya era difícil volar a 500 metros de altura. Nuestro escuadrón ahora tenía que aprender a permanecer en formación estrecha y a luchar por encima de las copas de los árboles. Esto fue particularmente difícil para los pilotos de los artilleros porque nos habían enseñado a disparar a 500 metros de altura.

El SA-7 les daba una ventaja injusta a los soldados en tierra. Ya no necesitaban saber disparar bien, ya no necesitaban tanto entrenamiento. Lo único que tenían que hacer era apuntar y disparar, el sistema de guía infrarroja detectaría el calor de nuestro tubo de escape y el misil volaría directo a él para hacernos estallar y desaparecer del cielo. Nuestro escuadrón salió de Okinawa y navegó a Vietnam, pero no estábamos preparados para lo que nos esperaba. Con esta tecnología, nuestro entrenamiento ahora resultaba obsoleto.

El precio de la muerte

A Estados Unidos le tomaba varios años y le costaba varios millones de dólares entrenar a una tripulación. Luego, para que dos pilotos, dos artilleros y un jefe de tripulación volaran la aeronave, se necesitaba un millón más. A eso se sumaban mil millones de dólares para llevar a nuestro escuadrón hasta la zona de combate en una flotilla de siete buques de guerra. Y ahora, la tecnología le daba a un solo hombre, mujer o, incluso a un niño sin entrenamiento, el poder de colocarse en el hombro un misil de 100 dólares, disparar y hacer estallar en pedazos nuestra aeronave. En pocas palabras, nos iba a matar una tecnología barata.

Todos nuestros años de educación y entrenamiento se volvieron obsoletos. Si queríamos sobrevivir o aspirar a ganar la guerra, tendríamos que volver a aprender, volver a entrenarnos y practicar de manera distinta nuestro vuelo: como un escuadrón compuesto de distintas aeronaves y misiones. El Viet Cong requería menos entrenamiento, los soldados solo tenían que apuntar y disparar. La tecnología disminuyó el costo de la guerra para ellos y la volvió extremadamente costosa para Estados Unidos.

Los pies secos

Nuestra flotilla de buques llegó poco después y "se estacionó" en la costa de Vietnam. Lo único que hicimos fue esperar, entrenar y ver películas. Fue aburrido. Si llegábamos a volar, era solo en misiones de "reabastecimiento". Íbamos a Da Nang por cualquier cosa que desearan los oficiales al mando.

Luego, de repente, empezó a haber más actividad. Volábamos más y por razones distintas. En abril de 1972 contacté por radio al portaaviones: "Pies secos", dije. *Pies secos* significaba que nuestro vuelo de tres aeronaves, dos CH-46 y un artillero, había volado cerca de 24 kilómetros del portaaviones y que acabábamos de cruzar la playa. Las tres aeronaves se inclinaron a la derecha, se dirigieron al norte y sobrevolaron algunas de las playas más hermosas del mundo.

Yo llevaba seis años en Vietnam. En 1966, cuando tenía diecinueve años, estuve ahí como guardiamarina, era estudiante de Kings Point y me encontraba cumpliendo con un año en el mar a bordo de un oxidado buque carguero que transportaba bombas. En 1966, la guerra empezaba a intensificarse, la ligera rebelión se estaba transformando en un combate pleno. En 1966, nuestro buque carguero "colgaba del gancho", es decir, estábamos anclados en Cam Ranh, una enorme bahía militar. Las únicas acciones que veíamos o de las que nos enterábamos eran las realizadas por los guardias del ejército estadounidense estacionados en nuestro buque: lanzaban granadas al otro lado cada media hora para evitar que los buzos pegaran explosivos al casco de nuestro buque. A nosotros nos permitían ir todos los días a la orilla para traer alimentos, cerveza fría y artículos de entretenimiento. Lo único que vi en 1966 fueron diminutos pueblos pesqueros. Los vietnamitas que conocí eran gente cálida, amistosa, maravillosa. No me parecía que quisieran matarme, y yo no quería matarlos a ellos. Vaya, no parecía una zona de guerra.

En 1972 tenía veinticinco años, incluso por la forma de soplar del aire notaba los cambios que produjeron los años de guerra. Al sobrevolar las inmaculadas playas, llegábamos pronto a lo que alguna vez fueron espectaculares castillos franceses, pero ahora eran solo ruinas tras los bombardeos. Vietnam llegó a ser conocido como la Riviera indochina, y la razón me resultaba obvia. Los colonialistas franceses tenían un nivel de vida muy elevado en Vietnam. Era triste y surrealista al mismo tiempo ver aquellos castillos, otrora espléndidos, e imaginar cómo era la vida antes de la guerra, antes de que los comunistas decidieran enfrentarse a los franceses para recuperar Vietnam.

Los castillos de los ricos

Mientras volaba a lo largo de la playa y pasaba junto a los castillos franceses de los ricos, ahora ennegrecidos, bombardeados y saqueados, recordé a mi maestro de Kings Point, el piloto del B-17. Durante el trayecto de nuestras tres aeronaves hacia la ciudad de Hue, otrora capital de Vietnam, sus lecciones sobre Marx, Lenin, Stalin, Hitler y Mao pasaron frente a mí como una película.

Fijé la vista en un hermoso castillo color ocre que había sido bombardeado. Estaba carbonizado. Era obvio que, apenas unos años antes, fue el hogar de una familia muy adinerada. Me pregunté cómo habría sido su vida e imaginé que, quizás, organizaban en su castillo galas y fiestas a las que asistía gente vestida con ropa muy hermosa. Ahora, todo eso era solo un recuerdo del pasado. Las filosofías de Marx, Lenin, Stalin y Mao estaban ganando. Pensé en las lecciones de mi maestro de economía en Kings Point y me pregunté si no estaría yo viendo el futuro de Estados Unidos.

América entre llamas

En 2020 vi la cobertura televisiva de una ciudad en llamas, un lugar donde Kim y yo alguna vez vivimos. Era Portland, Oregón. Poco después pasé en mi automóvil junto a la tienda Neiman Marcus, cerca de mi oficina en Scottsdale, Arizona. Los aparadores estaban tapiados. Todas esas imágenes me recordaron el castillo francés color ocre en Vietnam, y en mi mente escuché de nuevo la advertencia de Jrushchov:

> *Ustedes, los estadounidenses, son muy ingenuos. No, no aceptarán el* **comunismo** *de inmediato, pero nosotros los seguiremos alimentando con ligeras dosis de* **socialismo** *hasta que un día despierten y se den cuenta de que el comunismo llegó a su país.*

Una capital antigua

La antigua ciudad imperial de Hue permaneció intacta la mayor parte de la guerra, hasta que los franceses se rindieron y se fueron de Vietnam. Dado que era una antigua capital imperial y cuna de la historia y la cultura vietnamita, desde el punto de vista psicológico fue un tremendo premio en la lucha por el control de aquel atribulado país.

La Batalla de Hue tuvo lugar del 31 de enero al 2 de marzo de 1968, también se le conoce como Sitio de Hue. Fue un enfrentamiento militar de gran importancia y formó parte de la ofensiva del Tet iniciada por Vietnam del Norte y el Viet Cong durante la guerra de Vietnam. Aunque al principio perdieron el control de la mayor parte de Hue y sus alrededores, las fuerzas unidas de Vietnam del Sur y de Estados Unidos lograron recapturar poco a poco la ciudad a lo largo de un mes de intenso combate.

"Nunca volveré a salir con un Marine..."

A medida que nuestras tres aeronaves se acercaban a la otrora hermosa ciudad de Hue, recordé a una joven que me rechazó cuando la invité a salir. La conocí durante el entrenamiento avanzado de armamento en Camp Pendleton, California; había estado comprometida con un teniente Marine y planeaban casarse cuando él regresara de Vietnam. Por desgracia, él murió trágicamente en la Batalla de Hue durante la ofensiva de la Tet en 1968.

La joven era amiga de un amigo, y cada vez que la invitaba a salir me respondía con amabilidad, pero también con profunda tristeza: "Nunca volveré a salir con un Marine." Por lo que sé, cumplió su palabra y no volvió a casarse. La herida de su corazón permaneció abierta por siempre.

Estados Unidos iba ganando

En 1972, mi copiloto y yo jugamos a los "turistas" y visitamos los sitios de batalla más importantes de Hue. Nuestro guía fue un mayor Marine survietnamita que combatió del lado de los Marines de Estados Unidos durante la recuperación de Hue. Con la misma tristeza con que solía hablar aquella joven que perdió a su amor, nuestro guía dijo:

—La Batalla de Hue fue un parteaguas. La ofensiva de la Tet, en 1968, rompió la columna vertebral del Viet Cong y del Ejército de Vietnam del Norte. Estados Unidos iba ganando.

—¿Qué sucedió después? —preguntó mi copiloto.

—La prensa estadounidense le dio la espalda a Estados Unidos. Después de la Tet, los periodistas reportaron y fotografiaron una atrocidad tras otra, con lo que hicieron que los estadounidenses se volvieran contra la guerra... justo cuando iban ganando. Sus periodistas mostraron las atrocidades que ustedes cometieron, pero no las del VC. Tampoco reportaron nada respecto a la valentía de los jóvenes soldados estadounidenses a pesar de que eran muchísimos. Los médicos y las enfermeras en los hospitales de campo se comportaron como santos, pero la prensa hizo que Estados Unidos pareciera el enemigo. La prensa de su país se encargó de ganar la guerra para los comunistas —explicó nuestro guía.

Justo en ese momento, un jeep del ejército estadounidense se detuvo a nuestro lado, y de él descendieron dos civiles.

—¿Son Marines? —preguntó uno de ellos.

—Así es —respondió mi copiloto—. ¿Ustedes quiénes son?

—Somos reporteros. ¿Qué hacen aquí los Marines?

—Libramos una guerra —dije en tono sarcástico.

—Los Marines no deberían estar aquí —exclamó el reportero.

—Lo sé. En realidad, no estamos aquí —dijo mi copiloto sonriendo entre dientes—. Esta noche nos encontraremos de nuevo a bordo de nuestro portaaviones. Siempre y cuando no pasemos la noche en Vietnam, técnicamente no estamos aquí.

—¿De qué portaaviones habla? —preguntó uno de los reporteros.

Mi copiloto y yo nos quedamos en silencio, sabíamos que querían saber de qué barco habíamos bajado, a qué escuadrón pertenecíamos, por qué estábamos en tierra y, lo más importante, quién era nuestro pasajero. Por eso nos callamos. Nuestro pasajero era un contralmirante de los Marines —tenía una estrella— y los pasajeros de la segunda aeronave eran los miembros de su personal. El general y sus hombres estaban en Hue planeando la próxima ofensiva, la cual llegaría a conocerse como la segunda batalla por Quang Tri.

Los reporteros fueron muy insistentes, nos intimidaron. Querían que les dijéramos más de lo que necesitaban saber, más de lo que estábamos dispuestos a revelarles. Aunque los cuatro éramos estadounidenses, para mí era claro que no estábamos del mismo lado, así que nos dimos vuelta para continuar la visita de Hue con el mayor vietnamita y les hicimos la grosera seña del dedo medio como gesto de despedida.

La Segunda batalla de Quang Tri

Al terminar la visita volamos de vuelta a nuestro grupo de combate con el contraalmirante Marine. Entonces empezó la planeación de la siguiente batalla porque, como ya nos habían enseñado:

PARABELLUM: *"Si quieres paz, prepárate para la guerra."*

La Segunda batalla de Quang Tri empezó el 28 de junio de 1972 y terminó el 16 de septiembre: duró ochenta y un días. En esa batalla, El Ejército de la República de Vietnam venció a las Fuerzas Armadas de la República de Vietnam (ARVN y PAVN respectivamente por sus siglas en inglés) en la antigua ciudadela de Quang Tri.

Recuerdos amargos

He mencionado las batallas, las victorias y el precio pagado en Hue y Quang Tri durante la ofensiva de Tet de 1968 porque, en ese momento, Estados Unidos iba ganando. Pagamos el precio de la guerra en sangre y en corazones rotos. La amargura entre muchos de los veteranos de la guerra de Vietnam tiene como raíz la comprensión de que quien venció a Estados Unidos fue Estados Unidos. Los medios de comunicación de nuestro país se volvieron contra nuestras tropas en el campo de batalla.

Comprender esto me permitió analizar a fondo la definición del término *traición*: "El crimen de traicionar a su propio país."

Si tienes la oportunidad de hablar con un veterano de Vietnam, pregúntale qué sintió al ver que su propio país le daba la espalda.

Las élites académicas

La élite académica de Estados Unidos, es decir, nuestros incompetentes líderes en Washington, D.C., asesinaron a más tropas estadounidenses que el Viet Cong y las Fuerzas Armadas de la República de Vietnam. Thomas Sowell ha dicho:

> *En la administración de Lyndon Johnson también había sabelotodos, en particular en el Pentágono, donde los brillantes "geniecillos" del Secretario de la Defensa, Robert McNamara, trataron de microgestionar la guerra de Vietnam y tuvieron resultados desastrosos.*

En Kings Point, nuestro profesor de economía nos hizo leer el poema de Alfred Lord Tennyson, *La carga de la brigada ligera*. Wikipedia lo describe de esta manera:

> *La Carga de la brigada ligera fue una acción militar fallida en la que estuvo involucrada la caballería ligera británica dirigida por Lord Cardigan en contra de las fuerzas rusas durante la batalla de Balaclava, el 25 de octubre de 1854 en la Guerra de Crimea. Para evitar que los rusos tomaran las armas de las que se habían adueñado en las posiciones turcas invadidas, Lord Raglan trató de enviar a un cuerpo adecuado para esta misión: la brigada ligera. No obstante, hubo un problema de comunicación en la cadena de mando y la brigada ligera*

fue enviada a otro lugar, a un asalto frontal contra una batería de artillería distinta, la cual estaba bien preparada con excelentes campos de fuego defensivo. La brigada ligera llegó a la batería bajo una lluvia directa de disparos fulminantes y esparció a algunos de los artilleros, pero se vio forzada a retirarse de inmediato. El asalto terminó con una gran cantidad de bajas británicas y sin un ganador definido.

Estos sucesos fueron el tema del poema narrativo de Alfred Lord Tennyson, La carga de la brigada ligera (1854), publicado solo seis semanas después del enfrentamiento. Sus versos enfatizan el valor de la caballería al cumplir con valentía sus órdenes, independientemente del inevitable resultado. La atribución de la culpa por el malentendido continúa siendo tema de debate debido a que la orden fue vaga y a que Louis Edward Nolan entregó las instrucciones escritas con cierta interpretación oral, y luego falleció en el primer minuto del asalto.

La enseñanza del liderazgo

Kings Point ha sido reconocida como una de las escuelas más importantes en la enseñanza del liderazgo. Durante muchos años, nuestro maestro de economía ha transmitido esta habilidad haciendo a los alumnos discutir poemas como *La carga de la brigada ligera* de Tennyson, un poema sobre el precio que se puede terminar pagando por un problema de comunicación entre un líder y sus tropas.

La carga de la brigada ligera
de Alfred Lord Tennyson

Media legua, media legua,
Y una media legua más.
Por el valle de la Muerte,
Los seiscientos cabalgaron.

"¡Adelante, brigada ligera!
¡A la carga por las armas!", dijo:
Por el valle de la Muerte
Los seiscientos cabalgaron

"¡Adelante, brigada ligera!"
¿A algún hombre vio desfallecer?
No, aunque bien sabía el soldado
Que alguien había errado,
Y que no correspondía replicar,
Ni tampoco cuestionar.
Nada, salvo obedecer y fenecer:
Por el valle de la Muerte
Los seiscientos cabalgaron

Cañones del lado derecho,
Cañones del lado izquierdo,
Cañones en el horizonte

Descargaron y tronaron.
Mas bajo la lluvia de municiones
Seiscientos con audacia cabalgaron
Entre las fauces de la Muerte,
Hasta la boca del averno,
Los seiscientos cabalgaron

Los sables desnudos, fulgurantes,
en sus certeros giros al aire
y en los sablazos a los artilleros.
En carga contra un ejército,
Al mundo sobrecogieron:
Entre el humo de la artillería

Por el centro cruzaron la línea.
Cosacos y rusos
Frente a los sables, replegados
Quebrados, desgarrados.
Y de vuelta cabalgaron,
mas no los seiscientos.

Cañones del lado derecho,
Cañones del lado izquierdo,
Cañones en la zaga,
Descargaron y tronaron,
Y mientras bajo lluvia de municiones,
Bestia y héroe sucumbieron,
Los que con bravura lucharon,
De nuevo las fauces de la Muerte,
Expelidos del averno, cruzaron,
Mas solo unos cuantos que quedaban
De los valerosos seiscientos.

¿Se desvanecerá su gloria?
¡Ah! Qué ataque tan fiero,
Maravilló al mundo entero.
¡Honor a su carga!
Honor a la ligera brigada,
¡Honor a los nobles seiscientos!

Los "falsos medios de comunicación" corporativos de Estados Unidos, la élite liberal de Silicon Valley y la NEA deberían estudiar este poema. Es más lógico que la Teoría crítica de la raza y que los pronombres de género. Estados Unidos y el mundo necesitan líderes que *se unan con valentía* en lugar de líderes que *dividan con odio*.

Hacia el Valle de la muerte

La Segunda batalla de Quang Tri en 1972 fue la primera ofensiva en la que se involucró nuestro escuadrón. Debido a la política de vietnamización que implicaba enseñarles a los vietnamitas a luchar por sí mismos, los del sur efectuaban la mayor parte del combate en tierra. La Fuerza Aérea, la Fuerza Naval y los Marines estadounidenses luchaban para apoyarlos. La Fuerza Aérea bombardeaba desde sus B-52; desde sus buques, la Fuerza Naval disparaba cañones de 16 pulgadas, y los helicópteros Bell AH-1 Cobra volaban a poca altura como refuerzo. Nuestro escuadrón de Marines proveía los grandes helicópteros de transporte de tropas para llevar a los Marines survietnamitas a la zona de combate.

Como mencioné anteriormente, las Fuerzas Armadas de la República Democrática de Vietnam tenían una nueva arma, el SA-7, un misil con tecnología de infrarrojo que detectaba el calor y se disparaba apoyándolo en el hombro. Nosotros, los pilotos, sabíamos que nuestro entrenamiento se había vuelto obsoleto y que las nuevas tácticas de vuelo no habían sido puestas a prueba. Todo sonaba bien en teoría, pero ahora nos enfrentaríamos a la prueba real porque tendríamos que volar a la altura de las copas de los árboles y luchar desde ahí.

La primera vez que volé una aeronave con artillería y misiles fue en Camp Pendleton, durante un entrenamiento avanzado de armas. Nos habían enseñado a volar a 500 metros de altura, por encima del fuego enemigo de armas de bajo calibre. A esta altura, los pilotos tienen más tiempo y pueden ver todo. A la altura de la copa de los árboles, en cambio, todo era distinto: las aeronaves estaban más cerca, el tiempo de respuesta se mide en segundos y la comunicación debe ser aún más precisa.

En una de las batallas de Quang Tri, la Fuerza Aérea, la Fuerza Naval y el Ejército golpearon la zona de aterrizaje donde los helicópteros de transporte de las tropas de Marines tenían que aterrizar para dejar a los Marines vietnamitas.

Todo iba según los planes. Los cañones de la Fuerza Naval crearon un escudo alrededor de la zona de aterrizaje donde los B-52 de la Fuerza Aérea dejaron caer sus bombas, y los helicópteros Bell AH-1 Cobra volaban como cobertura de defensa contra la artillería para proteger a los helicópteros de transporte pesado de tropas que venían repletos de soldados y Marines survietnamitas.

Como mencioné, no habíamos probado las tácticas. Uno de los CH-53, un gigante verde feliz que estaba volando a la altura de las copas de los árboles, de pronto "apareció" y empezó a remontar con dificultad. La enorme aeronave venía llena, transportaba a sesenta y dos Marines survietnamitas y un enorme cargamento de armas. ¿Por qué hizo eso el piloto? Nadie lo sabe. De repente solo vimos al gigante verde cargado de tropas empezar a tener problemas para ganar altitud, luego se vio un destello y en la línea de los árboles apareció una nube de humo blanco. Un misil diminuto se movió de forma extraña, dio vuelta y buscó el rastro de calor que emitía el tubo de escape del CH-53. En cuanto cruzó el rastro de calor, giró, volvió a rastrear, voló hasta el escape del jet y estalló. El enorme transporte de tropas se ladeó y giró hasta caer al suelo. Los sesenta y dos Marines survietnamitas y los cuatro jefes de tripulación y oficiales de artillería, todos Marines estadounidenses, fallecieron. Solo sobrevivieron dos pilotos.

Los helicópteros Bell AH-1 Cobra cubrieron a los pilotos caídos con disparos de supresión hasta que un CH-46 Marine aterrizó, recogió a los dos pilotos y los llevó de vuelta al portaaviones.

Nadie sabe por qué el piloto del CH-63 hizo esa maniobra. No podía hablar, parecía que deliraba. Después del incidente, con frecuencia se le veía caminando por los pasillos del buque negando con la cabeza y murmurando para sí mismo. Cuando el portaaviones volvió a Filipinas, este piloto fue expulsado de la rotación y lo remplazó un tipo nuevo, un piloto recién salido de la escuela de vuelo.

La tecnología y el entrenamiento de bajo costo lograron vencer a las armas de los ejércitos más poderosos, costosos y bien entrenados en la historia del mundo.

Bienvenido a casa

Seis meses después, en enero de 1973, mi aeronave se deslizó con suavidad hasta la terminal de la Base Norton de la Fuerza Aérea en el norte de California. Como dije, nos recibieron miles de hippies estadounidenses que nos arrojaron huevos, nos escupieron y nos llamaron "asesinos de bebés".

Los medios noticiosos de nuestro país habían logrado que Estados Unidos se volviera contra sí mismo. Ese es el poder de la libertad de prensa.

Marx advirtió:

La democracia es el camino al socialismo.

En la década de los sesenta, los hombres empezaron a quemar sus cartillas de reclutamiento… y las mujeres sus sostenes. El movimiento feminista había comenzado. De acuerdo con el censo realizado por U.S. Census Bureau en 2020, de 11 millones de familias monoparentales con niños menores de 18 años, 80 % tenían a la cabeza a una mujer soltera. La mayoría de los maestros —las estadísticas muestran alrededor de 77 % en las escuelas públicas tradicionales y las escuelas particulares subvencionadas— son mujeres. Asimismo, se reporta que hay maestros que animan a sus estudiantes a "elegir su género" desde que tienen cinco años.

En los sesenta había un popular programa de televisión llamado *Father Knows Best* con Robert Young como protagonista. En los ochenta llegó *Casados con hijos*, con Al Bundy como la figura masculina central: un desafortunado vendedor de zapatos. En 1988, el programa preferido de comedia entre las familias era *Roseanne*, con Roseanne Barr.

En 2020 los jóvenes tienen menos modelos masculinos positivos, tal vez sea por esto por lo que más y más mujeres dicen: "Es que no hay hombres."

El movimiento feminista

La mística de la feminidad, el libro de 1963 de Betty Friedan, capturó la frustración y la desesperación de toda una generación de amas de casa con carrera universitaria que se sentían atrapadas e insatisfechas.

Friedan se dirigió principalmente a un público compuesto por mujeres blancas de clase media alta con preparación académica. El impacto de su obra fue tan fuerte que se le atribuye haber provocado la "segunda ola" del movimiento feminista estadounidense en el que las mujeres buscaban tener igualdad con los hombres.

En 2016 Hillary Clinton estuvo a punto de cumplir ese sueño. Por desgracia, Donald Trump arruinó el plan de la élite liberal: tener un presidente negro, Barack Obama, y luego una presidenta, Hillary Clinton.

La élite liberal aprendió la lección. La élite académica liberal es muy inteligente. Mientras que en 2020 los republicanos presentaron a Trump y a Pence como candidatos, es decir, a dos "tipos blancos", los demócratas presentaron a un anciano blanco acompañado de una poderosa mujer negra que muchos ahora creen que podría ser la siguiente presidenta.

Los demócratas son inteligentes. Siguieron el consejo de Marx para ganar:

Cualquiera que sepa algo de historia también sabe que las grandes revoluciones sociales son imposibles sin el fermento femenino. El progreso social se puede medir con exactitud de acuerdo con la posición social del sexo femenino.

Uno de los conceptos clave del movimiento femenino es la *toxicidad masculina*. Es probable que Marx estuviera de acuerdo porque más y más mujeres parecen apoyar esta noción.

A continuación, un ejercicio breve. Las mujeres dicen que hay tres tipos de hombres:

1. Los tipos agradables
2. Los chicos malos
3. Los peleles

¿Donald Trump es un tipo agradable, un chico malo o un pelele? ¿Qué hay de Joe Biden? ¿Tipo agradable, chico malo o pelele?

El poder de la prensa

Vogue ha sido una de las revistas más importantes de moda por más de cien años. A lo largo de esas diez décadas los editores han presentado un artículo de portada sobre todas las primeras damas en la historia de Estados Unidos. La edición de julio de 2021 presentó a la primera dama Jill Biden, una mujer talentosa y atractiva, esposa del presidente Joe Biden.

No obstante, *Vogue* despreció a Melania, la esposa de Donald Trump, quien es una mujer hermosa y solía ser modelo. ¿Qué deberíamos pensar de eso?

¿Tenía Marx razón cuando escribió sobre la revuelta de las mujeres? ¿La primera dama Melania Trump debió adornar la portada de *Vogue*, o el poder y la belleza de una mujer se han vuelto aspectos políticos?

Esto nos hace preguntarnos si el primer esposo aparecerá en la portada de esta connotada revista. ¿Será *Vogue* tan elitista, liberal y… políticamente correcta?

¿Quién ha matado a más gente?

Una de las citas preferidas de mi maestro en la academia era de Víctor Hugo:

> *¿Tienes enemigos? Celébralo. Significa que en algún momento de tu vida defendiste algo.*

En 1992, en la película *Cuestión de honor*, Jack Nicholson encarnó el personaje del coronel Marine Nathan Jessup, quien pronunció algunas verdades clásicas esenciales del Cuerpo de Infantería de Marina:

Jack Nicholson: "¿Quiere respuestas?"
Tom Cruise: "¡QUIERO LA VERDAD!"
Jack Nicholson: "¡USTED NO PUEDE CON LA VERDAD!"
(Silencio)
Jack Nicholson: "Hijo, vivimos en un mundo con muros y a esos muros deben protegerlos hombres armados. ¿Quién lo hará? ¿Usted? ¿Usted, teniente Weinberg?

 Tengo una responsabilidad mucho más grande de la que usted podría imaginar. Usted llora por Santiago y maldice a los Marines. Puede darse ese lujo. El lujo de no saber lo que yo, que la muerte de Santiago, a pesar de haber sido trágica, quizá salvó vidas. Y que mi existencia, aunque grotesca e incomprensible para usted, salva vidas.

Usted no quiere saber la verdad porque, en el fondo, en momentos de los que no habla en las fiestas, en realidad quiere que yo esté al pie de ese muro. Me necesita ahí.

Nosotros usamos palabras como honor, código, lealtad. Las usamos como la columna vertebral de una vida que pasamos defendiendo algo.

Usted las usa como remate de sus bromas.

No tengo ni el tiempo ni el deseo de explicarme ante un hombre que se levanta y se acuesta al abrigo de la cobija de libertad que yo le proveo, ¡y luego cuestiona la manera en que lo hago! Preferiría que me dijera "Gracias" y siguiera su camino. Si no piensa hacer eso, le sugiero que tome un arma y proteja un puesto. Sea como sea, ¡me importa un bledo a lo que usted crea tener derecho!

El muro de la frontera del sur

El presidente Biden y la vicepresidenta Harris debieron ver esta película antes de detener la construcción del muro del presidente Trump en la frontera sur, y de abrirle las puertas a cualquiera, incluyendo a traficantes de sexo y drogas.

Respecto al tema del muro de Trump y de la frontera sur de Estados Unidos, parece que los demócratas tomaron una página del Manual de Lenin para ganar elecciones. Lenin dijo:

Uno de los síntomas principales de toda revolución es el agudo y repentino aumento en la cantidad de gente común que se interesa en la política de forma activa, independiente y enérgica.

¿Los demócratas estarán abriendo la frontera sur para tener más votantes?

La verdad

Volveré a hacer esta pregunta: ¿Quién ha matado a más gente? ¿Los socialistas? ¿Los capitalistas? ¿Los fascistas? ¿O los marxistas?

Todos hemos oído hablar de los 6 millones de judíos que Hitler exterminó en su "Solución final" y, aunque es un suceso trágico, eso no es lo que nos enseñaron en la escuela militar. Nuestro maestro de economía fue más lejos y ahondó en la verdad.

En el *Libro negro del comunismo: crímenes, terror y represión*, los autores Stephane Courtois, Andrzej Paczkowski y Karel Bartosek abrieron los archivos de la antigua Unión Soviética para revelar "la verdad" respecto al socialismo, el comunismo y el fascismo. Verdades que mucha gente ya conocía, pero que nuestros medios de comunicación se negaban a reportar.

Este libro cuenta con lujo de detalle el terror, la tortura, la hambruna, las deportaciones masivas y las masacres. Los cálculos varían, pero el comunismo es responsable de la muerte de hasta 100 millones de personas. El libro cubre la Gran purga de Josef Stalin, las hambrunas de Mao y los campos de la muerte de Pol Pot.

Los autores calculan las muertes por país o región de la manera siguiente:

China	65 millones de muertes
Unión Soviética	20 millones de muertes
Corea del Norte	2 millones de muertes
Camboya	2 millones de muertes
Vietnam	1 millón de muertes
África	1.7 millones de muertes
Afganistán	1.5 millones de muertes
Europa del Este	1 millón de muertes
Latinoamérica	150 000 muertes

Los nazis… y los japoneses

Los nazis de Adolf Hitler, el Partido Nacionalsocialista Obrero Alemán, asesinó a 6 millones de judíos y, según cálculos, a 12 millones más de personas de minorías como judíos y eslavos.

De la invasión de China en 1937, al final de la Segunda Guerra Mundial, el régimen militar japonés asesinó a entre 3 millones y 10 millones personas. Lo más probable es que fueran casi 6 millones de chinos, indonesios, coreanos, filipinos e indochinos, entre otros, incluyendo prisioneros de guerra occidentales.

La prensa, los maestros y los políticos, con toda su corrección, no quieren que sepamos la verdad, lo cual nos obliga a preguntarnos: ¿por qué?

Porque no pueden con la verdad, como dijo Nicholson en *Cuestión de honor*:

> *Usted no quiere saber la verdad porque, en el fondo, en momentos de los que no habla en las fiestas, en realidad quiere que yo esté al pie de ese muro. Me necesita ahí.*
>
> *Nosotros usamos palabras como honor, código, lealtad. Las usamos como la columna vertebral de una vida que pasamos defendiendo algo.*
>
> *Usted las usa como remate de sus bromas.*

Capítulo 5
¿ADÓNDE SE FUERON NUESTROS HÉROES?

"Un héroe es un individuo ordinario que encuentra la fuerza necesaria para perseverar y soportar a pesar de lo abrumador de los obstáculos."

—Christopher Reeve (1952-2004)
Superman

"Es un pájaro… Es un avión… ¡Es Superman!" Christopher Reeve se convirtió en un ícono al encarnar a Superman en varias películas, y en 1996 se rompió el cuello mientras cabalgaba. Quedó paralizado de por vida y, a partir de entonces, se volvió Superman en la vida real e inspiró a millones de personas siendo él mismo un hombre de acero espiritual.

En este capítulo me pregunto: "¿Adónde se fueron nuestros héroes?"

Presidente John F. Kennedy

El viernes 22 de noviembre de 1963 me encontraba sentado frente a mi pupitre en la escuela, emocionado por un partido de fútbol americano que se acercaba. Por fin había logrado unirme al equipo de la universidad y estaba muy animado porque jugaría al día siguiente. De pronto escuché la voz del director de nuestra escuela a través del intercomunicador.

El presidente John F. Kennedy fue asesinado hoy en Dallas, Texas.

El partido fue cancelado y el mundo entero hizo duelo.

Recordemos dónde estábamos

Dicen que todos recordamos dónde nos encontrábamos en ciertas fechas. Hoy en día, por ejemplo, la mayoría de la gente recuerda dónde estaba el 11 de septiembre de 2001. Kim y yo estábamos en Roma, Italia, cuando nos enteramos de los ataques del 9/11 gracias a las noticias que estábamos viendo en la televisión del hotel. Pasamos dos días conmocionados dando vueltas por la ciudad. Tres días después estuvimos en Estambul, donde nos dirigimos a un grupo de más de mil musulmanes para enseñarles sobre la actividad empresarial y el capitalismo. Fue una plática muy delicada que duró tres horas. Empecé diciendo: "Me temo que no sé lo que es un musulmán, y creo que ese es el principio de nuestras dificultades." Comencé así porque creo que decir la verdad es mejor que tratar de ser políticamente correcto.

El viernes 22 de noviembre de 1963 muchas personas de mi generación, la generación *Baby boomer*, quedamos conmocionadas de por vida. Si le preguntas a cualquier persona de mi edad dónde se encontraba el día que asesinaron al presidente Kennedy, lo más probable es que recuerde con exactitud no sólo dónde estaba, sino también qué estaba haciendo.

Dr. Martin Luther King Jr.

El 4 de abril de 1968 yo era cadete de tercer año en Kings Point y me faltaba un año para graduarme. Ese día fui al estrecho de Long Island con nuestro equipo de remo para practicar, ya que pronto participaríamos en una carrera contra la New York Maritime Academy, nuestro rival del otro lado del estrecho. Mientras empujábamos nuestros botes para sacarlos del agua y guardar los remos, alguien dijo: "¿Ya se entraron? Hoy asesinaron a Martin Luther King".

En la academia no nos permitían tener ni ver televisión, y nuestra conexión con el mundo exterior era limitada. Sin embargo, la muerte del doctor King fue uno de esos momentos de los que nunca olvidaré... dónde estaba y qué estaba haciendo.

El 5 de junio de 1968 asesinaron a Robert Kennedy. La promoción de 1968 se había graduado de forma anticipada porque, debido a la guerra de Vietnam, se necesitaban más oficiales para barcos mercantes. Todo mundo pensaba en la paga, la cual sería doble porque se navegaría en la zona de guerra. Algunos cuantos estaban ganando 120 000 dólares libres de impuestos por permanecer ahí.

La promoción de 1969 también deseaba graduarse pronto y ganar ese tipo de sueldo. Recuerdo haber estado sentado frente al televisor en la sala de guerra de los Marines de primera división cuando en las noticias de la mañana mostraron las imágenes de Robert Kennedy sangrando en el suelo del Hotel Ambassador de Los Ángeles. Lo único que pude pensar fue: *Otra vez no, por favor.* ¿Qué estaba sucediendo en Estados Unidos?

Abraham, Martin y John

En 1968 se empezó a escuchar una canción que parecía hacer eco a lo que mucha gente sentía: *Abraham, Martin and John*, compuesta por Dick Holler. Primero la grabó Dion y luego la grabó Marvin Gaye en 1969.

Esta canción es un tributo a la memoria de nuestros cuatro estadounidenses asesinados, íconos del cambio social: Abraham Lincoln, Martin Luther King Jr., John F. Kennedy y Robert F. Kennedy. Fue compuesta como respuesta al asesinato de King y de Robert Kennedy en abril y junio de 1968, respectivamente. La letra refleja el sentimiento de la década de los sesenta y pregunta si "alguien por aquí" ha visto a nuestros amigos Abraham, Martin, John y Bobby.

Parecería que los buenos mueren jóvenes. El presidente John F. Kennedy tenía cuarenta y seis años, Martin Luther King Jr. solo tenía treinta y nueve. Bobby Kennedy tenía cuarenta y dos, y Abraham Lincoln cincuenta y seis.

La canción pregunta:

> *¿No te encantaba lo que representaban?*
> *¿No trataron de encontrar el bien para ti y para mí?*
> *Y seremos libres…*
>
> *(Didn't you love the things they stood for?*
> *Didn't they try to find some good for you and me?*
> *And we'll be free…)*

A mí me encantaban. Cuando era joven los admiraba mucho porque eran grandes hombres. Todos eran líderes legítimos.

Abraham Lincoln era un héroe para mí, un líder que liberó a los esclavos y mantuvo a la nación unida.

Los hermanos Kennedy y Martin Luther King Jr. eran héroes vivos.

En su ceremonia de investidura, el presidente Kennedy nos retó a hacer algo muy particular:

No te preguntes lo que tu país puede hacer por ti, sino lo que tú puedes hacer por tu país.

Martin Luther King Jr. propuso su sueño para el futuro de Estados Unidos:

Mi sueño es que, un día, mis cuatro pequeños vivan en una nación en la que no serán juzgados por el color de su piel sino por su carácter.

Las sabias palabras de Robert Kennedy fueron:

Hay quienes miran las cosas como son y se preguntan ¿por qué? Yo sueño con cosas que nunca han sido y me pregunto ¿por qué no?

Y Abraham Lincoln nos advirtió:

La filosofía del salón de clases de una generación será la filosofía del gobierno de la siguiente.

En 1967 estaba navegando como cadete/guardiamarina en buques de cargamento que partían de San Francisco. En las calles de esa misma ciudad fui testigo del Verano del amor y de la cultura hippie establecida en Haight-Ashbury.

Una de las canciones más populares de 1967 la cantó Scott McKenzie y se intitulaba *Si vas a San Francisco* (*If You're Going to San Francisco*).

En 1969 me gradué de Kings Point y fui contratado por la Standard Oil de California: un empleo de ensueño. El problema fue que todavía se estaba librando la guerra de Vietnam y las lecciones del comunismo contra el capitalismo que me enseñó mi maestro en Kings Point aún me atormentaban.

En junio de 1969 era tercer oficial de cubierta de un buque petrolero. A pesar de que ganaba mucho dinero para solo tener veintidós años, algo me hacía sentir culpable. Mientras navegaba por el Pacífico escuchaba a Dion cantar *Abraham, Martin and John*. También escuchaba a Scott McKenzie cantar *If You're Going to San Francisco*. Entre más oía estas canciones, más crecía el conflicto en mi interior.

En octubre de 1969 renuncié a la Standard Oil.

En octubre de 1969 también viajé en mi automóvil de San Francisco a la Base Aérea Naval en Pensacola, Florida. Fue mi primer paso para conciliar los sentimientos que me atormentaban.

En enero de 1973, casi cuatro años después, sentí la reacción violenta a una guerra poco popular; me escupieron y me arrojaron huevos al volver a San Francisco.

Scott McKenzie había percibido algo:

> *En toda la nación,*
> *una extraña vibración.*
> *Gente en movimiento,*
> *una nueva generación*
> *con una nueva explicación.*

Y como Lincoln nos advirtió:

> *La filosofía del salón de clases de una generación será la filosofía del gobierno de la siguiente.*

Por qué la gente se está yendo de California

De acuerdo con la nueva información de censos, en 2019, por séptimo año consecutivo, se fue más gente del estado de California de la que se mudó a vivir ahí. Más de 86 000 personas se fueron de California a Texas, cerca de 70 000 se fueron a Arizona, y unas 55 000 a Washington.

En 2020 los homicidios en California aumentaron 31 %.

En 2020 la venta de armas se disparó hasta el cielo en California.

En 2020 la gente que rentaba en California fue desalojada de 7 677 casas a pesar de la prohibición de los desalojos.

En 2020 más de la mitad de la gente de todo el país que no tenía hogar residía en California.

Una ciudad *pop*

En la década de los setenta yo estaba en el negocio del *rock and roll*. Mi empresa fabricaba billeteras de nailon, gorras y bolsas con los logos de estrellas de rock impresos en serigrafía. San Francisco era una ciudad *pop*, era el corazón del *rock and roll*. En esa década pasé mucho tiempo ahí trabajando con Winterland Arena, una fuerza motriz de la industria de este género musical. Fue gracias a Winterland que pude obtener los derechos para imprimir los logos de bandas como The Grateful Dead, The Police y Duran Duran.

El 31 de diciembre de 1978 se llevó a cabo un evento extraordinario en las calles Post y Steiner de San Francisco, más de 5 000 *deadheads*, los admiradores de The Grateful Dead, se reunieron con la banda para rendir tributo y despedirse de uno de los recintos de conciertos más amados del Área de la Bahía: la histórica Arena Winterland de Bill Graham. El *rock and roll* estaba muriendo mientras que la música disco iniciaba su reinado.

Una ciudad popó

En la década de los 2000 San Francisco se ha vuelto popular por distintas razones. Ahora le llaman Ciudad popó.

Desde 2011 el Departamento de Obras Públicas de San Francisco empezó a rastrear el número de reportes y quejas sobre el excremento en las calles y banquetas. La información se puede encontrar en código abierto y usarse para generar gráficas como esta:

Incidentes de excremento humano por año en San Francisco

FUENTE: San Francisco Departament of Public Works

La gráfica describe, año por año, la cantidad de reportes ciudadanos de excremento humano en la ciudad. Todo parece indicar que la situación empeora. De hecho, la cantidad de gente que defecó en las calles entre 2001 y 2018 ha aumentado en 400 %. Esto lo confirman los encabezados noticiosos que reportaron esta gráfica cuando se publicó por primera vez.

El nuevo Kremlin

Muchos de los hippies que les escupieron a nuestras tropas cuando volvimos a Estados Unidos terminaron en la National Education Association, el sistema universitario de California y en a lo que se le ha llamado el "nuevo Kremlin", cuyas oficinas centrales están en

Silicon Valley. Y mucho antes de que este lugar se convirtiera en lo que algunos llaman el "Kremlin de Estados Unidos", es decir, en un ejemplo de socialismo, fascismo y comunismo, debimos saber lo que pasaría porque nos lo advirtieron.

Dos de los influyentes autores que nos alertaron escribieron libros maravillosos como *La rebelión de Atlas, Rebelión en la granja* y *1984*. Por desgracia, estos libros no se pueden encontrar ni en el Kremlin de Moscú ni en el Kremlin de California, ni en las bibliotecas de la NEA, del sistema escolar universitario de California o de Silicon Valley.

La rebelión de Atlas

Ayn Rand (1905-1982) fue una escritora estadounidense nacida en Rusia, famosa por sus libros *La rebelión de Atlas* y *El manantial*. La autora nos advirtió:

> *Entre el comunismo y el socialismo no hay diferencia, salvo por los medios para lograr el objetivo final: el comunismo propone esclavizar a los hombres por la fuerza, y el socialismo por el voto. Es solo la diferencia entre el asesinato y el suicidio.*

También nos recordó lo siguiente:

> *La minoría más pequeña de la tierra es el individuo. Quienes niegan los derechos individuales no pueden proclamarse defensores de las minorías.*

Rebelión en la granja y *1984*

George Orwell (1903-1950) fue un novelista y crítico inglés famoso por sus novelas *Rebelión en la granja* (1945) y *1984* (1949).

Orwell se oponía a las perspectivas utópicas marxistas. Como se puede constatar en *Rebelión en la granja*, era un crítico extremo de los peligros del régimen totalitario. Su cita más famosa de este libro es:

Todos los animales son iguales, pero algunos son más iguales que otros.

Orwell también dijo:

La libertad de expresión es mi derecho a decir, lo que tú no quieres escuchar.

Entre más se aleje la sociedad de la verdad, más odiará a quienes se atrevan a decirla.

En una época de engaño universal, decir la verdad es un acto revolucionario.

Pero si el pensamiento corrompe al lenguaje, el lenguaje también puede corromper al pensamiento.

La forma más eficaz de destruir a la gente es negar y destruir su entendimiento de su propia historia.

La gente creerá lo que los medios le digan que debe creer.

La advertencia que hizo Jrushchov en 1959 se volvió realidad en 2020:

Los hijos de sus hijos vivirán bajo el régimen comunista.

En 2020, el Kremlin de California censuró al presidente Trump. En julio de 2021 Facebook continuó censurándolo.

En 2020, el "Gran Kremlin farmacéutico", también conocido como Centros para el control y la prevención de enfermedades, o CDC, por sus siglas en inglés, censuró a los médicos que se atrevieron a poner en duda la total autenticidad de la COVID-19. Cuando sus opiniones difirieron de las de "los poderes fácticos", pusieron sus empleos en riesgo.

El hijo de Bobby Kennedy

Cuando a Robert Kennedy Jr., hijo del senador asesinado Robert Kennedy, le preguntaron si le recomendaría a Ethel Kennedy, su madre de 92 años, que se vacunara, contestó lo siguiente:

¿La vacuna Pfizer o Moderna? No, en absoluto.

Después le preguntaron si le recomendaría no vacunarse para nada, y contestó:

Por supuesto, solo eche un vistazo a las pruebas clínicas.

El 11 de febrero de 2021 Bobby Kennedy Jr. fue expulsado de Instagram, no solo porque hizo preguntas informadas sobre las vacunas, sobre Bill Gates y la enorme industria farmacéutica, sino porque también sugirió que se avecinaba algo aún más peligroso: el fin de la democracia y el ascenso de un orden totalitario.

The New York Times apoyó la expulsión de RFK Jr. con este encabezado:

Prohíben a Robert Kennedy Jr. publicar en Instagram por declaraciones falsas sobre el coronavirus.

Me pareció interesante que *The New York Times* diera por hecho que las declaraciones de Bobby Kennedy Jr. eran falsas.

Sigue el dinero

La cobertura y postura del *NYT* me parecieron sospechosas, y cada vez que algo le parecía sospechoso a padre rico, decía:

> *Si quieres saber la verdad, sigue al dinero.*

En *La rebelión de Atlas*, Ayn Rand advirtió:

> *El dinero es el barómetro de la virtud de una sociedad. Cuando ves que el comercio no se efectúa por consentimiento sino por compulsión, cuando ves que para producir necesitas el permiso de hombres que no producen nada, cuando ves que ese dinero fluye hacia quienes comercian, no con bienes sino con favores, cuando ves que los hombres se enriquecen engañando y despojando en lugar de con su trabajo, y si las leyes no te protegen de ellos, sino a ellos de ti, cuando ves que a la corrupción se le premia y la honestidad se vuelve autosacrificio, tal vez ya sabes que tu sociedad está perdida.*

George Orwell advirtió:

> *Cualquiera que ponga en duda la ortodoxia prevalente será acallado con gran eficacia. Las opiniones en verdad pasadas de moda casi nunca son escuchadas con justicia, ni en la prensa popular ni en los diarios cultos.*

Como lo dijo Stalin:

> *La prensa debe crecer día tras día: es el arma más incisiva y poderosa de nuestro Partido.*

¿Y quién le dio derecho a *The New York Times* de decidir que las declaraciones de Robert Kennedy eran falsas?

Hitler dijo:

> *Solo la aplicación continua y permanente de los métodos de supresión de una doctrina hace posible que un plan tenga éxito.*

En junio de 2020, un columnista de *The Washington Post* se esforzó por demostrar que yo era racista. Aunque me opongo a sus tácticas y a lo que me pareció que era un sesgo predeterminado que respaldaba objetivos egoístas, respeto su derecho, y el de toda la gente, a la libertad de expresión.

Otras preguntas que me he hecho…

¿Quién les dio a los Centros para el control y la prevención de enfermedades, o CDC, el derecho a "cerrar" la economía estadounidense, a permitirles solo a algunos negocios enormes permanecer abiertos y destrozar a los verdaderos capitalistas de Estados Unidos, es decir, a los empresarios y los dueños de pequeños negocios?

Lenin dijo:

> *La medicina es la clave del arco del socialismo.*

Y Marx declaró:

> *La teoría del comunismo puede resumirse en una frase: abolición de la propiedad privada.*

¿Y quién le dio al gobierno el derecho a cerrar los lugares de culto justo cuando más se necesitaba el apoyo espiritual?

Marx dijo:

El concepto democrático del hombre es falso porque es cristiano.

También declaró:

> *Sabemos que las medidas violentas en contra de la religión son un disparate, pero esto es una opinión: a medida que el socialismo crezca, la religión desaparecerá. Su desaparición deberá efectuarse por medio del desarrollo social, y la educación deberá desempeñar un papel.*

Revisitemos la cita de Jrushchov con que empezó este libro:

> *Ustedes, los estadounidenses, son muy ingenuos. No, no aceptarán el* **comunismo** *de inmediato, pero nosotros los seguiremos alimentando con ligeras dosis de* **socialismo** *hasta que un día despierten y se den cuenta de que el comunismo llegó a su país.*
>
> *No tendremos que luchar contra ustedes. Debilitaremos tanto su economía, que en algún momento caerán en nuestras manos como fruto maduro.*

¿Héroes o víctimas?

El 25 de mayo de 2020 el oficial de policía Derek Chauvin asesinó a George Floyd. Uno de estos hombres era negro, el otro blanco. Las consecuencias han tenido un efecto devastador en las relaciones raciales en Estados Unidos, pero ¿George Floyd se convirtió en héroe o en mártir?

Aunque trágico, el fallecimiento de George Floyd difícilmente lo convierte en un héroe como John Kennedy, Bobby Kennedy o Martin Luther King Jr., aunque parece que mucha gente desearía otorgarle el mismo estatus. El hecho es que George Floyd tenía un extenso pasado criminal.

El 1 de junio de 2020 Bob Kroll, jefe del Sindicato de policías de Mineápolis (MPD, por sus siglas en inglés), hizo una declaración que aclaró el "violento historial criminal" del desaparecido George Floyd. En una carta a sus conocidos y seguidores de Twitter, el jefe del sindicato escribió:

> *Lo que no se dice es que George Floyd tenía un violento historial criminal. Los medios no lo han dado a conocer.*

También dijo que las protestas en curso son resultado de un "movimiento terrorista". El jefe de policía Bob Kroll, es un hombre valiente.

Esta frase, que a menudo se le atribuye a George Orwell, traía consigo una advertencia:

> *En una época de engaño universal, decir la verdad es un acto revolucionario.*

Los hechos

De acuerdo con los registros criminales de la policía, George Floyd fue arrestado en 2009 por un delito de primer grado, y por un asalto y robo a mano armada en el que participó en 2007, y pasó cinco años en prisión por allanar la vivienda de una mujer. George confirmó que usó un uniforme azul para parecer empleado del gobierno, ganarse la confianza de la mujer y, más adelante, conseguir acceso a la casa.

El 2 de junio de 2020 los examinadores médicos del condado de Hennepin publicaron un reporte toxicológico en el que se afirma que, en efecto, George Floyd había ingerido fentanilo y metanfetaminas, y que en su cuerpo fueron encontrados rastros de cannabinoides y morfina. No obstante, no se mencionó que estos fueran los principales factores de su muerte; Floyd tenía un extenso historial criminal de tráfico y uso de drogas, así como de otros delitos graves. No estoy presentando esta información como "argumento" ni para "mitigar las circunstancias", sino solo para señalar el sesgo con el que, a menudo a través de omisiones, los medios cubren y reportan las "noticias".

Nada que ganar, todo que perder

En 2020 entramos a este período de engaño universal. Al escribir estas palabras sobre la tragedia humana que rodea a George Floyd, yo no gano nada, al contrario, podría perder mucho.

Sin embargo, me dejo guiar por la sabiduría de Thomas Sowell:

> *Si no estás preparado para usar la fuerza para defender la civilización, entonces prepárate para aceptar la barbarie.*

Edmund Burke (1729-1797) fue un estadista, economista y filósofo irlandés nacido en Dublín. Fue miembro del parlamento entre 1765 y 1794, en la Cámara de los comunes de Gran Bretaña.

Aunque con frecuencia se disputa la atribución de esta frase a Burke, las palabras en sí mismas transmiten valor y son un llamado a la acción:

> *Lo único que se necesita para que triunfe el mal es que los hombres buenos no hagan nada.*

Las palabras de Martin Luther King Jr. nos expresan algo similar:

> *Nuestra vida comienza y termina el día que nos quedamos callados respecto a las cosas que importan.*

Como dije, yo no gano nada al cuestionar la cobertura periodística de la muerte de George Floyd ni su estatus de héroe. En la escuela militar y en el Cuerpo de Infantería de Marina nos enseñaron que vivir con valentía era mucho más importante y devastador que vivir como cobardes. Para pararse en el canto de la moneda y tener una perspectiva respecto a un problema o creencia, para mirar de forma objetiva ambos lados, ambos puntos de vista, se requiere de valor. Yo no podría vivir conmigo si siguiera participando en un engaño o viendo esta tragedia, o cualquier controversia, desde solo un punto de vista.

Sé que no soy el primero en cuestionar el hecho de que el Kremlin de California reprima la verdad. Cualquiera que tenga una mente abierta y averigüe los hechos y la veracidad se preguntaría: ¿Por qué el Kremlin de California atacó a Bobby Kennedy Jr. por criticar las vacunas, solo para santificar a Bill Gates y sus políticas de vacunación masiva?

Cancelación de los fondos para la policía

¿Por qué el Kremlin de California en Silicon Valley quiere cancelar los fondos para la policía? ¿Por qué muestran a nuestros policías como los tipos malos, de la misma forma que lo hicieron con los hombres y mujeres que luchamos en Vietnam?

El verdadero mártir en 2020 es Derek Chauvin, el oficial de policía declarado culpable de asesinato, y los otros tres oficiales de policía enjuiciados por efectuar su trabajo, un trabajo que les exigía poner en riesgo su vida todos los días.

La guardia costera

En 1972, a todos los pilotos se les exigía trabajar en la guardia costera mientras estuvieran en puerto. La guardia consistía en un teniente, un oficial sin comisión (NCO, por sus siglas en inglés) como un sargento de personal, y dos hombres enlistados. El NCO y los dos hombres enlistados portaban cachiporras y esposas, los oficiales solo un silbato.

La gente suele llamarle "Ciudad del pecado" (*Sin City*) a Olongapo, Filipinas. Durante la guerra de Vietnam era posible encontrar entre veinte y treinta barcos en el puerto, y decenas de miles de Marines y marinos en los bares, restaurantes y clubes nocturnos a lo largo del kilómetro y medio de la calle Olongapo. Lo único que buscaban los soldados estadounidenses eran los clubes, las bandas de rock y las mujeres. La Ciudad del pecado se convertía en un centro de vitalidad todas las noches.

A mí en realidad me agradaba salir con la guardia costera porque así ahorraba dinero. Salía, pero no bebía y, además, la acción en las calles era más emocionante que las películas que mostraban a bordo del portaaviones.

Nuestra labor principal consistía en evitar cualquier estallido de "locura" lo más rápido posible, teníamos que controlar la situación de inmediato, antes de que se extendiera por toda la ciudad. Nadie quería que en Olongapo se produjera una serie de riñas entre ebrios, en las que todos lanzarían sillas, habría gente golpeada y, a veces, cortada con botellas rotas de cerveza San Miguel.

Si algo llegaba a suceder, el NCO y los dos Marines enlistados se dirigían de inmediato a la trifulca y separaban a la gente con sus cachiporras para controlar lo antes posible la situación. Mi labor consistía en correr por toda la calle haciendo sonar el silbato frenéticamente. En realidad, no era un trabajo peligroso, mi silbato solo servía para atraer a los verdaderos policías militares o MP, quienes llegaban poco después en el furgón. Detenían a los marineros o Marines involucrados en la riña, los subían al furgón y los llevaban a los calabozos de la base. La fiesta en la "Ciudad del pecado" continuaba y nosotros seguíamos de guardia.

Si crees que es un trabajo fácil, te equivocas: se requiere de eficiencia y fuerza bruta a alta velocidad.

Una noche en Hong Kong, otra ciudad muy emocionante, volví al cuartel general de la guardia costera para escribir mi reporte y entregar mi silbato. En la celda había un Marino como de la misma estatura de George Floyd. Empezó a hacer berrinche y a exigir que lo liberaran. Uno de mis Marines enlistados caminó hasta su celda, golpeó los barrotes con su cachiporra y le dijo al hombre que se calmara.

El sonido de la cachiporra lo hizo enojar aún más, así que sujetó los barrotes, gritó y arrancó la puerta de la celda con todo y bisagras. Luego tomó impulso como si fuera Hulk y corrió por el estrecho cuartel general de la guardia costera. El furioso marino gigante empezó a levantar a los hombres y a lanzarlos por todos lados. Se necesitaron cinco Marines para abatirlo. Yo fui uno de los que lo contuvieron.

Esa fue la única ocasión en que tuve que hacer lo que los policías hacen todos los días. No fue sencillo, ese hombre tenía más fuerza que los otros cinco Marines juntos. Fue aterrador.

No fue sino hasta después que descubrí por qué el Marine pudo arrancar la puerta de la celda. Al parecer, cuando construyeron el cuartel general, la celda era falsa, era solo un cuarto de madera con una puerta de barrotes de fierro. Cuando el Marine la sujetó y gritó, no fue porque se hubiese convertido en Superman. La puerta se separó porque los barrotes solo estaban atornillados al marco de madera, de hecho, aquel cuartel general en Hong Kong era muy parecido a los sets cinematográficos de Hollywood.

En 2020, cuando vi las fotografías del oficial Derek Chauvin con la rodilla sobre el cuello de George Floyd, recordé de golpe aquella noche en Hong Kong. George Floyd tenía cuarentaiséis años, era un hombre corpulento, medía dos metros y pesaba casi 110 kilos. Si tú crees que podrías contenerlo, buena suerte. Solo oficiales de policía entrenados podrían enfrentar a un hombre tan grande. A mí no me gustaría hacerlo, no me gustaría arriesgar mi vida todos los días, en especial, en los rudos vecindarios donde a la policía se le odia y se le ha satanizado.

Mi maestro de economía en Kings Point nos advirtió respecto a lo que sucedió cuando Hitler recortó los fondos para la policía.

En 1933, Hitler nombró a Hermann Göring ministro del interior. Su primera orden fue que cancelara los fondos y eliminara los departamentos de policía para que no interfirieran con sus Camisas pardas. La misión de los Camisas pardas era organizar revueltas, quemar, golpear y asesinar a ciudadanos para influir en las elecciones y garantizar la agenda nacionalsocialista.

¿Crees que en 2020 ya había un "Partido nacionalsocialista" asentado en las fortificaciones de la élite académica de Estados Unidos a las que conocemos como universidades? Y en cuanto a la gente que apoya el movimiento para desfinanciar a la policía, ¿crees que se esté repitiendo la historia?

¿Por qué los líderes quieren cancelar los fondos para la policía?

La lista es mucho más larga de lo que imaginas...

Ilhan Omar, una congresista demócrata de Minnesota que exigió el desmantelamiento del Departamento de policía de Mineápolis, declaró en un tuit que cancelar los fondos para la policía ayudaría a contar con recursos para asignarlos a otros segmentos de la comunidad.

Rashida Tlaib, una congresista demócrata de Michigan, tuiteó su parecer respecto a lo que significaba desfinanciar a la policía: "Cuando tuiteamos #DefundPolice, lo que queremos decir es que la gente está muriendo y necesitamos invertir en su sustento".

Alexandria Ocasio-Cortez, congresista demócrata de Nueva York, criticó el presupuesto de la policía de la Ciudad de Nueva York. "En verdad me asombra el hecho de que alguien pueda ver un presupuesto de 6 000 millones de dólares para UNA sola ciudad, es decir, una cantidad mayor a la que gastamos de manera *combinada* en los rublos de salud, juventud, vivienda y servicios para los indigentes, y que no diga: '¿Sabes qué solucionaría la brutalidad policiaca?' Más dinero".

Open Society Foundations de George Soros es uno de los grupos que apoyan el movimiento de "desfinanciación de la policía" que se ha extendido en Estados Unidos. El grupo afiliado a Soros ha sido parte de esta cruzada desde 2016, o sea, mucho antes de que la muerte de George Floyd atrajera la atención del público al movimiento.

Líderes que ven a los policías como héroes

No resulta sorprendente que líderes fuertes que han apoyado a "la ley y el orden" vean a los policías como héroes.

Donald Trump:

> *Los policías son las personas más maltratadas en Estados Unidos.*

> *Cualquiera que asesine a los o las policías, a cualquier oficial, tendrá que enfrentar la pena de muerte.*

Rudy Giuliani:

> *Cuando vienen a salvar tu vida, no preguntan si eres blanco o negro, solo vienen a ayudarte.*

Todos podemos ser héroes

En esta época de rencor, amargura y división académica, racial, política y económica, yo prefiero la definición de héroe de Christopher Reeve:

"Un héroe es un individuo ordinario que encuentra la fuerza necesaria para perseverar y soportar a pesar de lo abrumador de los obstáculos."

Capítulo 6

LOS ARISTÓCRATAS POBRES DE ESTADOS UNIDOS

"La mejor manera de vencer a la burguesía es machacándola entre las dos piedras del molino: los impuestos y la inflación."

—*Vladimir Lenin*

En la Era agraria había tres clases de personas: la aristocracia, la burguesía y el proletariado.

En la época de las monarquías, los reyes y las reinas recibían su poder directamente de Dios. O, al menos, ese era el cuento que les contaban a los campesinos. Por otra parte, los aristócratas eran amigos o familiares del rey y la reina.

Ahora quedan muy pocas monarquías, Inglaterra es una de ellas, y la reina Isabel II la dirigió desde 1953 hasta hace unos meses que murió. Su esposo, el príncipe Phillip, falleció el 9 de abril de 2021 a los noventa y nueve años.

Karl Marx (1818-1883) nació siendo judío, pero después se volvió ateo y racista, como Hitler, que odiaba a los judíos. Mucha gente cree que Karl Marx y Adolf Hitler (1889-1945) estaban del mismo lado de la moneda en los aspectos ideológico, económico y político. Eran racistas, socialistas y nacionalistas.

151

A Marx no parecían preocuparle mucho las monarquías ni los aristócratas, sin embargo, todos sus discípulos los odiaban: Lenin, Stalin, Mao y Jrushchov. Todos estos tiranos asesinos fueron ramas del árbol de Karl Marx, y asesinaron o permitieron que millones de personas murieran de hambre.

El marxismo-leninismo es la ideología a la que los académicos occidentales llaman "comunismo". Esta ideología sostiene que, para remplazar al capitalismo, hace falta una revolución comunista de dos etapas.

Distintas fuentes describen a las etapas de esta manera: en la primera, un partido de vanguardia se infiltra en la democracia y comienza un proceso educativo. El objetivo final de dicho partido es asumir el poder "en nombre del proletariado", es decir, de la gente, de la clase trabajadora que se ve oprimida por la burguesía o las clases altas. Una vez que se asuma el poder en nombre del "proletariado", se establecerá un "estado socialista". Este estado socialista controlaría la economía y los medios de producción, y reprimiría la contrarrevolución de la burguesía y cualquier otra oposición. Esto prepararía el camino para la segunda etapa.

En la segunda etapa se establecerían las bases para una sociedad comunista que evolucionaría a partir del estado socialista. Dicha sociedad comunista, ideal del marxismo-leninismo, es un mundo utópico sin clases ni estado.

Este libro, *Manifiesto capitalista*, lo escribo porque creo que Estados Unidos y buena parte del mundo occidental se están acercando a la última fase de la primera etapa. De hecho, estamos en un punto entre la primera y la segunda etapa. En cuanto los liberales "llenen la Suprema corte" y logren que toda la gente traiga consigo una tarjeta de vacunación, la primera etapa llegará a su fin.

Justo antes de que Hitler asumiera el control absoluto de Alemania y diera inicio a su Solución final, es decir, a la exterminación de los judíos, empezó a realizar una serie de "Pequeñas atrocidades". Entre algunas de estas atrocidades se encuentra la exigencia de que en todos los negocios pertenecientes a judíos se colocara un letrero en la puerta indicando que se trataba de un negocio judío. Esto hizo que muchos negocios quebraran. Otras de las atrocidades fue exigirles a todos los judíos portar una estrella amarilla en su ropa.

Luego se establecieron los campos de concentración que se convirtieron en cámaras de gas para apoyar la Solución final, o sea, el exterminio de la raza judía.

Las "pequeñas atrocidades" desensibilizaron tanto al pueblo alemán, que su voluntad para resistirse y luchar se debilitó, y como la gente estaba devastada física y emocionalmente, no dijo nada.

Edmund Burke advirtió:

> *Lo único que se necesita para que triunfe el mal es que los hombres buenos no hagan nada.*

En 2020 empecé a notar pequeñas atrocidades en mi vecindario. En los negocios y las iglesias había letreros de *Black Lives Matter*. Los pronombres de género empezaron a alterar nuestra forma de hablar, y se exigió que en las instituciones educativas se impartiera la Teoría crítica de la raza. Ahora, en las escuelas hay "espacios seguros" que protegen a los estudiantes de las ideas no censuradas. A toda la gente se le exige que utilice cubrebocas… y luego doble cubrebocas. También se especuló que, dentro de poco, se requerirían tarjetas de vacunación para viajar. La libertad de expresión está bajo ataque, y prevalece la censura organizada por las "reglas de la muchedumbre en Internet. Si las ideas de alguien son opuestas a las de la muchedumbre, esta lo ataca de una forma muy agresiva. El Kremlin de Silicon Valley decide qué partido tiene derecho a expresar sus opiniones, qué narrativas serán permitidas, y cuáles ideas, o las ideas de quién, serán censuradas.

Me preocupa que hayan comenzado tanto la contrarrevolución del capitalismo como su represión a gran escala.

Vemos que las ventas de armas aumentan, y esto nos obliga a preguntarnos si la gente sabrá lo que se avecina. Yo me pregunto: ¿Será por eso que en la esquina superior de mi nuevo permiso de conducir de Arizona hay una estrella amarilla?

Años después de la muerte de Marx, su discípulo, Vladimir Lenin (1870-1924), ordenó el asesinato del Zar de Rusia y de su familia durante la Revolución bolchevique, en 1918.

La Revolución rusa de 1917 que dio fin a tres siglos de régimen zarista, tuvo como fundamento las convicciones marxistas. Vladimir Lenin, líder de esta revolución, construyó su nuevo gobierno proletario con base en su interpretación del pensamiento marxista y, de esa manera, hizo de Karl Marx una figura de fama internacional más de treinta años después de su muerte.

Joseph Stalin remplazó a Lenin en el poder y asesinó de forma sistemática a miles de personas de su propio partido, gente que estaba a su favor. Lo hizo solo para ejercer un poder absoluto a través del miedo. En 1971, los asesinatos apenas comenzaban.

Actualmente, me inquieta que los líderes de *Black Lives Matter* admitan ser seguidores de Marx.

De una manera muy similar a lo que sucede en BLM, lo que más le preocupaba a Marx era la lucha entre la *burguesía* y el *proletariado*. Es decir, la batalla entre los ricos y los pobres. Según Marx, la *burguesía* acaparaba la tierra, la riqueza, los recursos, el capital… todo eso que, en su opinión, le pertenecía al pueblo. Marx usó esta brecha socioeconómica para instigar el odio y la división: combustible indispensable para que comiencen los asesinatos.

Karl Marx era un hombre que estaba enojado. Era un intelectual, un individuo inteligente, pero pobre. Era muy malo para crear y administrar dinero, era malo para los negocios. Al parecer, un día decidió que defendería la causa del *proletariado*, de los trabajadores, y que descargaría toda su ira contra la *burguesía*, o sea, los capitalistas de clase media.

En 2020, los Centros para el control y la prevención de enfermedades hicieron algo similar al cerrar los pequeños negocios y elegir solo algunos grandes a los que les permitirían permanecer abiertos durante la pandemia.

Hitler odiaba a los judíos. Marx odiaba las religiones; odiaba a los judíos y a los cristianos.

Lenin dijo:

> *Podemos y debemos escribir en un lenguaje que siembre entre las masas el odio, la repugnancia y el encono hacia aquellos que no están de acuerdo con nosotros.*

La Teoría crítica de la raza coincide con la advertencia de Lenin.

En los sitios de internet educativos se afirma que la Teoría crítica de la raza es:

> *Una rama de la escuela marxista europea de la teoría crítica. Es un movimiento académico que desea vincular el racismo, la raza y el poder. A diferencia del movimiento de Derechos civiles que tenía como objetivo trabajar en el marco de las estructuras de la democracia estadounidense, los teóricos críticos de la raza desafían los cimientos del orden liberal como el racionalismo, la ley constitucional y el razonamiento legal. Los teóricos críticos de la raza argumentan que la vida social estadounidense, las estructuras políticas y los sistemas económicos se basan en la raza, la cual (en su opinión) es un constructo social.*
>
> *En la visión de los teóricos críticos de la raza, el racismo sistémico proviene de la prevalencia de la raza en la vida estadounidense. Los teóricos y los defensores antirracistas argumentan que, como la raza es una parte predominante de la vida del país, el racismo se ha inter-*

nalizado en la conciencia del país. Por ello, argumentan, ha habido resultados legales y económicos significativamente distintos para los diversos grupos raciales.

La Teoría crítica de la raza cuenta con el respaldo de muchas instituciones de educación superior: USC, UCLA, UC Santa Bárbara, UC San Diego, UC Davis, UC Berkeley, la Universidad Stanford, Southwestern College, la Universidad de Santa Clara y la Universidad Estatal de San José.

A mí me inquieta el hecho de que la Teoría crítica de la raza en la educación coincida con la primera etapa del marxismo-leninismo: un partido de vanguardia se infiltra en la democracia y comienza un proceso educativo.

Otra parte de la primera etapa es:

El estado socialista controlaría la economía y los medios de producción, y reprimiría la contrarrevolución de la burguesía y cualquier otra oposición.

En 2020 los CDC cerraron las iglesias en un momento en el que millones de personas necesitaban el apoyo espiritual más que nunca, y durante la pandemia aumentaron los asesinatos, los suicidios y la violencia doméstica.

El 22 de mayo de 2020 el American Institute for Economic Research reportó:

Los médicos de California dicen que desde que empezaron los confinamientos han visto más muertes por suicidio que por coronavirus.

Una de las más grandes "pequeñas atrocidades" es la cantidad de médicos que han sido despedidos por cuestionar la autenticidad de la COVID-19. Como lo hicieron los alemanes respecto a la Solución final de Hitler, muchos médicos permanecen callados y no dicen lo que en verdad piensan sobre la validez de la COVID-19 y las vacunas.

¡Culpen a los capitalistas!

Como mucha gente pobre, Marx culpó de sus fracasos personales a los capitalistas. Pensaba que era injusto que la *burguesía* obtuviera su tierra y su riqueza por medio de la sangre, el sudor y las lágrimas del *proletariado*.

Su *Manifiesto comunista* es sobre la segunda etapa: una sociedad comunista, el mundo ideal sin clases ni estados, un mundo utópico en el que todos son iguales. En Estados Unidos, actualmente, la segunda etapa implica algo insólito: "Todos los participantes se llevan un trofeo a casa."

El sueño de Marx era que la riqueza, es decir, "los medios de producción" del país, fueran controlados por el estado, así como una economía y un gobierno sometidos a un control central.

Una de sus ideas recurrentes fue:

> *La teoría del comunismo puede resumirse en una frase: abolición de la propiedad privada.*

Dicho de manera simple, un estado comunista es un gobierno y una economía *controlados de manera central*. El estado lo controla todo, nadie es dueño de nada. Todos son iguales.

En su libro *Rebelión en la granja*, Orwell escribe:

> *Todos los animales son iguales, pero algunos son más iguales que otros.*

Me parece interesante que la cofundadora de *Black Lives Matter*, la marxista confesa Patrisse Khan-Cullors, suscriba la declaración de este autor: *"Todos los animales son iguales, pero algunos son más iguales que otros."* Algunos dirían que eso es racista.

Desde que llegó al poder, gracias a su papel como líder de la organización, y desde que, en nombre de *Black Lives Matter*, empezó a recolectar cientos de millones de dólares gracias a patrocinadores corporativos, Cullors pudo comprarse, en el Cañón de Topanga, en California, un complejo de lujo que asciende a 1.4 millones de dólares. Asimismo, se ha reportado que adquirió otras cuatro costosas casas por las que pagó más de 3.2 millones. Casi todas están ubicadas en vecindarios de gente predominantemente blanca y adinerada. También se dice que está considerando adquirir propiedades en Bahamas, en un costoso centro turístico frente a la playa, en las afueras de Nassau. Los condominios en ese centro tienen un valor de entre 5 y 20 millones de dólares.

Como dije antes, Candace Owens es exitosa, articulada y respetada; está del lado conservador de la discusión. Es una mujer negra que ha sido muy directa al decir:

> *La respeto (Cullors) porque no le ofrece disculpas a nadie. Te dice lo que es, es marxista. Y los Marxistas le roban dinero a la gente para enriquecerse de manera personal. Ella les ha robado a otros bajo el pretexto de la mentira que es Black Lives Matter, se ha enriquecido de esa forma, ya se compró cuatro casas. Hay que apreciar su honestidad. No nos está ocultando nada. Es una comunista recalcitrante y ha sido increíblemente cínica en su manera de hacer las cosas.*

Yo apoyo la libertad de la gente del movimiento BLM de decir lo que desee, pero en lo personal, estoy del lado de quienes dicen *All Lives Matter* (Todas las vidas importan) y, una vez más, hago la siguiente precisión: *All Life Matters* (Todo lo vivo importa).

Tú, como yo, ¿alguna vez te has preguntado por qué *Black Lives Matter* ha tenido tanto apoyo corporativo? Una de las razones es que, así como Hitler obligó a los judíos a escribir la palabra *judío* en sus negocios para evitar que los alemanes comerciaran con ellos, las corporaciones necesitan cumplir con BLM para asegurarse de que los negros continúen apoyando sus negocios. Otra reflexión al respecto es el paralelismo con el "dinero por protección" que el crimen organizado supuestamente les cobra a los comerciantes. A esto también se le conoce como "alardeo moral" y "extorsión".

Como dice Candace Owens, Patrisse Khan-Cullors es "cínica en su manera de hacer las cosas".

Y sobre el comunismo, Orwell dijo:

Algunos animales son más iguales que otros.

Thomas Sowell explicó:

El estado de bienestar en realidad no tiene que ver con el bienestar de las masas, sino con el ego de las élites.

Martin Luther King Jr. dijo:

El opresor nunca otorga la libertad de manera voluntaria, el oprimido tiene que exigirla.

Voltaire (1694-1778), historiador y escritor francés, dijo:

No estoy de acuerdo con lo que dices, pero defenderé hasta la muerte tu derecho a decirlo.

Frederick Douglas (1818-1895) escapó de la esclavitud y se convirtió en reformador social estadounidense, abolicionista, escritor y estadista. Esto fue lo que dijo:

Reprimir la libertad de expresión es una equivocación doble. Viola los derechos de quien escucha y los derechos de quien habla.

Winston Churchill (1874-1965), primer ministro del Reino Unido, dijo:

Todos están en favor de la libertad de expresión. Rara vez pasa un día sin que se le elogie. Algunos, sin embargo, creen que significa decir lo que se quiera sin que nadie opine lo contrario porque, de otra manera, es un ultraje.

¿Cómo empezó el marxismo?

La primera etapa del marxismo-leninismo empezó en Estados Unidos, en 1913. Marx dijo:

El establecimiento de un banco central representa 90 % del proceso para que un país se vuelva comunista.

En 1913 se fundó el Banco de la Reserva Federal de Estados Unidos. La Fed es un Banco Central. Tiene el poder de imprimir dinero y eso provoca inflación. También en 1913 fue aprobada la 16ª Enmienda. Esta ley le otorgó al gobierno de Estados Unidos el poder de cobrarle impuestos a la gente. Hasta ese momento, Estados Unidos había sido un país libre de impuestos, ya que fue fundado precisamente durante el Motín del té que tuvo lugar en Boston en 1773: una revuelta en contra de las imposiciones fiscales.

En 1913, con la creación del Banco de la Reserva Federal y la aprobación de la 16ª Enmienda, fueron sembradas las semillas del marxismo.

Lenin declaró:

La mejor manera de vencer a la burguesía es machacándola entre las dos piedras del molino: los impuestos y la inflación.

El hecho es que Estados Unidos fue fundado en 1776 como un gobierno anticentralista, en contra de un banco central, y en contra de una economía fiscal controlada por el gobierno.

Estados Unidos es una república, no una monarquía, y las repúblicas son descentralizadas. Son las monarquías las que se cimientan en la centralización.

George Washington no asumió un cargo de rey vitalicio, él fue el primer presidente estadounidense y se retiró del cargo después de ocho años de haberlo ejercido.

Pasemos al 15 de agosto de 1971, cuando el presidente Richard Nixon sacó al dólar del patrón oro. A partir de ese momento el dólar estadounidense se convirtió en dinero falso y el gobierno del país pudo imprimir todo el dinero que necesitara para pagar sus facturas.

Ahora, un salto a marzo de 2020, cuando el Banco de la Reserva Federal empezó a imprimir 60 millones de dólares por minuto.

Permíteme reiterar la advertencia de Lenin:

La mejor manera de destruir el sistema capitalista es corrompiendo la moneda.

Estados Unidos no fue fundado en 1619 siendo un país esclavista como ahora tratan de hacernos creer las élites académicas, *Black Lives Matter*, *The New York Times* y los devotos de la Teoría crítica de la raza.

Marx advirtió:

Mantén a la gente alejada de su historia y podrás controlarla con facilidad.

Y en palabras de Hitler:

> *Toda la propaganda tiene que ser popular y adaptarse a la comprensión del menos inteligente entre aquellos a quienes se trata de llegar.*

Orwell advirtió:

> *La manera más eficaz de destruir a la gente es negando y destruyendo su entendimiento de la historia.*

Por esto me molestó tanto que en los disturbios de 2020 destruyeran las estatuas que guardaban la memoria de nuestra historia.

Bye, Bye... American Pie

Piensa en estas palabras de la canción clásica de 1971 de Don McLean:

> *Oh, y cuando el rey la cabeza agachó,*
> *su espinosa corona el bufón robó.*

> *El juicio se suspendió*
> *sin que hubiese una decisión.*

> *(Oh, and while the King was looking down*
> *The jester stole his thorny Crown.)*

En las elecciones presidenciales de 2020 cambiaron las reglas de votación de último minuto. Como sucede en la canción de McLean, la "decisión" continúa en disputa, sigue siendo fuente de mucha frustración y desconfianza en el proceso electoral. Estados Unidos se prepara para las elecciones de mitad de período y aún abundan

las acusaciones sobre los votos de gente muerta y la falta de veri-
ficación de firmas, así como de las cifras de votantes, los votos de
ausentes, y los márgenes de error.

Stalin advirtió:

La que cuenta no es la gente que vota, sino la que cuenta los votos.

"Y mientras Lenin leía un libro sobre Marx..."

Al referirse a la fundadora de *Black Lives Matter*, Candace Owens
dice:

*La respeto (Cullors) porque no ofrece disculpas a nadie. Te dice lo
que es, es marxista. Y los Marxistas le roban dinero a la gente para
enriquecerse de manera personal.*

La Teoría crítica de la raza en la educación reconoce ser marxista.
En su sitio de Internet presumen que han estudiado el libro de
Marx al decir que esta teoría es:

*Una rama de la escuela marxista europea de la teoría crítica. Es un
movimiento académico que desea vincular el racismo, la raza y el poder.*

La canción *American Pie* termina con estas palabras:

*El cuarteto en el parque ensayaba
y la gente cantos fúnebres entonaba.
El día que la música murió.*

*(The quartet practiced in the park
And we sang dirges in the dark
The day the music died.)*

El día que Estados Unidos murió

En julio de 2021 el presidente Biden no permitió los fuegos artificiales del Día de la Independencia en el Monte Rushmore.

Y...

> *"Cantábamos: Bye, Bye, Miss American Pie..."*

Reitero la reflexión de Marx:

> *Mantén a la gente alejada de su historia y podrás controlarla con facilidad.*

Y, en un tono profético, Orwell advirtió:

> *Quien controla el pasado controla el futuro.*
> *Quien controla el presente controla el pasado.*

La élite académica está cambiando nuestro pasado, como *The New York Times*, un periódico que promueve modificar la fecha de fundación de Estados Unidos a 1619 y afirma que este es un país racista de manera sistemática.

Todo esto nos obliga a preguntarnos: ¿La primera etapa del marxismo-leninismo estará casi finalizada? Y, ¿la represión de la contrarrevolución de la burguesía estará a punto de empezar?

Más preguntas que debemos tomar en cuenta:

¿Será por esto por lo que la idea de desfinanciar a la policía se está popularizando?

¿Por qué la élite académica quiere atacar la 2ª Enmienda por medio de la prohibición de la venta de armas? ¿Será por eso que las ventas se dispararon hasta el cielo en 2020?

¿La gente sabrá que la primera etapa llega a su fin y que la represión está a punto de comenzar?

Lenin advirtió:

Un hombre con un arma puede controlar a cien hombres desarmados.

El bitcoin al rescate

Una de las razones por las que los defensores del bitcoin son fanáticos es porque también se oponen al concepto de *control central*. El control central es el término esencial de la filosofía marxista.

Los fanáticos del bitcoin están comprometidos con rescatar al capitalismo del control central del marxismo. Estos individuos apoyan la descentralización de las finanzas o "DeFi".

Como ya lo señalé, el Banco de la Reserva Federal, el Departamento del Tesoro y Wall Street son las instituciones de las finanzas centralizadas. El término *globalismo*, tan popular entre las élites liberales, se refiere a un gobierno mundial centralizado.

Insisto, presta atención al término *control central*, el cual pertenece más al vocabulario comunista que al capitalista.

El ascenso de la burguesía

La burguesía es una clase de la sociedad moderna que se define con base en lo socioeconómico. En general, ser burgués significa pertenecer a la clase media o clase media alta. La Era agraria de las monarquías y los aristócratas llegó a su fin al principio de la Era industrial. La era dorada para los aristócratas terminó cuando estallaron los muros de los castillos donde se ocultaban

La revolución del bitcoin ya comenzó

La "revolución de la pólvora" acabó con los monarcas y los aristócratas. Comenzó en Europa a mediados del siglo quince y fue un avance que transformó de manera permanente la esencia de la guerra en todo el mundo. La pólvora fue inventada en el siglo nueve en China y luego fue llevada a Europa en el siglo trece. En poco tiempo llegó a ser el ingrediente clave de la revolución de las armas balísticas, es decir, que lanzan proyectiles.

Los empresarios industriales se armaron con cañones y pólvora, apuntaron a los muros del castillo y, como dicen por ahí, "el resto es historia". A medida que los castillos cayeron y las familias aristocráticas sucumbieron a los cañones y la pólvora, los burgueses, o sea, los empresarios que fabricaron estos productos, ascendieron al poder. La revolución de la pólvora, también conocida como la Era industrial, se extendió por todo el mundo.

La revolución del bitcoin será aún más impresionante.

El último samurái

El último samurái, película estelarizada por Tom Cruise, tiene como tema central esta revolución. Los samurái, miembros de la clase aristocrática de Japón, fueron a la guerra armados de sus espadas, en tanto que sus oponentes usaron pistolas, cañones y pólvora. De ahí

viene el título, *El último samurái*. Fue el fin de los aristócratas, o sea, de los amigos y familiares del Emperador de Japón.

Mi familia proviene de la clase samurái. En la fotografía que aquí se muestra aparece mi tátara, tátara tío sosteniendo la espada de nuestra familia.

Fue uno de los *primeros* samurái que fueron fotografiados cuando el Comodoro Matthew Perry abrió las puertas para el comercio con Japón a mediados del siglo diecinueve. Tal vez fue uno de los primeros samurái en ser fotografiados, pero también fue uno de los últimos que existieron. Los empresarios industriales y la burguesía fueron los nuevos dirigentes de Japón.

Después de la derrota de Japón en la Segunda Guerra Mundial, el país remontó y llegó a ser una gran potencia económica. En la actualidad, sin embargo, Japón tiene una de las peores economías del mundo.

En 2021, Japón está al borde de la bancarrota. Hoy en día, muchos japoneses siguen creyendo que su emperador es descendiente de Dios.

Marx odiaba a la burguesía

La burguesía es la clase social que llegó a ser propietaria de los medios de producción, las fábricas y la tierra. Marx creía que lo único que les interesaba a los burgueses era su supremacía económica en la sociedad.

Dicho llanamente, Marx pensaba que los burgueses eran codiciosos, arrogantes e insensibles. Incluso en la actualidad, muchos lo son. Mucha gente diría que los peores viven en Silicon Valley, Washington, D. C. y en Wall Street. Mucha gente cree que son los nuevos aristócratas y que tienen derecho a censurarnos, a decirnos qué hacer, qué pensar y en qué creer.

Los aristócratas de Silicon Valley han logrado acumular mucha más riqueza y poder que cualquier rey o reina de la antigüedad. Son la causa de la creciente brecha económica entre la clase media y los pobres.

Las políticas de Marx

La brecha entre los ricos y los pobres se ensancha cada vez más, y muchos políticos se manejan de acuerdo con las filosofías marxistas.

Afirman odiar a *la burguesía*, pero ellos mismos *son* la burguesía. La senadora Elizabeth Warren de Massachusetts y el senador de Vermont y otrora candidato presidencial, Bernie Sanders, son dos de ellos. Según el propio Sanders:

> *Una nación no sobrevivirá ni moral ni económicamente si solo algunos tienen mucho, y muchos tienen muy poco.*

Según los reportes, el valor neto del senador Sanders asciende a casi tres millones de dólares. Ha ganado muchísimo dinero gracias a los contratos por los libros que escribe.

La senadora Elizabeth Warren de Massachusetts ha declarado:

> *Si no tienes un asiento en la mesa, lo más probable es que tú seas el menú.*

El valor neto de la senadora Warren asciende a unos 8.75 millones de dólares.

Muchos políticos afirman ser parte del "proletariado" y aseguran hablar en su nombre, pero solo lo hacen porque quieren contar con el voto de la gente. El hecho es que la mayoría de estos falsos proletarios recibe recursos para sus campañas de manos de los aristócratas, o sea, de los monarcas estadounidenses que habitan los castillos a los que ahora les llaman *campus*. Viven en Silicon Valley, en los rascacielos de Nueva York y en el Estado profundo de Washington, D. C. Ah, sí, y a todos los financia China.

Ayn Rand advirtió:

> *Cuando ves que el comercio no se efectúa por consentimiento sino por compulsión, cuando ves que para producir necesitas el permiso de hombres que no producen nada, cuando ves que ese dinero fluye hacia quienes comercian, no con bienes sino con favores, cuando ves que los hombres se enriquecen engañando y despojando en lugar de con su trabajo, y si las leyes no te protegen de ellos, sino a ellos de ti,*

cuando ves que a la corrupción se le premia y la honestidad se vuelve autosacrificio, tal vez ya sabes que tu sociedad está perdida.

Thomas Sowell describe muy bien a los políticos como Bernie y "Pocahontas" (con este nombre Trump se mofó de Warren cuando dijo que era india estadounidense):

En la lógica liberal, si la vida es injusta, la respuesta es darles a los políticos más dinero por concepto de impuestos, gastar de una manera que aumentará su probabilidad de ser reelectos.

Thomas Sowell aclaró:

Ayudar a quienes han sido golpeados por desgracias impredecibles es, de manera fundamental, distinto a hacer, de la dependencia una forma de vida.

Marx y los miembros del Partido Comunista Británico advirtieron:

La democracia es el camino al socialismo.

DEFINICIONES DE PROLETARIADO

Las definiciones de proletariado son:
1: Clase trabajadora. En especial la clase de trabajadores industriales que no poseen sus propios medios de producción y que, por esta razón, tienen que vender su trabajo.
2: El proletariado es la clase socioeconómica más baja de una comunidad.

Ayuda para el proletariado

Me parece que todos hemos escuchado este proverbio:

Si le das a un hombre un pescado, lo alimentarás un día. Si le enseñas a pescar, lo alimentarás toda la vida.

Dicen que Karl Marx declaró lo siguiente:

> *Si atrapas un pez para un hombre, se lo puedes vender. Si le enseñas a pescar, arruinarás una maravillosa oportunidad de negocio.*

La opinión de Thomas Sowell es:

> *Entre más gente dependa de las limosnas del gobierno, con más votos contará la izquierda para crear un estado de prestaciones sociales en constante expansión.*

El Manifiesto capitalista de Padre Rico

La pandemia de COVID-19 ha desencadenado una amplia variedad de cambios. Uno de los más importantes es la conciencia que están adquiriendo los padres sobre todo lo que "educar" a sus hijos implica en el mundo de hoy. En los últimos uno o dos años, muchos padres han educado por sí mismos a sus niños en casa y han aprendido bastante sobre ellos, sobre sí mismos como padres, sobre la educación tradicional, el sistema escolar y sobre el poder y la responsabilidad que tienen por ser los maestros más importantes.

En Padre Rico opinamos que la mejor manera de vencer al comunismo que se imparte en las escuelas es enseñando el capitalismo en el hogar. Creemos que es mejor enseñarle a la gente a pescar, pero en casa.

¿Por qué ahí? Porque lo que le da forma a la vida de los niños es el ambiente en que son criados, a lo que se ven expuestos y el valor que los padres le asignan al aprendizaje. Tomar la decisión de aprender en casa sobre el dinero y comprometerse es algo que todos los padres pueden hacer para luchar contra lo que con frecuencia se dice que Lenin advirtió: *"Permítannos cuidar a un niño ocho años y será un bolchevique para toda la vida."*

Y también para luchar contra el riesgo del adoctrinamiento ideológico sobre el que Thomas Sowell ha hablado:

> *Hoy en día, en muchas de nuestras escuelas no solo se descuida la educación, también se le reemplaza en gran medida con adoctrinamiento ideológico.*

Cómo enseñar capitalismo en casa

En 1996 Kim y yo diseñamos el juego de mesa *CASHFLOW* para enseñar sobre el dinero, un tema que no se aborda en las escuelas. Queríamos que quienes aprendieran les enseñaran a otros usando el juego como herramienta. No obstante, nos mantuvimos al margen del sistema educativo a propósito.

En 1997 publicamos *Padre Rico, Padre Pobre* por nuestra propia cuenta porque ningún editor quiso hacerlo. Como ya dije, la élite académica criticó el libro. Me dijeron: "Usted no sabe de lo que habla."

Gracias a que recurrimos a la autopublicación, pudimos controlar 100 por ciento del contenido, llegar de manera directa a la gente y eludir en buena medida a la élite académica.

La gente que provocó el colapso del mercado de los acuerdos de recompra en 2008 pertenecía a la élite académica, eran individuos con doctorado como mi padre pobre. En la actualidad, la élite académica de Estados Unidos es la aristocracia moderna. El mejor libro que he leído sobre esta aristocracia es *Tailspin* de Steven Brill, graduado de la Universidad de Yale y de la Escuela de Derecho de Yale.

El libro de Steven inicia así:

> *En tiempos recientes, independientemente de su inclinación política, la mayoría de los estadounidenses se ha hecho más o menos la misma pregunta: ¿Cómo llegamos a este punto? ¿Cómo fue que la democracia y la economía más importantes del mundo se transformaron en un ter-*

ritorio con carreteras en mal estado, una galopante desigualdad en los ingresos, una amarga polarización y un gobierno disfuncional?

Steven Brill es un brillante abogado y periodista de investigación. Ha señalado en qué momento empezó el descenso, el declive y la corrupción de Estados Unidos. La decadencia comenzó en nuestras escuelas más caras, las instituciones de educación superior más prestigiosas, incluyendo su propia *alma mater*: Yale.

Brill cuenta la historia de cómo un chico pobre de Far Rockaway en Queens, Nueva York, llegó a formar parte de la aristocracia estadounidense. Cuando estaba en la preparatoria, se enteró de que el presidente Kennedy iba a una "prepa privada", pero como él estudiaba en una escuela pobre de un vecindario pobre, ni siquiera sus maestros sabían lo que era eso.

Brill quiso seguir los pasos de Kennedy. En 1964 fue aceptado en una de esas "prepas privadas": Deerfield Academy, en el oeste de Massachusetts. Sus pobres y preocupados padres manejaban una licorería que siempre estaba en problemas económicos, pero el director les dijo que no se preocuparan por el costo de las colegiaturas. De acuerdo con la política de ayuda financiera de Deerfield, cada año podrían enviar un cheque a la escuela por cualquier cantidad que pudieran pagar.

Brill cuenta:

Tres años después, en 1967, un día del semestre de otoño de mi último año, me encontré en la oficina del director sentado junto a un individuo llamado R. Inslee Clark Jr. Era el decano de admisiones de Yale. Vio mi expediente y me hizo muchas preguntas, sobre todo respecto a dónde crecí y cómo fue que llegué a Deerfield. Luego se quedó en silencio un momento, me miró a los ojos y me preguntó si de verdad quería estudiar en Yale, si era mi primera opción. Cuando le dije que sí, me respondió de inmediato: "Entonces puedo prometerte que estás dentro. Le diré al señor Boyden que no es necesario que solicites la admisión en ninguna otra universidad. Solo no le digas a nadie."

Lo que yo no sabía era que formaría parte de una revolución liderada por Clark, a quien apodaban Inky. Estaba a punto de sumarme a lo que se llegaría a conocer como "los chicos de Inky", un grupo que también incluiría chicas más adelante. Éramos parte de una introducción de meritocracia que, entre mediados de los sesenta y finales de los setenta, prosperó en Yale y otras instituciones educativas de élite, bufetes de abogados y bancos de inversión. Esta meritocracia sirvió para hacer avanzar en gran medida la igualdad de oportunidades. Sin embargo, tuvo una consecuencia involuntaria: estableció una nueva aristocracia de adinerados trabajadores del conocimiento que eran mucho más inteligentes, estaban más motivados y eran mucho más capaces de enriquecer y proteger a los clientes que pudieran pagar sus honorarios, que los herederos nacidos en tercera base que conformaban la red de amiguismo imperante.

¿Qué quiere decir Steven Brill con esto? Nos está diciendo que los chicos pobres fueron admitidos en las escuelas de ricos y estudiaron con los hijos de los aristócratas estadounidenses. La aristocracia, es decir, familias como los Kennedy, estaban aceptando en las universidades del circuito Ivy League como Harvard, Princeton y Yale, a chicos muy inteligentes de familias pobres.

En la década de los sesenta, los chicos pobres e inteligentes se mezclaron con la élite estadounidense y, de acuerdo con Brill, los problemas financieros que enfrenta hoy el país empezaron cuando esos chicos sintieron más codicia y deseos de alcanzar el éxito financiero que los niños ricos de la aristocracia. Por eso la revista *TIME* utilizó para intitular su artículo la frase: "Cómo mi generación destruyó a Estados Unidos", subtítulo del libro *Tailspin*.

Anteriormente mencioné que Kings Point, la Academia de la Marina Mercante, se ubicaba en el corazón de la riqueza y la aristocracia de la Era Industrial estadounidense. Las instalaciones estaban en terrenos propiedad de los herederos de Walter Chrysler y daban hacia el estrecho formado por Long Island y la Ciudad de Nueva York. El Sailing Dance, uno de los grandes eventos de Kings Point, incluso aparecía en el Registro social de Nueva York. Era tan importante, que los padres de la élite social llamaban a la escuela para preguntar si algún guardiamarina podría invitar a su hija al baile. Así conocimos a algunas jóvenes muy adineradas.

Mi experiencia fue similar a la de Steven Brill, la de un chico de familia pobre que estuvo expuesto al estilo de vida de los aristócratas sociales, económicos y políticos de Estados Unidos. En 1969 invité a una de esas "chicas adineradas" al Sailing Dance. Cuando fui por ella sufrí un shock. Llegué en un pequeño automóvil rentado que con dificultad pude pagar y, para llegar a su puerta, tuve que manejar varios minutos por un largo y serpenteante acceso vehicular flanqueado por árboles. Su casa parecía una versión modesta del Palacio de Buckingham.

Sobra decir que fue nuestra única cita porque, como reza la popular cita de *El gran Gatsby*:

Las chicas adineradas no se casan con chicos pobres.

P: ¿Lo que Brill dice es que los chicos pobres e inteligentes destruyeron Estados Unidos porque no poseían la riqueza de los aristócratas?

R: Me parece que sí.

P: Y luego esos mismos chicos pobres e inteligentes se convirtieron en la nueva aristocracia estadounidense, en los miembros de una meritocracia más hambrienta de dinero que sus compañeros ricos, ¿cierto?

R: Así es. Brill explica:

El ascenso de la meritocracia tuvo que ver con algo más que el beneficio personal. A medida que mi generación de triunfadores se graduó de universidades de élite y avanzó en el ámbito profesional, su éxito personal con frecuencia tuvo serias consecuencias sociales. Estos jóvenes cambiaron drásticamente Wall Street y las corporaciones estadounidenses con la implementación de inventos en la legislación y las finanzas, los cuales produjeron una economía sustentada en tratos que implicaban el movimiento constante de los activos en lugar de la creación de nuevos. Inventaron instrumentos financieros arriesgados y exóticos, entre ellos los derivados y las permutas de incumplimiento crediticio que produjeron las crisis de hiperactividad de las ganancias inmediatas, pero separaron a quienes corrían el riesgo de quienes sufrirían las consecuencias. Organizaron fondos de cobertura que hicieron que la posesión de acciones fuera una apuesta cambiante minuto a minuto en lugar de una inversión a largo plazo. Inventaron las peleas de apoderados, los rescates apalancados y las recompras de acciones que les generaron a los abogados y los banqueros una bonanza de nuevos honorarios y maximizaron las ganancias a corto plazo para los accionistas, quienes se volvían cada vez más insensibles. Al mismo tiempo, sofocaron los incentivos para el crecimiento a largo plazo del resto de la economía.

P: ¿Esa es la cultura que hasta la fecha se enseña en nuestras mejores escuelas?

R: De acuerdo con Steven Brill, sí. Por eso escribió *Tailspin* en 2018 y por eso yo escribí *Padre Rico, Padre Pobre* en 1997. Este libro, *Manifiesto capitalista* fue creado para ofrecerle al lector un entendimiento básico de la verdadera educación financiera, una educación que incluye la historia del dinero, por qué los ricos son cada vez más ricos, por qué el comunismo se está apoderando de Estados Unidos y, lo más importante, por qué nos están robando nuestras libertades a través de los niños pobres e inteligentes educados en las universidades más prestigiosas del país.

En la década de los sesenta, la meritocracia estadounidense empezó a infiltrarse en la economía, me refiero a la élite académica-financiera cuyos miembros se graduaron de prestigiosas universidades como Stanford, la Universidad de Chicago y Wharton. Muchos jóvenes *Baby boomers*, algunos con doctorado, empezaron a dirigir Silicon Valley y también el Banco Central, conocido como la Fed. Hoy dirigen Wall Street, los bancos comerciales, el gobierno estadounidense, nuestras universidades, las instituciones financieras gubernamentales como Fannie Mae y Freddy Mac, y las firmas privadas de ingeniería financiera como los fondos de cobertura, los mutualistas y las firmas privadas de gestión patrimonial que, en su mayoría, operan con dinero proveniente de China y Europa.

Como lo explica Steven Brill, estos inteligentísimos estudiantes, provenientes de las filas del proletariado, o sea, de las familias de clase trabajadora, fueron quienes provocaron el colapso del mercado de los acuerdos de recompra en 2008. Es el mismo colapso al que los medios de comunicación financieros denominaron "colapso del mercado *subprime*". Culparon al *proletariado* de la crisis de los acuerdos de recompra, pero el hecho es que esta fue provocada por la *élite académica-financiera* proveniente de las familias de clase trabajadora del proletariado: la nueva aristocracia estadounidense.

Después del colapso del mercado de los acuerdos de recompra en 2008 y del subsecuente colapso de los mercados *subprime*, las nuevas élites académicas-financieras provenientes de familias pobres recibieron bonos, mientras que sus pares, la gente de clase trabajadora del proletariado, perdieron sus casas… y los contribuyentes pagaron la factura.

Te reitero la reflexión de Thomas Sowell:

Una de las fallas comunes entre la gente honorable es no darse cuenta cuán inmorales pueden ser otros y cuán peligroso es confiar en ellos.

Ahora repetiré las palabras de Steven Brill:

A medida que mi generación de triunfadores se graduó de universidades de élite y avanzó en el ámbito profesional, su éxito personal con frecuencia tuvo serias consecuencias sociales.

Estos jóvenes cambiaron drásticamente Wall Street y las corporaciones estadounidenses con la implementación de inventos en la legislación y las finanzas, los cuales produjeron una economía sustentada en tratos que implicaban el movimiento constante de los activos en lugar de la creación de nuevos. Inventaron instrumentos financieros arriesgados y exóticos, entre ellos los derivados y las permutas de incumplimiento crediticio que produjeron las crisis de hiperactividad de las ganancias inmediatas, pero separaron a quienes corrían el riesgo de quienes sufrirían las consecuencias.

Organizaron fondos de cobertura que hicieron que la posesión de acciones fuera una apuesta cambiante minuto a minuto en lugar de una inversión a largo plazo. Inventaron las peleas de apoderados, los rescates apalancados y las recompras de acciones que les produjeron a los abogados y los banqueros una bonanza de nuevos honorarios y maximizaron las ganancias a corto plazo para los accionistas, quienes se volvían cada vez más insensibles. Al mismo tiempo, sofocaron los incentivos para el crecimiento a largo plazo del resto de la economía.

Lo que Steven Brill está diciendo es que la nueva aristocracia estadounidense, constituida por chicos pobres que asistieron a nuestras mejores escuelas, establecieron una industria de servicios financieros completamente nueva. Para cumplir con la corrección política, a esta nueva industria se le llama "ingeniería financiera". En realidad, los "ingenieros financieros" crearon monstruos como el de Frankenstein y, ahora, el mercado de los acuerdos de recompra es el banco de los nuevos aristócratas estadounidenses.

El monumental colapso financiero del que nadie oyó hablar

El 17 de septiembre de 2019 hubo un colapso en el mercado de los acuerdos de recompra de lo que algunos llaman Banca en la sombra, pero que yo prefiero llamar "Fantasmal sistema bancario". Las tasas de interés se dispararon a 10 %. Fue una noticia muy importante, pero poca gente se enteró y mucha menos la reportó. A pesar de que la difusión de la información sobre un colapso es fundamental, la noticia nunca llegó a las masas debido a las decisiones tomadas por los medios de comunicación populares, también conocidos como medios de comunicación falsos.

Para Ken McElroy, uno de nuestros socios de inversión en bienes inmuebles por casi mil millones de dólares, el colapso de los acuerdos de recompra fue una noticia esencial de la que nadie se enteró.

La manera en que los colapsos enriquecen aún más a los ricos

Los colapsos del mercado de los acuerdos de recompra representan una excelente oportunidad para volverse rico, pero solo si sabes lo que haces. La última vez que Ken y yo estuvimos al tanto de una de estas crisis fue en 2008. Insisto, nadie se enteró. Sin embargo, Ken, Kim y yo entramos en el modo de "alerta roja". Fue poco antes de que el mercado de bienes raíces empezara a desmoronarse.

En lugar de decirle la verdad al público, los medios de comunicación de noticias falsas como CNBC y CNN empezaron

178

a cambiarle el nombre al fenómeno. En lugar de decir la verdad, los medios que reportaron en 2008 dijeron que se trataba de un "colapso *subprime* del mercado de bienes raíces". Culparon de esta crisis a los "prestatarios *subprime*", o sea, a la gente pobre, el proletariado. Los culparon de comprar casas que no podían pagar.

¿Qué ES el mercado de acuerdos de recompra o mercado Repo?

Me esforzaré por explicar esto de una manera súper sencilla, pero no será fácil porque el mercado de acuerdos de recompra es uno de esos temas que, entre más te enteras, más comprendes lo mucho que ignoras.

El término de mercado de acuerdos de recompra, también conocido como mercado Repo, implica una "segunda compra". Es decir, no se refiere a una recuperación o embargo, como cuando te embargan un automóvil. El acuerdo de recompra o mercado "repo" es una noción opaca pero importante del sistema financiero. Yo veo a este mercado como una casa de empeño para las instituciones financieras más grandes del mundo.

EL FANTASMAL SISTEMA BANCARIO

EL PANTANO = CAPITALISMO DE AMIGOTES
EL DINERO NUNCA LLEGA A "NOSOTROS, EL PUEBLO"

El mercado de los contratos de recompra es un elemento esencial del Fantasmal Sistema Bancario.

Por qué es importante el mercado Repo

En el mercado Repo hay dos tipos de instituciones financieras:

IF-1: Institución financiera #1, valores, pero cero efectivo
IF-2: Institución financiera #2, efectivo, pero efectivo que no produce intereses

Cuando la Institución financiera #1 necesita dinero porque está creando monstruos como el de Frankenstein, se dirige al mercado de contratos de recompra para conseguirlo en poco tiempo. A menudo, de la noche a la mañana.

De una manera muy similar a lo que sucede en las casas de empeño, la Institución financiera #2 cuenta con efectivo. Las IF-2 suelen ser fondos mutualistas del mercado monetario que venden los bancos y los asesores financieros.

Cuando una IF-1 necesita efectivo se dirige a la IF-2 del mercado Repo para obtenerlo. La IF-2 necesita que IF-1 le dé una garantía o "colateral", o una fianza: lo mismo que sucede cuando una casa de empeño te pide que le entregues tu sortija de matrimonio a cambio de un préstamo a corto plazo. En la casa de empeño, si no devuelves el dinero, venden tu sortija.

En el mercado Repo la garantía más importante y común son las letras del Tesoro que ofrece el gobierno de Estados Unidos. Siempre que la IF-1 entregue sus letras del Tesoro como negocio, la IF-2 estará feliz de darle dinero para que siga creando monstruos de Frankenstein.

Todo funciona de maravilla… siempre y cuando la IF-1 le devuelva a la IF-2 el dinero del préstamo y la IF-2 le entregue de vuelta sus letras del Tesoro. Si ves al mercado Repo como una enorme casa de empeño supervisada por el gobierno de Estados Unidos y el Banco de la Reserva Federal, lo conocerás y comprenderás mejor que 99 % de la población mundial.

Esto es el mercado de contratos de recompra explicado de la manera más simple posible. En promedio, cada día se comercian entre dos y cuatro billones de contratos de recompra, es decir, estos préstamos con garantía a corto plazo se realizan diariamente. En realidad, el mercado Repo es un factor esencial de un sistema financiero demasiado complejo, conocido como el Fantasmal Sistema Bancario o Banca en la sombra.

Si deseas aprender más sobre el Fantasmal Sistema Bancario, puedes referirte al trabajo de mi amigo, el autor Jim Rickards, quien ha simplificado esta madriguera de conejos.

Jim Rickards es autor de la lista de *best sellers* de *The New York Times*. Escribió los libros *Road to Ruin, Currency Wars, The Death of Money* y *The New Case for Gold*, los cuales han sido traducidos a dieciséis idiomas. Jim tiene una experiencia de treinta y cinco años en inversiones bancarias, economía internacional e inteligencia política. Ha sido asesor de economía internacional y amenazas financieras para el Departamento de Defensa y la Comunidad de Inteligencia de Estados Unidos, o sea, la IC, por sus siglas en inglés. También fue facilitador de los primeros juegos de guerra financiera realizados por el Pentágono.

Jim advierte:

Los biólogos universitarios que trabajan con virus infecciosos tienen instalaciones herméticas para asegurarse de que sus objetos de estudio no escapen del laboratorio y dañen a la población en general. Por desgracia, a los departamentos económicos no se les impone este tipo de medidas de seguridad.

El colapso del que nadie oyó hablar

Como lo mencioné, el 17 de septiembre de 2019 las tasas de interés en el mercado de contratos de recompra se disparó a 10 %. Fue un colapso monumental, significó que algo malo les había sucedido a las garantías. Todos querían dinero líquido, pero la gente con pequeños negocios en la Avenida principal nunca se enteró de esta crisis. La gran mayoría, quizás 99 % de la población mundial no recibió las noticias, y si yo no tuviera amigos como Jim Rickards, tal vez tampoco me habría enterado de nada.

La explicación súper simple:

> *Si el mercado Repo se congela, la economía mundial deja de funcionar.*

Los colapsos vuelven más ricos a los ricos

Ken McElroy y yo nos emocionamos porque cuando ocurrió el colapso del mercado de contratos de recompra en 2008 supimos que sería una oportunidad para hacer dinero. Si cuentas con una educación financiera sólida y entiendes bien lo que haces, las crisis pueden ser momentos propicios para volverte rico.

En 2008, la gente con casas y planes de retiro 401(k) e IRA terminaron muy mal. Muchos "especuladores" de bienes raíces fueron aniquilados. Y, sin embargo, mientras las tasas de interés se desplomaban, algunas de las mejores propiedades del mercado de bienes raíces del mundo "fueron puestas a la venta".

Una de las razones por las que los ricos se vuelven más ricos es porque compran las mejores inversiones cuando las inversiones y el efectivo son puestos "en venta". Y, al contrario, los pobres empobrecen aún más porque compran inversiones en los mercados al tope, o sea, cuando los precios están más altos que nunca. A este fenómeno se le llama FOMO por sus siglas en inglés (*Fear of Missing Out*), y quiere decir "Miedo a perderse de algo". En 2008, cuando tuvieron lugar el colapso del mercado Repo y la crisis *subprime* de bienes raíces, los corredores empezaron a ofrecer préstamos NINJA, siglas de la frase en inglés *"No Income, No Job"*, es decir, préstamos para gente sin ingresos ni empleo. De pronto, todos los aspirantes a inversionistas en bienes raíces del país empezaron a "especular" con propiedades.

Luego se desplomó el mercado de contratos de recompra y millones de personas perdieron su casa, su empleo, sus ahorros y recursos para el retiro. El mundo no se ha recuperado por completo. Desde 2008 el problema de este mercado y el Fantasmal Sistema Bancario han crecido más y más. Ahora son un monstruo de Frankenstein del tamaño de King Kong.

Después del 17 de septiembre de 2019, Ken McElroy y yo esperamos más noticias, pero no pasó nada. De pronto solo entró en escena el coronavirus.

La COVID-19 y la pandemia mundial

A finales de octubre de 2019 me llamó un amigo de Singapur y me advirtió sobre un extraño virus proveniente de China. Ahora, todo mundo lo conoce como COVID-19.

Al principio no pude ver la relación. No pensé que el colapso del mercado Repo y la COVID-19 estuvieran relacionados. No tengo pruebas, pero, tras mi experiencia con las noticias falsas en Vietnam, tengo muy poca fe en la legitimidad de las organizaciones noticiosas. No puedo ofrecer pruebas de la relación entre el colapso y la enfermedad, pero me parece que hay gato encerrado. Nos estaban mintiendo.

El 30 de junio de 2021, CBS News reportó:

Las hipótesis sobre la fuga de la Covid-19 del laboratorio de Wuhan son "absolutamente legítimas" y "probables". La comunidad de inteligencia de Estados Unidos está casi a la mitad de una revisión de noventa días sobre el origen de la Covid-19. Los investigadores están averiguando si el virus surgió de manera natural a través del contacto humano con un animal infectado, o si escapó por accidente de un laboratorio en Wuhan, China.

Repetiré lo que dijo Jim Rickards, quien ha trabajado con la CIA y el Pentágono:

Los biólogos universitarios que trabajan con virus infecciosos tienen instalaciones herméticas para asegurarse de que sus objetos de estudio no escapen del laboratorio y dañen a la población en general. Por desgracia, a los departamentos económicos no se les impone este tipo de medidas de seguridad.

No estoy diciendo que el colapso y el virus estén relacionados, solo que tengo sospechas. En Kings Point, nuestro instructor nos habló de manera extensa sobre la relación entre la medicina y el socialismo.
   Lenin dijo:

La medicina es la clave del arco del socialismo.

Obamacare

La ley del cuidado accesible, (*Affordable Care Act* o ACA) se conoció en un principio como la ley para la protección del paciente y del cuidado accesible, pero de forma coloquial se le llamó Obamacare. Es un estatuto federal promulgado por el 111° Congreso estadounidense que el presidente Barack Obama firmó y aprobó el 23 de marzo de 2010.

Muchos lo vieron como un paso hacia el socialismo. Mi preocupación respecto a Obama es que él forma parte de la misma categoría que Steven Brill, es un individuo brillante proveniente de familia burguesa. A diferencia de lo que a muchos nos gustaría pensar, Obama no viene de familia pobre. Tengo amigos que fueron a la escuela con él y con su hermana, y que conocen a su familia. Asistió a una preparatoria privada y muy prestigiosa en Hawái, la Punahou School, una prepa muy parecida a la que asistió Brill de forma gratuita.

Así como Brill estudió en Yale, al salir de la preparatoria Obama ingresó a Harvard.

Es probable que antes de llegar a ser presidente Obama ya fuera millonario, pero no por mucho. De acuerdo con *Forbes*, en 2005, cuando se unió al Senado de Estados Unidos, ganaba 85 000 dólares al año.

Se calcula que en 2018 su valor neto era de 140 millones de dólares. Nada mal para un presidente que ganaba 400 000 dólares al año. En mi opinión, este es un ejemplo perfecto de una persona pobre que estudia en la misma escuela que los hijos de los aristócratas estadounidenses, como los de las familias Kennedy y Bush.

Mercado Repo inverso

En junio de 2021 el mercado Repo empezó a operar de manera inversa. En un mercado de contratos de recompra común, el Banco de la Reserva Federal hace fluir dinero hacia los bancos comerciales más grandes como JP Morgan, Wells Fargo y Goldman Sachs.

En un mercado Repo inverso los bancos más grandes hacen fluir su efectivo de vuelta a la Fed. No es buena señal y podría significar varias cosas. Al parecer, significa que los bancos desean acercarse más a sus mejores instrumentos de garantía. Insisto, los mejores son las letras del Tesoro de Estados Unidos. ¿Podría significar que los monstruos de Frankenstein están creciendo? ¿Cómo saberlo? No sé, pero no olvides que durante los colapsos los ricos se vuelven más ricos.

En su podcast transmitido por YouTube, *Rebel Capitalist*, George Gammon explica de maravilla el mercado Repo y el mercado Repo inverso. El 6 de julio de 2021 hizo una excelente labor al simplificar este tema tan intricado. Luego fue más allá y explicó por qué la transición al mercado Repo inverso es señal de lo que podría ser la crisis más fuerte en la historia mundial.

El juego se llama rescate

En su libro *La criatura de la Isla de Jekyll*, el autor G. Edward Griffin describe la manera secreta en que fue fundado el Banco Federal de Estados Unidos, también conocido como La criatura.

Edward Griffin declara en el libro:

El juego se llama rescate.

En 2021 la Fed y el Tesoro calcularon que su siguiente rescate sería de 150 billones de dólares.

Los mercados Repo y Repo inverso son fundamentales para el rescate de los ricos. El mercado Repo rescata a los niños pobres graduados de nuestras mejores escuelas, los mismos que crearon los monstruos de Frankenstein que destruyen la economía y le roban la riqueza a la clase trabajadora. Los pobres aristócratas de Estados Unidos despojan a la burguesía y al proletariado a través de su dinero e inversiones, a través de los impuestos, los ahorros, la inflación y la inversión en los mercados de acciones, bonos y bienes raíces.

Warren Buffett dijo:

Gracias a las matemáticas es posible ver que la inflación es un impuesto mucho más devastador que cualquier otra cosa que hayan promulgado nuestras legislaturas.

Me parece que muchos de nuestros problemas sociales y de insuficiencia de vivienda, como el odio y la división racial, los provocan los aristócratas pobres de Estados Unidos que observan los principios del marxismo-leninismo que se enseña en nuestras mejores escuelas.

Repetiré la advertencia:

> *El estado socialista controlaría la economía y los medios de producción, y reprimiría la contrarrevolución de la burguesía y cualquier otra oposición.*

Ahora te presentaré algunas preguntas para cerrar este capítulo: ¿La primera etapa del marxismo-leninismo estará a punto de completarse? ¿La represión del capitalista y del capitalismo estarán a punto de empezar?

Me pregunto si esta será la razón por la que la venta de armas se está disparando. ¿Y por qué las tensiones de descontento y agitación social hacen eco?

El futuro

Los siguientes capítulos son sobre el futuro, sobre lo que nos espera. Y, de manera específica, sobre reflexiones alrededor de estas preguntas:

¿Qué puedo hacer?

¿Cómo puedo convertirme en arquitecto del futuro en lugar de ser víctima?

¿Puedo luchar contra el comunismo que se imparte en nuestras escuelas enseñando capitalismo en casa? ¿Cómo lo hago?

Capítulo 7
¿QUÉ PUEDO HACER YO? "SOLO SOY UNA PERSONA COMÚN Y CORRIENTE"

"Si deseas transmitirle a la gente una nueva manera de pensar, no te molestes en enseñarle. Mejor dale una herramienta cuya utilización la haga pensar de manera distinta."

—Doctor R. Buckminster Fuller (1895-1983)

En 1967 un compañero de clase y yo viajamos de aventón desde Kings Point, Nueva York, hasta Montreal Canadá. Íbamos a la Expo 67, la Feria mundial sobre el futuro. Mi principal razón para desear ver esta exposición era que el domo geodésico del doctor R. Buckminster Fuller era el Pabellón central de la Feria. Ese fin de semana me cambió la vida.

En 1981 volé de Hawái a un centro vacacional de esquí ubicado en Kirkwood, California, cerca de Lake Tahoe. Fui uno de los cien participantes de un evento de una semana con el futurista Buckminster Fuller.

A mi padre biológico, o sea el pobre, le fascinaba Bucky Fuller. Nos sentábamos juntos durante horas para construir modelos en miniatura con delgadas espigas de madera y pegamento. Fuller les llamaba a estos modelos: "Los bloques de construcción del universo."

LOS BLOQUES DE CONSTRUCCIÓN DEL UNIVERSO DE DIOS

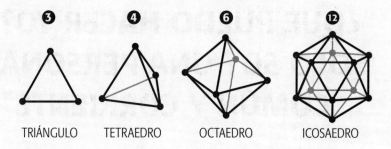

TRIÁNGULO   TETRAEDRO   OCTAEDRO   ICOSAEDRO

Mi padre pobre era maestro y Fuller le intrigaba porque decía que les estábamos mintiendo a nuestros niños. Según este inventor, las escuelas les estaban enseñando a los estudiantes las matemáticas de los humanos, no las coordenadas matemáticas de Dios.

Bucky Fuller no seguía ninguna doctrina religiosa.
Cuando usaba la palabra dios se refería a "la misteriosa integridad que gobierna el universo".

Los cuadrados no existen

Uno de los temas que más enardecían a Fuller era el uso de la palabra *cuadrado*. Él decía: "En el universo no existen los cuadrados".

¿Por qué era tan inflexible en este asunto? Porque los cuadrados no tienen integridad, no mantienen su forma. Fuller decía: "Cuando dibujas un cuadrado en un pizarrón, lo único que le da integridad es el mismo pizarrón. Sin él, no conservaría su forma."

¿Por qué es esto importante? En este capítulo descubrirás por qué nuestro sistema educativo no tiene integridad. Buena parte de lo que se enseña en la escuela son opiniones, no hechos. Y, sin duda, tampoco es ciencia.

Al filósofo Platón (428/427-348/347 a.C) se le atribuyen con frecuencia estas palabras: "Ni la percepción ni la verdadera opinión, ni la razón ni la explicación combinada con la verdadera opinión podrían ser conocimiento." De acuerdo con quienes han estudiado a Platón, si dijéramos esto de otra manera, sonaría así: "La opinión es la forma más ínfima de conocimiento humano. No exige responsabilidad ni entendimiento."

Mi padre pobre me hacía construir modelos en miniatura con delgadas espigas de madera y pegamento para probar el modelo mismo, para ver si mantenía su forma. Si conservaba su forma era porque tenía integridad.

Cuando pegué cuatro espigas como se muestra en el dibujo más adelante, fue fácil moverlas. Añadir más pegamento no sirvió de nada, las espigas seguían moviéndose y la forma no se mantenía.

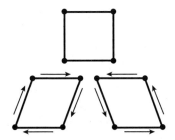

Cuando construyo un triángulo, como el que aquí se muestra, la forma es más fuerte, se mantiene.

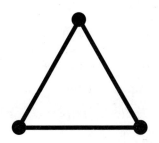

Fuller quería demostrar que las matemáticas que se enseñaban en la escuela "no tenían integridad". Estas son dos definiciones de este término:

1. Cualidad de ser honesto. Principios morales sólidos, rectitud moral.
2. Estado de completitud e indivisión.

Mi padre pobre, que era maestro y académico, estaba de acuerdo en ello. Decía: "Nuestra matemática se basa en 'cuadrados', pero debería basarse en 'triángulos'. No tiene integridad."

Lo que mi padre pobre *no* veía era que el hecho de no enseñar la materia del dinero en la escuela también era una falta de integridad.

Mi papá y la mayoría de los maestros son más bien como Karl Marx: un intelectual que era un fracaso para los negocios y la administración del dinero, no un capitalista. Creo que por eso en nuestras escuelas ha sido tan fácil absorber los principios del marxismo-leninismo y sus ideales a través de los maestros.

A mi padre pobre no le agradaba mi padre rico porque era capitalista. Al igual que Marx, mi padre pobre veía a los capitalistas como "opresores" y a los trabajadores como "víctimas oprimidas". Al igual que Marx, mi padre nunca se dio cuenta de que lo que en realidad le hacía ver un mundo en el que era víctima de los ricos era su falta de educación financiera y de experiencia real en los negocios.

Esto es lo que dice sobre la educación María Montessori, emprendedora de este ámbito:

> *Una educación capaz de salvar a la humanidad no es una tarea sencilla: implica el desarrollo espiritual de un hombre, el mejoramiento de su valor como individuo y preparar a la gente joven para entender los tiempos en que vive.*

Los bloques de construcción del Universo

A continuación encontrarás una imagen de las formas a las que Fuller llamaba "bloques de construcción del universo". Su estructura es sólida porque tienen integridad, porque pueden mantener su forma.

LOS BLOQUES DE CONSTRUCCIÓN DEL UNIVERSO DE DIOS

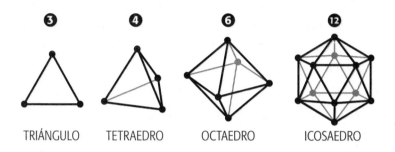

TRIÁNGULO   TETRAEDRO   OCTAEDRO   ICOSAEDRO

Quizás has visto una imagen del domo geodésico que fue usado como Pabellón de Estados Unidos en la Expo 67. Las matemáticas y la arquitectura utilizadas en la construcción de este modelo tienen integridad.

Opiniones, no hechos

Bucky Fuller decía con frecuencia:

Nuestro sistema educativo se sustenta en opiniones, no en hechos.

Cuando a Thomas Sowell le preguntaron en una entrevista respecto a su cambio del marxismo, se lo atribuyó a una sola cosa: los hechos.

193

BUCKY FULLER

A Fuller se le considera uno de los más grandes arquitectos de Estados Unidos, pero lo más interesante es que… no era arquitecto. A pesar de ello, en el Instituto Estadounidense de Arquitectos, en Washington D. C., se exhibe un busto suyo. Dicho llanamente, Fuller aplicó en su arquitectura las matemáticas y los bloques de construcción de Dios, no de los humanos. Si le hubieran encargado a Dios construir el Pabellón de Estados Unidos en la Expo 67, habría lucido como el domo geodésico de este inventor.

Gad Saad, un judío que apenas alcanzó a escapar del Líbano, su tierra natal, comparte la visión de Fuller sobre la hipocresía en la educación. Gad, autor de *The Parasitic Mind*, es actualmente profesor de Ciencias evolutivas del comportamiento en la Universidad de Concordia en Montreal, Canadá.

En su libro nos advierte:

La ciencia se basa en evidencia, no en política. En el ámbito científico, siempre es preferible saber que no saber. Sin embargo, en el mundo académico actual, la ideología progresista está por encima de los hechos científicos.

Gad se mofa de la ideología progresista en la educación:

Oh, ¿es usted un químico bisexual no binario? Vaya, eso cambia por completo el número atómico del carbón, el paladio y el uranio.

También ha escrito lo siguiente:

Los progresistas parecen creer que, si dicen las palabras "diversidad, inclusión e igualdad" con suficiente frecuencia, se resolverán todos los problemas.

Y respecto a cómo arreglar el sistema educativo, Gad escribe:

Si desea saber lo que está mal en la educación superior, un buen lugar para comenzar sería el revés de las prioridades tradicionales universitarias que ha puesto a la justicia social en la cima del tótem y a la erudición más abajo.

Les estamos mintiendo a nuestros niños

Algo que en verdad enardecía a Fuller eran las matemáticas. Criticaba la matemática sustentada en suposiciones falsas, la matemática *fake*. Para calcular el área de un círculo, la matemática moderna utiliza "*Pi* multiplicado por el radio al cuadrado".

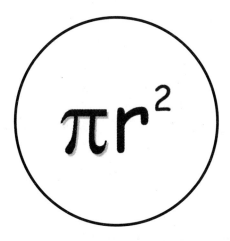

Pi es igual a, más o menos, 3.14159265358979323846…
Los dígitos continúan sin un patrón y sin fin.
Fuller preguntaba:

¿Usted cree que Dios dejaría el área del círculo sin resolver?

Y por eso repetía con frecuencia:

¿Cómo nos atrevemos a mentirles a nuestros estudiantes?

195

El genio amigable del planeta

En una etapa más tardía de su vida, Fuller llegó a ser conocido como el Genio amigable del planeta. John Denver compuso y le dedicó una canción en la que lo llamaba "El abuelo del futuro". Se intitula *Lo que un hombre puede hacer* (*What One Man Can Do*).

Fuller nació el 12 de julio de 1895 en Milton, Massachusetts. Estudió en la Milton Academy de Massachusetts y de inmediato estuvo en desacuerdo con la manera en que se enseñaba la geometría. No podía aceptar que un punto pintado con gis en el pizarrón representara un punto "vacío" ni que una línea pudiera estirarse al infinito. Para él, todo esto era ilógico, y eso fue lo que lo condujo a desarrollar sus propias matemáticas a las que llamó sinergética.

Después de graduarse de Milton Academy, Fuller se dirigió a la Universidad de Harvard y su familia le entregó un diario con cuatro generaciones que se graduaron de esta institución antes que él. También le dieron una cantidad suficiente de dinero que él tendría que utilizar con base en un presupuesto y que le serviría para los cuatro años que estudiaría ahí.

Y luego, lo expulsaron dos veces. La primera porque se gastó todo su dinero yendo de fiesta en fiesta con las Radio City Rockettes, el popular grupo de bailarinas. Su familia reunió más dinero para sus cuatro años de estudios, y fue aceptado de nuevo en la Harvard. La segunda vez lo expulsaron porque regresó a la Ciudad de Nueva York, se volvió a gastar el dinero y se involucró en lo que la universidad llamó: "Socialización excesiva." No volvieron a aceptarlo.

Lo que resulta interesante es que, aunque Fuller no obtuvo ningún título en esta institución, Harvard lo presume como uno de sus más connotados graduados.

A pesar de que no se graduó de Harvard, recibió un nombramiento para estudiar en la Academia Naval de Estados Unidos, una de las cinco academias federales, hermana de la Academia de la Marina Mercante. Ahí pudo graduarse finalmente.

Fuller le decía con frecuencia a nuestro grupo de estudiantes:

Los hombres del mar son distintos a los hombres de la tierra.

Esto lo explicó mejor al decir: "Cuando estás en el mar te encuentras sometido a las fuerzas de la naturaleza, al aliento de Dios. Cuando estás en el mar, a Dios no le importa si eres pobre o rico, negro o blanco, inteligente o estúpido. Cuando vives en el mar, aprendes a sintonizarte con las fuerzas de Dios."

Insisto, cuando Fuller usaba la palabra *Dios* no lo hacía en el contexto religioso. Para él, Dios era "la misteriosa integridad que gobierna al universo".

Hombres de la tierra

La mayoría de los déspotas, tiranos, empresarios y directores ejecutivos son hombres de la tierra. La mayoría piensa que son más inteligentes que Dios. Cuando los hombres del mar piensan que son más poderosos que Dios, se convierten en capitanes del Titanic, el barco trasatlántico de pasajeros que anunciaban como "inhundible".

Yo he sido capitán de mi propio Titanic en muchas ocasiones.

En 2020 la economía mundial se estaba hundiendo. En febrero de ese año entramos oficialmente en una recesión porque los hombres y las mujeres que se graduaron de nuestras mejores escuelas en tierra firme pensaron que eran más inteligentes que Dios.

El resultado, es decir, el panorama económico, ¿habría sido distinto si, en lugar de los hombres de tierra, quien hubiera estado a cargo del timón del país, la Fed y el Tesoro de Estados Unidos hubieran sido hombres y mujeres del mar? Nunca lo sabremos.

Depresión y epifanía

En 1981 Fuller le dijo a nuestro grupo que, cuando vivía en Chicago y estaba casado y tenía una hija, echó a andar un modesto negocio de construcción y tenía problemas económicos. Nos dijo que, un fin de semana de 1922, se llevó a cabo un juego entre Harvard y Yale al que deseaba asistir. En ese tiempo, Alexandra, su hija, tenía unos cuatro años y libraba una batalla con las complicaciones de la poliomielitis y la meningitis espinal.

Anne, su esposa, le pidió que le dijera a su hija adónde iba antes de partir. Cuando se despidió de ella, Alexandra le preguntó: "¿Me puedes traer un banderín de Harvard?"

Fuller le prometió que se lo traería y luego tomó el tren de Chicago a Boston. Como de costumbre, se fue de fiesta durante varios días, antes y después del juego. Poco después, su esposa le avisó que Alexandra había empeorado y que necesitaba que volviera a casa cuanto antes.

Al llegar a Chicago, subió corriendo por las escaleras del departamento de una sola recámara y levantó a su hija. Estaba ardiendo en fiebre. En 1981, Fuller le contó a nuestro grupo de estudio que sostuvo a Alexandra en sus brazos y ella abrió los ojos en cuanto se dio cuenta de que había vuelto, sonrió.

—Papi, ¿me trajiste mi banderín? —le preguntó.

Fuller negó lentamente con la cabeza.

—No, cariño, lo olvidé.

Entonces Alexandra cerró los ojos y murió en brazos de su padre unos días antes de cumplir cuatro años.

Eso fue en 1922.

En 1927, Fuller pensó en suicidarse. Consideró ahogarse para que su esposa y su nueva hija, Allegra, pudieran recibir el dinero de su seguro de vida. Tenía el plan de nadar desde la orilla del Lago Michigan y desaparecer poco a poco, abrumado por las olas, exhausto de nadar.

En 1981, subió al escenario y le contó a nuestro grupo que, estando de pie en la orilla del lago, vivió un momento profundo que le dio dirección y un propósito por el resto de su vida. Dijo que sintió como si estuviera suspendido varios metros sobre el piso, encerrado en una esfera blanca de luz. Una voz le habló:

Tú no te perteneces, le perteneces al universo. Tu significado te permanecerá oculto por siempre, pero, si te consagras a transformar tus experiencias para el mayor beneficio de otros, podrás dar por hecho que estás cumpliendo con tu propósito.

Nunca vuelvas a trabajar por dinero

En 1927 Fuller tenía treintaidós años. Nos explicó que su experiencia extracorpórea lo condujo a un análisis profundo de su vida y que, al final, eligió embarcarse en "un experimento para averiguar lo que un solo individuo podría hacer para cambiar el mundo y beneficiar a toda la humanidad".

Esto fue lo que nos dijo:

Hace unos cincuenta y cinco años me propuse averiguar lo que un ser humano desconocido y sin un centavo, con una esposa y una hija recién nacida, podría hacer de manera efectiva en nombre de toda la humanidad.

En 1927 Fuller volvió de Lago Michigan a su departamento de una sola recámara y juró que nunca volvería a trabajar por dinero.

Nos contó que todos los días se levantaba y, después de desayunar, despejaba la mesa de la cocina para consagrarse a proyectos inspirados por su intuición. Pasó mucho tiempo usando palillos y chícharos secos, creando los bloques de construcción del universo. Con esos palillos y chícharos descubrió las verdaderas matemáticas de Dios, una matemática a la que denominó sinergética.

LOS BLOQUES DE CONSTRUCCIÓN DEL UNIVERSO DE DIOS

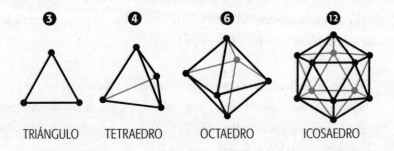

TRIÁNGULO   TETRAEDRO   OCTAEDRO   ICOSAEDRO

Fuller derivó su matemática, es decir, la sinergética, de la definición de sinergia:

Sinergia es el comportamiento de los sistemas completos imprevisto por el comportamiento de sus partes tomadas de manera separada.

La explicación es súper simple:

Sinergia significa:
1 + 1 + 1 = 6 u 11 o 60

Margaret Mead, antropóloga cultural estadounidense nacida en 1901 y fallecida en 1978, dijo:

Nunca dudes que un pequeño grupo de ciudadanos considerados y comprometidos pueda cambiar el mundo. De hecho, es lo único que lo ha logrado.

Esta es la manera en que Margaret Mead explica la sinergia que se genera cuando un pequeño grupo de seres humanos hacen equipo para cambiar al mundo.

Recuerdo que en 1981 estaba sentado, mirando a Fuller con aire incrédulo mientras él nos explicaba que, si "hacía todo lo que Dios quería", aparecería el soporte vital. Si no "hacía lo que Dios quería", su familia pasaría hambre.

En 1981 me sentía vencido e impotente. Estaba demasiado vapuleado. Acababa de regresar de Vietnam, donde fui testigo de las lecciones reales sobre marxismo y fascismo que nos dieron en la academia, consciente de que nuestros medios de comunicación se habían vuelto contra los soldados estadounidenses en el campo de batalla, y habiendo comprendido que el marxismo-leninismo se estaba filtrando en Estados Unidos a través de los maestros, o sea, de gente buena como mi padre. Me sentía impotente por completo, como una víctima.

Estas son tres definiciones de víctima:

1. Persona dañada, lastimada o asesinada por un crimen, accidente, suceso o acción.
2. Persona engañada o timada.
3. Criatura viva asesinada en sacrificio religioso.

En 1981 no entendía las fotografías, las imágenes de los tanques norvietnamitas pasando por las puertas de la embajada de Estados Unidos en Saigón en 1975, e indicando así la derrota de Estados Unidos en la guerra. Era una locura. Vi reproducirse una y otra vez en mi mente las imágenes que mostraron los noticieros de los helicópteros en los techos transportando la mayor cantidad posible de soldados vietnamitas a un lugar seguro, a hombres que seguramente habrían sido asesinados por haber luchado del lado de Estados Unidos. No podía olvidar los rostros de mis amigos y compañeros pilotos, de los oficiales cuyas naves nunca volvieron al portaaviones, y que nunca regresarían a casa. Tampoco podría olvidar a los hippies estadounidenses escupiéndonos, a mis hombres y a mí, cuando volvimos a casa, a nuestro país.

En 1981 seguía enojado. Me sentía traicionado. Me consideraba una víctima.

Pero después de pasar cinco días con Bucky Fuller, me convertí en un hombre distinto. En lugar de seguir siendo la víctima, de tratar de averiguar cómo volverme rico, esos días asistí al seminario de aquel gran inventor para contemplar mi futuro. Pensé en sus palabras cuando, en el momento más oscuro de su vida, se preguntó: *¿Qué es lo que Dios quiere que se haga?*

En agosto de 1981 volví a Hawái y a mi negocio del *rock and roll*. Acababa de conseguir dos licencias más para los grupos Van Halen y Judas Priest, cuya fama en ese tiempo era monstruosa. Pero a pesar de lo divertido del negocio, no dejaba de pensar en la semana que pasé con Fuller. Seguía preguntándome: *¿Qué es lo que Dios quiere que se haga?*

No sabía qué deseaba Dios, solo sabía que yo no quería seguir vendiendo gorras, carteras y camisetas con logos de bandas de rock en sus conciertos y en tiendas de minoristas.

Hay una canción popular que dice:

Haz lo que amas y el dinero te llegará.

En 1981 llevaba algún tiempo haciendo lo que me gustaba… hasta que conocí a Fuller en persona. También recordaba el sentimiento que tuve en 1967 cuando recorrí su domo en el monorriel.

En 1981 comprendí que la inspiración para ese domo venía de la mesa en la cocina de Fuller, del momento en que, en 1927, juró no volver a trabajar por dinero. Fue el resultado de preguntarse: *¿Qué es lo que Dios quiere que se haga?*

Fuller dijo:

O haces dinero o haces algo lógico. Son dos acciones mutuamente excluyentes.

En 1981 empezaba a hacer mucho dinero en el ámbito del *rock and roll*. Por desgracia, hacer dinero con la fabricación de este tipo de productos me parecía cada vez menos lógico.

En lugar de hacer lo que amaba empecé a preguntarme: *¿Qué es lo que Dios quiere que se haga?*

Me hice esa pregunta muchas veces, y de pronto empecé a ver varias de las cosas que necesitaban hacerse.

Las palabras precisas de Fuller fueron:

> *Lo que hay que hacer es lo que necesita hacerse, lo que ves que se debe hacer, lo que nadie más ve que necesita hacerse.*

Entonces dejé de preguntarme: *¿Cuánto dinero podría ganar?*, y me enfoqué en encontrar una necesidad que debiera ser satisfecha, en un problema que yo pudiera resolver.

Remplacé mis palabras con las de Fuller:

> *Al observar mi vida hasta ahora es posible ver que, entre más gente he servido, más eficiente me he vuelto. Así pues, es obvio que, si trabajo siempre y de manera exclusiva para toda la humanidad, alcanzaré mi nivel óptimo de eficacia.*

Conforme pasó el tiempo fui simplificando la frase:

> *Entre más gente le sirvo, más eficiente me vuelvo.*

Tuve la suerte de volver a estudiar con Fuller en los veranos de 1982 y 1983, y en cada ocasión sufrí una transformación.

El fallecimiento de Fuller

En 1983 pasé otra semana con Fuller y, quince días después, mientras conducía por la H-1, la carretera que atraviesa Honolulu, el presentador de radio anunció que Buckminster Fuller había fallecido en Los Ángeles.

Era 1 de julio de 1983. Detuve mi automóvil, me estacioné a un lado de la carretera y lloré. Después me enteré de que, mientras ofrecía otra de sus charlas en Los Ángeles, Fuller de pronto se detuvo, miró hacia arriba e hizo una prolongada pausa.

Un amigo mío, que se encontraba entre el público, dijo: "Volteó a vernos y dijo: 'El estado de mi esposa ha empeorado. ¿Acaso llegó el momento de fallecer juntos'?"

Bucky había hecho un trato con su esposa, que no se verían fallecer el uno al otro. Salió de la conferencia y corrió para estar a su lado. Anne estaba en coma, no sabía que Bucky estaba ahí. Bucky reposó su cabeza a su lado y falleció unas horas más tarde. Unos días después, Anne falleció, nunca salió del coma. Respetaron su acuerdo, no vieron al otro abandonar esta vida.

Los detractores de Fuller dicen que la historia de su vida no es cierta, pero yo sé, de primera mano, que estar con él siempre implicaba una experiencia transformadora. Nunca olvidaré el paseo en monorriel por su domo geodésico, el Pabellón de Estados Unidos en la Expo 67. Fue un suceso mágico e inspirador.

Fuller criticaba mucho la educación y a los educadores. Naturalmente, muchos de sus detractores pertenecían al ámbito académico.

Fuller dijo:

Ninguno de nuestros sistemas escolares son sinergéticos. Tomamos al niño completo y fraccionamos el alcance de su coordinación comprensiva al inscribirlo en la escuela primaria, donde solo se preocupan por elementos o hechos aislados.

Repetiré la definición de sinergia:

Sinergia es el comportamiento de los sistemas completos imprevisto por el comportamiento de sus partes tomadas de manera separada.

¿Por qué es aburrida la primaria?

Al describir el sistema escolar existente, Fuller decía que las escuelas primarias hacían el aprendizaje aburrido. En lugar de estudiar un tema como, digamos un cachorrito, se dividía el todo sinergético del cachorrito en elementos: matemáticas, ciencia, lectura, escritura, historia y otros aspectos aburridos y no relacionados. Esto hace que la educación sea soporífera, irreal e inaccesible.

Creo que esta es una de las razones por las que los niños suelen sentirse tontos en la escuela. Al menos, eso fue lo que me pasó a mí. Quería aprender sobre el dinero, pero en lugar de estudiar el dinero como una materia integral, estudiábamos matemáticas. Todo se volvió aburrido, así que me fui.

Gracias a Dios, mi padre pobre, director de educación, me sugirió a los nueve años que empezara a estudiar con padre rico. Así descubrí que, a pesar de que no me agradaba la escuela, adoraba aprender.

Las escuelas imponen la especialización

Fuller continuó explicando lo que sucede cuando las escuelas desglosan una materia en elementos. Aún tenía más que decir:

A partir de ahí los forzamos a elegir una especialización, a olvidar la totalidad. Quizá podríamos incluso preguntarnos cómo fue que el esquema total de educación avanzada se enfocó de forma exclusiva en hacer aún más estrecha la especialización.

P: Entonces, ¿los estudiantes inteligentes ingresan a la escuela de derecho, de medicina o de enfermería?

R: Entre más alto es el nivel académico de un estudiante, más especializado se vuelve. O, como dijo Fuller: *El esquema total de educación avanzada se enfocó de forma exclusiva en hacer aún más estrecha la especialización.*

P: ¿Qué tiene de malo ser especialista?

R: Pues, Fuller tenía una opinión al respecto cuando nos advirtió:

> *La especialización engendra un sesgo que, al final, se acumulará en la forma de un desacuerdo internacional e ideológico que, a su vez, conduce a la guerra.*

P: Tu padre rico estaba de acuerdo con eso, ¿no es verdad? Por eso creó el Cuadrante del flujo de dinero.

R: Así es. *El Cuadrante del flujo de dinero* es el segundo libro de la Serie Padre Rico, es una obra que forma parte del Manifiesto capitalista.

A continuación te presento la imagen del cuadrante del flujo de dinero:

E significa empleado

A significa autoempleado, especialista o dueño de un negocio pequeño

D significa dueño de un negocio grande o de una marca

I significa inversionista o infiltrado

Los E y los A invierten desde el exterior en activos como acciones, bonos, fondos mutualistas y fondos cotizados (ETF, por sus siglas en inglés). Los D y los I invierten desde el interior.

El sistema escolar programa a los estudiantes para: "Ir a la escuela, obtener un empleo, pagar impuestos, comprar una casa porque una casa es un activo, salir de deudas, invertir a largo plazo en acciones, bonos, fondos mutualistas y ETF, y ahorrar dinero."

Estas son las palabras de advertencia de Thomas Sowell:

> *Hoy en día, en muchas de nuestras escuelas no solo se descuida la educación, también se le reemplaza en gran medida con adoctrinamiento ideológico.*

P: ¿Entonces, los estudiantes han sido programados para trabajar por dinero?

R: Así es. Casi todos se convierten en esclavos del dinero, de la seguridad de un empleo, el cheque de nómina constante, las acciones y los mercados de bonos de Wall Street; y se vuelven dependientes de los programas de ayuda del gobierno como la Seguridad Social y Medicare.

Fuller dijo:

> *Todo lo que vemos está en nuestra propia mente.*

P: ¿Y lo que la gente de los cuadrantes E y A ve en su mente son cheques de nómina, un empleo estable y seguridad financiera?

R: Precisamente.

P: ¿Por eso en nuestras escuelas no se ofrece educación financiera?

R: Esa es una pregunta que tal vez te debas responder tú mismo. Yo he dado mi opinión, pero lo que en verdad importa es lo que tú piensas.

Fuller advirtió:

> *La especialización es, de hecho, solo una forma elegante de sometimiento en la que se engaña al "experto" para que acepte su esclavitud. El engaño se lleva a cabo haciéndole sentir que, a cambio, tiene acceso a la posición social y cultural que prefiere y que, por lo tanto, esta es permanente y ofrece un alto nivel de seguridad.*

P: ¿Por eso cuando tenías diez años y trabajabas para padre rico, él se negó a pagarte? ¿Porque eso sería como programarte para pensar como empleado? ¿Para ver el mundo desde las perspectiva de un empleado, de un especialista?

A: Precisamente.

Esclavos intelectuales

La historia de la educación comienza con caudillos analfabetas y ambiciosos que financiaron las escuelas para aprovecharse de los "esclavos intelectuales".

Esto es lo que decía Fuller de la educación:

> *Hemos descubierto que el principio histórico de las escuelas y los mentores fue establecido y sustentado en el aspecto económico por caudillos analfabetas y sumamente ambiciosos que necesitaban una amplia variedad de esclavos intelectuales que abrumaran con su logística y su furia a quienes se opusieran a la expansión de su conquista física.*

Los caudillos de Fuller eran aquellos a la derecha del Cuadrante del flujo del dinero de padre rico: los D y los I.

Luego va más lejos con sus distinciones. Para mantener bajo control a los "esclavos intelectuales" más inteligentes, el caudillo analfabeta los conquistó y dividió haciéndolos especializarse aún más.

Fuller escribe:

> *Asimismo, DIVIDIERON y CONQUISTARON a todos los "brillantes" que, de otra manera, podrían rebelarse en sus reinos y amenazar su supremacía.*
>
> *El caudillo debilitó la amenaza que representaban haciéndolos especialistas y reservando para sí mismo el derecho exclusivo de pensar y actuar de manera integral.*

P: ¿Qué quieres decir con "...*debilitó* la amenaza que representaban haciéndolos especialistas"?

R: Con "debilitó" me refiero a que el caudillo arruinó o afectó de manera deliberada el poder de los esclavos intelectuales más brillantes obligándolos a especializarse aún más. A un abogado avezado, por ejemplo, se le alienta para, y se le compensa por, devenir especialista en, digamos, patentes. O a un economista se le alienta a especializarse en economía laboral.

P: ¿El esclavo intelectual pierde poder al especializarse?

R: Sí.

P: ¿Y el caudillo aumenta su poder siendo más generalista mientras que sus esclavos intelectuales se especializan cada vez más?

R: Correcto.

P: ¿Y qué quiso decir Fuller cuando escribió: *"…y reservando, para sí mismo, el derecho exclusivo de pensar y actuar de manera integral"*?

R: El caudillo se reservó el derecho exclusivo de pensar "en grande", de ver el "panorama completo". Fuller decía que Dios había diseñado a los humanos para que fueran generalistas. Eso significa que podían hacer muchas cosas: plantar cosechas, cazar animales, construir un refugio, cocinar, limpiar, tocar un instrumento musical, manejar un automóvil, volar y cuidar de otros.

Por eso, en la actualidad, las escuelas continúan enseñándoles a los "estudiantes brillantes" cómo devenir especialistas altamente especializados.

En su papel de futurista, Fuller predijo:

La computadora desplazará por completo al hombre como especialista.

En 2020, muchos médicos están siendo remplazados por las computadoras, ya que estas pueden hacer mucho más por mucho menos dinero. Dentro de poco también se remplazará a los conductores de camiones.

P: Y mientras las computadoras remplazan a los especialistas, ¿nuestras escuelas continúan enseñándoles a los estudiantes a especializarse más? Es ilógico.

R: Por eso Fuller dijo:

El caudillo debilitó la amenaza que representaban haciéndolos especialistas y reservando para sí mismo el derecho exclusivo de pensar y actuar de manera integral.

Los "esclavos intelectuales" especialistas son *diferenciadores*, se enfocan en el panorama más pequeño posible, mientras que el caudillo es un *integrador*. Es el único que ve o comprende el panorama completo.

Veamos un ejemplo de la vida real. Como inversionista en bienes raíces y empresario, poseo miles de propiedades. Opero desde los cuadrantes D e I. Entre más propiedades adquiero, más aumenta mi flujo de dinero.

Tengo que lidiar con una buena cantidad de corredores de bienes raíces que operan desde el cuadrante A.

A medida que mi conglomerado crece, yo trabajo menos cada vez, pero genero más y más flujo de efectivo sin trabajar y habiendo implementado un plan para minimizar mis obligaciones fiscales. El corredor de bienes raíces, en cambio, necesita seguir trabajando cada vez más y encontrar nuevos clientes para generar nuevo dinero por concepto de comisiones, por el cual, por cierto, se pagan las tasas de interés más altas de impuestos.

Por esta razón, de acuerdo con Bucky Fuller, la historia de la educación comienza con caudillos analfabetas y ambiciosos que financiaron escuelas para aprovecharse de los "esclavos intelectuales".

En términos de bienes raíces, el corredor de bienes raíces del cuadrante A trabaja para uno o dos clientes al mismo tiempo. En cambio, con cada nueva propiedad que adquieren, los inversionistas y dueños de negocios de los cuadrantes D e I le sirven a mucha más gente. Quienes operan desde los cuadrantes D e I generan más dinero y, de manera legal, pagan menos por concepto de impuestos.

¿Qué puede hacer una persona común y corriente?

Una de las preguntas que se hacía Fuller era: "¿Qué puedo hacer yo si sólo soy una persona común y corriente?". De pronto me encontré preguntándome lo mismo. Él resumió la respuesta de esta forma:

Lo que hay que hacer es lo que necesita hacerse, lo que ves que se debe hacer, lo que nadie más ve que necesita hacerse.

P: Pero la gente necesita dinero. ¿No es por eso que va a la escuela, consigue un empleo y trabaja? La mayoría no puede sobrevivir sin dinero.

R: Eso es lo que nos enseñan para que sigamos asistiendo a la escuela, nos enseñan a ser esclavos del dinero. La mayoría de la gente se gradúa y empieza a vivir de un cheque de nómina al siguiente. Muchos viven así toda su vida.

Otra reflexión de Fuller:

Cuando empiezas a estudiar el universo, todo lo que en la escuela te han enseñado que es "obvio" se vuelve cada vez menos obvio.

El tema candente

En los tres veranos que estudié con Fuller, de 1981 a 1983, hubo un tema candente: cómo puede una persona sobrevivir económicamente haciendo "solo lo que Dios quieres que se haga". El miedo de no tener dinero desencadenaba fuertes sentimientos porque, para la mayoría de los estudiantes, esto tiene que ver con un miedo primigenio. Ese miedo es lo que mantiene a muchos viviendo como "esclavos del salario".

Fuller se esforzó por cambiar esa imagen en nuestra mente. Contó historias para abrirnos los ojos.

Una de las historias que le contó a nuestro grupo, por ejemplo, encerraba una enseñanza:

Los niños harán dibujos con todo tipo de elementos: casas, árboles, gente y animales. El sol y la luna.

Los adultos dirán: "Qué bonito dibujo, cariño, pero pusiste al sol y la luna al mismo tiempo en el cielo… y eso es incorrecto." Pero, de hecho, es correcto, el niño tiene razón. El sol y la luna están en el cielo al mismo tiempo.

Una de las grandes joyas del genio de Fuller hizo vibrar en mí una fibra personal la primera vez que la escuché. Sigue conmoviéndome hasta la fecha. Nos dijo:

Fuimos llamados a ser los arquitectos del futuro, no sus víctimas.

Hoy en día, muchos de nuestros líderes quieren que seamos víctimas. Quieren que nos veamos de esa manera, que dependamos de la clemencia y generosidad de ellos y del gobierno.

Para 2020, cuando Nancy Pelosi fue nombrada primera mujer vocera de la Casa Blanca, ya tenía una experiencia profesional en la política de treinta años, desde 1987. Su papel de vocera la hace una de las mujeres más poderosas de Estados Unidos. Su calcula que su valor neto es de 120 millones de dólares. Su capacidad para inspirar a las víctimas es asombrosa.

Estas son algunas de sus declaraciones más memorables:

Elíjannos, confíen en nosotros, juzguen y partan de ahí. Pero les digo que, si los demócratas ganaran y tuvieran mayorías sustanciales, el Congreso de Estados Unidos se volvería más bipartisano.

¿Estará bromeando?

Pelosi declaró esto:

Las prestaciones del desempleo están generando trabajo más rápido que casi cualquier otro programa.

Ya, en serio, ¿*bromeas*?

Y esto:

> *Creo que el gas natural es una alternativa económica y limpia a los combustibles fósiles.*

No puedo evitar preguntar: ¿en verdad está *tan* desinformada?

Más Pelosi…

> *Si pudiera hacer las cosas a mi manera, las armas deportivas estarían reguladas de forma estricta y el resto sería confiscado.*

Eso fue lo que hizo Hitler.

Por último, una cita *vintage* de Pelosi:

> *Tenemos que aprobar la ley para averiguar qué hay en ella.*

La cita completa es: "Tenemos que aprobar la ley para que ustedes puedan averiguar lo que hay en ella, lejos de la neblina de la controversia." ¿Y estos son los políticos que deberían inspirarnos confianza?

Marx advirtió:

> *Para el burócrata, el mundo es un simple objeto que manipular.*

Hitler dijo:

> *Qué afortunado es para el gobierno que la gente bajo su gestión no piense.*

En una entrevista con Patrick Bet-David para el podcast *Valuetainment* de julio de 2021, el profesor Gad Saad declaró:

Yo diría que, a diferencia de lo que enfrentamos en este momento, en los últimos cuarenta o cincuenta años hemos tenido que lidiar con otro tipo de pandemia. Y, en este caso, el virus no ha sido biológico sino mental. Por eso les llamo patógenos o ideas parasitarias. Pero ¿de dónde vienen? Si tratamos de averiguar de dónde salió el corona-virus y tenemos una teoría, no podemos mencionar el lugar porque sería racista. Y, entonces, ¿de dónde vienen estas ideas patogénicas? Todas provienen del ecosistema universitario. Dicho de otra forma, como suelo recordarle a la gente, son los intelectuales y los profesores quienes siempre salen con las ideas más estúpidas.

Gad continúa:

¿Cómo podemos vacunarnos contra estas malas ideas?

Padre rico solía decir:

Sé muy cuidadoso al contratar a tus empleados, en especial a los ejecutivos. Un marxista bien instruido puede contagiar a toda tu empresa.

Esto es por lo que padre rico luchó tanto, por mantener sus negocios libres de sindicatos. Y ganó.

Te reitero las palabras de Ayn Rand en su libro *La rebelión de Atlas*:

Cuando ves que para producir necesitas el permiso de hombres que no producen nada, cuando ves que ese dinero fluye hacia quienes comercian, no con bienes sino con favores, cuando ves que los hombres se enriquecen engañando y despojando en lugar de con su trabajo, y si las leyes no te protegen de ellos, sino a ellos de ti, cuando ves que a la corrupción se le premia y la honestidad se vuelve autosacrificio, tal vez ya sabes que tu sociedad está perdida.

Espera un momento… las cosas se ponen peor

El 11 de mayo de 2021, en un comentario en *Babylon Bee*:

> *Algunos sagaces expertos analistas están viendo una conexión entre moti-var a la gente a permanecer en casa… y permanecer en casa ellos mismos.*

El artículo continúa con estos comentarios:

> *"Es muy extraño…", dijo un funcionario.*

Parece que cuando solo le envías un cheque a la gente, no ve la necesidad de ir a trabajar.

> *No había manera de que previéramos esto.*

Padre rico decía:

> *Uno siempre obtiene aquello por lo que paga. Si le pagas a la gente por no trabajar, dejará de trabajar.*

Cuando la primera etapa del marxismo-leninismo se acerca a su fin, y la represión de la oposición comienza, la élite académica presiona para promover la Teoría monetaria moderna y el Ingreso básico universal (TMM e IBU, por sus siglas en inglés).

TMM: la Teoría monetaria moderna

La idea central de la Teoría monetaria moderna es que los gobiernos con un sistema de divisa fíat, es decir, dinero fiduciario o por decreto, puedan y deban imprimir (o generar con unas cuantas pulsaciones en el teclado, en la actual era digital) todo el dinero que necesiten para gastar porque no pueden caer en bancarrota o ser insolventes a menos de que se tome la decisión política de hacerlo.

¿Están locos? Eso es justo lo que hizo Alemania después del Tratado de Versalles de la Primera Guerra Mundial, el cual condujo a la creación de la República de Weimar, al ascenso de Adolf Hitler, y a la muerte de 42 millones de personas. Yo prefiero llamarle TMM: Teoría monetaria marxista.

IBU: Ingreso básico universal

El Ingreso básico universal es un programa del gobierno en el que todos los ciudadanos adultos reciben una cantidad fija de dinero de manera regular. El objetivo de este programa es paliar la pobreza y remplazar otros programas sociales sustentados en las necesidades que, de forma potencial, requerirían un mayor involucramiento burocrático. La idea del Ingreso básico universal ha acumulado ímpetu en Estados Unidos a medida que la automatización va remplazando cada vez más a los trabajadores de la industria manufacturera y otros sectores de la economía.

¿Están locos de atar? En lugar de enseñarles a los estudiantes a "ir a la escuela y conseguir un empleo", ¿por qué no mejor enseñarles a "ir a la escuela y convertirse en empresarios que generan empleos"?

P: ¿Qué tiene de malo imprimir dinero y pagarle a la gente por no trabajar?

R: ¿Por dónde empiezo? ¿Qué podríamos decir de la inflación, por ejemplo? La definición de inflación es: "Incremento general en precios y declive en el valor adquisitivo del dinero."

Repetiré la advertencia de Warren Buffett respecto a la inflación:

Gracias a las matemáticas es posible ver que la inflación es un impuesto mucho más devastador que cualquier otra cosa que hayan promulgado nuestras legislaturas. El impuesto de la inflación tiene una gran capacidad para solo consumir capital.

Thomas Sowell advierte:

La hiperinflación puede acabar con los ahorros de toda tu vida sin que el gobierno se tome la molestia siquiera de aumentar la tasa fiscal oficial.

Y reitero las palabras de Hitler porque, insisto, nos permite entender el punto:

Qué afortunado es para el gobierno que la gente bajo su gestión… no piense.

¿Recuerdas cuando podíamos burlarnos de nosotros mismos con un humor autocrítico? ¿Cuando podíamos usar el humor como herramienta, como un mecanismo para iluminar problemas e ideas? Los comediantes estadounidenses lo dicen mejor:

George Carlin, por ejemplo, comenta:

Nunca subestime el poder de la gente estúpida reunida en grupos numerosos.

Will Rogers recomienda:

Siempre bebe del otro lado del que bebe el ganado.

Gad Saad advierte:

Hoy en día, Occidente sufre de una pandemia devastadora, una enfermedad colectiva que destruye la capacidad de la gente para pensar de manera racional. A diferencia de otras pandemias en las que los patógenos biológicos son los culpables, el responsable se compone de una serie de malas ideas engendradas en los campus universitarios que van socavando los edificios de nuestra razón, libertad y dignidad individual.

Gad va un poco más lejos al afirmar lo siguiente:

El abuelito de todas las ideas patogénicas es el posmodernismo.

P: ¿Qué es el posmodernismo?

R: Esta es la forma en que lo definen en el sitio de Internet de la National Association of Scholars:

Las dos ideologías contendientes en el posmodernismo son el marxismo y el historicismo, así como todas sus corrientes derivadas: justicia social, diversidad, multiculturalismo, sustentabilidad, y ciudadanía global.

Después de la Segunda Guerra Mundial y de las revelaciones respecto a los crímenes de Stalin, los académicos marxistas empezaron a migrar del marxismo económico tradicional a una versión sustentada en la cultura, incluso dejaron de usar el término "marxista". El primer grupo, la Escuela de Frankfurt, se originó en Alemania y condujo al ascenso del marxismo occidental y del marxismo cultural. Algunos de los miembros de esta Escuela migraron a Estados Unidos.

P: ¿Entonces el posmodernismo tiene sus raíces en el marxismo?

R: Sí. En la entrevista con Patrick Bet-David, Gad Saad dice que el posmodernismo "no tiene verdades universales".

Por eso escribí la cita que con frecuencia se le atribuye a Platón:

La opinión es la forma más ínfima de conocimiento humano. No exige responsabilidad ni entendimiento.

P: ¿Qué pensaba Fuller del posmodernismo?

R: Fuller habría estado en total desacuerdo con la filosofía del posmodernismo, "No existen las verdades universales", y con la noción de que nuestros sesgos y subjetividad personal nos tienen encadenados.

Fuller habría estado de acuerdo con la postura de Platón: "La opinión es la forma más ínfima de conocimiento humano. No exige responsabilidad ni entendimiento." El posmodernismo se basa en opiniones, sesgos, diversidad, subjetividad crítica y opresión. El posmodernismo apoya la idea de la sociedad respecto a la creación de víctimas. Los posmodernistas no se dan cuenta de que ellos son el problema.

De nuevo pienso en las palabras de Fuller, en su frase de resistencia y esperanza:

Fuimos llamados a ser los arquitectos del futuro, no sus víctimas.

Es por ello que mucha gente suscribe a la TMM y el IBU como soluciones a la desigualdad en el ingreso.

Tradicionalmente, la TMM y el IBU han llevado a la pobreza, a una mayor desigualdad en el ingreso, el caos financiero, la revolución y la muerte de millones.

Entonces, ¿nos encontramos al final de la primera etapa del marxismo-leninismo?

He presentado distintos puntos de vista. Tengo mi opinión respecto a cómo será la segunda etapa del marxismo-leninismo. Creo que, hace muchos años, mientras sobrevolaba los castillos quemados a lo largo de las playas de la Riviera de la Indochina francesa en Vietnam vi el futuro, la segunda etapa.

Una pregunta aún más importante sería: ¿Cuál es tu visión del futuro?

¿Eres como los judíos en Alemania que en 1933 permitieron que Hitler los obligara a portar estrellas amarillas? Actualmente usamos cubrebocas y nos fuerzan a vacunarnos, en algunos casos, bajo riesgo de perder el empleo en caso de no obedecer.

Cuando se publicó de forma póstuma *El flagrante atraco universal del efectivo* (*Grunch of Giants*) de Fuller, un mes después de su fallecimiento en julio de 1983, encontré la respuesta a mi pregunta "¿Qué es lo que Dios quiere que se haga?".

En su libro, la palabra *GRUNCH* es en realidad el acrónimo de **Gr**oss **Un**iversal **C**ash **H**eist o Flagrante atraco universal del efectivo.

En 1983 conocí a la mujer más hermosa y maravillosa. Se llama Kim.

En 1984, Kim, nuestro amigo Blair Singer y yo vendimos todo y dejamos Hawái para ir a California y averiguar si podíamos hacer lo que Dios quería que se hiciera. Fue el principio de los peores años de nuestra vida. Kim y yo no tuvimos casa por algún tiempo, pero no nos rendimos. Estas son las palabras de Fuller que nos mantuvieron motivados:

> *Si deseas transmitirle a la gente una nueva manera de pensar, no te molestes en enseñarle. Mejor dale una herramienta cuya utilización la haga pensar de manera distinta.*

Entre 1984 y 1994 batallamos y pasamos de un fracaso a otro, pero no nos rendimos.

En 1994 alcanzamos la libertad financiera. Kim tenía treinta y siete años y yo cuarenta y siete. Nos tomó diez años lograrlo. Sabíamos que teníamos que compartir la manera en que lo hicimos, diseñar herramientas y un camino para que otros pudieran hacer lo mismo. Nuestra misión, mejorar el bienestar financiero de la humanidad, se convirtió en la misión de The Rich Dad Company.

En 1996 Kim y yo produjimos el juego de mesa *CASHFLOW*. Seguimos las instrucciones de Bucky y le ofrecimos a la gente una herramienta cuya utilización le permitiera pensar de manera distinta.

Fuller también dijo:

> *Para que la democracia pueda prosperar en todo el mundo, la sociedad mundial debe aprender a prosperar.*

En 1996, inspirados por las sabias palabras de María Montessori, Kim y yo diseñamos el juego de mesa *CASHFLOW*:

> *Lo que la mano hace, la mente recuerda.*

En 1997, poco después de diseñar el juego *CASHFLOW* escribí *Padre Rico, Padre Pobre*. Una vez más, seguí las instrucciones de Bucky Fuller:

> *Yo diría entonces que te enfrentas a un futuro en el que la educación será la más importante de todas las grandes industrias del mundo.*

En 1997 Kim y yo fundamos The Rich Dad Company y el juego *CASHFLOW* se convirtió en nuestra herramienta capitalista.

Las palabras de Fuller nos inspiraron:

> *Hace unos cincuenta y cinco años me propuse averiguar lo que un ser humano desconocido y sin un centavo, con una esposa y una hija recién nacida, podría hacer de manera efectiva en nombre de toda la humanidad.*

En 1996 comenzó nuestro Manifiesto capitalista…

Lo único que hicimos fue crear productos que, por medio de la enseñanza del capitalismo en casa, hicieran frente al comunismo que se impartía en las escuelas. Al principio la gente nos criticó y se burló de mí y de mi esposa.

Por todo esto, en 1997 publicamos de forma autónoma *Padre Rico, Padre Pobre*. Insisto, permitimos que la sabiduría de Fuller nos guiara:

> *Mis ideas han pasado por un proceso de emergencia por emergencia. Porque cuando se les necesita con la suficiente premura, son aceptadas.*

Para 2021 *Padre Rico, Padre Pobre* continúa siendo el libro número uno de finanzas personales en todo el mundo. La pandemia fue esa emergencia necesaria porque puso en evidencia las ideas patogénicas marxistas provenientes del ecosistema universitario. Como un faro en la noche, iluminó los peligros del pensamiento posmoderno y les dio a los padres de los niños en edad escolar una voz nueva y poderosa para exigir el cambio.

La educación posmoderna carece de integridad. No puede mantener su forma porque se basa en opiniones, no en principios. Lo peor de todo es que no prepara a los estudiantes para el mundo real.

En el siguiente capítulo explicaré la manera en que Fuller y padre rico se opusieron a las ideas marxistas de la educación posmoderna… con Principios generalizados.

Capítulo 8

AUTODEFENSA

Solo dos cosas son infinitas: el universo y la estupidez humana... y no estoy seguro de que sea verdad en el primer caso.

—Albert Einstein

A veces me pregunto, ¿la estupidez humana es finita?, y pienso que, al menos, es suficiente para que te detengas a pensar en el asunto, eso te lo aseguro. Luego veo el mundo a mi alrededor y me parece que tal vez no es una afirmación exagerada. Además, son palabras que se le atribuyen a Albert Einstein.

Lo que sí sé es que *mi* estupidez es infinita. Pero es justo en esa infinidad de estupidez que he encontrado conocimiento, información y, de vez en cuando, algo de sabiduría.

Nelson Mandela dijo:

La mayor gloria en la vida no radica en no caer nunca, sino en levantarnos en cada ocasión que caemos.

Cada vez que castigan a los estudiantes por cometer errores, las escuelas están enseñando estupidez. ¿Cómo puede aprender una persona si nunca se equivoca? ¿Cómo puede aprender a caminar un niño si no se cae o si lo castigan por caerse?

Si, como Nelson Mandela dijo, la "mayor gloria en la vida no radica en no caer nunca", ¿entonces por qué están tan estigmatizados los errores? Cometer errores no te hace estúpido, los errores son una manera de aprender, oportunidades para descubrir cómo hacer algo de manera distinta o mejor. En mi experiencia, los maestros se enfocan en los errores en lugar de analizarlos para encontrar las enseñanzas que conllevan. Creo que esa es una de las razones por las que la mayoría de los maestros son pobres.

Bucky Fuller aborda esta problemática cuando escribe respecto a la manera en que Dios diseñó a los humanos:

A los seres humanos se les dio un pie izquierdo y uno derecho para cometer un error, primero hacia la izquierda y luego hacia la derecha. Y cometerlo de nuevo a la izquierda y repetir el proceso.

En una ocasión escuché a Fuller expresarlo de esta manera:

Dios no nos dio un pie derecho y otro chueco.

A continuación, una definición de inteligencia:

Capacidad de adquirir y aplicar conocimiento y habilidades.

Una persona inteligente es alguien que comete errores y aprende de ellos. Las escuelas se enfocan mucho en memorizar "las respuestas correctas", y muy poco en lo que podemos aprender de nuestros errores. En una ocasión, Fuller le dijo a nuestro grupo:

Dios diseñó a los humanos para aprender cometiendo errores.

Pienso en los bebés cuando aprenden a caminar, y en los niños cuando aprenden a andar en bicicleta y luego a manejar automóviles. ¿Qué pasaría si nos regañaran cada vez que cometiéramos un error o nos cayéramos? Tal vez todavía gatearíamos.

Creo que nos diseñaron para aprender de nuestros errores, pero luego las escuelas nos castigan por cometerlos.

Esta es una de mis frases preferidas de Einstein:

> *La imaginación es más importante que el conocimiento. El conocimiento es limitado. La imaginación circunda el mundo.*

Elon Musk dice:

> *Evita, tanto como puedas, contratar gente con maestría en administración de negocios. Esos programas de maestría no le enseñan a la gente a crear empresas.*

Kim y yo cometimos ese error en una ocasión. Le pagamos a un *headhunter* para que encontrara un director ejecutivo con maestría en administración de negocios. No solo le tuvimos que pagar al *headhunter* un porcentaje del salario del nuevo director ejecutivo, también tuvimos que pagarle al director un bono de 250 000 dólares por firmar. Kim y yo estamos de acuerdo con Elon Musk. Los empresarios no necesitan maestrías en administración de empresas.

Steve Jobs dijo:

> *La innovación distingue al líder del seguidor.*

Y para reiterar las palabras de Einstein:

> *La imaginación es más importante que el conocimiento.*

Y padre rico dijo:

*Los empresarios requieren de imaginación, valentía y, en especial, de
humildad para aprender de sus errores.*

Lo que más destruye la imaginación es la escuela. La escuela les
enseña a los estudiantes que hay respuestas correctas y respuestas
incorrectas, y que solo los maestros tienen las correctas. Estoy seguro de que hay casos en los que, si el maestro o la maestra admi-
tiera que cometió un error, lo despedirían. O, al menos, eso es lo
que piensan. Muy a menudo, solo ven una "respuesta", un camino.
Muchos viven con miedo a no tener la "solución correcta", miedo
a cometer errores que podrían hacerlos descubrir y vivir la vida
que merecen.

I love Rock 'n' Roll

Yo adoraba el *rock 'n' roll*, por eso estuve en ese negocio… hasta
que conocí a Bucky Fuller. Una de mis estrellas favoritas era Jimi
Hendrix, una verdadera leyenda del rock. No era profesor universitario, pero era un hombre muy inteligente.

Con frecuencia se le atribuye esta frase:

El conocimiento habla, pero la sabiduría escucha.

Bienes raíces candentes

En 2008 el mercado de bienes raíces estaba que ardía. Todos ha-
blaban sobre el tema. La gente incluso renunciaba a su trabajo para
convertirse en especulador profesional de propiedades.

Recuerdo que un día estaba junto a la caja en la tienda Safeway y
la cajera me dio su tarjeta. Decía que era corredora de bienes raíces.
Con una sonrisa me empezó a contar sobre todo el dinero que la
gente estaba haciendo en esta industria gracias a la especulación.

La joven empezó a guardar los víveres en las bolsas.

—¿Qué pasaría si el mercado de bienes raíces colapsara? —le pregunté.

—El precio de los bienes raíces siempre aumenta — contestó muy segura, y luego trató de convencerme de invertir con ella, así que escuché su discurso de ventas, pero no dije nada más.

Joseph P. Kennedy, padre del presidente John Kennedy, dijo:

Si los chicos que bolean zapatos te empiezan a dar consejos sobre las acciones, es hora de salirse del mercado.

En 2008 Ken McElroy y yo estábamos esperando que el mercado de bienes raíces se desplomara. En 2008 ya sabíamos que el Repo había colapsado. En 2008 poseíamos, en conjunto, unos 2500 departamentos.

Ese año comenzamos a perder inquilinos porque los bancos relajaron los requisitos para calificar. La gente empezó a comprarse casas en lugar de rentar. En muchos casos se trataba de casas que no podían pagar. Sabíamos todo esto porque la mayoría de los inquilinos con dificultad lograban cubrir el depósito de seguridad de su departamento. Por todo lo anterior, en 2008 Kenny y yo solo esperamos y escuchamos.

En 2008 tuvo lugar una de las crisis más fuertes de la historia. Ken y yo sabíamos que era un colapso en el mercado de derivados.

Warren Buffett había advertido sobre estos instrumentos:

Los derivados son armas financieras de destrucción masiva.

En lugar de culpar a los enormes bancos comerciales, la prensa financiera responsabilizó del colapso a los "inversionistas *subprime* en bienes raíces". Los "bancriminales", también conocidos como "criminales con maestría en administración de empresas", recibie-

229

ron miles de millones de dólares en bonos, mientras que la gente común perdía todo.

Los colapsos vuelven a los ricos aún más ricos

En 2010, Kim, Ken y yo pedimos prestados más de 300 millones de dólares y compramos enormes bloques de departamentos a precios ínfimos y tasas de interés bajísimas.

Padre rico nos enseñó a su hijo y a mí:

El dinero lo haces cuando compras, no cuando vendes.

Warren Buffett ha dicho:

Los ricos invierten en tiempo. Los pobres invierten en dinero.

En 2021 Ken, Kim y yo controlamos más de 8000 unidades para rentar. Debemos más de mil millones de dólares y por experiencia sabemos que, si entiendes los mercados, la deuda y cómo usarla sabiamente, los colapsos pueden volverte rico. Es 2021 y estamos esperando que llegue el siguiente.

El colapso del mercado de contratos de recompra o Repo

Como lo mencioné en un capítulo anterior, el 17 de septiembre de 2019 hubo un enorme colapso en el mercado Repo y las tasas de interés se elevaron 10 %.

En abril de 2021 inició el colapso Repo inverso, e insisto, parece que nadie lo notó.

En 2021 el mercado de acciones y el de bienes raíces se encuentran en su punto más elevado de todos los tiempos, mientras los cheques de estímulo del gobierno inundan la economía. En el verano de 2021, estoy escribiendo este libro y mi teléfono no deja de sonar. Parece que toda la gente tiene "el negocio del siglo" y quiere que yo invierta en él.

FOMO + Codicia = Locura

Invertir cuando el mercado se encuentra al tope es una locura, sin embargo, es el momento en que muchos lo hacen. Se debe a que el FOMO se apodera de la gente. FOMO es el acrónimo de *Fear of Missing Out*: el miedo a perderse de algo. La codicia tampoco es benéfica en un mercado a su nivel más alto.

Vale la pena repetir esta cita:

> *Solo dos cosas son infinitas: el universo y la estupidez humana... y no estoy seguro de que sea verdad en el primer caso.*

Si algo he aprendido sobre la naturaleza humana es que la codicia puede hacer que la gente cometa estupideces.

Durante muchos años les he preguntado a las personas que conozco: "¿Qué te enseñaron en la escuela sobre el dinero?", y calculo que 90 % de las veces solo se me quedan viendo con la mirada perdida. Es casi como si les diera vergüenza decir: "Nada." Casi siempre se trata de una persona bien instruida, de alguien que trabaja duro. Sospecho que le da pena preguntarme algo por miedo a parecer estúpida. Es lo que enseñan en las escuelas, se ha vuelto una epidemia.

Gad Saad, psicólogo de la evolución y profesor, dijo:

> *Y, en este caso, el virus no es biológico sino mental. Por eso les llamo patógenos o ideas parasitarias.*

Y, entonces, ¿de dónde vienen? Todas provienen del ecosistema universitario. Dicho de otra forma, como suelo recordarle a la gente, son los intelectuales y los profesores quienes siempre salen con las ideas más estúpidas.

La definición de patógeno es:
Bacteria, virus u otro microorganismo
que puede provocar enfermedad.

Crecí en una familia de educadores con un alto nivel académico, por eso sé que, en este ámbito, decir "No sé" es visto como una debilidad.

Muchos académicos creen o fingen tener todas las respuestas. O, incluso peor, los he visto decir: "Sí, sí, lo sé". Parece más una reacción defensiva que una mentira descarada, pero, para mí, sin importar lo que sea, es un indicio de una mente cerrada.

Por eso me agradan las palabras de Confucio (551-479 a.C):

El hombre que hace una pregunta es un tonto por un minuto.
El hombre que no pregunta es un tonto de por vida.

Tómate un instante para pensarlo y pregúntate cuántas veces te ha dado miedo parecer estúpido. Yo perdí la cuenta hace mucho tiempo: en cuanto comprendas cuánto puedes aprender haciendo preguntas, se te quitará el miedo de parecer estúpido.

El miedo a ser estúpido es una idea patogénica.

Recuerdo que cuando estaba en la preparatoria nunca salía con chicas. Un día, mi padre rico me preguntó al respecto.

—¿Por qué no sales con nadie?

—Me da miedo pedirle a una chica que salga conmigo y que me diga que no —expliqué. Padre rico se rio.

—Ah, ¿entonces decidiste declinar tú mismo tu invitación en nombre de la chica?

Me tomó bastante tiempo deshacerme de esta idea patogénica.

En 1983, algunos meses después del fallecimiento de Fuller, descubrí a la mujer más hermosa que jamás había visto. Su nombre era Kim. Le pedí de inmediato que saliera conmigo y me dijo que no durante seis meses. Continué pidiéndole una cita, seguí pareciendo un tonto hasta que un día dijo: "Sí." De no ser por Kim, Rich Dad Company no existiría. Y, si hubiera dejado que me dijera "No", hoy yo no sería un hombre rico.

Permíteme hacerte una pregunta: ¿Cuántas veces te rechazas?

Te reitero las sabias palabras de Confucio:

> *El hombre que hace una pregunta es un tonto por un minuto.*
> *El hombre que no pregunta es un tonto de por vida.*

Lo que me preocupa de la educación moderna es que tiene el miedo como cimiento. La mayoría de la gente abandona la escuela porque le da miedo cometer errores, parecer estúpida, fracasar.

El patógeno del miedo

Gad dice: "Es un virus mental." Yo opino que la educación es un patógeno del miedo, por eso la estupidez es infinita. Este patógeno es la principal razón por la que mucha gente nunca será rica. La gente abandona la escuela sintiendo tanto miedo de cometer errores que continúa siendo estúpida y, en muchos casos, también pobre. Y todo porque es más sencillo fingir que sabes todo en lugar de hacer las preguntas que te abrirían la mente y te permitirían aprender lo que no sabes. En mi opinión, el miedo es la principal razón por la que cada vez es más amplia la brecha entre los ricos y los pobres, entre quienes tienen y quienes no.

El miedo frente a la libertad

Para empeorarlo todo, el patógeno del miedo hace que mucha gente pase su vida aferrada a la seguridad en lugar de arriesgarse a ser libre, a alcanzar la verdadera libertad.

Mi padre rico no terminó la escuela, la abandonó a los trece años porque su padre murió y él tuvo que hacerse cargo del negocio de la familia. Hizo lo que muy poca gente se atreve a hacer, admitió que no lo sabía todo y se rodeó de lo que Fuller llama "esclavos intelectuales".

La historia de la educación comienza con caudillos analfabetas y ambiciosos que financiaron las escuelas para aprovecharse de los "esclavos intelectuales".

Esto es lo que decía Fuller de la educación:

> *Hemos descubierto que el principio histórico de las escuelas y los mentores fue establecido y sustentado en el aspecto económico por caudillos analfabetas y sumamente ambiciosos que necesitaban una amplia variedad de esclavos intelectuales que abrumaran con su logística y su furia a quienes se opusieran a la expansión de su conquista física.*

Padre rico no terminó la preparatoria y, por supuesto, no fue a la universidad. Por eso usó "esclavos intelectuales" como abogados y contadores para luchar sus batallas en las áreas en las que no tenía ni conocimiento ni experiencia.

Como lo he mencionado en mis libros anteriores, el sábado me encantaba porque era el día que padre rico organizaba sus reuniones mensuales. Compraba el desayuno y los "esclavos intelectuales" iban a su casa a compartir sus conocimientos. Él les hacía preguntas, les hablaba de sus problemas en los negocios y luego los escuchaba.

Mike, el hijo de padre rico, y yo nos sentábamos con ellos, disfrutábamos del desayuno y en dos horas aprendíamos más sobre el mundo real que en todo el tiempo que pasábamos en la preparatoria. Lo único que hacía padre rico era presentar sus problemas de negocios y hacer preguntas en una mesa repleta de gente muy inteligente o "esclavos intelectuales": contadores, abogados, trabajadores de la construcción, especialistas en recursos humanos, agentes de bienes raíces, agentes de seguros, etcétera. Como padre rico no podía darse el lujo de pagarles por hora, compraba el desayuno para todos y los invitaba a que se divirtieran presumiendo cuán inteligentes eran… mientras le resolvían sus dilemas. Lo mejor de todo era que varios del grupo entablaron amistad y empezaron a hacer negocios juntos.

Y como dijo Jimi Hendrix:

El conocimiento habla, pero la sabiduría escucha.

Padre rico hacía preguntas y luego escuchaba, así fue como amasó su fortuna.

Fuller dijo:

El caudillo debilitó la amenaza que representaban haciéndolos especialistas y reservando para sí mismo el derecho exclusivo de pensar y actuar de manera integral.

Y cuando le dio clase a nuestro grupo, dijo:

Las escuelas les enseñan a los estudiantes a ser especialistas, yo les enseño a ustedes a ser generalistas.

Los especialistas se enfocan en una visión limitada. El generalista, en cambio, ve todo el panorama. Los "esclavos intelectuales" especialistas nunca lograron nada, padre rico se volvió más rico y su imperio de negocios siguió extendiéndose en todo Hawái. Si echas un vistazo en este momento a la playa de Waikiki, verás que el hotel Hyatt Regency se encuentra en el lugar más prominente. Gracias a los desayunos de los sábados, en 1969 padre rico adquirió el terreno sobre el que se encuentra ese magnífico hotel. Lo vendió antes del colapso de 2008 e hizo otra gran fortuna.

Reitero lo que dijo Jimi Hendrix:

El conocimiento habla, pero la sabiduría escucha.

Padre rico se volvió rico porque escuchó a gente inteligente.

P: ¿Cómo debilitó padre rico la amenaza que representaban los esclavos intelectuales?

R: Con frecuencia, si alguna o alguno de ellos tenía una idea que a padre rico le parecía interesante, lo contrataba en ese preciso instante y le prometía pagarle lo que le pidiera.

P: ¿Entonces padre rico solo se beneficiaba del conocimiento por el que le estaba pagando en ese momento al esclavo intelectual?

R: Exacto. Cuando digo que padre rico "debilitaba" me refiero a que, de forma deliberada, arruinaba o afectaba el poder de los esclavos intelectuales más inteligentes pagándoles para que se especializaran aún más y le resolvieran ciertos problemas. Y todos disfrutaban del desayuno gratuito y deducible de impuestos que él invitaba.

P: ¿Cuándo tenías diez años sabías que serías un caudillo? ¿Un hombre de guerra?

R: Sí. Sabía que no era tan inteligente como para ser esclavo intelectual. Que no era suficientemente inteligente para ser abogado, contador o médico, pero sí para convertirme en capitalista.

Padre rico usó el Cuadrante del flujo de dinero para enseñarnos, a su hijo y a mí, a ser capitalistas en las zonas D e I.

Los caudillos u hombres de guerra son capitalistas del lado derecho del Cuadrante. La mayoría de los esclavos intelectuales son especialistas, prisioneros de su educación, y operan en el lado de E y A.

The Rich Dad Company hace productos para gente de cualquier zona del cuadrante que valore su libertad más que la seguridad que ofrece un empleo.

Henry Ford (1863-1947) fue uno de los capitalistas más importantes de Estados Unidos. Esto es lo que dice sobre la seguridad financiera:

> *Si tienes la esperanza de que el dinero te dé independencia, nunca lo encontrarás. La única verdadera seguridad que puede tener un hombre en este mundo es su reserva de conocimiento, experiencia y habilidad.*

Volverse capitalista es una forma de autodefensa financiera frente al comunismo. En los últimos veinticinco años, por ejemplo, The Rich Dad Company se ha convertido en una marca mundial descentralizada, en una red. Las redes son invaluables, y las redes mundiales descentralizadas son una defensa contra el comunismo centralizado. McDonald's es una red descentralizada en forma de franquicia de comida rápida. El bitcoin es una red descentralizada de criptomoneda. Padre Rico es una red global de educación financiera construida con base en distribuidores de libros y líderes voluntarios que dirigen los Clubes de CASHFLOW.

Los verdaderos capitalistas construyen redes globales descentralizadas y pertenecen a ellas. Las escuelas, en cambio, producen esclavos intelectuales sin redes.

LECCIONES GRATUITAS –
DIBUJOS ANIMADOS QUE ENSEÑAN EL CAPITALISMO

Para apoyar el Manifiesto capitalista de Padre rico estamos produciendo una serie de dibujos animados. Estas animaciones harán que la educación financiera sea más simple y disfrutable para gente de todas las edades. Enseñar capitalismo en casa es una manera de luchar contra el comunismo que se imparte en nuestras escuelas.

El primer dibujo animado es sobre un rey, un caudillo u hombre de guerra que desea conservar el poder de su reino. Merlín, su sabio y confiable asesor, le propone que inicie su propio sistema escolar. Al principio, el rey se siente azorado. "¿Educar a nuestro pueblo?", le pregunta a Merlín. Y su asesor le responde que el propósito del sistema educativo del rey es crear "especialistas", es decir, esclavos cerebrales.

Al desarrollar su propio sistema escolar el rey obtiene más poder y riqueza porque puede enseñarles a los estudiantes a especializarse:

Bucky Fuller advirtió:

"La especialización es, de hecho, solo una forma elegante de sometimiento en la que se engaña al 'experto' para que acepte su esclavitud. El engaño se lleva a cabo haciéndole sentir que, a cambio, tiene acceso a la posición social y cultural que prefiere y que, por lo tanto, esta es permanente y ofrece un alto nivel de seguridad."

La manera en que las escuelas le enseñan a la gente a ser pobre

La lista de las distintas maneras en que el sistema educativo le enseña a la gente a ser pobre es bastante extensa. Una de ellas consiste en adoctrinar a los estudiantes para que trabajen con el objetivo de obtener la seguridad de un empleo. Este es el mantra:

Ve a la escuela, obtén un empleo, trabaja con ahínco, paga impuestos, ahorra dinero, compra una casa porque una casa es un activo y tu más importante inversión, y ahorra para tu retiro invirtiendo en acciones, bonos, fondos mutualistas y fondos cotizados.

En muchos sentidos, la seguridad, incluyendo la que ofrece el empleo, es lo opuesto a la libertad. La libertad trae consigo opciones, por eso la valoro tanto. Por eso valoro todos los tipos de libertad.

P: Entonces, cuando las escuelas nos castigan por cometer errores, ¿obtenemos menos conocimiento, experiencia y habilidad?

R: Sí.

P: Y si tenemos un empleo y nos da miedo que nos despidan por equivocarnos, ¿obtenemos menos conocimiento, experiencia y habilidad?

R: Sí. Por eso el virus mental patogénico del sistema educativo nos dice que los errores nos hacen parecer estúpidos.

P: La gente que "memoriza las respuestas correctas" y "no comete errores", ¿no es inteligente?

R: Exacto. Las cosas funcionan al revés. Si logras aprender de tus errores te volverás inteligente. Cuando cometes un error y aprendes, ganas conocimiento, experiencia y la capacidad de aplicar ese conocimiento. Si no te equivocas por miedo, tu estupidez continúa siendo infinita.

Por eso estas palabras son tan profundas:

La información no es conocimiento. La única fuente de conocimiento es la experiencia.

P: ¿Eso significa que tenemos que encontrar un lugar donde podamos cometer errores y aprender sin miedo a que nos consideren tontos o a que nos despidan?

R: Sí. Piénsalo de esta manera: Tiger Woods, quien es tal vez el golfista más grande del mundo, ha golpeado más *tee shots* malos y fallado más putts de los que yo fallaré jamás. Por eso él es el mejor.

O piensa en Thomas Edison, por ejemplo, quien falló 1014 veces antes de inventar la bombilla eléctrica. En la escuela, los maestros decían que este hombre, uno de los más importantes inventores de Estados Unidos, era un "atolondrado".

P: ¿Qué significa "atolondrado"?
R: Significa "confundido", incapaz de pensar con claridad.

Fuller dijo:

> *Estoy convencido de que toda la humanidad nace con más dones de los que imaginamos. Todos nacen siendo genios, pero se des-genian muy pronto.*

Y a Elon Musk se le atribuye esta frase:

> *No confundas la enseñanza escolar con la educación. Yo no fui a Harvard, pero la gente que trabaja para mí sí.*

Elon Musk es un genio. Es empresario, capitalista y hombre de guerra. Quienes trabajan para él y estudiaron en Harvard son sus "esclavos intelectuales". Convertirse en caudillo, en empresario y capitalista es una forma de autodefensa frente a los esclavos intelectuales comunistas que dirigen nuestras escuelas.

Si deseamos vencer al comunismo que los *esclavos intelectuales* enseñan en las escuelas, necesitamos enseñarle a más gente a ser *caudillos...* en nuestros hogares.

Piensa en esta frase: la estupidez es infinita.

El infinito es el hogar de los empresarios, los capitalistas y los caudillos, no de los esclavos intelectuales.

En el siguiente capítulo explicaré la manera en que los caudillos obtienen retornos infinitos.

Capítulo 9
RETORNOS INFINITOS

*Algunos dicen que el conocimiento es poder, pero eso no es cierto.
El carácter es poder.*

—Sathya Sai Baba (1926-2011)

Sai Baba fue un gurú y filántropo indio. La organización que fundó tiene más de 2000 centros en 120 países. A través de esta organización, Baba estableció una red gratuita de hospitales generales y de especialidades, clínicas, proyectos de agua potable, una universidad, ashrams y escuelas.

Este capítulo es sobre los retornos infinitos, es decir, la manera en que puedes adquirir el poder para generar dinero *sin* dinero. Lo único que necesitas es *educación sobre lo infinito*.

Asignación de recursos escasos

Antes de que puedas tener acceso a la *educación de lo infinito*, es importante que comprendas que la educación moderna se basa en la escasez.

Uno de los líderes de opinión de la escuela de economía es Thomas Malthus (1766-1834). La economía malthusiana es una teoría basada en el crecimiento de la población y la escasez del apoyo vital en el planeta Tierra. Dicho llanamente, la economía malthusiana trata de la *asignación de recursos escasos*. Las ideas de Malthus continúan afectando e influyendo en todas las discusiones sobre economía. Con mucha frecuencia, el debate tiene que ver con la escasez contra la abundancia. Lo *infinito* está mucho más allá que la *abundancia*.

Resulta interesante saber que Thomas Malthus no estudió economía. Estudió para ser predicador y construyó su reputación hablando sobre economía política y demografía. Ya sea en sentido positivo o negativo, sus obras han tenido un impacto profundo en otros economistas como John Maynard Keynes y Karl Marx.

Explicación súper simple: Fuller está en lo cierto

La economía moderna es una economía de la escasez.

Para lograr retornos infinitos, se debe entender la economía de lo infinito y la economía de la escasez.

Uno se convierte en lo que estudia

En 1974 me separé del Cuerpo de Infantería de Marina. Mis dos padres estaban de acuerdo en algo, en que necesitaba continuar mi educación, seguir estudiando y convertirme en aprendiz de por vida.

Mi padre rico dijo:

La vida de una persona termina cuando deja de aprender.

Mi padre pobre dijo:

Uno se convierte en lo que estudia.

Por eso fui a la escuela de vuelo para convertirme en piloto y estudié con padre rico para llegar a ser capitalista y empresario.

Si hubiera deseado ser especialista, o sea, médico o abogado, por ejemplo, me habría inscrito en la facultad de medicina o la escuela de derecho. A los productos de estas estrechas especialidades Fuller les llamaba "esclavos intelectuales".

Estas son palabras del *Manifiesto comunista* de Marx:

> *La burguesía ha despojado de su halo a todas las ocupaciones que hasta ahora habían sido honradas, admiradas y reverenciadas. Ha convertido al médico, el abogado, el sacerdote, el poeta y el hombre de ciencia en sus peones.*

Aunque mis dos padres estaban de acuerdo en la importancia de la educación y de un entrenamiento permanente a lo largo de la vida, discrepaban en lo que había que estudiar y en dónde debería estudiarse. Padre rico volaba con frecuencia a Honolulu para tomar cursos de negocios y asistir a seminarios. Padre pobre, en cambio, nunca salía del sistema universitario porque, en su opinión, si algo no lo enseñaban en la universidad, no era educación legítima.

Mi padre pobre pensaba que mi padre rico era tonto por asistir a seminarios. Mi padre rico pensaba que mi padre pobre era tonto por estudiar en universidades.

Pero, al menos, estaban de acuerdo en la importancia de estudiar a lo largo de toda la vida.

El problema de la educación moderna

Sé que aquí estoy repitiendo algo que mencioné en un capítulo anterior, pero me parece que es importante volver a leer los comentarios de Gad Saad sobre las fallas de la educación posmoderna basada en el marxismo que se imparte en nuestras escuelas:

Hoy en día, Occidente sufre de una pandemia devastadora, una en-
fermedad colectiva que destruye la capacidad de la gente para pensar
de manera racional. A diferencia de otras pandemias en las que los
patógenos biológicos son los culpables, el responsable se compone de
una serie de ideas malas engendradas en los campus universitarios que
van socavando la capacidad de la gente de pensar de manera racional.

Yo tuve la fortuna de contar con dos figuras paternas en mi vida, dos hombres con puntos de vista casi opuestos respecto a qué tipo de educación era más valioso: la educación de los caudillos o la de los esclavos intelectuales.

Mi padre pobre, por ejemplo, quería que yo volviera a la escuela para estudiar una maestría y luego un doctorado. No le importaba qué materias eligiera, siempre y cuando obtuviera títulos de alto nivel: maestría y doctorado.

En 1973, cuando aún volaba para el Cuerpo de Infantería de Marina, empecé a asistir a la escuela nocturna de la Universidad de Hawái. Me inscribí en el programa de maestría en administración de empresas. No era fácil asistir a clase porque siempre estaba rodeado de chicos universitarios y yo iba vestido con mi traje del Cuerpo de Infantería.

En 1973 seguíamos librando la guerra de Vietnam y los manifestantes antiguerra estaban furiosos. En 1973 estaba de moda organizar manifestaciones en el campus, era *cool*. Por eso yo me quedaba sentado en clase y evitaba el contacto con otros estudiantes.

Seis meses después de haber empezado el programa de maestría, lo abandoné. No fue por los manifestantes que se oponían a la guerra, sino porque estaba aburrido. Desde los diez años fui aprendiz de padre rico y lo que me dijo sobre los negocios no coincidía con lo que mis profesores me estaban enseñando. En pocas palabras, ellos enseñaban a partir de libros de textos y padre rico enseñaba a partir de la experiencia en la vida real.

Desde los diez años estudié con padre rico jugando *Monopolio* dos veces por semana. Luego, lo que había aprendido en el juego lo aplicaba en su oficina, donde trabajaba como su asistente y administraba sus inversiones.

María Montessori dijo:

Lo que la mano hace, la mente recuerda.

Y Albert Einstein:

La única fuente de conocimiento es la experiencia.

La mejor educación

Mi mejor educación la recibí al visitar a los inquilinos de padre rico para cobrarles la renta. Padre rico estaba construyendo propiedades para rentar cerca de la oficina y una de mis primeras tareas consistió en cobrarles a los inquilinos que estaban retrasados en sus pagos. Como era de esperarse, muchos se sentían avergonzados al ver que un niño de diez años tocaba a la puerta para cobrarles la renta.

En una ocasión, Donald Trump me dijo que su padre hacía lo mismo con él cuando era niño: es una excelente educación financiera.

El hecho de escuchar sus historias de pena, pérdida y aflicción, de oírlos dar justificaciones de por qué no tenían dinero mientras el televisor sonaba a todo volumen en el fondo, fue la mejor educación financiera de la vida real que pude haber deseado. Todas esas historias de infortunio fueron una especie de enseñanza a nivel maestría sobre la psicosis humana. Con esto no quiero decir que no sintiera pena o compasión por ellos, de hecho, me sentía conmovido, creo que a nadie le agrada ser testigo del sufrimiento humano. Sin embargo, aprendí que sentir pena o compasión no resolvería sus problemáticas subyacentes

Dicho de otra forma, el problema de esas personas no era el dinero. Comprendí que darles los recursos que necesitaban no resolvería sus dificultades porque, regalarle dinero a la gente, solo empeora su situación.

Jimi Hendrix dijo:

El conocimiento habla, pero la sabiduría escucha.

En 2021 Estados Unidos se está hundiendo en un nuevo nivel de pobreza porque a millones de personas les están enseñando a esperar los cheques de estímulo del gobierno con el siguiente mensaje: "El gobierno resolverá tus problemas."

El socialismo en Estados Unidos

Desde mi punto de vista, las mayores amenazas para Estados Unidos son, en primer lugar, que se está convirtiendo en un desmesurado estado de ayudas sociales y, en segundo, la mentalidad de "tengo derecho a los subsidios".

El fin de la independencia estadounidense empezó con la Ley de la Seguridad Social redactada por el presidente Franklin D. Roosevelt en 1935.

La seguridad social caerá en bancarrota en 2034.

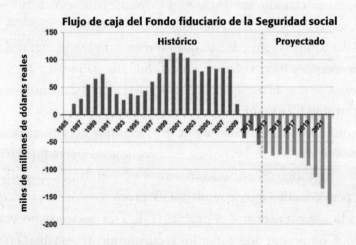

Flujo de caja del Fondo fiduciario de la Seguridad social

FUENTE: Congressional Budget Office

248

En 1965, el presidente Lyndon B. Johnson firmó el programa Medicare, con lo cual lo convirtió en ley.

Medicare caerá en bancarrota en 2026.

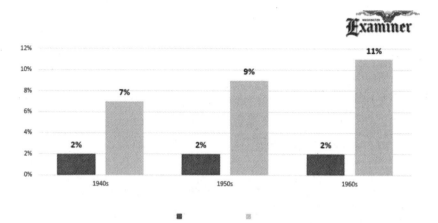

FUENTE: Congressional Budget Office

Ronald Reagan advirtió:

> *La medicina ha sido uno de los métodos tradicionales para imponer el estatismo o socialismo.*

Lenin dijo:

> *La medicina es la clave del arco del socialismo.*

Te reitero la advertencia de Henry Ford:

> *Si tienes la esperanza de que el dinero te dará independencia, nunca lo encontrarás. La única verdadera seguridad que puede tener un hombre en este mundo es su reserva de conocimiento, experiencia y habilidad.*

La mayoría de la gente a la que le cobraba la renta de niño eran personas buenas y trabajadoras. Tenían empleo y casi todas habían terminado la preparatoria. Algunas incluso contaban con títulos universitarios. Su problema era que, en algún momento, dejaron de aprender. Sospecho que la mayoría contaba con que la Seguridad Social y Medicare se harían cargo de ellos cuando envejecieran.

En 2020 y 2021, mientras la Seguridad Social y Medicare se acercan a la quiebra, la cantidad de gente sin casa se está disparando.

Por todo esto, en lugar de estudiar una maestría y, quizás, un doctorado, padre rico me sugirió que invirtiera en bienes raíces y aprendiera a ser empresario. A menudo decía:

El propósito de un negocio es adquirir bienes raíces.

Si leíste *Padre Rico, Padre Pobre*, quizá recuerdes que escribí sobre Ray Kroc de McDonald's, quien dijo:

McDonald's no está en el negocio de las hamburguesas sino en el de los bienes raíces.

Por eso McDonald's ahora posee más propiedades que la Iglesia católica.

Padre rico también estaba en el negocio de los bienes raíces, pero quien compraba sus propiedades no era él, sino sus negocios.

Yo sabía que los bienes raíces eran un camino a la riqueza, por eso, en 1973, cuando estaba viendo televisión y de pronto pasaron un infomercial que decía: "Usted también puede comprar bienes raíces sin dinero", me interesé de inmediato. A los pilotos de marina no les pagaban gran cosa, así que llamé al número en la pantalla de televisión y asistí al evento. Fue una charla gratuita en la que explicaron lo que cubriría el seminario de tres días y el costo: 385 dólares. Para un Marine que ganaba 500 dólares al mes, 385 eran una fortuna, pero de todas formas me inscribí. Pagué con la tarjeta de crédito y, algunas semanas después, ya estaba sentado en el salón. Era como los seminarios a los que asistía padre rico, y que mi padre pobre consideraba una pérdida de dinero y una farsa porque no era el tipo de educación que se impartía en la universidad.

Adoré el seminario de tres días. El instructor era un verdadero inversionista en bienes raíces. Vino con fotografías y nos mostró contratos reales de tratos que había armado "sin pagar un centavo de enganche". Me encantó aprender de maestros reales.

Al final del seminario, el instructor nos dijo:

Ahora da inicio el seminario de verdad.

Mi mente se aceleró por un instante porque creí que ya habíamos terminado, pero entonces pensé una vez más en lo que Jimi Hendrix solía decir:

El conocimiento habla, pero la sabiduría escucha.

Entonces escuché a un verdadero inversionista en bienes raíces asignarle a nuestro grupo una tarea en la vida real. La misión consistía en buscar 100 propiedades en 90 días. Teníamos que inspeccionar físicamente todas y, luego, basándonos en los lineamientos que él utilizaba para evaluar una propiedad, debíamos escribir un reporte de una página con las ventajas y las desventajas de cada una.

Éramos unos 30 novatos y la tarea nos sonó bastante simple a todos. Como no teníamos que comprar nada en 90 días, nos sentimos aliviados. Los 30 prometimos hacer este sencillo deber, pero pasado el tiempo, calculo que solo unos cinco o menos lo terminamos. Al igual que los inquilinos de padre rico que se retrasaban con la renta, casi ninguno de los participantes del seminario evaluó las 100 propiedades porque siempre "les surgía algo".

Yo fui de los pocos que sí completaron la tarea. Visité 100 propiedades en 90 días y compré un condominio de una recámara y un baño cerca de la playa, en la isla de Maui y sin que el enganche saliera de mi bolsa.

El precio de la propiedad, que estaba en remate, era de 18 000 dólares y el enganche era de 10 %. Saqué mi tarjeta de crédito, cargué el enganche de 1,800 dólares y, unas semanas después, ya era dueño de mi primera propiedad de inversión.

El ingreso neto, después de la hipoteca y los gastos, era de 25 dólares mensuales, y el retorno era infinito porque no puse ni un centavo en esa inversión.

Estoy de acuerdo en que 25 dólares no es mucho dinero, pero era infinito. Los retornos infinitos te dan la capacidad de generar dinero sin dinero. Lo único que necesitas es *educación sobre lo infinito*.

La tarea se vuelve un hábito

Algunos meses después, el instructor de bienes raíces vino a la ciudad y almorzamos juntos. Me emocionó mucho contarle lo que aprendí al hacer mi tarea.

Cuando estábamos a punto de acabar, me dijo:

> *Convierte la tarea que te di en un hábito. Lo que le enseñé a tu grupo es lo que yo hago todos los días, es mi hábito. Por eso puedo producir tanto dinero.*

Actualmente tengo una edad en la que podría recibir las prestaciones de Seguridad Social y Medicare, pero en lugar de eso, voy al gimnasio y cada semana busco nuevas oportunidades de inversión porque he desarrollado estos hábitos.

Mientras mi instructor hablaba, recordé cuando tenía diez años y cobraba rentas; las excusas y las deprimentes historias volvieron de golpe. Aquella gente no solo había dejado de aprender, también se había formado el hábito de dar excusas, contar cuentos tristes y ver televisión: los hábitos de los pobres.

La mentalidad de la escasez

A pesar de que la mayoría de los inquilinos de padre rico contaba con instrucción académica, tenía empleo y era gente honesta, a casi todos los había infectado la educación de la escasez.

Por eso la gente como mi padre pobre, que era un hombre muy preparado, suele decir:

No puedo darme ese lujo.

Mi padre pobre tenía un doctorado en *"No puedo darme ese lujo".*

¿Cómo lo haces?

Cuando la gente pregunta: "Cómo pudieron tú, Kim y Kenny obtener propiedades por un valor de 300 millones de dólares después del colapso *subprime* de bienes raíces en 2008?", les respondo de esta manera:

Nosotros hacemos la tarea. Hacemos la tarea todos los días. Es un hábito.

Repetiré las palabras de Henry Ford:

Si tienes la esperanza de que el dinero te dará independencia, nunca lo encontrarás. La única verdadera seguridad que puede tener un hombre en este mundo es su reserva de conocimiento, experiencia y habilidad.

Cheques de estímulo

En 2020 el gobierno empezó a entregar dinero gratuito en forma de "cheques de estímulo". Los socialistas y los marxistas le llaman a esto Teoría monetaria moderna (TMM) e Ingreso básico universal (IBU). Yo le llamo comunismo TMM e IBU.

A Marx se le atribuyen las siguientes reflexiones:

> *Los dueños de capital alentarán a la clase trabajadora a comprar más y más productos onerosos, casas y tecnología, y esto la forzará a comprometerse con créditos más costosos hasta que la deuda se vuelva inmanejable. La deuda impagada conducirá a la quiebra de los bancos, los cuales tendrán que ser nacionalizados y, de esa manera, el estado deberá tomar el camino que, con el tiempo, llevará al comunismo.*

El comunismo en dos pasos sencillos

Repetiré las palabras del Partido Comunista Británico y Karl Marx:

> *La democracia es el camino al socialismo.*

Definición de socialismo:

Teoría política y económica de organización social que promueve que los medios de producción, distribución e intercambio le pertenezcan al estado y sean regulados por el mismo.

El primer paso es la democracia, el segundo es el socialismo y el tercero es el comunismo.

En la escuela militar nos enseñaron que el marxismo-leninismo es la ideología a la que los académicos occidentales llaman "comunismo". El marxismo-leninismo se establecerá en dos etapas.

La primera etapa

En la primera, un partido de vanguardia se infiltra en la democracia y comienza un proceso educativo. En las escuelas, los negocios, incluso en el ejército se enseña la Teoría crítica de la raza y la educación posmoderna.

El objetivo del partido de vanguardia es asumir el poder "en nombre del proletariado", "la gente de la clase trabajadora", es decir, los oprimidos por la burguesía o "gente de clase alta". Ahí es donde *Black Lives Matter* entra en el proceso de infiltración.

Los hechos que sostienen la noción de que la primera etapa del marxismo-leninismo se ha completado son:

1: El presidente Trump fue censurado
2: Origen cuestionable de la COVID-19
3: Laboratorio de Wuhan financiado por Estados Unidos
4: Médicos despedidos por cuestionar la COVID-19
5: Negocios cerrados y Estados Unidos convertido en un estado policíaco
6: Escuelas cerradas y los jóvenes estudiando desde casa
7: Iglesias cerradas
8: Cubrebocas obligatorios… como Hitler forzó a los judíos a usar estrellas amarillas
9: Gente esencial para Trump, como el General Flynn y Roger Stone, arrestada
10: Biden y Harris asumen el poder en una elección cuestionable
11: Trump es culpado por la invasión del Capitolio del 6 de enero
12: Ataques incendiarios y saqueos en las ciudades
13: Cancelación del financiamiento de la policía
14: Interrupción de la construcción del muro de Trump en la frontera sur

15: Apertura de la frontera sur para cualquier persona

16: Gente a la que se le paga por no trabajar

17: Impresión de billones de dólares falsos

18: Creación de una burbuja de activos aún más grande que la de 2008

19: Aumento en la carencia de vivienda, la desesperación y la violencia

20: Más y más estadounidenses dependientes del gobierno

Posibles eventos en el futuro:

1: El mayor colapso del mercado en la historia mundial

2: Hiperinflación

3: La mayor depresión en la historia

4: Disturbios civiles que podrían conducir a una revolución

5: Segunda etapa del marxismo-leninismo: el comunismo inicia

La represión comenzó. La primera etapa está casi finalizada, vemos sus señales alrededor: represión de la oposición, censura, retiro de financiamiento de la policía, arresto de críticos y disturbios civiles a punto de empezar.

Los estadounidenses viviendo con miedo

En 2020 a Estados Unidos lo dividió e invadió una pandemia de miedo. El país le teme a un pequeño grupo de acosadores de la Cultura de la cancelación, a la juventud hitleriana de nuestros días. Los estadounidenses viven con miedo a los estadounidenses.

Gad Saad nos advirtió respecto a los terroristas intelectuales:

Los guerreros de la justicia social y las otras personas de su clase son terroristas intelectuales y pueden generar caos en la razón y en la vida

pública, pueden limitar la disposición de la gente a hablar y pensar con libertad, sin siquiera constituir una mayoría.

Dennis Prager, fundador de la Prager University, nos advierte:

> *Hay dos maneras de sofocar la libertad de expresión. Tomando medidas drásticas respecto a ella y declarar que algunos temas se extralimitan. Esta estrategia es suficientemente abierta. La otra es una manera más insidiosa de limitar la libertad de expresión y consiste en cambiar el lenguaje que usa la gente.*

El cambio en el lenguaje

Esto fue lo que dijo Gad Saad respecto a la corrección política:

> *Estas iniciativas del lenguaje políticamente correcto están mal dirigidas y son dañinas. Producen "víctimas" profesionales totalmente convencidas de sus privilegios, las cuales, además de esperar no ser ofendidas en absoluto, engendran una atmósfera sofocante en la que todos los individuos caminan de puntitas por temor a cometer un pecado capital lingüístico.*

Una guerra no tan fría

En la década de los sesenta, Estados Unidos libraba una Guerra Fría con Rusia. En 1962, desde la ventana de nuestra cocina, vi una bomba atómica estallar.

Entre 1965 y 1969 mi maestro de economía, un antiguo piloto B-17 durante la Segunda Guerra Mundial, nos hizo estudiar a Marx, Lenin, Stalin, Hitler y Mao. Nos estaba preparando para la siguiente guerra.

En 1966, siendo estudiante, navegué a Vietnam a bordo de un buque que transportaba bombas. En 1973, siendo Marine, sobrevolé las playas de la Riviera de la Indochina francesa y pude ver las advertencias de mi maestro respecto a la llegada del marxismo-leninismo.

En 2006 Donald Trump y yo publicamos nuestro primer libro, intitulado *Queremos que seas rico*. En él transmitimos nuestro mensaje sobre el futuro: prepárate para tiempos turbulentos.

En 2008 el mercado *subprime* se desplomó. En 2020 la economía global fue cerrada y hubo disturbios. En 2020, al ver tapiado el aparador de la tienda Neiman Marcus cerca de mi oficina en Scottsdale, Arizona, supe que tenía que escribir este libro.

En 2020 me atemorizó que la segunda etapa del marxismo-leninismo estuviera a punto de empezar.

Socialismo bajo otro nombre

El presidente Ronald Reagan advirtió:

> *En 1927, Norman Thomas, un socialista estadounidense seis veces candidato a presidente por el Partido Socialista, dijo que los estadounidenses nunca votarían por el socialismo. Pero también dijo que, bajo el nombre del liberalismo, adoptarían cada fragmento del programa socialista.*

Y como dijo Jrushchov:

> *Ustedes, los estadounidenses, son muy ingenuos.*

Entonces, ¿cómo lucha una persona común? ¿Cómo empezar?

El primer gran paso consiste en invertir en la educación. En la educación de lo infinito.

En 1973 abandoné mi programa de maestría en administración de empresas porque no era educación de lo infinito. Ese mismo año me inscribí en un seminario para aprender a invertir en bienes raíces sin dinero. Era educación infinita, ahí aprendí a hacer dinero sin dinero.

En 1973 también fui juzgado en consejo de guerra por segunda vez. La primera vez que me imputaron cargos fue en Vietnam, la segunda vez fue en Hawái. Como Bucky Fuller, quien fue expulsado de Harvard en dos ocasiones por divertirse demasiado con mujeres y alcohol, yo también me divertí muchísimo. Dos veces.

Mucha gente volvió de Vietnam con Trastorno de estrés postraumático (TEPT) pero ese no fue mi caso. Yo volví con un grave caso de TPCAPB: Trastorno por creerse a prueba de balas. Después de chocar y perder tres aeronaves en Vietnam, creía que estaba hecho a prueba de balas. Mi confianza en mí se había disparado hasta el cielo. No era arrogante ni engreído, solo me confiaba demasiado porque estaba convencido de que las balas no me harían ni un rasguño.

El primer juicio en consejo de guerra fue por divertirme demasiado bebiendo y parrandeando en Hong Kong. El fiscal retiró los cargos cuando se dio cuenta de que yo no era un criminal, solo un jovencito culpable de demasiada parranda avivada por el alcohol.

Los cargos en mi segundo juicio en consejo de guerra fueron por beber y volar con acompañantes del sexo femenino a islas desiertas en Hawái. Lo recuerdo como si hubiese sido ayer. Acerqué mi helicóptero al hangar y apagué el motor. Casi de inmediato los automóviles de la policía militar rodearon la aeronave para que yo no escapara. Abrí la puerta y las latas vacías de cerveza cayeron del helicóptero, luego caí yo. No traía puesto mi traje oficial resistente al fuego ni las botas de vuelo, y ni siquiera camisa: solo un traje de baño morado y sandalias de caucho. Cuando abrieron el compartimento de atrás encontraron las prendas femeninas y eso se sumó a mis problemas.

Al día siguiente me pusieron oficialmente en arresto domiciliario, lo cual no estuvo tan mal. Mi "domicilio" era mi condominio en el Ilikai, un hotel de lujo en la playa de Waikiki. Como me relevaron de mis deberes, el arresto domiciliario fue como unas vacaciones pagadas con muchísima diversión junto a la piscina. Incluso conseguí un empleo de medio tiempo como asistente gerencial del club nocturno del hotel. Estaba disfrutando de la vida: una vida de vino, mujeres y canciones. Y, además, estaba ganando dinero extra en mi arresto domiciliario.

Un día que me encontraba sentado junto a la piscina del hotel conocí a una joven que me invitó al preestreno de un seminario para los huéspedes del hotel. No me interesaba el seminario, pero ella sí. Era un evento de EST, Erhard Seminars Training, y lo llevarían a cabo en el domo del Hilton Hawaiian Village, un domo construido por Bucky Fuller. Nunca había estado en el domo de Bucky junto al Hotel Ilikai, por lo que me emocionó asistir al seminario con aquella joven. Y lo mejor de todo: como el domo estaba dentro de un radio de 8 kilómetros alrededor de mi condominio en el hotel, no violaría el arresto domiciliario.

Aquel seminario de dos fines de semana me volvió loco, era justo lo que necesitaba. Me abrió la mente a un mundo que no sabía que existía. Me abrió la mente a un tipo de educación distinto, la educación de la responsabilidad personal.

En 1973 tomé mi primer seminario de educación sobre lo infinito, fue un seminario de bienes raíces. Ese mismo año tomé el segundo seminario sobre responsabilidad personal y la importancia de decir la verdad, el seminario de los entrenamientos Erhard (EST).

Ahora te explicaré por qué abrí este capítulo con una cita de Sai Baba:

> *Algunos dicen que el conocimiento es poder, pero eso no es cierto. El carácter es poder.*

Sai Baba no fue parte del seminario, pero lo menciono porque ahí aprendí a abrir mi mente al pensar en la gente que odiaba, como los hippies que nos escupieron a mis hombres y a mí cuando volvimos de Vietnam. Sentarme al lado de personas que creía odiar durante dos fines de semana consecutivos fue una experiencia transformadora. Aunque no estaba de acuerdo con ellos, empecé a ver el mundo desde su perspectiva.

En 1968, los integrantes de los Beatles, una de mis bandas preferidas, viajaron a la India para estudiar con el maharishi Mahesh Yogi, a quien conocieron en 1967. Los Beatles estaban fascinados con las técnicas de meditación trascendental de este gurú y por eso decidieron viajar a su campamento de entrenamiento espiritual en Rishikesh, India.

En 1973 me di cuenta de que muchos de los participantes del seminario Erhard eran como los Beatles. Eran gente en busca de educación infinita, es decir, de iluminación espiritual. Yo acababa de ingresar al movimiento "New Age", un tipo de educación sobre los poderes de la espiritualidad eterna.

Cuando volví a la Base aérea del Cuerpo de Marines, tras participar en el seminario Erhard y exponerme a un tipo de educación espiritual infinita, era una persona muy diferente. Me permitieron volver después de que le llamé al fiscal para informarle que lo iría a ver para decir la verdad, toda la verdad y nada más que la verdad. Aunque técnicamente seguía bajo arresto domiciliario, entré al juzgado y subí al estrado. El fiscal era un capitán Marine, me preguntó si quería que me representara mi propio abogado, pero decliné su ofrecimiento. En cuanto terminé de hacer el juramento, empecé a decirles la verdad a los presentes.

Después de casi cuatro horas de testimonio, me sentía exhausto. No me guardé nada, incluso dije la verdad respecto a hechos sobre los que nadie se habría enterado jamás.

En la película *Cuestión de honor*, el abogado militar Daniel Kaffee (Tom Cruise) interroga al coronel Nathan Jessup (Jack Nicholson) y grita: "¡Quiero la verdad!" La respuesta de Jessup es: "Usted no puede con la verdad."

Después del seminario Erhard necesitaba decirles la verdad a los oficiales del Cuerpo de Infantería de Marina. En cuanto les conté todo, levanté la vista y pregunté: "¿Cuánto tiempo pasaré en la cárcel?"

El fiscal asintió y dijo: "Gracias por su testimonio. No será encarcelado, acaba de hacer algo honorable. Será un hombre libre. En cuanto yo termine con el papeleo, le otorgaremos una baja honrosa."

Unos dos meses después salí conduciendo de la Base aérea. Era un hombre libre y había recibido una baja honrosa. El fiscal cumplió su palabra. Camino a la entrada principal, recordé la lección de la Biblia que había aprendido en la escuela dominical: Juan 8: 32:

Conocerán la verdad y la verdad los hará libres.

Al acercarme a la reja el guardia Marine me saludó y yo respondí al saludo. Fue mi último acto como oficial. En 1974, mientras me alejaba de una vida que comenzó el día que ingresé a la academia, en 1965, comprendí que por fin me había convertido en Marine. Ahora encarnaba palabras que conllevaban un significado muy profundo: *misión, deber, honor, código, disciplina, sacrificio* y *servicio*.

También encarnaba las palabras de Sai Baba que aprendí en el seminario Erhard:

Algunos dicen que el conocimiento es poder, pero eso no es cierto. El carácter es poder.

Hasta ese momento había sido un hombre de carácter débil.

A medida que vi la Base aérea desaparecer en la distancia, comprendí mejor por qué los Marines se tatuaban la frase: "Muerte antes que deshonor." También entendí por qué, cuando saludaban a otro Marine, decían: *"Semper fi"*, apócope de *"Semper fidelis"*. El día que dejé el Cuerpo de Infantería de Marina, por fin me convertí en Marine.

Cultura y... cultos

EL SIGNIFICADO DE *SEMPER FIDELIS*

Los medios de comunicación han estigmatizado la palabra "culto". La mera mención de este término trae a la mente las imágenes de Waco y de David Koresh, de Jim Jones y de la Masacre de Jonestown, de la cacería de brujas en Salem, del Temor Rojo y de la Iglesia de la Unificación. A los medios les encantan los cultos porque generan noticias escandalosas. Las historias sobre los cultos venden muchos periódicos y revistas, disparan los *ratings* y pueden incendiar las redes sociales. Al público siempre le han fascinado los cultos, en especial todo lo que está al margen de las religiones organizadas.

Semper fidelis es una frase en latín que quiere decir siempre fieles. Es el lema de todos los Marines, un compromiso eterno y colectivo para el triunfo en las batallas, el progreso de nuestro país y la lealtad inalterable a los compañeros que luchan a nuestro lado. Este lema fue establecido en 1883 y es distintivo del lazo que se desarrolla entre los Marines. Va más allá de las palabras porque es parte de un espíritu bélico que se vive.

Es muy sencillo olvidar que *culto* es una forma corta de la palabra *cultura*. También significa devoción al estudio, pero, al parecer, mucha gente ha asociado este término con los líderes de grupos marginales y con adoctrinamiento en lugar de pensar en sus raíces en la cultura y el estudio.

Desde 1996, Rich Dad Company ha promovido el estudio del capitalismo. Somos un culto capitalista, una cultura para capitalistas.

Ahora que nos acercamos al final de la primera etapa del marxismo-leninismo, ¿Rich Dad Company será atacada cuando empiece la represión? Veo que ya sucede y, por lo tanto, me mantengo atento, siempre consciente de nuestras libertades.

Por desgracia, desde la década de los treinta los cultos han sido objeto de estudios sociológicos en el contexto del análisis del comportamiento religioso. Desde los cuarenta el movimiento cristiano contra los cultos se ha opuesto a algunas sectas y movimientos religiosos nuevos, y los ha catalogado de "cultos" debido a sus creencias poco ortodoxas.

El Cuerpo de Infantería de Marina es una cultura de guerreros. También el Ejército, la Fuerza Naval, la Fuerza Aérea y la Guardia Costera. También nuestra policía, los bomberos y los servicios de emergencia. Todos ellos pertenecen a una cultura guerrera.

Por otra parte, Estados Unidos es también una cultura de libertad y de capitalismo de libre mercado. Por eso gente de todo el mundo sueña con vivir aquí y muchos están dispuestos a arriesgar su vida por llegar a nuestro país.

Y me parece que, cada vez más, nos estamos convirtiendo en una cultura que se siente con derecho a todo. En 2020 la cultura estadounidense está siendo atacada por las culturas de la codicia, la pereza, la ignorancia, la paranoia y las sensibilidades tipo copo de nieve. Los miembros de estos cultos quieren igualdad sin haberla ganado. Ese era el ideal de Karl Marx para el comunismo. Hoy en día, el culto de Marx permite que "todos los participantes se lleven un trofeo a casa".

En 2020 las palabras *Semper fidelis* son el lema de cualquier persona que luche por la libertad, sin importar su raza, género, nacionalidad, religión, educación o estatus financiero.

Abraham Lincoln advirtió:

¿En qué punto podemos esperar que se acerque el peligro? Creo que, si alguna vez nos alcanza, será porque surgirá entre nosotros. No

puede venir del extranjero. Su destrucción será nuestra victoria, nosotros mismos debemos ser autores y ejecutores de la misma.

En 1984, Kim, Blair Singer y yo empezamos a dar cursos para una organización que enseñaba emprendimiento basándose en los Principios Generalizados de Fuller y en los principios sobre el dinero de padre rico. En nuestros programas se inscribieron empresarios de toda Australia. Incluso el gobierno, el ejército y el cuerpo de bomberos enviaron a sus líderes para que estudiaran nuestros programas de emprendimiento transformativo y liderazgo. Lo que hacía a estos programas tan especiales era que enseñábamos con juegos, no con conferencias.

Diez años después, en 1994, cerramos el proyecto. La ABC (Australian Broadcasting Commission) y el Christian Cult Awareness Network nos acusaron de ser un culto. Primero nos pidieron permiso para hacer un reportaje sobre la organización para "mostrar el éxito de nuestra labor", pero resultó ser una crítica feroz. Nos acusaron de ser un culto porque los participantes tenían experiencias de crecimiento sumamente poderosas en lo personal y en lo profesional.

En realidad, nos hicieron un favor porque, como empresarios, para defendernos decidimos tomar lo que enseñábamos y empaquetarlo.

En 1996 Kim y yo empaquetamos nuestro seminario y lo convertimos en el juego de mesa *CASHFLOW*. Cuando los medios y los cazadores de cultos trataron de acusarnos de nuevo de enseñar lo oculto, les pedimos que jugaran el juego. Les pedimos que permitieran que el público decidiera si realizábamos actividades de ocultismo, magia vudú o adoración satánica. Los medios y los cazadores de cultos no volvieron a molestarnos jamás.

Después de jugar el juego, el público supo la verdad, que impartíamos educación financiera a empresarios y a quienes deseaban alcanzar su libertad económica.

En 1997 se publicó *Padre Rico, Padre Pobre*. En 1997 The Rich Dad Company surgió de entre las cenizas. A veces debemos morir para renacer. Nuestro Manifiesto capitalista da continuidad a la Educación de lo infinito, tanto en lo financiero como en lo espiritual.

Cultos racistas

Los cultos surgidos en tiempos recientes son cultos racistas. Me parece interesante que los "racistas" acusen a otros de ser "racistas".

Todos conocemos los nombres de estos cultos racistas que han difundido su odio por todo el mundo a través del sistema educativo e infectado a Estados Unidos con su veneno. ¿Cómo nos atrevemos a permitirles que diseminen la tóxica ideología de que en "Estados Unidos el racismo es sistémico"?

Nelson Mandela, el líder al que se le atribuye haber encabezado la resistencia frente a la política del apartheid en Sudáfrica, dijo:

> *Nadie nace odiando a otros por el color de su piel, sus orígenes o su religión. Para hacer eso, la gente debe aprender a odiar, y si aprende a odiar, también puede aprender a amar porque para el corazón humano el amor es más natural que el odio.*

¿Por qué permitimos que en nuestras escuelas se enseñe este patógeno viral del odio?

Thomas Sowell explicó:

> *Con el paso de las generaciones, los líderes negros dejaron de ser almas nobles y se convirtieron en charlatanes desvergonzados.*

¿Por qué las corporaciones respaldan y propagan toxicidad a través de sus políticas?

Estos cultos racistas son los peores y los más viles de todos porque fuerzan el flujo de su veneno por las venas de las corporaciones y las redes sociales. Y porque, a través del ámbito académico, envenenan la mente de nuestra juventud.

Gad Saad advierte:

> *Los guerreros de la justicia social y las otras personas de su clase son terroristas intelectuales y pueden generar caos en la razón y en la vida pública, pueden limitar la disposición de la gente a hablar y pensar con libertad, sin siquiera constituir una mayoría.*

También se pregunta:

> *¿Qué tan lejos va uno de vuelta en la historia para encontrar a su villano favorito?*

¿Será esta la razón por la que *The New York Times* está reescribiendo la historia y declarando que Estados Unidos fue fundado en 1619 como un país racista? Esta narrativa desmiente la Revolución de Estados Unidos de 1776 y la lucha por la libertad.

Gad también señala:

> *Gracias a un análisis de las donaciones a las campañas políticas en una amplia gama de industrias se descubrió que las cuatro profesiones más liberales, en orden decreciente, eran las de la industria del entretenimiento, la academia, los servicios informáticos en línea, y los periódicos y medios de comunicación impresos.*

Asimismo:

> *Un estudio realizado en 2013 en la Escuela de periodismo de la Universidad de Indiana reveló que los periodistas estadounidenses eran cuatro veces más propensos a ser demócratas que republicanos.*

Erhard Seminars Training, EST, se convirtió en Landmark. Yo no he participado en ninguno de sus foros, pero tengo amigos que sí lo han hecho. De cualquier forma, estoy agradecido de que Landmark continúe proveyendo Educación de lo infinito.

La diferencia entre infinito y abundante

Abundante e infinito no son lo mismo. Para ilustrar la diferencia, puedo darte el ejemplo real de cómo la organización de Sai Baba ha crecido hasta contar con 2000 centros en más de 100 países. Estos centros funcionan gracias a voluntarios, principalmente. El trabajo de Sai Baba se extiende a través del espíritu de lo Infinito. Lo infinito nos lleva más allá de la abundancia.

Hoy en día Padre Rico tiene miles de Clubes CASHFLOW en todo el mundo. En muchos de ellos se enseña de forma gratuita gracias al espíritu de lo Infinito. Asimismo, estos clubes perpetúan el espíritu *Semper fidelis* de la cultura de los Marines.

He estado en esta tierra por más de siete décadas y nunca había visto a Estados Unidos tan dividido. He perdido amigos solo porque Donald Trump es mi amigo. He perdido amigos porque me he atrevido a cuestionar y a poner en duda muchas cosas de nuestro mundo actual: el *statu quo*, lo que me parece que son *fake news*, y la manera en que los poderes fácticos juegan con nuestro dinero. Hemos perdido nuestro sentido del humor. Hoy en día, reírse es arriesgado, por eso los comediantes ya no son graciosos. Cada vez que veo que compartir ideas provoca conflictos y traza líneas de batalla, temo por nuestro futuro.

Tomo muy en serio las palabras de Gad Saad:

> *Cualquiera que esté dispuesto a dar fin a una relación debido a una diferencia de opinión razonada, no es digno de tu amistad.*

Una cultura de capitalistas

Más adelante te hablaré de mi equipo. Nos reunimos en Zoom una vez a la semana. Somos un culto, una cultura de amigos profesionales. Somos capitalistas espirituales que estudian juntos.

Creo que es esencial permanecer en contacto con individuos que piensan como uno, en especial en estos tiempos tan complicados. Espero que tú hagas lo que sea necesario para mantenerte fuerte y en contacto. Ora, medita, haz ejercicio; únete a una iglesia, religión o grupo de estudio espiritual, y reúnete o habla con la gente de manera regular.

Tu cuerpo es tu fortaleza exterior, tu espíritu es tu fortaleza interior.

Tu espíritu es lo que te da el poder de no ser frágil. No ser frágil te permite recuperarte, ser más fuerte, mejor, y tener un carácter más agradable sin importar lo que se presente en tu vida.

Sai Baba dijo:

> *Algunos dicen que el conocimiento es poder, pero eso no es cierto. El carácter es poder.*

Tu espíritu es tu verdadero carácter.

Tu espíritu es tu boleto al mundo de lo infinito.

Capítulo 10

ARQUITECTOS DEL FUTURO

*Fuimos llamados a ser los arquitectos
del futuro, no sus víctimas.*

—R. Buckminster Fuller

Ya perdí la cuenta de la cantidad de gente que, cuando me conoce, me pregunta: "Tengo 10 000 dólares, ¿qué debería hacer con mi dinero?"

Por un lado, me da gusto que piensen en su futuro financiero.

Por otro, me dan ganas de gritar por tres razones. La primera porque creo que, si no sabes qué hacer con tu dinero, no debes andar anunciando por ahí lo que tienes, ya que solo recibirás consejos u opciones de inversión de gente inmoral. La segunda, porque, el hecho de que gente que ni siquiera me conoce y cuya situación financiera desconozco me pida asesoría, me suena a miedo y desesperación. Y la tercera, la más importante, porque si en la escuela nos enseñaran sobre el dinero, sabríamos al menos un poco sobre finanzas, inversión, mercado y riesgo. Tendríamos un punto de inicio para aprender más, para continuar aprendiendo a lo largo de toda la vida en nuestro camino hacia la libertad financiera. Porque siempre podemos ser más inteligentes respecto a nuestro dinero y a la manera en que lo invertimos. Pero bueno, de acuerdo, ya voy a dejar de despotricar y voy a concentrarme en el capítulo.

Si alguien no sabe qué hacer con su dinero, es probable que pueda formular mejores preguntas que: "¿Qué debería hacer con mi dinero?" Aquí te presento algunas:

1. ¿Por qué en nuestras escuelas no se imparte educación financiera?
2. ¿La falta de educación financiera en las escuelas es solo un error?
3. ¿Por qué está aumentando la brecha entre los ricos y los pobres?
4. ¿Por qué el gobierno está regalando dinero?
5. ¿Qué es el dinero y qué puedo hacer para que el mío trabaje para mí?
6. ¿Cómo puedo lograr retornos infinitos?
7. ¿Cómo puedo hacer dinero sin dinero?
8. ¿Por qué los ricos pagan menos impuestos?
9. ¿Qué pasa con los dólares que pago por concepto de impuestos?
10. ¿Cómo puedo protegerme del marxismo-leninismo?

Las respuestas a estas preguntas requieren de educación financiera real, el tipo de educación que no se imparte en las escuelas.

Breve historia del dinero

En la década de los cincuenta, cuando yo era un niño, las únicas personas que invertían en la bolsa de valores eran los apostadores. Padre rico se reía y se mantenía alejado de ellos. Él era empresario y no le agradaba hacer negocios con tahúres porque decía que eran gente que soñaba con volverse rica rápido. Tampoco compraba acciones: como era empresario, creaba sus propios activos e inversiones.

Mi padre pobre no invertía nunca, él ahorraba dinero y contaba con que su pensión de maestro y la Seguridad Social lo mantuvieran vivo tras su jubilación.

En los cincuenta, los inversionistas compraban bonos y ahorraban dinero porque era "lo más inteligente" que se podía hacer. En los cincuenta, los bonos y los ahorros no representaban un riesgo, eran instrumentos seguros, constantes y fiables. Padre rico tenía algunos bonos y ahorraba dinero, pero se mantenía alejado de las acciones. En ese tiempo, las "libretas de cuentas de ahorro" producían 5 % o más de interés, y a eso se le llamaba "la magia del interés compuesto".

En 1971 el presidente Richard Nixon sacó al dólar del patrón oro. Rompió la promesa que Estados Unidos hizo en 1944 en la Conferencia Bretton Woods, en New Hampshire. ¿Cuál era la promesa? Que el dólar sería la "Moneda de reserva" del mundo. En 1944, a cambio del estatus como Moneda de reserva, nuestro país prometió respaldar cada dólar con oro y no imprimir dinero. Que el dólar estadounidense fuera la Moneda de reserva del mundo significaba que era "tan bueno como el oro".

En 1971 el presidente rompió esta promesa. ¿Recuerdas su apodo? ¿El Tramposo Dick?

En 1971 el dólar estadounidense se convirtió en deuda y, en cuanto comenzó la operación de impresión de moneda más grande de la historia, los ahorradores se volvieron perdedores. En 1971 se creó el dólar estadounidense a través de un sistema de deuda e impuestos. El gobierno pagó sus facturas con *divisa* o *dinero fíat*, es decir, *dinero por decreto*. La divisa fíat es un producto del gobierno, es dinero falso.

El dinero por decreto se genera a través de la creación de deuda, y quienes pagan esa deuda son los contribuyentes a través de los impuestos.

Un parteaguas de cincuenta años

Es agosto de 2021 y, justo al terminar de escribir este libro, hemos llegado a un parteaguas. El mayor atraco universal en la historia cumple cincuenta años. El 15 de agosto de 1971 Nixon sacó al dólar estadounidense del patrón oro.

Los ladrones de bancos en la actualidad

PODCAST: CINCUENTA ANIVERSARIO DE LA DECISIÓN DE 1971 DE NIXON

Te invito a visitar los archivos de los podcasts de Padre Rico en RichDad. com y a que escuches el programa de radio del cincuenta aniversario de la decisión de Nixon de sacar el dólar estadounidense del patrón oro. Para comentar en este segmento el mayor robo de la historia tuve como invitados a Ken McElroy y Tom Wheelwright, mis asesores de confianza en materia de deuda y fiscalidad, respectivamente.

La diferencia entre el atraco a un banco en la década de los setenta y un atraco en la actualidad es que ahora los ladrones son los banqueros. Ahora los robos bancarios se hacen desde el interior de los bancos y los ladrones usan traje en lugar de pasamontañas. Son gente instruida. Como lo explica Steven Brill en su libro *Tailspin*, los ladrones de bancos de ahora estudiaron en las mejores preparatorias privadas y universidades del mundo, y están armados con títulos universitarios en lugar de armas.

En 1974 fue aprobada la ERISA: Ley de seguridad de los ingresos de jubilación para los empleados, y los estadounidenses fueron forzados a participar en la bolsa de valores. Trabajadores que no contaban con educación financiera se convirtieron en los apostadores que padre rico evitaba. Cuando escuchaba el nombre de esta ley, sonreía desdeñoso y decía: "Todo lo que el gobierno promete, en este caso la ley ERISA, mete en problemas a los empleados." Padre rico tenía razón, la ley ERISA se transformó en el plan 401(k) que tantos empleados de la zona E del cuadrante tienen en la actualidad. Los planes 401(k) y los IRA para los autoempleados hicieron que los trabajadores de la zona A que no contaban con educación entraran al mercado de valores: una guarida de ladrones, víboras y asesores financieros. El mercado o bolsa de valores despegó y los banqueros enriquecieron. La brecha entre los ricos y los pobres se volvió tan amplia como el Gran Cañón. En 1974 los marxistas-leninistas empezaron a relamerse los bigotes.

El cambio de PD a CD

Los 401(k) y los IRA son planes de retiro CD, es decir, planes de Contribución definida. Dicho llanamente: "Lo que depositas es lo que te devuelven." Si una persona no deposita fondos a su plan de retiro CD, no hay plan de retiro ni prestaciones en la jubilación.

Por ejemplo, un empleado puede contribuir durante años a su 401(k), pero si se presenta un colapso monumental de la bolsa de valores, todo lo que acumuló podría desaparecer en un día. Si esa persona ya se jubiló, no tiene tiempo para recuperarse.

Según el dicho:

El toro sube por las escaleras, el oso sale por la ventana.

Si el trabajador tiene sesenta y cinco años, no puede darse el lujo de "invertir a largo plazo". Si tienes un plan 401(k) o IRA, sabe que no estoy sugiriendo que te salgas del mercado de valores. Lo único que digo es que tengas cuidado.

Padre rico explicó:

Cuando el toro sube por la escalera, todos se ponen felices.
Cuando el oso sale por la ventana, todos se deprimen.
Por eso a la crisis se le llama Depresión.

Durante el período de la Gran Depresión, padre rico y padre pobre eran niños. Esta crisis duró de 1929 a 1954. En 1929 el Promedio Industrial Dow Jones llegó a su punto más alto de 381 y luego se desplomó. El mundo entró a la Gran Depresión, y no fue sino hasta que pasó la Segunda Guerra Mundial y millones de personas murieron, que el Dow volvió a los 381 puntos, en 1954.

En su libro *The Great New Depression*, Jim Rickards dice que nos encontramos en una nueva depresión.

Warren Buffet advierte:

> *Solo cuando la marea baja se puede saber quién está nadando desnudo.*

En su libro *The Sun Also Rises*, Ernest Hemingway escribió:

> *P: ¿Cómo caíste en bancarrota?*
> *R: De dos maneras: primero lento y luego de repente.*

Las pensiones para los empleados del gobierno

Antes de la ERISA, los planes de pensiones del gobierno y de las corporaciones eran planes de Prestaciones Definidas. Los planes PD definían la prestación específica que se le pagaría al empleado cuando se retirara. Al jubilarse, los empleados esperaban recibir esta "prestación de pago" que les habían prometido. La mayoría de los empleados del gobierno tienen planes PD, y por eso mucha gente quiere ser funcionario. El problema es que ahora muchos de esos planes PD están en bancarrota.

Hace algunos años escribí un libro en coautoría con Edward Siedle, otrora abogado de la SEC e importante autoridad en el tema del saqueo a través de las pensiones. El libro se intituló *¿Quién se robó mi pensión?* Y en él explicamos la manera en que los banqueros de Wall Street, los administradores de pensiones, las empresas y los gobiernos han saqueado de forma sistemática las pensiones PD de los trabajadores. La lista de pensiones saqueadas es extensa e incluye a sindicatos laborales, pilotos de aerolíneas comerciales, conductores de camiones, policías, bomberos, maestros y servidores públicos.

P: ¿Estás diciendo que hasta 1971 tener un empleo y ahorrar dinero fue algo sensato?

R: Sí. Hasta 1971 ahorrar dinero fue sensato porque la Fed y el gobierno de Estados Unidos no tenían permitido imprimir dinero. Los ahorradores salían ganando y, gracias al interés compuesto, una persona podía "ahorrar lo suficiente" para el retiro. A partir de 1971 los ahorradores se convirtieron en perdedores.

P: ¿Quieres decir que hasta 1974 los trabajadores tenían planes de pensión PD y por eso no necesitaban aprender a ser inversionistas?

R: Precisamente. En 1974, año en que se aprobó ERISA, los trabajadores fueron forzados a participar en la bolsa de valores. Eran trabajadores que tenían planes 401(k) e IRA, pero carecían de educación financiera. Se convirtieron en apostadores de la bolsa y los banqueros se volvieron multimillonarios.

Con frecuencia se le atribuye a Lenin una cita sobre la relación entre los bancos centrales y el comunismo:

> *El establecimiento de un banco central representa 90 % del proceso para que un país se vuelva comunista.*

Aquí tienes un recordatorio de la cronología de estos sucesos.
En 1913 fue fundado el Banco de la Reserva Federal.

En 1913 fue aprobaba la 16ª enmienda y esto condujo a la formación del del Internal Revenue Service o IRS, es decir, el cobrador de impuestos.

P: ¿Quieres decir que la Fed y el IRS son marxistas?
R: Sí, pero será mejor que te fijes en los hechos, no en mi opinión.

Marx dijo:

> *Los impuestos son la fuente de vida de la burocracia, el ejército, la iglesia y la corte; en resumen, de todo el aparato del poder ejecutivo. Un gobierno fuerte equivale de manera idéntica a una fiscalidad robusta.*

A partir de 1913 el gobierno tuvo el poder de imprimir dinero y cobrarle impuestos a la gente.

Y no olvides que la Revolución de Estados Unidos comenzó en 1773, en la Bahía de Boston. Este suceso, el Motín del té, fue una revuelta en contra del pago de impuestos.

Me sorprende que no haya más resistencia, que la gente no esté escandalizada por el Proyecto 1619 y la campaña para reescribir nuestra historia.

Marx advirtió:

> *Despoja de su herencia a una nación y te será más fácil persuadir a su gente.*

Thomas Jefferson (1743-1826), padre fundador de Estados Unidos, signatario de la Declaración de Independencia y presidente de Estados Unidos advirtió:

> *Si los estadounidenses llegan a permitir que los bancos privados controlen la emisión de su moneda, primero a través de la inflación*

y luego de la deflación, los bancos y las corporaciones que crecerán alrededor [los bancos] privarán a la gente de toda propiedad hasta que sus hijos despierten un día y no tengan un hogar en el continente que sus ancestros conquistaron. El poder de emisión debe ser arrebatado a los bancos y devuelto a la gente, a quien le pertenece por ley.

Jefferson también advirtió:

Y, como ustedes, sinceramente creo que los establecimientos bancarios son más peligrosos que los ejércitos permanentes, y que el principio de gastar dinero que, bajo el pretexto del financiamiento, deberá pagar la posteridad, no es más que una manera de desfalcar a la gente del futuro a gran escala.

Ron Paul, congresista, candidato presidencial por el Partido Republicano y autor del libro *End the Fed*, comparte esta frase que tiene en una placa sobre su escritorio:

No robes: ¡Al gobierno no le agrada la competencia!

El congresista Paul advirtió:

No resulta azaroso que el siglo de guerra total haya coincidido con el siglo de la banca central.

En 1971, año en que Nixon sacó al dólar estadounidense del patrón oro, nuestra divisa se transformó en deuda e impuestos. El dólar se convirtió en moneda por decreto, es decir, en "dinero falso".

Estas palabras, tomadas de un artículo de John Maynard Keynes, vinculan la destrucción del capitalismo con la manipulación de nuestra moneda:

Dicen que Lenin declaró que la mejor manera de destruir el sistema capitalista consistía en corromper la moneda.

Te reitero la advertencia de Marx:

Para un desarrollo adecuado del comunismo se requiere de un impuesto sobre los ingresos denso o progresivo o gradual.

Asimismo:

La mejor manera de vencer a la burguesía es machacándola entre las dos piedras del molino: los impuestos y la inflación.

Te reitero la advertencia de Thomas Sowell

La hiperinflación puede acabar con los ahorros de toda tu vida sin que el gobierno se tome la molestia siquiera de aumentar la tasa fiscal oficial.

Warren Buffett advirtió:

Gracias a las matemáticas es posible ver que la inflación es un impuesto mucho más devastador que cualquier otra cosa que hayan promulgado nuestras legislaturas. El impuesto de la inflación tiene una gran capacidad para solo consumir capital.

Buffett también advirtió:

La inflación parece un concepto simple, pero a quien más afecta es a la gente común.

Puntos de vista socialistas

Esto fue lo que dijo sobre la desigualdad en los ingresos el Senador Bernie Sanders, demócrata, socialista y otrora candidato presidencial:

> *Hablan de la guerra entre las clases, pero el hecho es que esta guerra ha existido durante treinta años. Se trata de un puñado de multimillonarios apoderándose de la clase media y la clase trabajadora de este país. El resultado es que ahora Estados Unidos tiene la distribución de riqueza e ingresos más desigual de todos los países importantes de la tierra y la mayor desigualdad desde 1928. ¿Cómo podría uno defender a las cuatrocientas personas más ricas del país, si su riqueza en conjunto es mayor a lo que poseen los ciento cincuenta millones de estadounidenses que menos tienen?*

Asimismo, durante su discurso en un evento de recolección de fondos de 2004, la senadora y candidata presidencial Hillary Clinton dijo lo siguiente:

> *Muchos de ustedes se encuentran en una situación suficientemente acomodada… espero que las deducciones fiscales los hayan ayudado. Lo que queremos decir es que para que Estados Unidos vuelva a encarrilarse tal vez necesitemos darles fin [a esas deducciones] y no otorgárselas. Vamos a quitarles algunas cosas por el bien común.*

Aunque estoy de acuerdo con los problemas que Sanders y Clinton ven, no me parece que las soluciones que proponen sean correctas.

En la campaña presidencial de 2016, tanto Bernie Sanders como Hillary Clinton, dos políticos profesionales, compitieron con Trump, un capitalista. Durante un debate Hillary Clinton acusó a Donald Trump de no pagar impuestos sobre sus ingresos porque no quiso hacer pública su declaración de ingresos.

Hillary dijo en televisión mundial:

No quiere que los estadounidenses sepan… que no ha pagado nada por concepto de impuestos federales.

Trump contestó:

Esto me hace inteligente.

Cuando escuché eso, pensé: es un tipo listo y se rodea de gente brillante. El código fiscal ofrece muchos incentivos a los negocios e inversionistas; pagar poco o nada de impuestos no es ilegal. Ni siquiera es sospechoso. Solo significa que aprovechas al máximo esos incentivos y prestaciones fiscales que están disponibles para cualquier estadounidense que cumpla con los requisitos. Esto significa que Trump no está recibiendo trato especial ni haciendo algo que no puedan hacer otros empresarios.

Tiempo después, *The New York Times* reportó que, en 2016, Trump pagó 0 dólares en impuestos por *ingresos*, y en 2017 solo 750 dólares. Fueron los años que ocupó el cargo de presidente de Estados Unidos.

Trump contraatacó explicando que las cifras eran imprecisas y que pagó "mucho" por concepto de impuestos. La mayoría de la gente pensaría que miente al decir que pagó 0 dólares en 11 años, pero eso es porque son personas que no cuentan con una verdadera educación financiera y un entendimiento básico de la ley fiscal. Las empresas pagan muchos tipos de impuestos aparte de aquellos sobre el ingreso. Entre más empleados tienes, menos impuestos pagas. Si haces lo que el gobierno quiere que se haga y el código te ofrece incentivos por ello, puedes reducir tu responsabilidad fiscal.

En 2019 Amazon estaba considerando construir una segunda sede de oficinas en Queens, Nueva York. Muchos vieron esto como una oportunidad inigualable que implicaría la creación de 25 000 empleos y se dieron cuenta de que tendría un efecto dominó que beneficiaría a los neoyorquinos. AOC, Alexandria Ocasio-Cortez, capitaneó la batalla contra los incentivos fiscales y la "codicia corporativa" que hizo que Amazon decidiera salirse de la propuesta.

En 1996, cuando la Australian Broadcasting Corporation (ABC) y el Christian Cult Awareness Network dijeron que mi seminario empresarial era un culto y cerraron nuestro negocio, llegó la hora de pelear y defendernos. El Manifiesto capitalista, conocido como The Rich Dad Company, se levantó de entre las cenizas.

En 1996 lanzamos el juego de mesa *CASHFLOW* en Australia, Nueva Zelanda, Canadá, Singapur y varias ciudades de Estados Unidos.

En 2000 nos llamó Oprah Winfrey. Pasé una hora en *Oprah!*, el programa de televisión de una de las mujeres más poderosas del mundo, y el resto es historia. *Padre Rico, Padre Pobre* se volvió un fenómeno global alimentado por el poder de la infinidad espiritual.

En 2000 Donald Trump y yo empezamos a hacer seminarios para decenas de miles de personas en todo Estados Unidos y Australia. Ese año, con un "gracias" silencioso les agradecí a la Australian Broadcasting Corporation (ABC) y al Christian Cult Awareness Network.

En 2006 Donald Trump y yo publicamos nuestro primer libro en coautoría: *Queremos que seas rico*. En 2011, cinco años después, publicamos el segundo: *El toque de Midas*. En él respondimos la siguiente pregunta: ¿Cuál es la labor más importante de un empresario? Crear empleos estables y de alta calidad.

En 2015 estábamos a punto de escribir nuestro tercer libro juntos cuando él dio una noticia en el programa de radio Rich Dad: "Voy a presentarme como candidato presidencial." Lo único que pude decir fue: "Buena suerte, cuenta con mi apoyo." O, como dicen los Marines: *"Semper fidelis."*

No sé si Oprah y Donald son amigos, nunca les he preguntado. No he mencionado sus nombres para presumir, sino para reforzar la lección del capítulo anterior en el que hablé sobre los Retornos infinitos. Oprah, Donald y yo nos acercamos como maestros para apoyar la educación financiera y la misión de The Rich Dad Company:

Mejorar el bienestar financiero de la humanidad.

En 1983, Fuller le dijo a nuestro grupo:

Fuimos llamados a ser los arquitectos del futuro, no sus víctimas.

Oprah y Donald Trump respondieron al llamado como empresarios y agentes del cambio.

Después de leer GRUNCH, las piezas del rompecabezas que considero que es mi vida empezaron a cobrar sentido. Entendí por qué tuve dos papás. Entendí por qué estudié en una escuela militar, por qué estudié a Marx, Lenin, Stalin, Hitler y Mao. Comprendo por qué me uní al Cuerpo de Infantería de Marina y por qué volé más allá de las líneas enemigas para buscar oro, dinero de verdad. Entendí por qué abandoné el programa de maestría en administración de empresas y por qué no volé para aerolíneas comerciales como mi papá deseaba que lo hiciera. Entendí por qué, en lugar de eso, elegí convertirme en empresario y capitalista como mi padre rico. Entendí por qué fallé tantas veces y tuve que empezar un negocio tras otro, por qué batallé, por qué me engañaron mis socios y proveedores, y por qué perdí tanto dinero.

En palabras que se le atribuyen a Winston Churchill:

El éxito no es final, el fracaso no es fatal: lo que cuenta es el valor para seguir adelante.

En 1983 conocí a Kim y en 1985 ella, Blair Singer y yo vendimos todo y nos mudamos a San Diego, California, porque confiábamos en que podríamos hacer lo que Dios deseaba que se hiciera. No ha sido un viaje sencillo, nuestra alma y nuestro espíritu han enfrentado muchas pruebas. Hemos conocido a muchas personas maravillosas, pero también estafadores, ladrones y charlatanes. Algunos de nuestros socios de negocio fueron gente de este tipo.

Con el paso de los años hemos aprendido que Warren Buffett no se equivocaba al decir:

Uno no puede hacer un buen trato con una mala persona.

La buena noticia es que, por cada trato y cada individuo malo en nuestro camino, Kim y yo conocimos a personas geniales de las que te hablaré dentro de poco. Ellas te contarán cómo todos trabajamos en equipo para hacer lo que Dios quiere que se haga y para apoyar la misión de The Rich Dad Company.

Algunos de nuestros socios, como Blair, han trabajado conmigo 38 años. Muchos otros, como Ken McElroy, Tom Wheelwright y Mona Gambetta han estado con Kim y conmigo por más de 25 años. Juntos hemos construido un sólido negocio global y tenido un impacto en millones de vidas al compartir lo que hemos aprendido. Nos ha ido bien como capitalistas y empresarios, pero también nos hemos mantenido fieles a nuestra misión. Hemos ganado dinero y pagado impuestos cuando nos ha correspondido hacerlo.

Ahora que nos acercamos al final de este libro conocerás al resto de nuestros socios espirituales de negocios. Te los presentaré para que puedas armar tu propio equipo de compañeros en lo profesional y lo espiritual.

Gad Saad advierte:

> *En este caso, el virus no es biológico sino mental. Por eso les llamo patógenos o ideas parasitarias.*

Nuestro mundo está siendo destruido por virus mentales, patógenos cancerígenos de miedo y odio que se extienden a través de las escuelas. Una manera en que puedes defenderte y luchar es armando un equipo fuerte y confiable a tu alrededor.

Otra gran depresión

De acuerdo con Jim Rickards, estamos en la "nueva gran Depresión". En este mundo actual, tu activo más valioso es tu equipo de compañeros en lo profesional y lo espiritual. Por eso Kim y yo queremos presentarte a nuestro equipo, nuestro activo más valioso. Con el paso de los años nos hemos vuelto más selectivos en cuanto a la gente con que nos rodeamos, buscamos individuos que piensen como nosotros; que tengan la misma visión y valores; que estén comprometidos con el aprendizaje permanente y que estén abiertos a todos los puntos de vista.

En los años por venir, no bastará con tener como asesores a un corredor de bolsa, un corredor de bienes raíces y un consejero financiero. Vas a necesitar un equipo unificado, individuos profesionales que sean amigos confiables, gente con la que puedas contar de verdad. Como la gente con la que mi padre rico se reunía los sábados por la mañana cuando yo era niño.

En el siguiente capítulo también descubrirás la manera en que los capitalistas producen millones sin pagar un solo dólar en impuestos... de manera legal.

La cultura de la cancelación

Quienes promueven la cultura de la cancelación han construido una cultura de víctimas. Les fascinan, las adoran. A algunas las han convertido no solo en víctimas sino en mártires. Los mártires son gente que ama sufrir, así que, por favor no seas ni mártir ni víctima. En lugar de eso conviértete en arquitecto de tu futuro.

Tu futuro dependerá de ti y de tu equipo espiritual. Esa gente será tu puente hacia el infinito.

Capítulo 11

UN MILLÓN DE CAMINOS
AL PARAÍSO

Hay un millón de caminos que llevan al paraíso financiero,
y miles de millones hacia el infierno financiero.
—*Padre Rico*

Me parece que una de las aseveraciones más profundas de Bucky Fuller es:

> *En la nave espacial Tierra tenemos ahora a cuatro mil millones de millonarios que no se han dado cuenta de la buena suerte que tienen.*

En 1981 había aproximadamente 4,000 millones de personas en el planeta tierra.

Actualmente hay 7,900 millones.

En 1981, estando sentado entre el público que escuchaba a Bucky hablar, la idea de 4,000 millones de multimillonarios era algo ajeno a mi realidad. Yo mismo estaba en quiebra, mi negocio se estaba desplomando. ¿Cómo era posible que hubiera 4,000 millones de multimillonarios?

Ahora me cuesta menos trabajo ver el mundo a través de la mirada de Fuller.

Bucky Fuller consagró su vida a explorar una pregunta: "¿Qué puede hacer un hombre común para cambiar al mundo?" Él se llamaba a sí mismo "conejillo de indias B", la "B" era de Bucky. Estaba llevando a cabo un experimento para averiguar lo que un individuo ordinario, desconocido y sin un centavo podría hacer de manera efectiva en nombre de toda la humanidad.

En 1927, tras considerar el suicidio, Fuller dejó de trabajar a cambio de dinero. En 1927 decidió sentarse en la mesa de su cocina y seguir su "intuición". Eso lo condujo a ser uno de los más grandes genios, futuristas del mundo. Continuó preguntándose: "¿Qué es lo que Dios quiere que se haga?"

Esta nueva forma de pensar y perspectiva tuvieron un profundo efecto en él, lo hicieron cambiar su vida. Fuller se sentó en la mesa de su cocina, pero no se limitó a un solo campo, permitió que su intuición lo guiara. Trabajó como un "científico diseñador capaz de anticipar y trabajar de manera abarcadora" para resolver problemas mundiales que tenían que ver con la vivienda, la manera de refugiarse, el transporte, la educación, la energía, la destrucción ecológica y la pobreza. A lo largo de su vida, Fuller registró 28 patentes, escribió 28 libros y recibió 47 títulos honorarios.

La libertad del fracaso

En lugar de decir que "fracasó" muchas veces, Fuller le decía a nuestro grupo:

Solo encontré lo que no funcionaba.

Fuller también nos explicó:

A los seres humanos se les dio un pie izquierdo y uno derecho para cometer un error, primero hacia la izquierda y luego hacia la derecha. Y cometerlo de nuevo a la izquierda y repetir el proceso.

290

Dios no nos dio un pie derecho y otro chueco.

Fuller inspiró a muchas personas a hacer "lo que Dios deseaba que se hiciera".

El descubrimiento del "buckminsterfullereno", también conocido como "buckybola", recibió el premio Nobel de química en 1996. Los científicos que lo descubrieron lo llamaron así en honor a Fuller.

La "buckybola" es una molécula de carbono sumamente peculiar, la cual se distingue por una superficie triangulada como domo geodésico. Actualmente se están realizando investigaciones con las moléculas buckybolas porque parece que podrían ser superconductores, lubricantes, diamantes sintéticos, propulsores de cohetes y vacuna para el SIDA, entre muchas otras aplicaciones.

Enseñar la escasez

Como lo mencioné, a Fuller le molestaba mucho que la educación se basara en la escasez. Citaba a economistas y filósofos del siglo diecinueve como Malthus, quien promovía la idea de que la economía era la asignación de recursos escasos.

Fuller opinaba que los recursos no eran escasos y que la ignorancia humana era abundante.

Su razonamiento era:

> *No puedes poner en duda una suposición que no sabes que has originado.*

P: ¿Fuller trataba de decir que las suposiciones que no sabemos y que originamos son lo que dirige nuestra vida?

R: Sí. Hace no mucho, por ejemplo, la gente *dio por hecho* que "la Tierra era plana". Se paró en la orilla del mar, miró al horizonte y *dio por hecho* que podría navegar hacia el borde, y *dio por hecho* que la devorarían los monstruos marinos. Fue necesario que un explorador como Cristóbal Colón cuestionara esa *suposición*. Colón navegó hacia el borde de la tierra y descubrió Estados Unidos, el país más rico de la historia.

Estas son las importantes preguntas que creo que debemos preguntarnos: ¿Cuáles son mis suposiciones? ¿Y qué suposiciones te enseñaron tus padres y maestros? Yo a menudo me pregunto: *¿Qué suposiciones estoy originando sin darme cuenta?*

He descubierto que, con frecuencia, cuando una persona está "atorada" se debe a una suposición que no sabe que originó. Yo, por ejemplo, di por hecho que era imposible que hubiera 4,000 millones de multimillonarios. Cuando descubrí esta suposición empecé a ver el mundo desde la perspectiva de Fuller, la perspectiva de un genio.

En un discurso que dio en la NASA en 1966, Fuller dijo:

> *Los genios no existen, es solo que algunos niños están menos dañados que otros.*

Así fue como empecé a ver el futuro y como decidí que tenía la oportunidad de volverme arquitecto del futuro, de *mi* futuro. Arquitecto, no víctima.

Una de las primeras suposiciones que puse en duda fue: ¿Cómo puede haber 4,000 millones de multimillonarios? Cuando cuestioné esto y me dije que tenía que haber gente rica y gente pobre en el mundo, empecé a ver el futuro.

Fuller no coincidía con Malthus. Algo en lo que estaba en particular en desacuerdo era en su suposición de que había demasiada gente y que el planeta tenía muy pocos recursos para mantener a la humanidad. Le molestaba esta "suposición" basada en la creencia y la mentalidad de la "carencia", la suposición de que el mundo tenía que ser *o* tú *o* yo, perdedores *o* ganadores, pero nunca ambos, y que la guerra era inevitable porque quienes gobernaban querían controlar los "escasos recursos".

Tanto Fuller como Marx soñaban con una utopía, la diferencia era cómo se llegaría a ella. Independientemente de lo que Marx prometía respecto a una sociedad ética y sin clases, el hecho es que su camino a la utopía tuvo como resultado el asesinato de millones de personas.

Marx prometió:

> *Los comunistas del mundo apoyan todo movimiento revolucionario en contra del orden político y social actual. Declaran abiertamente que sus objetivos solo pueden lograrse por medio de la eliminación forzosa de todas las condiciones sociales existentes.*

Y:

> *La teoría del comunismo puede resumirse en una frase: abolición de la propiedad privada.*

Uno de los libros más famosos de Fuller es *Utopia or Oblivion* (*Utopía u Olvido*). Este texto es un provocativo plan para el futuro, conformado por ensayos derivados de las conferencias que el inventor dio en todo el mundo en la década de los sesenta. Su tesis era que, por primera vez en la historia, la humanidad tenía la oportunidad de crear un mundo donde se satisfarían en 100 % sus necesidades. Es Fuller en su máxima expresión, tratando de transmitir su urgente mensaje. Si no cuestionamos la educación y nuestras suposiciones respecto a la escasez, los humanos elegirán el "olvido" a pesar de que la utopía es posible.

Una vez más, todo empieza por preguntarnos:

¿Qué suposiciones estoy originando sin darme cuenta?

Utopia or Oblivion fue publicado por primera vez en 1969 y también incluye una de las primeras discusiones que se dieron a conocer sobre el *Juego Mundial de Fuller*, un juego educativo de simulación que fijó para los jugadores un idealista objetivo: un mundo que "funcione" para 100 % de la humanidad y que no afecte a nadie. El juego desafiaba a los participantes a soslayar las unidades mundiales tradicionales como países, estados y otras divisiones políticas y económicas.

En 1984 Blair, Kim y yo construimos el *Juego Mundial de Fuller*. Lo hicimos a gran escala, era un mapa del mundo que cabía en una cancha de tenis de tamaño regular. Era suficientemente amplio para 100 jugadores y cada persona representaría 1 % de la población mundial. Había 10 000 fichas rojas de bingo que equivalían a la cantidad de ojivas nucleares almacenadas.

Utopía u olvido

Si los 100 participantes entendían la lección, se llegaba a la utopía. Si los participantes no entendían la lección… al olvido. Las 10 000 fichas rojas de bingo cubrían el mapa.

La lección de Fuller en este juego era la siguiente:

> *No podremos continuar operando nuestra nave espacial Tierra por mucho más tiempo a menos de que la consideremos algo valioso y entendamos que nuestro destino es común. Tiene que ser todos o nadie.*

Para nosotros, Kim, Blair y yo, fue toda una experiencia andar por California en un Toyota diminuto con aquel gigantesco juego de mesa enrollado y amarrado al techo. Nunca hubo un grupo que "ganara" el juego. Nunca llegamos a la utopía.

Dejar caer las 10 000 fichas rojas de bingo nos abrió los ojos. Levantarlas después de cada partido fue muy perturbador y activó en nosotros una alarma. Todos deseábamos la paz y, sin embargo, nos destruíamos con armas nucleares los unos a los otros. El recuerdo de haber presenciado una explosión nuclear me perseguía aún. ¿Acaso habré visto el futuro de la humanidad en 1962?

Fuller quería que los participantes aprendieran que la ingenuidad humana y los recursos existentes podrían resolver los problemas mundiales. Creía que, mientras cometiéramos un "egocidio", podríamos acceder a la ingenuidad humana. Según él: "el egoísmo es innecesario e imposible de racionalizarse. La guerra es obsoleta".

En 1984, después de jugar por última vez el juego, Kim, Blair y yo comprendimos que había llegado el momento de seguir adelante. Era hora de encontrar otra manera de transmitir la advertencia de Fuller.

Fuller dijo:

Uno nunca cambia las cosas luchando contra la realidad existente. Para cambiar algo se debe construir un nuevo modelo que haga que el actual se vuelva obsoleto.

Estas sabias palabras de 1984 nos guiaron en el desarrollo del juego de mesa *CASHFLOW* en 1996.

Identifica al enemigo

Lydia, una de mis tías, vivía en la Ciudad de Nueva York. En realidad, era esposa de un tío de mi papá. Lydia fue primera bailarina en París durante la Segunda Guerra Mundial. Al terminar al guerra se casó con mi tío, quien era artista gráfico, y se mudaron al Upper

East Side de Nueva York. A mí me encantaba tomar el tren desde Kings Point, en Long Island, e ir a codearme con la gente rica y bella de esa zona.

En una ocasión, mi tía Lydia comenzó a hablar conmigo y mis compañeros de clase sobre el hecho de que Estados Unidos no había logrado vencer a Stalin. Nos contó varias historias, nos dijo que todos sabían que Stalin iba a tomar Berlín, que estaban conscientes de que, entre Hitler y Stalin, las diferencias eran muy pocas. Nos contó que los rusos iban a ser nuestros verdaderos enemigos y que era claro que, si Stalin tomaba Berlín, nunca podríamos detener la propagación del comunismo en Occidente.

Recuerdo con mucha claridad sus comentarios, dijo que en aquel tiempo todos sabían que el general Dwight D. Eisenhower y el presidente Franklin D. Roosevelt le tenían miedo a Stalin. En lugar de detenerlo, le permitieron continuar con el avance del comunismo.

El general más grande de Estados Unidos

Mi tía también nos contó que muchos pensaban que George Patton era el general más grande de Estados Unidos. Ella creía que, si Eisenhower hubiera permitido que el general Patton dirigiera la batalla contra Stalin, hoy no estaríamos luchando contra el comunismo en Estados Unidos; que, si Patton lo hubiera enfrentado, millones de personas seguirían vivas. Decía que Hitler y Stalin eran el mismo tipo de gente: inclementes y de sangre fría. Además, ambos le temían a Roosevelt y a Eisenhower.

Mi tía luchaba por la resistencia francesa durante el día, pero de noche era primera bailarina en París, esta situación duró muchos años. Me dijo que pasaba horas bebiendo con generales rusos, reuniendo información para la resistencia. Una noche, después de beber vodka con ellos, montó su bicicleta y se dirigió al teatro de la ópera. En el camino se cayó de la bicicleta y se rompió el tobillo, pero en lugar de cancelar el espectáculo, pidió que le "vendaran" el pie y bailó hasta el último minuto. Era una mujer muy valiente. Mis amigos y yo adorábamos beber vodka con ella en su departamento de Nueva York y escucharla contar sus experiencias de primera mano en la guerra.

Cuando volvía a la academia, con frecuencia discutía los puntos de vista de mi tía con mi maestro de economía, el piloto B-17 que fue derribado dos veces en Europa. Él estaba de acuerdo con ella, en su opinión, Stalin intimidó a Eisenhower y Roosevelt con los millones de tropas que lo respaldaban. Estados Unidos no quería librar una prolongada guerra en Europa al mismo tiempo que luchaba en el Pacífico.

Mi maestro me dijo que, como progresistas que eran, Eisenhower y Roosevelt trataron de "hacerse amigos" de Stalin. Pensaban que, de esa manera, él se uniría a ellos en la lucha por la democracia. Mi maestro estaba de acuerdo con mi tía en que todo mundo sabía que, muchísimo antes de que terminara la Segunda Guerra Mundial, Eisenhower ya planeaba postularse como candidato a la presidencia. Cuando Stalin se dirigía al oeste, la campaña presidencial de Eisenhower ya había empezado.

El papel de la historia

El general George Patton dijo:

Para ser un soldado exitoso, debes conocer la historia.

Quien volvió el oro ilegal en 1933, fue Franklin D. Roosevelt. Su Comité de Seguridad Económica redactó la ley correspondiente durante su primer período presidencial. Estados Unidos le estaba abriendo las puertas a la primera etapa del marxismo-leninismo.

Una promesa al mundo

En 1944, antes de que terminara la Segunda Guerra mundial, se
llevó a cabo la Conferencia Bretton Woods. Fue conocida formal-
mente como Conferencia monetaria y financiera de las Naciones
Unidas, y tuvo lugar en el hotel Mount Washington. Se reunieron
730 delegados de las 44 naciones aliadas. El propósito de esta conferencia fue regular el orden monetario y financiero internacional
al finalizar la Segunda Guerra Mundial.

Al tomar nuestras clases de historia en la academia, me pareció
sospechoso que poseer oro fuera ilegal para los estadounidenses
y que, al mismo tiempo, Estados Unidos le prometiera a la gente
respaldar con oro cada dólar.

El 15 de agosto de 1971 el presidente Nixon rompió la promesa
que le había hecho al mundo y sacó al dólar del patrón oro. A partir
de ese momento el dólar se volvió falso, es decir, se convirtió en
divisa fíat.

El recaudador de impuestos

En 1942 Roosevelt le pidió al Congreso que limitara la cantidad
de ingresos que podría cobrar y conservar un estadounidense. Para
cuando terminó la guerra, el Congreso había aumentado la tasa
fiscal sobre cualquier ingreso mayor a 200 000 dólares a un porcentaje récord: 94 %.

Franklin D. Roosevelt estaba obedeciendo el *Manifiesto comunista* de Marx:

> *Para un desarrollo adecuado del comunismo se requiere de un im-
> puesto sobre los ingresos denso o progresivo o gradual.*

El *Manifiesto comunista* promovía tres ideas:

1. Abolición de la propiedad privada.
2. Impuesto sobre ingresos gradual.
3. Abolición de todo derecho a la herencia.

Me parece que es muy obvio que la "abolición de todo derecho a la herencia" y la "abolición de la propiedad privada" tienen el mismo objetivo: cuando mueras te quitarán todo por lo que trabajaste y se lo devolverán al estado. Asimismo, entre el momento en que empiezas a trabajar y el momento en que dejas de hacerlo, pagarás impuestos por todo.

Marx advirtió:

> Los impuestos son la fuente de vida de la burocracia, el ejército, la iglesia y la corte; en resumen, de todo el aparato del poder ejecutivo. Un gobierno fuerte equivale de manera idéntica a una fiscalidad robusta.

El general más respetado

Mi maestro, el piloto B-17, dijo: "Patton era el general al que más respetábamos mis hombres y yo [...] lo respetábamos porque era un general que luchaba en el frente, no desde atrás."

A pesar de que el general George Patton era considerado uno de los más grandes generales de Estados Unidos, la prensa no tuvo reserva alguna en atacarlo y hundirlo.

Patton era uno de los pocos generales que visitaba con regularidad a los soldados heridos en los hospitales de campaña. El 10 de agosto de 1943, durante una de esas visitas, Patton le dio una bofetada y acusó de ser un cobarde a un soldado que fue hospitalizado por fatiga debido al combate.

Los medios de comunicación aprovecharon para destrozar al general y, después de eso, nunca le dieron un respiro. No importó cuántas batallas había ganado, los medios se enfocaron en que le dio una bofetada a un soldado con miedo de luchar.

Durante la guerra de Vietnam, les hicieron lo mismo a los hombres y mujeres estadounidenses que lucharon en el frente.

Después de escuchar a mi tía y a mi maestro de economía empecé a entender por qué el comunismo iba ganando.

Se dice que Patton le advirtió a Winston Churchill:

> *Y, sin embargo, ahora es Estados Unidos quien comete el inconcebible acto de deferir ante Rusia a expensas de Gran Bretaña, matando a Inglaterra en ese proceso.*

En 1973, al sobrevolar los castillos franceses quemados y, luego, cuando me escupieron los hippies, recordé las conversaciones con mi tía y mi maestro de economía. Ambos lucharon contra el comunismo en Europa, ambos sabían que la propagación de esta doctrina no se detendría en Berlín.

Por qué el juego mundial de Bucky no funcionó

Después de barrer demasiadas veces 10 000 fichas rojas de bingo, Kim, Blair y yo comprendimos que usar la amenaza de Stalin respecto al olvido nuclear no funcionaría. La gente continuaba eligiendo el olvido en lugar de la utopía. Por eso tuvimos que volver a cuestionar las suposiciones que no sabíamos que originamos.

Kim, Blair y yo comprendimos por qué el Juego Mundial de Bucky no estaba funcionando.

Lo que nos hizo entender esta falla fueron las palabras de Patton: "El miedo mata a más gente que la guerra."

Nos dimos cuenta de que aterrar a gente que ya estaba aterrorizada, y amenazar con más miedo a quienes ya estaban demasiado alarmados, no funcionaría. Enseñarle a la gente lo que Stalin planeaba hacer en Estados Unidos, no estaba dando ningún resultado. Supusimos y dimos por hecho que el miedo inspiraría a los jugadores a hacer algo distinto, y el problema fue que, durante la Guerra Fría, la gente ya vivía con miedo. Ya se estaba ocultando debajo de los pupitres.

Comprendimos que sería mejor seguir la lección de Patton sobre el liderazgo e inspirar a la gente a:

Vivir por algo en lugar de morir por nada.

Suposiciones distintas

En 1996 cuestionamos nuestras suposiciones. En lugar de enseñar con miedo como lo habíamos estado haciendo con las 10 000 fichas rojas de bingo, Kim y yo diseñamos el juego de mesa *CASHFLOW*. Así, en 1996 nació el Manifiesto capitalista de Padre Rico.

En 1996, después de que la Australian Broadcast Commission y Cult Awareness Network arremetieran en mi contra, se me encendió el foco y así nació *CASHFLOW*, un juego de mesa para promover la educación financiera. Lo que cambió nuestra realidad fue ver que la gente quería aprender cómo volverse rica. No quería aprender a vivir con miedo a tiranos como Marx, Lenin, Stalin, Hitler, Mao y Jrushchov. *CASHFLOW* es una herramienta capitalista que le ofrece a la gente común y corriente el poder de contraatacar.

El juego *CASHFLOW* y nuestro Manifiesto capitalista siguen el liderazgo de Patton.

Lección #1 del general Patton:

Nunca permitas que el enemigo elija el sitio de batalla.

Cuando lanzamos el juego *CASHFLOW*, un amigo dijo de inmediato: "Voy a llevar este juego a Harvard para que lo evalúen."

Harvard hizo el juego añicos. Se burlaron de él. Una evaluadora académica dijo: "En Harvard no practicamos juegos."

Einstein dijo:

> *La escuela me falló y yo le fallé a la escuela. Los maestros se comportaban como Feldwebel (sargentos). Yo quería aprender lo que quería saber, pero ellos querían que aprendiera para pasar un examen. Lo que más odiaba era lo competitivo del sistema. Debido a todo esto, yo no valía nada para ellos, en varias ocasiones sugirieron que me fuera.*

A Bucky Fuller le pidieron dos veces que se fuera de Harvard. Aunque nunca se graduó ahí, esta universidad continúa incluyéndolo entre uno de sus graduados más famosos.

Cuando me preguntan cómo aprendí a volverme rico, esto es lo que respondo: "Mi padre rico me enseñó jugando *Monopolio* conmigo cuando era niño. Ahora que soy adulto, juego *Monopolio* en la vida real.

Te reitero la lección sobre el aprendizaje de María Montessori:

> *Lo que la mano hace, la mente recuerda.*

Por eso el Manifiesto capitalista de Padre Rico dice:

> *¿Cómo luchamos contra el comunismo que se imparte en nuestras escuelas?*
> *Enseñando capitalismo en el hogar.*

Y esto es lo que dijo Thomas Sowell:

> *Parece que casi cualquiera puede educar niños mejor que nuestros mal llamados "educadores" de las escuelas públicas. Los niños educados por sus padres en casa también tienen mejores resultados en las pruebas que los educados en las escuelas públicas.*

Sowell también dice:

> *El desafío consiste en ofrecer más escotillas para escapar de las decadentes escuelas públicas, no solo para ayudar a los estudiantes a huir, sino también para forzar a estas instituciones a trabajar como es debido antes de seguir perdiendo más estudiantes y empleos.*

Lección #2 del general Patton:

> *Si le dices a la gente dónde ir, pero no cómo llegar ahí, los resultados te sorprenderán.*

En 2000, cuando estuve en *Oprah!*, una joven levantó la mano y me preguntó: "¿Qué debería hacer con mi dinero?"

Oprah volteó a verme y dijo: "Yo contestaré esta pregunta."

Mi anfitriona le dijo a la joven: "No le preguntes a nadie qué hacer con tu dinero. Tu tarea es estudiar y tomar tus propias decisiones."

En ese momento me enamoré de Oprah. Esta fotografía muestra que en ella encontré un espíritu familiar y que el respeto de ambos por la educación nos permitió crear un vínculo.

Como lo mencioné, no sé cuántas veces me han hecho estas preguntas en los últimos 25 años:

Tengo 10 000 dólares, ¿en qué debería invertir?

¿Cómo salgo de deudas?

¿Los bienes raíces son una buena inversión?

¿Qué acciones recomiendas comprar?

¿Cómo puedo volverme rico?

Hace algunos meses en Miami, en el seminario Capitalista Rebelde de George Gammon, perdí la paciencia con estas preguntas. Estaba en un elevador repleto y de pronto una mujer me preguntó: "¿Me recomienda invertir en bienes raíces?" Mi respuesta fue rápida e incisiva: "No vuelva a preguntarle a nadie qué hacer con su dinero. Estudie y aprenda qué hacer." Me acababa de convertir en Oprah.

Comportamiento de un estudiante de 10

Me he dado cuenta de que la gente que te pregunta qué hacer con su dinero se comporta como los estudiantes de 10 que creen que la fórmula para triunfar consiste en memorizar las "respuestas correctas". Pensar por sí mismas no forma parte del proceso de aprendizaje de estas personas. De hecho, muchos no saben pensar por cuenta propia ni cómo responder a sus propias preguntas. Como les aterra cometer errores, esperan que alguien les diga qué hacer.

Los estudiantes de 10 salen al mundo real y esperan que los otros les digan cómo actuar. Son excelentes empleados, "esclavos intelectuales" que esperan que les den órdenes. Y si cometen errores, los despiden.

El condicionamiento clásico, es decir, el aprendizaje inconsciente por medio de asociaciones, fue descubierto por Ivan Pavlov (1849-1936) a través de su trabajo con perros y humanos.

Los estudiantes de 10 consiguen un empleo, pagan impuestos, ahorran dinero, compran una casa, salen de deudas e invierten a largo plazo en la bolsa de valores. Pavlov mostró que, si se hacía sonar una campana cada vez que se alimentaba a un perro, este aprendía a relacionar el sonido con el alimento. Como los perros de Pavlov, los estudiantes de 10 esperan a que alguien haga sonar la campana para ir a cenar y empiezan a salivar en cuanto reciben la orden.

John Broadus Watson (1878-1958) fue un psicólogo estadounidense que, con base en los estudios y observaciones de Pavlov, popularizó la teoría científica del conductismo, también conocido como condicionamiento clásico.

Gracias a las investigaciones de Pavlov y a sus propios estudios, Watson pudo explicar todos los aspectos de la psicología humana.

De acuerdo con Watson, absolutamente todo era patrones de estímulos y respuesta: del discurso a las respuestas emocionales. Watson negó por completo la existencia de la mente o la consciencia, creía que todas las diferencias individuales en el comportamiento se debían a experiencias de aprendizaje diversas. Watson dijo:

Denme unos diez niños sanos y bien formados, y mi propio mundo para criarlos, y les garantizo que podré elegir a cualquiera de ellos al azar y educarlo para que, sin importar sus talentos, inclinaciones, tendencias, habilidades, vocaciones o la raza de sus ancestros, se convierta en el tipo de especialista que yo decida: médico, abogado, artista, comerciante y, por supuesto, incluso en mendigo o ladrón.

Nota que Watson utiliza la palabra "especialistas", a los que también se les conoce como "esclavos intelectuales".

Einstein dijo:

La imaginación es más importante que el conocimiento.

Repetiré la Lección #2 del general Patton:

Si le dices a la gente dónde ir, pero no cómo llegar ahí, los resultados te sorprenderán.

Padre rico con frecuencia decía:

Hay un millón de caminos que llevan al paraíso financiero y miles de millones hacia el infierno financiero.

Kim y yo elegimos el camino por el que casi nadie viaja:
No tenemos empleo.
No ahorramos dinero.
No vivimos libres de deudas.
No tenemos planes 401(k).
No recibimos apoyo del gobierno.
Kim y yo alcanzamos la libertad financiera en 10 años. Ella tenía 37 y yo 47. Lo logramos con educación financiera, un plan de acción, el aprendizaje a partir de nuestros errores, así como la fuerza que nos proveyó la certidumbre de querer encontrar el camino para salir de la Carrera de la rata.
Este es uno de los principios de Fuller:

La recompensa para un trabajo bien hecho es un trabajo mayor.

Todos los errores que Kim y yo cometimos en nuestro camino a la libertad financiera nos prepararon para una misión más desafiante y trascendente que Dios deseaba que se llevara a cabo.

Mientras viajábamos por el mundo enseñando y dando conferencias, la gente no dejaba de preguntarnos cómo lo habíamos logrado, cómo pasamos de no tener nada a alcanzar la libertad financiera en 10 años. Sabíamos que necesitábamos dar un paso más allá, que nos esperaba una labor aún más difícil.

Fuller dijo:

Al observar mi vida hasta ahora es posible ver que, entre más gente he servido, más eficiente me he vuelto. Así pues, es obvio que, si trabajo siempre y de manera exclusiva para toda la humanidad, alcanzaré mi nivel óptimo de eficacia.

A pesar de que en 1996 éramos libres en el aspecto financiero y de que habríamos podido relajarnos y "retirarnos", Kim y yo seguimos las enseñanzas de Fuller y nos repetimos una y otra vez lo siguiente:

La recompensa para un trabajo bien hecho es un trabajo mayor.

A nuestra labor la impulsaba el principio de Bucky que indica que, entre más gente ayudas, más eficiente te vuelves.

Malcolm Gladwell es un periodista canadiense nacido en Inglaterra, también es conferencista y se ha vuelto uno de mis autores predilectos. Lo que escribe y sus presentaciones siempre me hacen pensar. Estos son algunos de mis libros preferidos escritos por él: *El punto clave, Blink, Fuera de serie* y *David y Goliat.*

Gladwell tiene mucho que decir respecto al poder de la cultura. En su libro *Fuera de serie*, escribe:

No podemos separar quiénes somos del lugar de donde provenimos.

P: ¿Eso quiere decir que, si venimos de una cultura pobre… somos parte de esa cultura?

R: Sí. Por eso es muy difícil que la gente pobre aprenda a ser rica en la escuela. La escuela es una cultura, un culto de miedo y carencia. Por eso la "seguridad del empleo" es tan importante para muchos.

P: ¿Por eso buscaste a distintos maestros cuando solo tenías diez años?

R: Sí. En ese momento no me daba cuenta, pero sabía que los miembros de mi familia que eran maestros siempre serían empleados y pertenecerían al sindicato de maestros. Nuestra familia era una cultura de educación académica, empleo seguro y socialismo gubernamental. La educación financiera no formaba parte de nuestra cultura familiar.

A los diez años no lo sabía, pero ya estaba en busca de la cultura del capitalismo y una vida como empresario e inversionista, como una persona que crea empleos y sus propios activos. Solo sabía que deseaba algo distinto a lo que me ofrecía la cultura en que me crie.

Tal vez por eso Donald Trump y yo hablamos de la influencia que tuvieron nuestros padres en nosotros, en el hecho de que fueron nuestros mejores maestros. Ambos eran padres ricos. Ellos nos enseñaron a encontrar nuestros propios caminos al paraíso financiero.

Gladwell dice:

> *Todos venimos de una cultura con su propia mezcla distintiva de puntos fuertes y débiles, tendencias y predisposiciones, y todo esto es muy difícil de reconocer.*

Es por ello que también dijo:

> *No podemos separar quiénes somos del lugar de donde provenimos.*

P: ¿A eso es a lo que se refieren Pavlov y Watson con *condicionamiento clásico*?

R: Sí. Cuando diseñamos el juego de mesa *CASHFLOW* queríamos recrear la cultura capitalista de mi padre rico, no la cultura de un empleo seguro de mi padre pobre.

P: ¿Por eso Patton dijo: "Nunca permitas que el enemigo elija el sitio de batalla?"

R: Así es. Y por eso el Manifiesto capitalista de Padre Rico es: "La mejor manera de hacer frente al comunismo que se imparte en las escuelas es enseñando el capitalismo… en nuestro hogar."

Lección #3 del general Patton:

Donde haya miedo al fracaso, habrá fracaso.

El mayor problema de ir a la escuela es que ahí hay una cultura del miedo. Los académicos prosperan en este tipo de ambiente, creo que por eso muchos empresarios, como Walt Disney, Henry Ford, Thomas Edison, Steve Jobs y Bill Gates, abandonaron la escuela.

La educación moderna

La educación posmoderna es la filosofía educativa implantada en nuestras escuelas en la actualidad. Es una educación basada en opiniones y emociones en lugar de en ciencia, hechos y principios. Esto debería preocuparnos a todos porque, aunque cada persona tiene derecho a sus propias opciones, no tenemos derecho a nuestros hechos.

Por eso Gad Saad señala:

Cualquier sistema que se construya sobre un entendimiento falso de la naturaleza humana está destinado a fracasar. Construir una sociedad en la que el objetivo principal es proteger la frágil autoestima personal de los peligros de competir solo nos conducirá a la debilidad, la creencia de que tenemos derecho a privilegios, y a la apatía. La vida es, por naturaleza, competitiva, y la sociedad es jerárquica de forma necesaria. A nadie le ayuda que persigamos una visión utópica de una sociedad en la que no se lastiman los sentimientos de nadie.

Un culto de víctimas

La educación posmoderna es una cultura de víctimas. Y para hacer contrapunto a esta noción, reiteraré el desafío que nos propuso Fuller, convertirnos en "arquitectos del futuro, no sus víctimas".

En *The Parasitic Mind*, Gad Saad nos advierte:

> *Estas iniciativas del lenguaje políticamente correcto están mal dirigidas y son dañinas. Producen "víctimas" profesionales totalmente convencidas de sus privilegios, las cuales, además de esperar no ser ofendidas en absoluto, engendran una atmósfera sofocante en la que todos los individuos caminan de puntitas por temor a cometer un pecado capital lingüístico.*

Víctima o villano

Jordan Peterson, profesor de psicología de la Universidad de Toronto se cansó de lo que veía como una cultura de campus en la que los "guerreros de la justicia social y los activistas políticos radicales de izquierda" se comportaban de una forma descontrolada. Se enfocó en una legislación canadiense de los derechos humanos que prohíbe la discriminación con base en la identidad de género o expresión.

El doctor Peterson se sentía en particular frustrado porque le pedían que usara los pronombres alternativos como lo solicitaban los estudiantes o los miembros del personal trans, como *ze* y *zir* en lugar de *él* o *ella*. Al oponerse a hacerlo, desencadenó una tormenta política y cultural que no parece que vaya a amainar pronto.

Lenin advirtió:

Podemos y debemos escribir en un lenguaje que siembre entre las masas el odio, la repugnancia y el encono hacia aquellos que no están de acuerdo con nosotros.

Considero que Jordan Peterson es un héroe de la talla del general Patton. La educación moderna es una cultura de miedo y opiniones, no de aprendizaje. El posmodernismo cambia la historia para impedirnos aprender de ella.

Una cultura de aprendizaje

Con frecuencia me he preguntado cómo serían nuestras escuelas si Bucky Fuller dirigiera el sistema educativo. Esto fue algo que él dijo al respecto:

Si yo dirigiera una escuela, a quienes me dieran todas las respuestas correctas les pondría una calificación promedio por ser buenos periquitos. Las buenas calificaciones las guardaría para quienes cometieran más errores, me platicaran al respecto y me explicaran qué aprendieron de ellos.

A mí me inspiran nuestras libertades y el espíritu libertario que impulsó a nuestros padres fundadores a proteger "la vida, la libertad y la búsqueda de la felicidad". Todos los signatarios de la Declaración de Independencia sabían que estaban arriesgando *su* vida, libertad y felicidad al incluir su nombre en ese documento. Un documento que definió a un país nuevo y dejó atrás la monarquía, que definió una democracia que algún día se convertiría en Estados Unidos de América.

En 2020 el mundo se encontró al borde de perder al país más libre en la historia del mundo.

El presidente Ronald Reagan (1911-2004) advirtió:

La libertad es algo frágil que nunca se encuentra a más de una ge-
neración de la extinción. No la recibimos por herencia, es algo por lo
que cada generación debe luchar, algo que debe defender. Porque solo
le llega una vez a la gente. Y quienes en la historia del mundo han
conocido la libertad y luego la han perdido, nunca la recuperaron.

La lucha por las libertades

Y bien, ¿cómo luchamos por nuestras libertades? Lo hacemos ar-
mándonos con educación e invirtiendo en nosotros y en nuestro
futuro.

Luchamos por la libertad en nuestros hogares, aprendiendo
sobre el capitalismo, enseñándolo y practicándolo en la vida real.

El segundo libro de la serie Padre Rico se llama *El cuadrante del*
flujo de dinero. En él presenté este concepto y su ícono:

E significa empleado
A significa autoempleado, especialista o dueño de un negocio
       pequeño
D significa dueño de un negocio grande o de una marca
I significa inversionista o infiltrado

Los cuadrantes D e I

D significa Dueño de negocio grande, es decir, empresas con 500 empleados o más, y una marca. Warren Buffett, por ejemplo, prefiere invertir en marcas, como Gillette y Coca-Cola. No invierte en *start-ups* o empresas emergentes de la zona A del cuadrante.

I se refiere a Inversionistas que invierten desde el interior. La mayoría de los E y A invierten desde el exterior, es decir, invierten en acciones, bonos, fondos mutualistas y fondos cotizados o ETF.

En el lado izquierdo del cuadrante, es decir, el lado de E y A, hay mucho menos libertad. En la mayoría de los casos hay más seguridad, pero menos libertad. Las libertades que nos están robando son las del lado E y A.

Mucha gente, por ejemplo, ha sido amenazada con que la despedirán si no se aplica la vacuna contra la COVID-19. A mí me parece que eso es fascismo.

Hitler logró que los alemanes asesinaran a los judíos al forzar a estos a usar estrellas amarillas. Primero llevó a cabo atrocidades modestas, luego cometió asesinatos masivos.

Mi nuevo permiso de conducir de Arizona tiene una estrella amarilla en la esquina superior derecha. Fuera de eso, nada más ha cambiado en esta identificación.

En 2021 Biden está exigiendo vacunaciones masivas. Dice que quienes no están vacunados son quienes más propagan la COVID y causan más muertes.

Te reitero la advertencia de Gad Saad:

> *Yo diría que, a diferencia de lo que enfrentamos en este momento, en los últimos cuarenta o cincuenta años hemos tenido que lidiar con otro tipo de pandemia. Y, en este caso, el virus no ha sido biológico sino mental. Por eso les llamo patógenos o ideas parasitarias. Pero*

¿de dónde vienen? Si tratamos de averiguar de dónde salió el corona-virus y tenemos una teoría, no podemos mencionar el lugar porque sería racista. Y, entonces, ¿de dónde vienen estas ideas patogénicas? Todas provienen del ecosistema universitario. Dicho de otra forma, como suelo recordarle a la gente, son los intelectuales y los profesores quienes siempre salen con las ideas más estúpidas.

P: ¿Estás diciendo que la idea de "ir a la escuela y estudiar con ahínco para obtener un buen empleo" es un virus mental? ¿Una idea patógeno que nos roban nuestras libertades?

R: Así es.

P: ¿Quieres decir que nuestras libertades están en el lado D e I?

R: Sí. Si te encuentras en ese lado del cuadrante no necesitas la seguridad de un empleo, cheques de nómina constan-tes, pagar impuestos elevados ni vivir con miedo a los colapsos de los mercados. La gente de las zonas D e I no teme que la despidan por no estar vacunada. En el lado E y A puedes llegar al paraíso financiero, pero para ello debes pagar el precio: tus libertades. Los E y A tienen que seguir trabajando y produciendo dinero. Los D e I no necesitan dinero.

Libérate de las suposiciones

Rara vez nos damos cuenta de las suposiciones que originamos sin saberlo. Estos son algunos ejemplos de ello:

Necesito un empleo.

Necesito un cheque de nómina.

Invertir es riesgoso.

No soy suficientemente inteligente.

No puedo hacerlo.

Libérate de la cultura

A Marx le obsesionaba el dinero, estaba atrapado en esa cultura. Como no sabía cómo generarlo, siempre lo estaba mendigando. Incluso falló como esposo porque no fue capaz de proveer de lo necesario a su esposa y sus hijos. Sobrevivía mendigando y pidiendo dinero prestado a sus amigos y familiares. Como era un intelectual, sentía que tenía "derecho a subsidios". Es parte de la actual cultura marxista del derecho a privilegios. Es la educación en la actualidad.

En 2020 miles de millones de personas participan en esta cultura de derecho a subsidios y privilegios creada por Marx.

Malcolm Gladwell señala:

No podemos separar quiénes somos del lugar de donde provenimos.

Una de las razones por las que muchos atletas profesionales y ganadores de la lotería caen en bancarrota menos de cinco años después de haber ganado millones es que el dinero no te separa de tu cultura.

En lo personal, mi transición de las zonas E y A a las zonas D e I del cuadrante implicó separarme de la cultura académica de mi padre pobre, pero hoy en día respeto ambas culturas, la de mi padre pobre y la de mi padre rico.

Para cambiar mi situación tuve que viajar de la cultura de mi padre pobre a la de mi padre rico, por eso abandoné el salón de clases y me convertí en aprendiz en un negocio. Como lo mencioné, cobrar rentas para padre rico me proveyó una excelente educación respecto al poder de la cultura.

María Montessori dijo:

El crecimiento es producto de la actividad, no de la comprensión intelectual.

El propósito de los Clubes de *CASHFLOW* es apoyar la transición de la cultura de padre pobre a la cultura de padre rico.

Libérate de la historia

No te permitas ser víctima de la historia. Cuando se estudia historia en la escuela, se hace énfasis en la memorización de fechas y sucesos. Luego los estudiantes regurgitan esas fechas y sucesos, y, como por acto de magia, se vuelven "estudiantes inteligentes". Pero en realidad no han aprendido nada.

Steve Jobs dijo:

> *No puedes unir los puntos mirando hacia el futuro, solo los puedes unir mirando hacia atrás. Por eso tienes que confiar en que algún día, en el futuro, los puntos se conectarán.*

Si estudias historia verdadera —registros históricos legítimos, no ficción— y conectas los puntos *podrás* ver el futuro.

Estudiar historia me permitió entender las verdaderas intenciones de los presidentes Franklin D. Roosevelt y Richard Nixon. En 1933 Franklin D. Roosevelt hizo que poseer oro fuera ilegal para los estadounidenses. En 1944 Estados Unidos prometió respaldar cada dólar con oro, y en 1971 el presidente Nixon rompió esa promesa.

Y así comenzó la impresión de dinero falso.

En 1972 volé más allá de las líneas enemigas para buscar oro porque vi el futuro del dinero falso.

En 1999 fue revocada la ley Glass-Steagall. Esta ley formaba parte de la Ley bancaria de 1933, la cual separaba a los bancos de inversión de los modestos bancos comerciales independientes. En 1996 la revocación de la ley Glass-Steagall transformó a Estados Unidos en un casino gigante y puso en riesgo a los negocios bancarios pequeños.

En 2008 se desplomó el mercado *subprime* de bienes raíces. Los banqueros ganaron miles de millones de dólares y la gente común y los pequeños negocios perdieron todo.

En 2008 el déficit de Estados Unidos era de 1.4 billones de dólares y para 2020 había crecido a 5 billones. Eso significa que Estados Unidos importó 5 billones más de lo que exportó.

¿Cuánto es un billón?

Si decidieras gastar un dólar por minuto, te tomaría 34 000 años gastar un billón de dólares. Al Banco de la Reserva Federal, sin embargo, le toma menos de un minuto imprimir esa cantidad.

En 2021 se celebró el cincuenta aniversario de un parteaguas: la decisión que tomó Nixon en 1971 de sacar al dólar del patrón oro. Fue un suceso fundamental, cuyo impacto seguimos resintiendo porque el 15 de agosto de 1971 el dólar estadounidense se convirtió en una creación de deuda e impuestos. En esa fecha los ahorradores se convirtieron en perdedores. En 2021 se estimó que Estados Unidos imprimiría otros 4 billones para evitar que la economía colapsara.

En 1972 empecé a ahorrar oro, plata y, en tiempos más recientes, bitcoin y Ethereum. Si necesito dinero, uso la deuda como dinero porque, debido a que en 1971 el dólar se convirtió en deuda, entre más deuda utilice de esta manera, menos impuestos pagaré.

En una carta a sus inversionistas fechada el 29 de julio de 2020, el director ejecutivo de Pantera Capital, Dan Morehead, afirma:

> *Estados Unidos imprimió más dinero en junio que en los primeros dos siglos tras su fundación. El mes pasado el déficit presupuestario, 864 000 millones de dólares, fue mayor al total de la deuda en que se incurrió entre 1776 y finales de 1979.*

Fuller dijo:

Solo dos cosas son infinitas: el universo y la estupidez humana... y no estoy seguro de que sea verdad en el primer caso.

En el Banco de la Reserva Federal hay cerca de 700 empleados con doctorado. ¿Cómo puede gente con tanta preparación académica ser tan incompetente? ¿No han estudiado historia? Tal vez deberían conseguir un empleo real o, mejor aún, echar a andar un negocio.

Los nuevos cálculos salidos de la Fed exigen 150 billones de dólares en rescates. El nombre del juego es Rescate y Defendamos al socialismo bajo el disfraz de "protección ambiental".

Dinesh D'Souza, autor y realizador de documentales indio-estadounidense afirma:

Los académicos creen que son personas inteligentes. En verdad creen que son la gente más valiosa de la sociedad. Cuando ven a un empresario que posee diez franquicias de McDonald's o un negocio de control de plagas, lo consideran inferior. A un profesor de lenguas romances que trabaja en Princeton y gana 150 000 dólares al año le parece que, el hecho de que un empresario de control de plagas gane 500 000 dólares es una barbaridad. No le parece justo, ahí es donde empieza el socialismo.

Tras analizar todo esto y los rescates, opino que los cálculos más recientes de la Fed, en los que se exige 150 billones de dólares en gasto nuevo para el gobierno, pagado por los contribuyentes bajo el disfraz de protección ambiental, en realidad es una manera de empujarnos hacia su visión de una utopía socialista.

En el centro de la educación posmoderna hay muchas opiniones y emociones, pero nada de historia.

En 1983, después de leer *El flagrante atraco universal del efectivo* (*Grunch of Giants*), empecé a cuestionar las suposiciones que originé sin darme cuenta.

Recuerdo que cuando Fuller dijo: "Hay cuatro mil millones de multimillonarios", de inmediato pensé: *Eso es imposible.*

Pensé que estaba loco, ¿cómo era posible que todos fueran multimillonarios? Sin embargo, una vez que puse en duda mis suposiciones me puse a trabajar en lo que Fuller sugería que hiciéramos, es decir, preguntarnos: "¿Qué quiere Dios que se haga?"

Fuller dijo:

> *Nunca olviden que son únicos, que si no se les necesitara en esta tierra con toda su originalidad, no estarían aquí para empezar. Y nunca olviden que, sin importar cuán abrumadores parezcan los desafíos y los problemas, una persona puede marcar la diferencia en el mundo. De hecho, los cambios trascendentes siempre suceden gracias a una persona, así que sean esa persona.*

Margaret Mead (1901-1978), antropóloga estadounidense, dijo:

> *Nunca dudes que un pequeño grupo de ciudadanos considerados y comprometidos pueda cambiar el mundo. De hecho, es lo único que lo ha logrado.*

Y, de acuerdo con una frase que se le atribuye a Edmund Burke:

> *Lo único que se necesita para que triunfe el mal es que los hombres buenos no hagan nada.*

En 1983, cuando Fuller preguntó "¿Qué quiere Dios que se haga?", decidí poner en duda todas las suposiciones que había originado y empecé a enseñarle a la gente lo que a mí me enseñó mi padre rico: cómo ser millonario incluso multimillonario sin necesitar dinero.

En 1965, la primera palabra que aprendí en la academia fue *misión.*

En 1984 Kim y Blair se unieron a mí y juntos nos propusimos cumplir la misión. Partimos de Hawái para ir a California y así empezó nuestro Manifiesto capitalista.

Capítulo 12

HECHOS, NO PALABRAS

¿Qué puedo hacer yo? Solo soy una persona común.

—*R. Buckminster Fuller*

En un cálido día de agosto de 1964, en cuanto se acabó el ponche y las galletas, los padres y familiares abandonaron las instalaciones de la academia y la Semana infernal comenzó.

Unos veinte jóvenes de alrededor de dieciocho años nos tuvimos que formar en secciones de inmediato, mientras un tercer oficial de cubierta de unos diecinueve empezó a gritarnos.

Dejamos nuestras pertenencias en nuestros cuartos y marchamos a la barbería para que nos cortaran el cabello. Luego nos repartieron los overoles que serían nuestro uniforme todo el mes siguiente. Entonces comprendí que tal vez había cometido un error.

La Semana infernal fue una pesadilla. Nunca sabíamos si íbamos o veníamos porque dormíamos muy poco. Trotábamos todo el tiempo y, si no entendíamos algo con la rapidez necesaria, nos gritaban de muy mala manera que nos apuráramos. A la diez de la noche apagaban las luces y la trompeta sonaba a las cinco de la mañana.

La primera vez que tuvimos un descanso fue la noche del sábado siguiente. Caminé hasta un punto desde donde se veía el estrecho de Long Island enmarcado por las luces de las mansiones a lo largo de la bahía, y Nueva York a lo lejos. Me puse a llorar, me sentía terrible, estaba a punto de solicitar que me dejaran partir, es decir, estuve a punto de "renunciar". En una semana, tres de los veinte estudiantes ya se habían ido a casa.

Mientras observaba las luces en el estrecho de Long Island mi mente me decía: *No necesitas esta porquería.* Las clases en la Universidad de Hawái no habían comenzado aún, todavía tenía tiempo de volver y asistir desde el primer día. Además, el invierno se acercaba y, en algunos meses, la temporada de surfeo empezaría en la ribera norte. Me preparé para renunciar.

La única razón por la que no lo hice fue porque sabía que el propósito de la Semana infernal era detectar a los débiles y deshacerse de ellos. Me negué a darles el gusto de darme por vencido.

Ese sábado por la noche me encontré con el cobarde en mí y no fue una reunión agradable.

Me quedé parado en la oscuridad escuchando al Robert perdedor y débil, lo oí enumerar todas las razones por las que no era necesario que me quedara. No fue lindo.

Una de las ventajas de la Semana infernal era que sacaba a relucir el poder espiritual porque era necesario para quedarse y luchar contra el cobarde en nosotros mismos. El lema de Kings Point era *Acta non verba:* Acciones, no palabras. En la Semana infernal nos imbuyeron esta lección y, al mismo tiempo, se esforzaron por hacernos renunciar.

Mientras estaba parado en la oscuridad, escuchando lloriquear al cobarde en mí, el lema *Acta non verba* contraatacó.

Thomas Sowell advirtió:

> *La gran división en este país no es entre los demócratas y los republicanos, ni entre las mujeres y los hombres, sino entre quienes hablan y quienes actúan.*

También dijo:

El punto fuerte de los liberales no son los hechos sino la retórica.

Pasada una hora, el cobarde en mí seguía enumerando las razones por las que debería renunciar. Algunas eran muy buenas, me decía yo, como el hecho de que en Kings Point no había mujeres, y en Hawái había unas muy hermosas. Poco a poco fui girando y dejé que quien hablara fuera mi cuerpo, solo di un paso a la vez y me dirigí a mi habitación para vivir otra semana... y cuatro años más de infierno.

Bear Bryant (1913-1983) fue entrenador de futbol americano en la Universidad de Alabama. Ahora es uno de los grandes entrenadores de la historia. En una ocasión dijo:

Hago las prácticas muy difíciles porque, si un jugador es derrotista, prefiero que renuncie en una práctica, no en un juego.

El empresario Russell Simmons es ejecutivo en la industria del disco, escritor y productor fílmico. Fue cofundador del sello de *hip-hop* Def Jam Recordings y creó las líneas de moda Phat Farm, Argyleculture y Tantris. Esto es lo que él opina:

Los fracasados no existen, solo los que renuncian.

David Goggins es un *Navy Seal* retirado, corredor de ultramaratones, ciclista de ultradistancia, autor y orador motivacional. Entre sus obras más importantes se encuentra el libro *Can't Hurt Me*.

Goggins dice:

Un guerrero no es una persona que porta un arma. La guerra más terrible en que participarás será la que se libra entre tus orejas. Está en tu mente. Todos libramos una guerra ahí y debemos fortalecernos psicológicamente para luchar y vencer.

La universidad de los copos de nieve

En 2020 nuestras escuelas empezaron a producir estudiantes "copos de nieve" de forma masiva, gente con la ideología de que "todos los participantes se llevan un trofeo a casa". En lugar de desarrollar las cualidades fundamentales, los programas se enfocan en la Teoría crítica de la raza. En lugar de fortalecer la mente, las escuelas tienen "espacios seguros" y "zonas seguras" para proteger a los estudiantes "marginados" de las ideas que podrían "desencadenar" en ellos episodios emocionales.

En 2020 todo el sistema académico se convirtió en un "espacio seguro" y ya no hubo instituciones de aprendizaje superior donde las ideas fueran cuestionadas y debatidas. Lo peor de todo fue que se negó la libertad de expresión.

Profesor guerrero

El doctor Jordan Peterson se ha convertido en una celebridad internacional, en un profesor guerrero. Jordan se enfrentó a los fascistas académicos y burocráticos que exigen que se cambie el lenguaje, que los pensamientos sean controlados y que se cancele la libertad de expresión, y todo para que la escuela se convierta en un "espacio seguro", en un lugar en el que todos, incluso los perdedores obtengan un trofeo.

A Jordan Peterson se le atribuyen estas reflexiones esclarecedoras:

Cuando tienes algo que decir, el silencio es una mentira.

Si no dices lo que piensas, matas al yo no nacido.

En la actualidad, la cultura de la élite académica liberal *ensalza a las víctimas para convertirlas en héroes, a los cobardes en críticos y a los perdedores en líderes.*

Respecto a esto, Jordan Peterson advierte:

> *Si crees que los hombres fuertes son peligrosos, espera a que te encuentres con un montón de hombres débiles.*

Abraham Lincoln dijo:

> *¿En qué punto podemos esperar que se acerque el peligro? Creo que, si alguna vez nos alcanza, será porque surgirá entre nosotros. No puede venir del extranjero. Su destrucción será nuestra victoria, nosotros debemos ser autores y ejecutores de la misma.*

P: ¿Estás diciendo que nuestras instituciones académicas están destruyendo a Estados Unidos desde el interior?

R: Sí. En 1989 cayó el Muro de Berlín y todos celebraron porque creyeron que el capitalismo había vencido, que el comunismo había muerto. Ahora sabemos que el comunismo sigue vivo. Se ha diseminado a través de nuestras escuelas como un cáncer y ha devorado a Estados Unidos desde el interior. Los Marines dirían: "Se ha infiltrado."

Hablo mucho del general Patton, Stalin, el general Eisenhower, Churchill y el presidente Franklin D. Roosevelt porque creo que Patton tenía razón. Él vio el panorama completo. Estados Unidos e Inglaterra debieron detener a Stalin antes de Berlín. Estados Unidos debió empujar a Stalin de vuelta a Stalingrado. Stalin, Hitler y Mao eran hombres inclementes. Si Patton hubiera dirigido las maniobras desde el frente, cientos de millones de personas no habrían muerto.

Un general luchador

Mi compañero de cuarto en el portaaviones se llamaba Jack Bergman. Ambos fuimos tenientes en Vietnam. Jack llegó a ser un general de tres estrellas, una hazaña casi imposible para un oficial encargado de una aeronave. Por lo general, las estrellas las reservan para los Marines en tierra. Yo entré siendo teniente y salí con el mismo rango.

En 2021 Jack continúa siendo un líder. Ahora, sin embargo, es congresista por el estado de Michigan.

VE A JACK BERGMAN...
En el programa de radio de Padre Rico
En RichDad.com

Jack luchó en todos los conflictos al terminar Vietnam. Luchó en el frente como lo hacen los pilotos. Un día, en privado, me dijo: "Muchos generales son conejitos de búnker." Esto significa que luchan desde la parte de atrás y en el fondo de un búnker. Eisenhower y Franklin D. Roosevelt guiaban desde atrás, Patton lo hacía desde el frente.

Guiar desde el frente

El presidente Trump estuvo cerca de cumplir su promesa de campaña de construir un muro a lo largo de la frontera sur de Estados Unidos. Mientras estuvo en el cargo, el progreso fue constante.

En marzo 30 de 2020, cuando la COVID-19 detuvo las cosas de una manera insostenible, el presidente Trump ordenó la operación *Warp Speed* y prometió que se producirían vacunas en menos de un año, a pesar de que este proceso usualmente toma entre 10 y 15.

El 14 de julio de 2020, Moderna tuvo por fin los resultados iniciales de las pruebas clínicas de la vacuna. El 16 de agosto de 2020 Pfizer envió sus resultados iniciales. Si Joe Biden hubiera sido presidente en 2020, sería imposible saber si tendríamos vacunas ahora. Muchos lo consideran un líder débil y, sin duda, es alguien que no guía desde el frente.

Eso es lo que hacen los líderes que guían desde el frente, hacen que las cosas sucedan. Este tipo de líderes son ejemplos vivos del lema "Acciones, no palabras". Ellos dejan que sean sus acciones las que hablen por ellos.

Trump hace que las cosas sucedan porque es empresario y capitalista. La prensa lo odia igual que odiaba al general Patton.

El presidente Biden y la vicepresidenta Kamala Harris detuvieron la construcción del muro en la frontera sur y luego abrieron las fronteras e invitaron a todos a entrar. También invitaron a la COVID-19. Después proveyeron transporte y habitaciones de hotel en todo Estados Unidos para los inmigrantes no vacunados a los que tampoco se les habían aplicado pruebas.

Hasta ahora, Kamala solo ha visitado una vez la frontera sur. Tanto Biden como Harris siguen siendo "conejitos de búnker" en la Casa Blanca. La prensa los adora a ambos.

Stalin advirtió:

La prensa debe crecer día tras día: es el arma más incisiva y poderosa de nuestro Partido.

Quizá recuerdes que el presidente Trump hizo giras por Estados Unidos y habló frente a miles de seguidores delirantes para pedirles que votaran por su reelección. Trump guía desde el frente. El señor Búnker Biden realizó su campaña desde lo oscuro, desde el fondo: es un "conejito de sótano".

Jordan Peterson advirtió:

Si crees que los hombres fuertes son peligrosos, espera a que te encuentres con un montón de hombres débiles…

Marx era un hombre débil, enojado e irresponsable en el aspecto financiero. En una ocasión, cuando él, su esposa y sus siete hijos vivían en Londres, un visitante a su departamento de tres habitaciones describió su estilo de vida. Los hijos de Marx no solo tuvieron que soportar el hambre y la pobreza, también fueron criados en la inmundicia o lo que su amigo describió como "un chiquero". Cuatro de sus hijos murieron siendo niños.

Marx culpaba de sus problemas a los ricos porque no tenía el valor necesario para mirarse en el espejo y encontrarse con el perdedor en su interior. No tenía la fuerza interna para vencerlo. Mejor eligió culpar a los ricos y permitir que ganara el perdedor. En la actualidad, es el héroe de las víctimas, es el guía de los fracasados.

La educación posmoderna

En una entrevista de YouTube, le preguntaron lo siguiente a Gad Saad, otro profesor guerrero: "¿Qué ejemplo nos daría de una idea parasitaria?"

Gad Saad contestó:

> *El abuelito de todas las ideas patogénicas es eso que conocemos como posmodernismo. [...] [El posmodernismo] afirma lo siguiente: no hay verdades universales, no hay verdades objetivas, somos prisioneros absolutos de los sesgos personales, de nuestra subjetividad y del relativismo.*

A Lenin se le atribuyen muchas advertencias respecto al tema del lenguaje y la libertad de expresión:

> *Por supuesto, es mucho más fácil gritar, abusar y aullar en lugar de tratar de entender, explicar.*

Podemos y debemos escribir en un lenguaje que siembre entre las masas el odio, la repugnancia y el encono hacia aquellos que no están de acuerdo con nosotros.

La libertad de expresión es un prejuicio burgués.

Es muy fácil persuadir a la gente que no tiene herencia.

La causa de la libertad popular se pierde cuando se les confía a los profesores.

Y en *Mi lucha*, Hitler escribió:

La receptividad de las masas es muy limitada, su inteligencia es poca, pero su poder para olvidar es enorme. Como consecuencia de todos estos hechos, toda la propaganda eficaz debe limitarse a unos cuantos puntos y debe de cantaletear estos eslóganes sin parar hasta que el último miembro del público entienda lo que quieres que entienda con tu eslogan.

En 2021, estos son algunos de los eslóganes más populares:

1. *"Black Lives Matter."*
2. "Estados Unidos es un país racista de forma sistémica."
3. "Usen sus cubrebocas."
4. "Vacúnense."
5. "Estados Unidos fue fundado en 1619."

Platón advirtió:

El filósofo está enamorado de la verdad, no del cambiante mundo de la sensación que es objeto de la opinión, está enamorado de la invariable realidad que es objeto del conocimiento.

329

El profesor Gad Saad también dijo esto en su video de YouTube:

> *Los posmodernistas vuelan aviones de mierda en nuestros edificios de razón, y poco a poco destruyen todo lo que se ha hecho.*

Estas son dos definiciones de edificio: 1 – *Un edificio, una construcción en especial, una grande e imponente;* y 2 – *Un sistema complejo de creencias.*

La cantidad de profesores guerreros que están contraatacando sigue aumentando. Dos de ellos son Victor David Hanson y Dennis Prager.

Victor Davis Hanson, profesor de la Universidad de Stanford, advierte:

> *La occidentalización, en conjunto con la globalización, ha creado una élite acaudalada y ociosa que ahora gravita hacia las universidades, burocracias y organizaciones mundiales, todos los lugares donde la riqueza no se crea sino se analiza, critica y derrocha.*

Dennis Prager, republicano conservador, es escritor y presentador de un programa de radio de entrevistas. Al principio, su labor política tenía que ver con los judíos soviéticos que no podían migrar. Es fundador de Prager University.

Prager advierte:

> *Si continuamos enseñando respecto a la tolerancia y la intolerancia en lugar de enseñar sobre el bien y el mal, vamos a terminar tolerando el mal.*

También nos dice:

> *La compasión sin sabiduría es peligrosa. Es lo que le permite a la gente apoyar al "indefenso", incluso si el indefenso es malvado.*

Hillsdale College es una universidad privada de las artes liberales con inclinación conservadora, se ubica en Hillsdale, Michigan. Hillsdale fue fundado en 1844 por un grupo de abolicionistas conocidos como los Bautistas del libre albedrío, tiene un programa de artes liberales basado en el patrimonio occidental como producto de la cultura grecorromana y la tradición judeocristiana. Esta institución exige que todos los estudiantes, sin importar cuál sea el área de especialización de sus estudios, realicen un programa de tronco común que incluye clases de los clásicos de la literatura, la Constitución de Estados Unidos, biología, química y física.

Un nuevo modelo para la educación pública

Hillsdale es el nuevo modelo de la educación pública en Estados Unidos. Su personal y sus académicos se han sumado al creciente número de personas que luchan contra el racismo y la educación posmoderna. Hillsdale College ofrece cursos gratuitos en línea sin créditos universitarios impartidos por sus profesores. Estos cursos fueron creados con el modelo de los que se imparten de manera presencial en el campus a los estudiantes inscritos.

La misión de Hillsdale es ofrecerles a los estudiantes una educación para obtener conocimientos sobre lo más valioso, reflexionar sobre la naturaleza de Dios y el hombre, formar el carácter y defender el gobierno constitucional.

Estos académicos se suman a Thomas Sowell, Jordan Peterson, Gad Saad, Albert Einstein, Bucky Fuller, Platón y muchos otros maestros guerreros que se han unido a la lucha contra la enseñanza marxista posmoderna. En 2021 la cantidad de estos educadores guerreros continúa aumentando.

David Goggins es el único miembro de las Fuerzas Armadas de Estados Unidos que ha completado el entrenamiento SEAL, incluyendo dos Semanas infernales; la Escuela de *Rangers* del Ejército, de la cual se graduó con honores, y el entrenamiento de Controlador Aéreo Táctico de la Fuerza Aérea. Es un hombre de "acciones, largas distancias y pocas palabras".

Goggings, un guerrero entre los guerreros, nos dice:

> *Un guerrero no es una persona que porta un arma. La guerra más terrible en que participarás será la que se libra entre tus orejas. Está en tu mente. Todos libramos una guerra ahí y debemos fortalecernos psicológicamente para luchar y vencer.*

Lenin advirtió:

> *De manera necesaria, nuestra propaganda incluye la propaganda del ateísmo; la publicación de literatura científica adecuada que el gobierno feudal autócrata ha prohibido y perseguido debe formar desde ahora parte de las áreas de trabajo de nuestro partido.*

La educación posmoderna se basa en el socialismo científico, en opiniones, no en ciencia.

Fuller, que era futurista, predijo:

> *El individuo estudiará principalmente en casa.*

No sé si Fuller estaba familiarizado con la educación posmoderna. De haberlo estado, estoy seguro de que habría contraatacado. Él era capaz de predecir el futuro porque creía en Principios universales, los Principios operacionales de Dios o los Principios generalizados.

Los Principios generalizados son aquellos que son verdaderos en todos los casos sin excepción.

Fuller calculaba que había, aproximadamente, 250 Principios generalizados. Todos son importantes porque operan de manera conjunta. Antes de fallecer, en 1983, Fuller había descubierto 50 de esos 250. Uno de sus descubrimientos fue: *La unidad es plural y mínimo dos.*

P: ¿La unidad es plural? ¿No es solo una?

R: Exacto. Al observar el universo, Fuller se dio cuenta de que era por lo menos dos, no uno. Dios, por ejemplo, diseñó a los humanos con dos ojos, dos pies y dos brazos. En el universo físico hay un *arriba* y un *abajo*.

P: ¿Arriba no puede existir sin abajo?

R: Correcto, ya estás comprendiendo. Tampoco *dentro* puede existir sin *afuera*. *Rico* no existe sin *pobre*. Lo mismo sucede con *feliz* y *triste, joven* y *viejo, hombre* y *mujer*.

P: ¿Esto significa que alguien siempre dirá que está en lo *correcto* y alguien más dirá que se *equivoca*?

R: Precisamente.

Los principios de funcionamiento del universo de Dios, es decir, los Principios generalizados, nos guían para ser, en palabras de Bucky Fuller, los "arquitectos del futuro, no sus víctimas". Estos principios son lo que usó Fuller para llegar a ser conocido como futurista, por eso John Denver le puso el sobrenombre de Abuelo del futuro.

Fuller murió en 1983 pero algunas de sus predicciones se han cumplido. Él predijo que una nueva tecnología estaría disponible antes de 1990. En 1983 dijo:

Una nueva tecnología estará disponible en el planeta tierra antes de que esta década termine. Esa tecnología cambiará al mundo.

El Internet nació en 1989, el mismo año que cayó el Muro de Berlín.

Fuller también predijo el Bitcoin:

Las computadoras facilitan que se vuelvan electrónicos los juegos de distribución de la riqueza que efectúan el movimiento de bienes y servicios en estructuras más canalizadas y diseñadas. Sin embargo, no es necesario un gran hermano porque no habría una autoridad planificadora central, solo muchos "juegos" accesibles en conexión, con costos y recompensas, que, quizás, atraerán a quienes tengan un interés personal en participar en el juego. Esos son los detalles.

Fuller predijo la educación gratuita que impartirían los maestros verdaderos:

Visto desde lejos, parece que el planeta estará lleno de profesores titulares trabajando con ahínco y realizando más actividades metafísicas que nunca.

Hoy en día, YouTube y las redes sociales le enseñan de manera gratuita a más gente que todos los profesores universitarios del mundo juntos.

Eso es lo que hacen Hillsdale College, Prager University, los Clubes de CASHFLOW de Padre Rico, y maestros como los asesores de Rich Dad, George Gammon, Mark Moss, Max Keiser, Peter Schiff, Real Estate Guys, Richard Duncan, Patrick Bet-David de Valuetainment, Jim Rickards, Chris Martenson, Adam Taggert, Daniela Cambone de Stransberry Research, Dr. David Lim de Kitco News, Raoul Pal de Real Vision, Brian Rose de London Real, Jay Martin de Cambridge House, Gerald Celente, y muchos otros. Yo escucho de forma religiosa a estos especialistas porque son los hombres y las mujeres con quienes iremos al campo de batalla. Prepárate para la guerra.

En mi opinión, todos estos maestros "practican lo que predican" y personifican la frase "hechos, no palabras". Recuerda que Fuller predijo: "Visto desde lejos, parece que el planeta estará lleno de profesores titulares trabajando con ahínco y realizando más actividades metafísicas que nunca."

Enseñar desde una perspectiva metafísica significa enseñar por amor. La mayoría de los profesores universitarios enseñan por dinero a pesar de que, al mismo tiempo, hay mucha educación gratuita disponible. Los modelos tradicionales de educación solo les endosan a los estudiantes deudas masivas por sus préstamos estudiantiles: el peor tipo de deuda.

Dicho lo anterior, también hay que tomar en cuenta que, en YouTube hay muchos defraudadores y maestros falsos.

Es muy fácil exagerar

Thomas Sowell advirtió:

PRINCIPIO GENERALIZADO:
La unidad es plural y mínimo dos.

Una de las fallas comunes entre la gente honorable es no darse cuenta cuán inmorales pueden ser otros y cuán peligroso es confiar en ellos.

Todas las monedas tienen tres lados

LA INTELIGENCIA ES LA CAPACIDAD DE VER AMBOS LADOS DE LA MONEDA

En un mundo demencial en el que todos quieren tener la razón, tratar de argumentar es una locura. He descubierto que lo mejor es pararse en el canto de la moneda y decidir qué lado te conviene más. Todas las monedas tienen tres lados: el anverso, el reverso y el canto o borde.

En un capítulo anterior escribí sobre la palabra *culto* y mencioné que es una

TODAS LAS MONEDAS TIENEN 3 LADOS
ANVERSO, REVERSO Y CANTO

forma breve de decir *cultura*. Asimismo, una cultura puede ser un grupo dedicado al estudio. Los judíos, por ejemplo, son una cultura religiosa al igual que los musulmanes, los mormones, los católicos, los protestantes y los budistas.

El hecho de que pertenezcamos a culturas distintas no quiere decir que tengamos que matarnos los unos a los otros. El Principio generalizado "La Unidad es plural y mínimo dos" indica que siempre habrá otra cultura religiosa. Nunca habrá una sola religión porque esta noción viola los principios con que Dios opera. La idea de que solo hay una cosa de algo es demencial… y fascista. Porque la definición de *fascista* es: persona que es autoritaria en extremo e intolerante con los otros.

Gad Saad advierte:

Cualquiera que esté dispuesto a dar fin a una relación debido a una diferencia de opinión razonada, no es digno de tu amistad.

También dijo:

Todos preferimos hablar con gente que opina lo mismo que nosotros. Es algo inherente a la naturaleza humana. Sin embargo, cuando discutimos de manera respetuosa puntos de vista opuestos, nuestra mente se eleva.

Cómo aumenta la inteligencia

Por todo lo anterior, es esencial pararse en el canto o borde de la moneda. El borde es inteligencia y tu inteligencia aumenta cuando puedes escuchar otros puntos de vista.

La principal razón por la que Kim y yo diseñamos el juego de mesa CASHFLOW fue porque queríamos empoderar a la gente para que hiciera su propio culto, su propia cultura capitalista.

Recordemos que Bucky se preguntó: "¿Qué puede hacer una persona común?", y, para mí, "una persona común" se refiere a todos y cada uno. Todos pueden empezar un Club de CASHFLOW en casa y conectarse con los maestros de Padre Rico a través de YouTube porque, como lo predijo Fuller:

> *Visto desde lejos, parece que el planeta estará lleno de profesores titulares trabajando con ahínco y realizando más actividades metafísicas que nunca.*

A través del poder del mantra "Acciones, no palabras", te conviertes en hacedor en lugar de ser solo un hablador o quejoso. Y, gracias a la magia de YouTube y a la tecnología, nuestros maestros de Padre Rico vendrán y guiarán a tu grupo de estudio. Hay Clubes de CASHFLOW en muchas ciudades del mundo.

¿Qué estudian? Practican el juego y aprenden a ser libres en el aspecto financiero en las zonas D e I del Cuadrante del flujo de dinero.

P: ¿Qué pasa si deseamos volvernos ricos en las zonas E y A del cuadrante?

R: Naturalmente, es tu decisión, pero es un camino más difícil porque cada año se vuelve más obsoleta la ruta para lograrlo: "Regresa a la escuela, obtén un empleo, trabaja con ahínco, paga impuestos, ahorra dinero, compra una casa, sal de deudas e invierte en la bolsa de valores a largo plazo."

Aquí la lección es: todas las monedas tienen tres lados, es un Principio generalizado. Una moneda siempre tendrá otra cara. Párate en el borde y piensa qué lado te conviene más. Si prefieres el lado E y A, estarás eligiendo el lado de los especialistas, de los "esclavos intelectuales".

Te reitero la frase de Fuller:

> *La especialización es, de hecho, solo una forma elegante de someti-miento en la que se engaña al "experto" para que acepte su esclavi-tud. El engaño se lleva a cabo haciéndole sentir que, a cambio, tiene acceso a la posición social y cultural que prefiere y que, por lo tanto, esta es permanente y ofrece un alto nivel de seguridad.*

Libertad frente a seguridad

Las personas que permanecen en las zonas E y A del cuadrante son quienes menos libertad tienen porque cambian la libertad por seguridad. Puedes migrar al lado derecho, a las zonas D e I donde están los caudillos, y luchar desde ahí por tus libertades, entre ellas, la fiscal.

En 1974 elegí el lado de los D e I donde operaba mi padre rico, pero era una zona más difícil. Pude haber elegido algo distinto, como volar para una aerolínea comercial, trabajar como empleado o recuperar mi súper bien pagado empleo de tercer oficial de la Standard Oil.

El problema era que en Vietnam vi demasiado y sabía que las enseñanzas sobre el marxismo que me había impartido mi maestro eran reales. Al sobrevolar las mansiones francesas quemadas vi el futuro de Estados Unidos.

En 1974 me paré en el borde de la moneda y elegí el lado de D e I, el lado donde operaba mi padre rico. No le recomiendo esta opción a toda la gente, pero estoy contento de haber elegido el lugar donde tendría la mayor cantidad de libertad personal.

En 1983, tras el deceso de Fuller y después de haber leído *El flagrante atraco universal del efectivo*, supe lo que tenía que hacer. Como ya lo mencioné, en ese momento supe lo que Dios deseaba que se hiciera.

En 1984 conocí a Kim. Ese año también recordé la lección de la Semana infernal: *Acciones, no palabras.*

En 1984 Kim, Blair y yo vendimos todo, partimos de Hawái y nos dirigimos a California.

Los Clubes de CASHFLOW no son para "volverte rico rápido". Tampoco son para "Hacer tratos ganadores". Nadie tiene permitido recaudar dinero ni presentar para consideración su inversión más reciente. Tampoco son clubes para "conseguir novio o novia". El propósito de los Clubes de CASHFLOW es el mismo de las escuelas militares: formar líderes.

Los Clubes de CASHFLOW han sido diseñados para que las personas vengan a estudiar, compartir, crecer y fortalecerse mental, emocional, física y espiritualmente, para convertirse en líderes del capitalismo.

El propósito de los Clubes de CASHFLOW es preparar a los participantes para el verdadero juego del dinero. Porque, cuando se juega en la vida real y con dinero de verdad, es un juego muy rudo.

¿Y ahora qué sigue?

Dentro de poco te presentaré a mi equipo de maestros reales: los verdaderos activos de cualquier empresario y capitalista.

Capítulo 13

ENSEÑANZA DEL CAPITALISMO EN CASA

"Los planes deben ser simples y flexibles.
Los deben diseñar quienes los llevarán a cabo."

—*General George Patton*

En 1981, durante su conferencia de cinco días, Fuller dijo algo que me inquietó. De hecho, me conmocionó. Trataré de parafrasearlo de memoria:

> *Hablo sobre el futuro y hablo con palabras que la mayoría de las personas no usa ni entiende... porque si "ellos" supieran lo que estoy diciendo, "ellos" me matarían.*

Me quedé ahí sentado preguntándome por qué alguien querría matar a un hombre de ochenta y seis años. Lo único que hacía era usar palabras peculiares y hablar del futuro.

Luego recordé la canción de 1968 interpretada por Dion: *Abraham, Martin, and John*, que mencioné en un capítulo anterior.

> *¿Han visto a mi viejo amigo Abraham?*
> *¿Saben a dónde se fue?*

341

Liberó a mucha gente,
pero parece que los buenos mueren jóvenes.
Miré alrededor, pero no lo veo más.

La canción continúa haciendo las mismas preguntas respecto a John Kennedy, Martin Luther King y Bobby Kennedy, personas extraordinarias que fueron asesinadas.

Las preguntas más importantes de la canción son:

¿No te encantaba lo que representaban?
¿No trataron de encontrar el bien para ti y para mí?

(Didn't you love the things they stood for?
Didn't they try to find some good for you and me?)

¿Quién asesina a nuestros grandes líderes?

En 1981, al escuchar a Fuller, me pregunté qué podría saber. ¿De qué podría estar al tanto para temer que alguien lo matara? ¿Por qué alguien querría que muriera? Por lo que sé, era un hombre muy bondadoso al que a menudo le llamaban "el genio amigable del planeta".

Luego agregó:

La generación de ustedes será la que se enfrentará a la gente que quiere matarme ahora.

Insisto, estoy parafraseando este mensaje, Fuller no usó esas palabras, pero este fue el mensaje que yo recibí.

Como lo mencioné, en 1983, el año en que Bucky murió, se publicó su libro *El flagrante atraco universal del efectivo (Grunch of Giants)*. Me pareció interesante que la palabra *GRUNCH* fuera el acrónimo de **Gr**oss **Un**iversal **C**ash **H**eist (Flagrante atraco universal del efectivo, en inglés). Era un libro diminuto, pero me pregunté qué podría haber en él que yo no hubiese entendido o siquiera imaginado.

Te repito que Fuller usaba palabras e historias para hablar respecto a un tema sin decir nombres ni ser específico. Igual que sucedía en la mayoría de sus charlas y sus escritos, *GRUNCH* era el "panorama más amplio".

GRUNCH me pareció interesante porque era un libro muy distinto a los mensajes usuales de Fuller. Él solía escribir y hablar sobre matemáticas, ciencia, el universo y excéntricas ideas metafísicas.

GRUNCH, en cambio, era sobre un panorama más amplio del dinero, el poder y la codicia. Y aunque estos son temas con los que estaba familiarizado, seguía preguntándome si en el libro habría algo más de lo que parecía.

La advertencia de Padre Rico

En 1972, poco después de volver de Vietnam, mi padre rico me envió una carta. Fue a través del lentísimo servicio postal porque en ese entonces nos comunicábamos de esa manera.

En su carta me advirtió:

> *El presidente Nixon sacó al dólar del patrón oro. Ten cuidado, el mundo va a cambiar.*

Yo no sabía a qué se refería, pero confié en él y presté atención a su advertencia.

Algunas semanas después, mi copiloto y yo volamos más allá de las líneas enemigas para buscar una mina de oro. Pensábamos que, si encontrábamos una mina, ahí podríamos comprar el metal a un precio con descuento. Atravesamos las líneas enemigas porque Estados Unidos iba perdiendo la guerra y los norvietnamitas se dirigían al sur. La mina que buscábamos estaba ahora en manos enemigas, pero, claro, como éramos Marines, eso no nos detuvo.

En varias ocasiones he escrito y hablado sobre mi encuentro con una diminuta mujer vietnamita, representante de ventas de una mina de oro. Cuando tratamos de negociar con ella un precio más interesante para nosotros, ella rio entre dientes y dijo en inglés: "*spot*".

Aunque éramos graduados universitarios, mi copiloto y yo no teníamos idea de a cuál de los significados de "*spot*" se refería la mujer. Unos minutos después, nuestro jefe de tripulación empezó a gritar como loco, así que la negociación llegó a su fin y mi copiloto y yo corrimos por el pequeño pueblo sabiendo que, al llegar a nuestra aeronave, tal vez nos encontraríamos con el enemigo.

En realidad, el jefe de tripulación gritaba porque dejé el helicóptero sobre un antiguo arrozal y se estaba hundiendo. Como dije, los Marines no son del todo brillantes.

Mientras volaba de vuelta al portaaviones cubierto de lodo, seguí preguntándome por qué la anciana habría dicho "*spot*". Después de mucho pensar, noté que lo que más me molestaba de todo era su risita entre dientes. ¿Nos estaría diciendo lo estúpidos que éramos? Quizá. ¿Nos estaría diciendo: "¿Cómo es posible que no se den cuenta de lo que sucede?" ¿Se estaría preguntando por qué cruzamos la línea enemiga y arriesgamos nuestra vida para negociar un descuento y comprar oro barato?

En 1983, después de leer *El flagrante atraco universal del efectivo*, vi con mayor claridad el futuro y la advertencia de Fuller. Lo que él y la mujer vietnamita dijeron e hicieron me resultaba cada vez más lógico.

Precio "spot" o "al contado"

La palabra spot significa "precio este día en todo el mundo", en este caso, el precio del oro. El oro es dinero real porque es el dinero de Dios. El oro es el dinero de Dios porque quien lo puso aquí fue él, no los humanos.

Desde 1972 he viajado por todo el mundo: Sudamérica, África, Mongolia, Canadá y todo Estados Unidos. He viajado en busca de agujeritos en la tierra. Estos agujeritos los hacían los seres humanos en la antigüedad porque de manera intuitiva sabían dónde cavar para encontrar oro o plata. Los antiguos no necesitaban ir a la universidad ni que les dijeran "si busca oro, cave aquí". Como por instinto, sabían que el oro y la plata eran el dinero de Dios.

En 1989 fui a Perú a comprar una mina de oro. Recuerdo que estuve en la cordillera de los Andes, a más de 5,000 metros de altura, sintiéndome mareado y alucinando porque me hacía falta oxígeno. Pero sin dejar de buscar agujeritos en la tierra.

Mientras estaba ahí respirando con dificultad, mi mente me llevó al quinto año y a mi maestro favorito, el señor Ely, quien nos enseñó sobre los incas, una de las culturas más avanzadas de la historia. Recuerdo que el señor Ely nos contó la historia del explorador español del siglo dieciséis, Francisco Pizarro. Pizarro fue más que un explorador, fue el hombre que conquistó a los incas y ejecutó a Atahualpa, su líder, antes de robarles todo su oro y volver a España.

En 2021 comprendí mejor por qué Fuller dijo:

> *La generación de ustedes será la que se enfrentará a la gente que quiere matarme ahora.*

En 2021 más y más gente siente los efectos del *GRUNCH* o flagrante atraco universal del efectivo.

En 2021 más y más gente se da cuenta de que le están robando su riqueza a través de su propio dinero.

En 2021 comprendo mejor por qué la COVID-19 apareció de forma misteriosa, proveniente de China, algunas semanas después del colapso del mercado de los acuerdos de recompra del 17 de septiembre de 2019.

También pienso en el socialismo y en las palabras de Marx en el *Manifiesto comunista*:

> *Así pues, en 1847 el socialismo era un movimiento de la clase media y el comunismo un movimiento de la clase trabajadora. El socialismo era, al menos en el continente, "respetable". El comunismo era todo lo contrario.*

Me pregunto si la advertencia que hizo Fuller en 1981 se habrá vuelto realidad en 2021, año que marcó el cincuenta aniversario del momento en que Richard Nixon rompió la promesa que hizo al mundo en 1971: que el dólar estadounidense estaría respaldado por oro.

Actualmente, la advertencia de Fuller parece más urgente e inminente. Estas son algunas de las cosas que me inquietan:

> El parteaguas que marca el cincuenta aniversario del día en que el presidente Nixon sacó al dólar del patrón oro, y el período económico más violento de la historia comenzó.
>
> El hecho de que haya tan pocas empresas cayendo en bancarrota. Muchas son como *zombies* porque se mantienen vivas gracias a dinero falso.
>
> Que el problema de la deuda se esté resolviendo con más deuda.
>
> Que se gasten billones de dólares sin retornos.
>
> Que Wall Street celebre el demencial canto: "¡No combatan a la Fed!"
>
> El problema de más de 100 billones de dólares que enfrentamos debido a la cultura del derecho a los subsidios y privilegios.
>
> La animadversión contra la gente rica que se vuelve más rica.

Creo que Fuller tenía razón. Los problemas que anticipó que vendrían por el *GRUNCH* van a acabar con la generación de los *baby boomers*, la generación que, en mayor medida, ha disfrutado de una vida fácil. El martillo del flagrante atraco universal del efectivo caerá muy pronto.

Con esto en mente, te propongo considerar algunas preguntas:

Cuando el martillo del *GRUNCH* caiga, ¿la primera etapa del marxismo-leninismo llegará a su fin y empezarán los disturbios?

¿La advertencia de Fuller coincide con el cincuenta aniversario del día en que Nixon cerró la ventana del oro? ¿Con el principio del fin del capitalismo y la economía del libre mercado?

¿Los disturbios y la agitación social que vivimos estarán preparando el camino para la segunda etapa del marxismo-leninismo y marcando el inicio del comunismo?

¿Será por eso que Fuller dijo que nuestra generación tendría que enfrentar los desafíos que en 1981 vio venir?

¿Será eso de lo que Fuller no podía hablar? ¿No podía decir que vio el futuro?

Mi respuesta a estas preguntas es "no lo sé". No puedo contestarlas, nadie puede hacerlo con certeza absoluta. Como ya dije, hay algo turbio respecto al colapso del mercado Repo del 17 de septiembre de 2019, y a la repentina llegada de la COVID-19 proveniente de China.

P: ¿Lo primero que te pasó por la cabeza fue que el flagrante atraco universal del efectivo estaba sucediendo? ¿Que el asalto al banco estaba teniendo lugar?

R: Sí, pero no tengo pruebas. Solo tengo mis experiencias personales al luchar contra los comunistas en Vietnam y cuando me escupieron en California, y los años de estudio, reuniones, coincidencias, sospechas y preguntas sin respuesta. Tengo un amigo a quien le iniciaron un proceso de destitución en dos ocasiones, luego arrestaron a sus amigos y, ahora, mi permiso de conducir tiene una estrella amarilla. Y no olvides la advertencia de Fuller a mi generación.

Como dije al principio, al escribir este libro podría perder mucho más de lo que voy a ganar.

La siguiente frase se le atribuye, o, como dicen algunos, se le atribuye erróneamente a Edmund Burke, pero a mí me obsesiona y me motiva:

> *Lo único que se necesita para que triunfe el mal es que los hombres buenos no hagan nada.*

A continuación te presento lo que me parece que es el *GRUNCH* en 2021:

GRUNCH
EL FLAGRANTE ATRACO UNIVERSAL DEL EFECTIVO

EL PANTANO = CAPITALISMO DE AMIGOTES
EL DINERO NUNCA LLEGA A "NOSOTROS, EL PUEBLO"

P: ¿Estás diciendo que el *GRUNCH* dirige al mundo desde la oscuridad?

R: Sí, por eso a los pasadizos, es decir, a la maquinaria oculta bajo la superficie, se le conoce como el Fantasmal Sistema Bancario.

P: ¿Eso significa que el *GRUNCH* ha asesinado gente?

R: No podría responder esa pregunta, incluso si pensara que es cierto, no cuento con pruebas. Sin embargo, a lo largo de la historia ha muerto gente de manera misteriosa.

Como sabes, el mundo está repleto de teorías de conspiración. ¿Son ciertas? No lo sé.

Sospecho que Fuller sabía demasiado y por eso cuidaba lo que decía. Él estaba consciente de que, a través del dinero, los bancos, Wall Street, el gobierno y el fantasmal sistema bancario, nos están estafando a todos, a toda la gente. Él y mi padre rico estaban de acuerdo en muchas cosas.

P: ¿Por eso la Lección #1 de padre rico es "Los ricos no trabajan por dinero"?

R: Sí. Recuerda que en los capítulos anteriores expliqué que, según Fuller, los caudillos, los hombres de guerra, estaban creando un sistema educativo para producir "esclavos intelectuales". En 1903 John D. Rockefeller creó el Consejo General de Educación y lo incorporó con una Ley del Congreso. Las cosas no han cambiado mucho. En 2021 todavía no se imparte educación financiera real en las escuelas, y no se necesita ser científico nuclear para imaginar por qué: los caudillos no quieren que los esclavos intelectuales también sean hombres de guerra.

Fuller dijo:

Lo que hay que hacer es lo que necesita hacerse, lo que ves que se debe hacer, lo que nadie más ve que necesita hacerse.

Todos tenemos que enfrentarnos a distintos "caudillos", los hay al por mayor. También hay muchas cosas que necesitan hacerse. Yo elegí enfrentarme al *GRUNCH*.

El caudillo al que decidí enfrentar de manera específica se llama Sistema educativo. Por eso Kim y yo dimos inicio a nuestro Manifiesto capitalista en 1996 con el juego de mesa CASHFLOW.

P: ¿Y quienes se enfrentan a los caudillos son asesinados?
R: En casos extremos, sí. Y son asesinados de distintas maneras. Pienso, por ejemplo, en mi amigo Donald Trump, quien en dos ocasiones sufrió lo que se conoce como "Asesinato de la reputación". Trump pasará a la historia como el único presidente de Estados Unidos al que se trató de destituir dos veces.

En mi opinión, tanto Trump como Patton fueron grandes líderes. Sin embargo, Patton será recordado por haberle dado una bofetada a un soldado en un hospital, y Trump porque trataron de destituirlo dos veces y porque, supuestamente, instigó el ataque al Capitolio de los Estados Unidos.

Gad Saad advirtió:

> *Gracias a un análisis de las donaciones a las campañas políticas en una amplia gama de industrias se descubrió que las cuatro profesiones más liberales, en orden decreciente, eran las de la industria del entretenimiento, la academia, los servicios informáticos en línea, y los periódicos y medios de comunicación impresos.*

Y también dijo:

> *Un estudio realizado en 2013 en la Escuela de periodismo de la Universidad de Indiana reveló que los periodistas estadounidenses eran cuatro veces más propensos a ser demócratas que republicanos.*

P: ¿Por eso recomiendas enseñar capitalismo en nuestros hogares?

R: Sí. Los medios de comunicación socialistas seguirán escuchando tus conversaciones a través de tu propiedad privada y los dispositivos como Alexa y Siri.

En la Segunda Guerra Mundial, Estados Unidos tenía a la CIA, Rusia tenía a la KGB, y Alemania a la Gestapo, y con estas organizaciones los gobiernos espiaban a sus propios ciudadanos. Actualmente, tú y yo compramos a los espías y los instalamos en nuestro hogar.

En su libro *1984*, George Orwell advirtió:

El Gran Hermano te vigila.

P: ¿A pesar del Gran Hermano recomiendas enseñar capitalismo en casa?

R: ¿Por qué no? ¿Acaso no eres más astuto que el Gran Hermano de Silicon Valley? Además, enseñar capitalismo no tiene nada de malo, mucho menos en nuestros hogares. Enseñar capitalismo en casa es mucho más seguro que enseñarlo en la escuela. Rich Dad Company lo ha hecho a plena vista desde 1996.

El objetivo de los empresarios capitalistas es facilitarle la vida a la gente. La computadora, por ejemplo, les facilitó la vida a miles de millones de personas. Lo mismo podemos decir del automóvil, los aviones y McDonald's. McDonald's sirve casi 6.48 millones de hamburguesas todos los días, más las papas fritas y las malteadas. Atiende a millones de personas, 70 en 2021, para ser exactos. Además, sus productos tienen precios accesibles, lo cual facilita la vida. El *jingle* de McDonald's y su primer eslogan real fueron presentados a principio de los setenta: "Hoy mereces un descanso."

El problema del socialismo, el marxismo y el comunismo es que hacen la vida más difícil y costosa porque los socialistas no producen nada, solo consumen. Por eso la mayoría de las tiendas de abarrotes están vacías en los países socialistas.

Piensa en la educación. Actualmente, estudiar una carrera universitaria hunde a millones de estudiantes en deudas insostenibles. Y del otro lado de la moneda, muchos capitalistas enseñan de forma gratuita. Como Fuller lo predijo, millones de maestros reales enseñan sin cobrar a través de plataformas de medios, podcasts y YouTube.

Fuller predijo que los maestros enseñarían gratis de la misma manera que predijo, décadas antes de que existiera, que alguien crearía el bitcoin.

Las escuelas y los maestros tradicionales se están volviendo obsoletos. ¿Por qué? porque enseñan de manera aburrida y, entre tanto, las escuelas dificultan la vida, se vuelven más costosas y no enseñan las habilidades prácticas ni las materias que la gente necesita para la vida cotidiana.

La educación financiera debe ser práctica, útil y esencial. Sin embargo, salvo raras excepciones, no es una materia que se imparta en las escuelas. La mayoría de los maestros son como Marx, quien era pobre porque no sabía cómo generar o administrar dinero, ni siquiera pudo mantener a su esposa y sus hijos. Por eso digo que el fantasma de Marx deambula por los pasillos de la educación superior.

Si ya viajaste a un país socialista, supongo que viste que la burocracia del gobierno es un desastre, que no hay alimentos en los supermercados y que la gente es pobre. Quitarles a los ricos para darles a los necesitados solo genera más pobreza.

El propósito de un empresario capitalista es hacer que la vida sea más sencilla y asequible, elevar el estándar personal de vida de la gente. El capitalista que logra todo esto se vuelve cada vez más rico.

En su libro *The Price of Tomorrow*, Jeff Booth revisita y pule la visión del futuro que tenía Bucky Fuller. Si eres empresario y capitalista, tienes que leer este libro. En él, Jeff explica por qué los verdaderos capitalistas logran bajar los precios y hacer que la vida sea más sencilla y asequible. Los socialistas dificultan la vida, la hacen más costosa; son la causa de la creciente brecha entre los ricos y todos los demás.

Las diferencias entre el socialismo y el capitalismo son extremas. Las escuelas enseñan socialismo. Los socialistas aumentan los impuestos, acrecientan la deuda, extienden los programas de subsidios y definen a los ricos como gente codiciosa.

Aprender a ser capitalista en medio de una cultura socialista y de acceso a subsidios es muy difícil. El socialismo dificulta la vida, el capitalismo la mejora.

Cuando los estudiantes salen de las escuelas socialistas empiezan a buscar empleo, tienen miedo de cometer errores, anhelan la seguridad de un trabajo estable y quieren que les digan qué hacer con su dinero. Ese es un lado de la moneda.

MANIFIESTO CAPITALISTA DE PADRE RICO:

Haz que aprender capitalismo sea divertido, asequible e inspirador: enséñalo en casa.

El otro lado de la moneda es la filosofía de Padre Rico y la cultura capitalista del aprendizaje. Es una cultura en la que uno se siente inspirado a tener una vida de aprendizaje permanente, una vida de servicio a los otros seres humanos y a nuestro planeta.

Padre Rico logra esto a través de la creación de herramientas capitalistas para un aprendizaje permanente, multigeneracional e inspirador. No creemos en aprender respuestas de memoria solo para pasar un examen porque eso no es aprender. Nosotros promovemos la enseñanza a través de la experiencia y de la aplicación en la vida real de todo lo que se aprende, con el objetivo de mejorar la existencia.

Los grandes empresarios como Thomas Edison, Henry Ford, Jeff Bezos, Steve Jobs y Elon Musk se volvieron ricos en extremo porque detectaron las necesidades del futuro y encontraron maneras de mejorar la vida. No se sentaron a esperar que el gobierno les enviara su "cheque de estímulo".

HERRAMIENTA CAPITALISTA
#1: *El juego de mesa CASHFLOW*

En 1996 se lanzó y se jugó la primera versión beta de prueba de CASHFLOW, y ese mismo año salió al mercado.

Para aprender a jugar este juego se deben tomar en cuenta dos elementos esenciales: el tablero y el estado financiero.

Estas son las imágenes de ambas **herramientas capitalistas**:

| Profesión | | Jugador | |

OBJETIVO: Salir de la carrera de la rata y pasar a la pista rápida creando un Ingreso pasivo mayor a tu **Gasto total**

ESTADO DE INGRESOS

❶ INGRESOS

	Descripción	Flujo de efectivo
Salario:		
Interés/dividendos:		
Bienes raíces/Negocios:		

AUDITOR

(Persona a tu derecha)

Salario: $ _____

+ Ingreso pasivo $ _____
(Flujo de efectivo del
Interés + Dividendos +
Bienes raíces + Negocios)

= Total de ingresos: $ _____
(Salario + Ingreso pasivo)

❷ GASTOS

Pago de impuestos:	
Pago de hipoteca:	
Pago de préstamo estudiantil:	
Pago de autofinanciamiento:	
Pago de tarjeta de crédito:	
Otros gastos:	
Gastos de los niños:	
Pago de préstamo:	

Número
de hijos: _____
(Empieza el juego con 0 niños)

Gasto
por hijo: $ _____

- Total de gastos: $ _____

**= Flujo de efectivo
mensual (DÍA DE PAGO)** $ _____
(Ingreso total – Gasto total)

HOJA DE BALANCE

❸ ACTIVOS

Ahorros:		
Acciones/fondos/CD:	# de acciones	Costo/acción:
Bienes raíces/Negocios:	Enganche:	Costo

❹ PASIVOS

Hipoteca:	
Préstamos estudiantiles:	
Autofinanciamiento:	
Tarjetas de crédito:	
Préstamo:	
Bienes raíces/Negocio:	Hipoteca/Pasivos:

Los juegos son excelentes maestros

Al jugar CASHFLOW aprenderás muchas cosas.

El tablero tiene dos pistas: la Carrera de la rata y la Pista rápida. La Carrera de la rata es la pista para la que la mayoría de las escuelas entrena a los estudiantes. Es donde los E y los A ganan su dinero. De ahí provienen los términos "atrapado en la carrera de la rata" y "vivir de un cheque al siguiente en la carrera de la rata".

La Pista Rápida es donde viven los inversionistas acreditados, es decir, los individuos o entidades de negocios que cumplen con requisitos específicos respecto a sus ingresos, experiencia profesional y otros estándares. Son personas u organizaciones que han alcanzado cierto grado de riqueza y cuentan con educación financiera. La Pista Rápida es para los capitalistas, es donde invierten los D y los I. La mayoría de las inversiones en la Pista Rápida no son accesibles a los E y los A porque, en general, no califican como inversionistas acreditados. Para alcanzar este estatus se requiere contar con educación financiera legítima.

El objetivo del juego CASHFLOW es salir de la Carrera de la Rata y ganar el juego en la Pista rápida.

Los juegos son mejores maestros que los de las escuelas porque los juegos involucran las cuatro inteligencias. Piénsalo, nadie ha aprendido a jugar golf leyendo un libro o asistiendo a una conferencia. Para tener éxito en cualquier cosa es necesario hacer uso de las cuatro inteligencias.

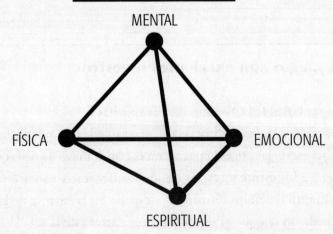

El problema de las escuelas es que los académicos aprovechan el miedo que tienen los estudiantes de fallar, de parecer estúpidos y de que los marginen por ser diferentes.

Si tienes miedo de fracasar y de ser diferente, te será difícil ser empresario.

Circuitos neuronales

Los juegos vuelven a entrenar los circuitos neuronales de tu cerebro. Digamos, por ejemplo, que te cepillas los dientes con la mano derecha, pero, si por alguna razón aprendieras a hacerlo con la izquierda, este proceso, simple en apariencia, requeriría que volvieras a entrenar tus cuatro inteligencias, y eso no es nada sencillo.

Eso es lo que hace el juego CASHFLOW. Vuelve a entrenar los patrones de tus circuitos neuronales. La buena noticia es que hacer esto es como andar en bicicleta: una vez que aprendes, puedes hacerlo por siempre.

Cambio de culturas

En mi opinión, la mejor noticia respecto al juego CASHFLOW es que tiene el potencial de cambiar culturas y mentalidades.

En su libro *Fuera de serie*, Malcolm Gladwell señala:

> *No podemos separar quiénes somos del lugar de donde provenimos.*

Retar e involucrar a las cuatro inteligencias aumenta la probabilidad de que una persona pobre o de la clase media entre a la cultura de los ricos. Esto es más fácil hacerlo a través de la inspiración, la motivación y la enseñanza, en lugar de darle a la gente respuestas o decirle qué hacer o en qué invertir. Los verdaderos maestros inspiran nuevos y más elevados niveles de aprendizaje.

El estado financiero

Mi banquero nunca me ha pedido mi boleta de calificaciones, tampoco me ha preguntado cuál fue mi promedio en la escuela. Ni siquiera me ha preguntado en qué escuela estudié ni si tengo un título universitario.

El único documento que me ha solicitado es mi **estado financiero**, y ahí radica el problema. La mayoría de las personas no tienen uno. No saben cómo funciona ni por qué su banquero quiere verlo.

Aquí te presento de nuevo la ilustración del estado financiero del juego *CASHFLOW*.

Herramienta capitalista

Profesión		Jugador	

OBJETIVO: Salir de la carrera de la rata y pasar a la pista rápida creando un Ingreso pasivo mayor a tu **Gasto total**

ESTADO DE INGRESOS

❶ INGRESOS

Descripción	Flujo de efectivo
Salario:	
Interés/dividendos:	
Bienes raíces/Negocios:	

AUDITOR (Persona a tu derecha)

Salario: $_____

+ Ingreso pasivo $_____
(Flujo de efectivo del Interés + Dividendos + Bienes raíces + Negocios)

= Total de ingresos: $_____
(Salario + Ingreso pasivo)

❷ GASTOS

Pago de impuestos:	
Pago de hipoteca:	
Pago de préstamo estudiantil:	
Pago de autofinanciamiento:	
Pago de tarjeta de crédito:	
Otros gastos:	
Gastos de los niños:	
Pago de préstamo:	

Número de hijos: ____
(Empieza el juego con 0 niños)

Gasto por hijo: $____

- Total de gastos: $_____

= Flujo de efectivo mensual (DÍA DE PAGO) $_____
(Ingreso total – Gasto total)

HOJA DE BALANCE

❸ ACTIVOS

	# de acciones	Costo/acción
Ahorros:		
Acciones/fondos/CD:		

Bienes raíces/Negocios:	Enganche:	Costo

❹ PASIVOS

Hipoteca:	
Préstamos estudiantiles:	
Autofinanciamiento:	
Tarjetas de crédito:	
Préstamo:	

Bienes raíces/Negocio:	Hipoteca/Pasivos:

Cuando me preguntan cómo logré que me prestaran 300 millones de dólares después del colapso *subprime* hipotecario en 2008, respondo que a mi banquero le agradó mi "boleta de calificaciones", es decir, nuestros estados financieros.

La gente sin estados financieros sólidos debe tener precaución al pedir dinero prestado.

Uno de los objetivos de jugar CASHFLOW o unirse a un club es practicar la inversión con dinero de juguete, y cometer la mayor cantidad posible de errores. Vas a utilizar tus cuatro inteligencias, entrenarás tus circuitos neuronales y aprenderás cómo hacer que el flujo de dinero corra hacia tu estado financiero. Entre más errores cometas jugando CASHFLOW, más inteligente serás. Además, es algo que puedes hacer con dinero falso. El juego te prepara para invertir con *dinero real*, pero teniendo más conocimiento, confianza y experiencia. El juego CASHFLOW es infinito porque la cantidad de errores que puedes cometer sin perder un solo dólar de dinero real es infinita.

Me parece que esta frase que algunos atribuyen a Albert Einstein coincide a la perfección con la fuerza de este juego y con la manera en que podemos aprender al probar algo nuevo y aprender de los errores cometidos en el camino:

Alguien que nunca cometió un error, nunca probó nada nuevo.

De manera similar, cuentan que Winston Churchill dijo:

Todos los hombres cometen errores, pero solo los hombres sabios aprenden de ellos.

Esta es la enseñanza de Fuller:

Los errores solo son pecados cuando no se cometen.

La contabilidad puede ser aburrida

Lo sé por experiencia personal. La clase más soporífera que he tomado en mi vida fue Contabilidad, y esto no es nada bueno porque es una materia muy importante. El problema, en mi caso, fue que el maestro era aburrido y nos castigaba cuando cometíamos errores.

¿Por qué me inscribí en un curso de contabilidad? Porque padre rico me dijo que los empresarios debían tomar tres cursos fundamentales: contabilidad, derecho mercantil y ventas. También me dijo que no era necesario que estudiara en Harvard para aprender estas materias.

Lo que hacen los verdaderos empresarios

Cuando Kim y yo diseñamos el juego de CASHFLOW queríamos que la gente se divirtiera aprendiendo cosas nuevas y que se emocionara al correr riesgos, cometer errores y aprender de ellos. Los seres humanos aprendemos cuando admitimos o reconocemos que nos equivocamos e identificamos la lección que debemos retener para no volver a cometer los mismos errores en el futuro.

Eso es lo que hacen los verdaderos empresarios. En la escuela te castigan por cometer errores y con frecuencia te catalogan como "estúpido".

El verdadero propósito del juego de CASHFLOW es brindarle a la gente una manera de dejar de mentirse. Es una herramienta y un camino para mirarte de manera muy estricta, pero también para analizar tus finanzas y lo que sabes o deberías aprender respecto al dinero. Cuando le muestras tu estado financiero a tu banquero, es decir, tu boleta de calificaciones en el mundo real, puedes probarle cuán inteligente eres para manejar tus finanzas. Eso hará que a él o ella le dé gusto prestarte el dinero que necesitas para volverte más rico.

Así fue como Kim, Ken y yo pedimos prestados 300 millones de dólares tras el colapso inmobiliario de 2008. Le mostramos a nuestro banquero nuestra boleta de calificaciones, o sea, el estado financiero que le explica todo lo que necesita saber respecto a nuestra confiabilidad crediticia, experiencia y solidez como prestatarios.

HERRAMIENTA CAPITALISTA #1:
El juego de mesa CASHFLOW

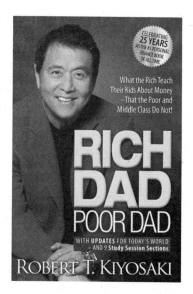

En 1996, después de que Kim y yo diseñamos el juego de mesa CASH-FLOW, nos enfrentamos a otro desafío: cómo venderlo. Por eso escribí *Padre Rico, Padre Pobre*. La mayoría de la gente no sabe que esta obra comenzó siendo un folleto de ventas y terminó siendo un libro.

En 1997 publicamos *Padre Rico, Padre Pobre* por nuestra cuenta porque, al parecer, las lecciones que me impartió mi padre rico sobre el dinero eran demasiado extravagantes para los editores de Nueva York, quienes eran más como mi padre pobre.

Alfabetismo financiero

Padre Rico, Padre Pobre es un libro sobre el alfabetismo y el coeficiente intelectual financiero, también conocido como IQ por sus siglas en inglés. El alfabetismo financiero es la capacidad de leer, estudiar y encontrar la lógica de las palabras y las cifras de las finanzas.

Para darte un ejemplo de los principios de *Padre Rico, Padre Pobre*, veamos lo que quieren decir las palabras *activo* y *pasivo*. Las definiciones de Padre Rico para estos términos son distintas a las que podrías encontrar en un diccionario común.

> Definición de *activo*:
> *Algo que lleva dinero a tu bolsillo sin importar que trabajes o no.*

> Definición de *pasivo*:
> *Algo que hace salir dinero de tu bolsillo.*

En mi opinión, el mayor error que comete la gente es pensar que su casa, su automóvil o su educación universitaria es un activo. En la mayoría de los casos son pasivos.

Una imagen vale más que mil palabras

Como lo prometí, usaré el concepto KISS para explicarte.

El Estado financiero en explicación KISS o súper simple.

P: ¿Quieres decir que mucha gente que parece rica podría en realidad estar al borde de la bancarrota?

R: Así es. Trabajan con ahínco, hacen más dinero, compran una casa o un automóvil más grande. Tal vez tengan más recursos y luzcan mejor, pero son cada vez más pobres.

Algunas personas le atribuyen la siguiente reflexión a Marx. Sin importar a quién pertenezca, creo que la advertencia es clara.

> *Los dueños de capital alentarán a la clase trabajadora a comprar más y más productos onerosos, casas y tecnología, y esto la forzará a comprometerse con créditos más costosos hasta que la deuda se vuelva inmanejable. La deuda impagada conducirá a la quiebra de los bancos, los cuales tendrán que ser nacionalizados y, de esa manera, el estado deberá tomar el camino que, con el tiempo llevará al comunismo.*

P: ¿Esto lo aprendiste al leer *El flagrante atraco universal del efectivo?*

R: Sí. Fue una de las lecciones que recibí. Fuller dijo:

> *Nuestros líderes están jugando con el dinero.*

P: ¿Qué quiso decir Fuller con "jugando con el dinero"?

R: Se refería al juego en que los ricos se vuelven más ricos a costa de la clase trabajadora, de los E y los A.

P: ¿De la gente que trabaja a cambio de dinero?

R: Sí.

P: ¿Por eso la Lección #1 de *Padre Rico* es "Los ricos no trabajan por dinero"?

R: Sí. En 1971, año en que Nixon sacó al dólar estadounidense del patrón oro, nuestra divisa se convirtió en deuda e impuestos.

En 2021 los pobres y la clase media se endeudaron más, trabajaron con más ahínco por dinero y pagaron un mayor porcentaje en impuestos.

P: ¿Y la gente en las zonas D e I del cuadrante ganó más dinero pagando menos impuestos?

R: Sí. Y todo de manera legal, con base en el código fiscal que les ofrece incentivos a los dueños de negocios y a los inversionistas.

P: ¿Por eso no se imparte educación financiera en nuestras escuelas?

R: En parte... ¿Tú qué opinas?

Activos reales

Esta es una ilustración de activos reales.

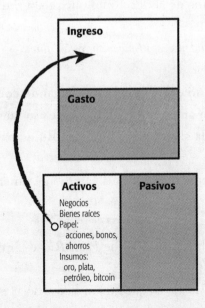

Millones de personas gastan dinero en mansiones, automóviles de alta gama, vacaciones de lujo y escuelas privadas para sus hijos... y creen que todo eso son activos cuando, en realidad, son pasivos que *ellas consideran* activos. Y aunque están adquiriendo cosas que sacan dinero de su bolsillo, creen que son gente rica.

Ernest Hemingway (1899-1961), escritor y ganador del premio Nobel de literatura aludió a los peligros de confundir estos dos conceptos y a las terribles consecuencias del colapso de los castillos de naipes. Su advertencia apareció en su libro de 1926, *Fiesta*, cuando a uno de los personajes le preguntan: "¿Cómo caíste en bancarrota?", y este responde: "De dos maneras... lento y luego de repente".

Estoy seguro de que has escuchado esta frase:

> *Hay décadas en las que no pasa nada y semanas en las que pasan décadas.*

Jim Rickards, autor de *Guerra de divisas, Aftermath* y *The New Great Depression*, advirtió:

> *La avalancha espera al último copo de nieve.*

He descubierto que es mejor estudiar el capitalismo en casa, acompañado de un culto de capitalistas... de gente que ama estudiar y compartir esta cultura común. Es lo que hacía padre rico con sus asesores los sábados por la mañana, y lo que hacemos en The Rich Dad Company todos los jueves a través de Zoom.

IQ financiero

Y entonces, ¿qué *es* el IQ financiero? Como es algo de lo que hablamos mucho, vale la pena definirlo con claridad. En términos simples, el IQ financiero o coeficiente intelectual financiero es la dimensión del problema financiero que puedes resolver. Justo antes de la CO-VID-19, se reportó que a casi la mitad de las familias estadounidenses les costaría trabajo reunir 400 dólares para cubrir un gasto inesperado. En este caso, el IQ financiero de las familias es 400 dólares.

HERRAMIENTA CAPITALISTA #3:
El Cuadrante del flujo de dinero CASHFLOW

Muchos lectores de mi libro *El cuadrante del flujo de dinero*, obra de la serie Padre Rico publicada después de *Padre Rico, Padre Pobre*, me cuentan que este libro les cambió la vida. A continuación te presento una ilustración del cuadrante.

Aquí repetiré una explicación que apareció anteriormente en este libro y en otros de la serie Padre Rico:

E significa empleado
A significa autoempleado, especialista o dueño de un negocio
   pequeño

D significa dueño de un negocio de más de 500 empleados o de una marca

I significa inversionista infiltrado. (Los E y A invierten desde el exterior.)

Mi padre pobre quería que yo fuera empleado en la zona E del cuadrante.

Mi madre quería que fuera médico en la zona A del cuadrante.

La mayoría de los empresarios son dueños de pequeños negocios en la zona A.

La gente como Elon Musk se encuentra en la zona D del cuadrante, y la gente como Warren Buffett en la zona I. Como mencioné antes, Buffett no invierte en negocios de la zona A ni en empresas emergentes. Él invierte en marcas bien establecidas como Apple, Visa, Kraft Heinz y Coca Cola.

P: Recuerdo que dijiste que la libertad está en las zonas D e I del cuadrante...

R: Sí, solo mira lo que pasa con los impuestos:

P: Entonces, ¿la gente que trabaja por dinero como los E y los A, son quienes *más* pagan por concepto de impuestos?

R: Así es. Por eso Margaret Thatcher dijo:

> *Los gobiernos socialistas suelen crear desastres financieros. Siempre se les acaba el dinero de los otros.*

Y el gobierno continúa aumentando los impuestos...

A menudo me preguntan qué me impulsó a cambiar de zona en el cuadrante, a pasar del lado izquierdo, donde trabajan los E y los A, al lado derecho. Recuerdo que mi padre pobre no dejaba de decir: "Que les cobren impuestos a los ricos." Cuando le conté eso a mi padre rico, solo negó con la cabeza y dijo: "Esto es una prueba de lo poco que tu padre sabe sobre el dinero y los impuestos. Alguien debería educarlo y explicarle los hechos."

La cuestión es que los gobiernos nunca les cobran impuestos a los ricos porque necesitan que los capitalistas hagan lo que ellos no pueden. Incluso les ofrecen incentivos para que cumplan su labor. Los gobiernos solo le cobran impuestos a la gente que trabaja por dinero.

Trataré de parafrasear una advertencia de Marx en su *Manifiesto comunista*:

> *Para un desarrollo adecuado del comunismo se requiere de un impuesto sobre los ingresos denso o progresivo o gradual.*

Las escuelas son marxistas y los marxistas creen en los impuestos. Por eso no debería sorprendernos que las escuelas produzcan E, empleados y A, autoempleados por montones, ya que siempre se puede contar con que ellos generen el flujo constante de ingresos fiscales que va directo a las arcas del gobierno.

HERRAMIENTA CAPITALISTA #4:
El triángulo D-I

En la introducción hablé de mi decisión de ingresar a la escuela militar en lugar de a una universidad o universidad técnica tradicional. El Triángulo D-I explica las diferencias entre estos dos tipos de instituciones.

La escuela militar se enfoca en el triángulo externo (*Misión, Equipo* y *Liderazgo*). El propósito de las escuelas militares es crear líderes. Durante la Semana infernal solo nos enfocamos en este triángulo, es decir, en la misión, el equipo y el liderazgo.

El triángulo interior representa a los "esclavos intelectuales", el enfoque en la educación tradicional de "especialistas".

Una buena razón para que alguien inicie un Club de CASH-FLOW en su casa, sería para desarrollar las habilidades del triángulo exterior. Las escuelas comunes hacen bien su labor de producir especialistas que desempeñen papeles en el interior del Triángulo D-I, pero casi no hacen énfasis en el liderazgo, la formación de un equipo ni la misión.

Hemos visto que quienes echan a andar Clubes de CASH-FLOW y enseñan ahí crecen y se convierten en excelentes líderes. Su mente se abre a distintos puntos de vista respecto al dinero, la manera en que la gente aprende y lo que se requiere para salir de la Carrera de la rata. Muchas de esas personas han tenido éxito al aplicar todo lo que han aprendido en su vida.

Los líderes de Clubes de CASHFLOW guiados por Rich Dad a través de YouTube establecen la cultura y priorizan la mentalidad y el aprendizaje a partir de los errores. Nutren y apoyan a los nuevos líderes que surgen en los clubes.

Los grandes líderes producen grandes culturas. Piensa, por ejemplo, en los deportes. Ciertos países, como Jamaica, han desarrollado una gran cultura de velocistas. Lo mismo sucede con Kenia, que tiene una cultura de corredores de largas distancias. Algunos dicen que es cuestión de genética, pero el mundo está repleto de individuos con maravillosos dones físicos. Una vez que la cultura se afianza, su espíritu se extiende y la gente joven se siente inspirada a formar parte de ella.

A medida que un líder de un Club CASHFLOW se fortalece y desarrolla más habilidades como maestro, él o ella produce una sólida cultura que le dará forma al crecimiento, fuerza y expansión del club mismo. Solo quisiera hacerte una advertencia: los Clubes de CASHFLOW tienen reglas muy claras. Si los miembros descubren que los líderes las violan, los animamos a contactar a The Rich Dad Company.

Hemos visto la cultura de los Clubes de CASHFLOW extenderse porque coincide con uno de los Principios generalizados de Fuller:

Entre más gente le sirvo, más eficiente me vuelvo.

Una de las razones por las que a Rich Dad Company le va tan bien a pesar de tener un equipo reducido es porque seguimos este Principio que Dios usa para operar el universo.

Volveré a citar al gurú indio Sai Baba:

Algunos dicen que el conocimiento es poder, pero eso no es cierto. El carácter es poder.

Obedeciendo el principio de Fuller y enfocándonos en "servir a más gente", nuestra empresa hizo casi 50 % más negocios durante la pandemia que el año anterior. Muchas personas nos han dicho que descubrieron el lado bueno de tener que "guarecerse" con sus seres queridos porque así encontraron el tiempo que tanto las había eludido y que tanto necesitaban para leer, estudiar y jugar en familia. Y, a pesar de que nadie podía viajar, el espíritu de la cultura de Padre Rico continuó extendiéndose por todo el mundo a través de Zoom.

El secreto de nuestro éxito

Ser líderes no significa que Kim o yo estemos a cargo, no somos los líderes. The Rich Dad Company es un equipo de líderes porque hace mucho tiempo aprendí que solo debía trabajar con gente más inteligente que yo. Aquí nadie dirige de arriba hacia abajo, nuestra organización se dirige del interior hacia el exterior.

El general George Patton dijo:

> *Los planes deben ser simples y flexibles. Los deben diseñar quienes los llevarán a cabo.*

Y luego están nuestros asesores, cada uno de ellos es un líder por cuenta propia. Con el paso del tiempo Rich Dad ha formado un gran equipo en el interior y otro en el exterior.

Los caudillos o señores de la guerra

The Rich Dad Company opera como el Triángulo D-I, es lo que se les enseña a los estudiantes en la escuela militar. Nos enseñan a ser caudillos, a guiar desde el interior y desde el exterior. Por eso, a pesar de la pandemia de COVID-19, nos volvimos más fuertes y eficientes, y nos fue mejor en el aspecto económico que el año anterior.

Invertir no es arriesgado

Todo conlleva un riesgo. Cuando un bebé está aprendiendo a caminar, por ejemplo, el riesgo es muy grande. Sin embargo, una vez que puede hacerlo solo, él o ella siente el deseo natural de correr, montar en bicicleta, manejar un automóvil, volar un aeroplano... En fin, más riesgos.

Aunque siempre se corre peligro, el proceso de aprendizaje para administrar y mitigar no tiene por qué ser riesgoso. El riesgo puede ser controlado porque el control es lo opuesto al riesgo.

Cuando estuve en la escuela de vuelo tomamos clases en los salones en tierra, aprendimos a lanzarnos en paracaídas, conocimos a nuestro instructor, nos subimos a los aviones y aprendimos a volar. Como por arte de magia, en diez horas estaba yo volando solo. Tres años después ya volaba en Vietnam.

Ese es el poder de la educación real, de unirse a un culto o cultura de aprendizaje que, en este caso, era la cultura de los pilotos militares.

Lo mismo sucede con el dinero, las inversiones, los negocios, el establecimiento de negocios, todo lo que requiere aprendizaje en una cultura capitalista.

Todos los jueves realizamos una actividad fundamental de la cultura Padre Rico: el equipo se reúne una hora en Zoom y estudiamos juntos. Somos un culto en el mejor sentido de la palabra, somos una cultura que valora la educación y el estudio.

Lo que es riesgoso es pasar el rato junto al dispensador de agua parloteando con un culto de críticos y quejosos, de personas que se presentan como víctimas.

Una fórmula ganadora

Un aspecto esencial de nuestra manera de operar como equipo es la disposición a mantener la mente abierta a otros puntos de vista. Apreciamos el hecho de que todavía haya algunas personas que están en el camino hacia la libertad financiera, pero todavía trabajan como E, empleados, y que tal vez hayan tenido o sigan teniendo planes 401 (k) u otras inversiones en los mercados. Como empresario del lado D e I del cuadrante, yo creo mis propios activos.

Eso es lo que hacen los verdaderos empresarios, generar sus propios activos. Los empresarios en la zona A del cuadrante trabajan por dinero, los empresarios en las zonas D e I, en cambio, crean sus propios activos.

Permíteme ser claro: esto no significa que no debas invertir en acciones, bonos, fondos mutualistas o fondos cotizados. Quizá *deberías* comprar estos activos en papel, en especial si no deseas ser estudiante en las zonas D e I.

La deuda es dinero

A mí me encanta la deuda. Ahora debo casi mil millones de dólares. Gano más dinero y pago menos impuestos porque uso la deuda como dinero. Debes saber que esta información no la comparto para presumir, sino para ofrecerte un ejemplo de la vida real y mostrarte que usar la deuda puede ayudarte a generar riqueza… siempre y cuando primero inviertas en tu educación financiera para aprender y entender cómo manejar la deuda de manera responsable. Recuerda que el 15 de agosto de 1971 el dólar estadounidense se convirtió en una función de deuda e impuestos.

El otro lado de la moneda

Dave Ramsey y Suze Orman promueven la noción de vivir libres de deudas, y me parece que es un consejo sensato para la mayoría de las personas. La gente debería vivir sin deudas, en especial quienes no desean ser estudiantes en las zonas D e I del cuadrante.

Mi fórmula ganadora

A continuación te muestro un diagrama sencillo de la manera en que utilicé la deuda para volverme cada vez más rico y pagar menos y menos impuestos.

Tal vez recuerdes que escribí sobre la primera vez que tomé un curso de inversión en bienes raíces, en 1974. Mi tarea final consistió en examinar 100 propiedades en 90 días y escribir una breve evaluación de una página para cada una. Al igual que las lecciones que aprendí de aquella comerciante vietnamita de oro, el ejercicio de 100 propiedades/90 días me convirtió en el multimillonario que soy ahora.

Esto es lo que hago en la actualidad. Esta es una de mis fórmulas ganadoras y una de las razones por las que no invierto en el mercado de valores, no tengo un plan 401(k) y no corto en dos mis tarjetas de crédito.

Padre rico dijo:

Hay un millón de caminos que llevan al paraíso

Los siguientes tres pasos constituyen uno de mis caminos, pero hay muchos más. La buena noticia es que no tienes que ir a Harvard para encontrar tu fórmula ganadora ni tus caminos hacia el paraíso financiero.

PASO #1

Mi negocio genera un millón de dólares en ingresos después de gastos, y yo pido prestados 4 millones en deuda.

PASO #2

Con el millón de ingresos y los 4 millones de deuda compro un bloque de departamentos de 5 millones de dólares.

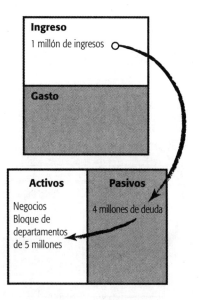

PASO #3

El bloque de departamentos de 5 millones genera un flujo de efectivo que pasa a mi columna de ingresos. Las leyes fiscales me permiten pagar muy pocos impuestos o nada gracias a la depreciación sobre los 5 millones. Además, cuento con la apreciación, es decir, con el incremento del valor de los 5 millones, y con la amortización, que es el pago de la deuda de 4 millones que realizan los inquilinos, no yo.

La depreciación, la apreciación y la amortización son formas de ingreso libre de impuestos.

Si te interesa aprender más sobre los detalles y la estrategia de esta fórmula ganadora, te invito a que leas los siguientes libros de la serie de Asesores de Padre Rico:

Tom Wheelright: *Riqueza libre de impuestos*

Ken McElroy: *El ABC de la inversión en propiedades*
El ABC de la administración de propiedades
El ABC de la compra de propiedades para renta
El ABC de la inversión avanzada en bienes raíces
El ABC de la recaudación de capital

HERRAMIENTA CAPITALISTA #5:
Un equipo de líderes

Mi deporte favorito es el rugby porque se juega con un equipo de líderes.

El futbol americano es un deporte corporativo. Tenemos al mariscal de campo o director ejecutivo que ordena las jugadas. Todos los otros jugadores hacen lo que él les dice. En cuanto acaba el juego, el mariscal de campo convoca a una reunión, o sea, a hacer *timbac*, y le dice a su equipo de E y A qué hacer a continuación.

Ambos modelos funcionan, pero en los negocios yo prefiero el del rugby, o sea, trabajar y jugar con un equipo de líderes.

Los equipos de soccer y el baloncesto son como los de rugby. El golf es un deporte que se desarrolla de forma exclusiva en la zona A del cuadrante, de una manera muy parecida a lo que hacen los médicos y los abogados con su práctica privada.

Nuestros mejores activos

En la Segunda parte del libro conocerás al equipo de asesores de Padre Rico, nuestros líderes afuera del Triángulo D-I. Todos ellos son líderes de sus propios negocios.

Mis asesores y yo nos reunimos no solo por el dinero sino para apoyar la misión de The Rich Dad Company: mejorar el bienestar financiero de la humanidad.

Muchos de nuestros asesores han estado en The Rich Dad Company por más de veinte años. Blair Singer ha sido mi socio desde 1980, o sea que hemos estado juntos cuarenta y un años.

Te presento a mis asesores para que los uses como guías, como ejemplos de la vida real del equipo de líderes de Padre Rico. Al conocerlos tú también podrás formar el tuyo. Tu equipo es una poderosa Herramienta capitalista y uno de tus activos más importantes.

SEGUNDA PARTE

Equipos y el Triángulo D-I

Padre rico dijo:

"Los negocios y la inversión son deportes de equipo."

Introducción a la segunda parte
EDUCACIÓN: NOS LO ADVIRTIERON

La educación siempre ha jugado un papel en la manera en que los grupos, las organizaciones y las ideologías hacen avanzar sus objetivos y asumen el control. En la revista *Forbes*, por ejemplo, se dijo que la Asociación Nacional de la Educación o NEA, por sus siglas en inglés, en realidad era la Asociación Nacional de la Extorsión.

Marx aseveró:

> *La educación de los niños deberá quedar a cargo de las instituciones estatales desde el momento en que puedan funcionar sin que su madre los cuide.*

Lenin advirtió:

> *La causa del pueblo pierde siempre que se les confía a los profesores.*

Hitler advirtió:

> *Permítanme controlar los libros de texto y controlaré al estado.*

Thomas Sowell dijo:

> *Antes de que tanta gente asistiera a los institutos de educación superior y a las universidades, el sentido común era mucho más común.*

A continuación encontrarás una breve sesión de preguntas y respuestas para hacernos reflexionar...

P: ¿De qué manera las escuelas le enseñan a la gente a ser pobre?

R: 1 – Las escuelas no imparten educación financiera
R: 2 – Las escuelas enseñan que los errores te vuelven estúpido
R: 3 – Las escuelas enseñan que pedir ayuda es hacer trampa

P: ¿Cómo contrarrestamos el comunismo que se enseña en las escuelas?

R: 1 – Enseña educación financiera real en casa
R: 2 – Enseña que los errores nos hacen más inteligentes
R: 3 – Enseña que cooperar no significa hacer trampa

P: ¿Cuál es el activo más importante de un empresario?

R: 1 – Su equipo, su grupo de hermanos, hermanas y ángeles

La verdadera libertad financiera

En 1996, *después* de haber alcanzado la libertad financiera, Kim y yo diseñamos el juego de mesa *CASHFLOW*. Ella tenía treinta y siete años, y yo cuarenta y siete. Diseñamos el juego porque nos resultaba casi imposible explicar solo con palabras el proceso que seguimos para ser libres. Te reitero que estas son nuestras Herramientas capitalistas.

Para enseñarnos cómo ser empresarios e inversionistas, a su hijo y a mí, padre rico utilizó el juego *Monopolio*.

A menudo me preguntan cuál es la diferencia entre *Monopolio* y *CASHFLOW*. Debo decir que hay varias, estas son dos de las más importantes:

Diferencia #1: El *verdadero* tablero en el juego de *CASHFLOW* es el estado financiero, en tanto que en *Monopolio* no hay estado financiero.

Diferencia #2: En *CASHFLOW* hay dos pistas: la *Carrera de la rata* y la *Pista rápida*. La principal enseñanza del juego es cómo escapar de la Carrera de la rata y pasar a la Pista rápida.

Atrapado en la Carrera de la rata

En el mundo real vivimos en una auténtica Carrera de la rata, pero también hay una Pista rápida. En resumen, los E y los A están en la Carrera de la rata o, como dicen por ahí, están atrapados y viven de un cheque de nómina al siguiente. No es sino hasta que el flujo de efectivo mensual de un jugador excede sus gastos, que este sale de la Carrera de la rata y alcanza la libertad financiera. Los D e I alcanzan la libertad financiera y cumplen sus sueños en la Pista rápida.

Tanto en el juego de *CASHFLOW* como en la vida real, la única manera de escapar de la Carrera de la rata es "probando" que sabes qué hacer con el dinero. La "prueba" la tienes cuando logras que tu ingreso pasivo exceda tu gasto, y ahí es donde entra en juego el estado financiero.

Un estado financiero es la prueba de que una persona sabe cómo manejar su dinero y hacerlo trabajar duro para ella… en lugar de que ella trabaje para el dinero.

Así fue como padre rico nos enseñó a su hijo y a mí. Nos explicó: "Cuando sales de la escuela, tu estado financiero se convierte en tu boleta de calificaciones." Nos decía las cosas por experiencia propia: "Mi banquero nunca me ha pedido mi boleta de calificaciones, lo que quiere ver es mi estado financiero."

El problema en la actualidad es que la mayoría de los estudiantes sale de la escuela sin siquiera saber qué es un estado financiero o por qué este documento es importante para su futuro económico.

Esto sucede incluso con quienes estudian doctorados, solo piensa en lo que sucede con el Banco de la Reserva Federal. Las más de 700 personas con doctorado que trabajan ahí constituyen la élite académica que ha causado el desastre en Estados Unidos y en la economía mundial. En 2021 estamos a punto de caer en una depresión global provocada por las élites que cuentan con títulos académicos de alto nivel, pero que no tienen experiencia real en los puestos en que se toman las decisiones.

La ilustración que te muestro a continuación explica la gran diferencia entre mi padre rico y mi padre pobre:

La brecha entre los ricos y los pobres

El verdadero problema en la vida real es que, como en las escuelas no se imparte una auténtica educación financiera, 99 % de los egresados de las preparatorias, las escuelas de comercio y las universidades no saben lo que es un estado financiero.

A mí me preocupa mucho la brecha entre los ricos y los pobres, así como las dificultades financieras que enfrenta la clase media cuando la inflación amenaza con presentarse o surge de repente. Los disturbios sociales comienzan cuando la movilidad en ascenso de una persona se ve frustrada y su nivel de vida cae. Cuando veo la manera en que aumenta la cantidad de indigentes, recuerdo la advertencia de Marx:

Las revoluciones son las locomotoras de la historia.

Desde hace mucho tiempo he opinado que la falta de educación financiera real es una de las principales razones por las que la brecha entre los ricos y los pobres sigue creciendo. Otro de los grandes problemas que veo es que la mayoría de los maestros son como mi

385

padre pobre y como Marx. En general, son personas buenas, pero como carecen de una educación financiera real, no pueden presentar a los estudiantes para el mundo real. Asimismo, los maestros y académicos no son capitalistas. La filosofía financiera de la mayoría es una filosofía socialista, casi todos creen que es mejor darle a la gente pescado que enseñarle a pescar.

A mi parecer, el futuro les pertenece a quienes van en contra del sistema de la educación tradicional y encuentran maneras de mejorar su IQ o CI financiero para enfrentar lo que traerá consigo el futuro. Tener un estado financiero y aprender cómo funciona es un primer buen paso. Como mínimo, el estado financiero te permitirá saber cuál es tu situación financiera, sin importar en qué momento de tu vida te encuentres. Es una excelente herramienta que te ayuda a ver tus finanzas de una manera honesta e incluso brutal.

Cuando pases a las zonas D e I del cuadrante, si acaso eligieras hacerlo, tu banquero querrá ver tu estado financiero. Este documento le probará que eres capitalista, un capitalista que sabe cómo hacer que el dinero y otras personas trabajen para él o ella. Un capitalista que sabe cómo generar recursos y aprovechar las leyes fiscales y sus beneficios para pagar muy pocos impuestos.

A mí siempre me ha parecido curioso que el capitalismo, es decir, el sistema que permite la creación de los empleos para quienes están en la zona E, encolerice a los socialistas como Marx. Recordemos también que Engels apoyaba a Marx. La mayoría de los socialistas trabajan para los capitalistas, quienes han creado los empleos que les permiten ganarse la vida, alimentar a sus familias y tener un techo. Y, sin embargo, la ira que Marx sentía contra el capitalismo fue lo que le hizo decir lo siguiente:

Trabajadores del mundo, uníos. Lo único que pueden perder son sus cadenas.

Un estado financiero sólido es tu boleto al mundo del dinero y las oportunidades, a un mundo al que poca gente puede acceder. Como la mayoría de las personas no cuentan con educación financiera real, ni siquiera saben que la Pista rápida existe. Y como tampoco tienen un estado financiero saludable, no califican como inversionistas profesionales y no pueden invertir en la Pista rápida.

Debido a que la mayoría de la gente en la Carrera de la rata invierte en el mercado de valores, con frecuencia me preguntan por qué yo no lo hago también. Algunos cuentan con el plan 401(k) que les ofrecen en su empresa o, simplemente, se emocionan e invierten porque alguien les "pasó información privilegiada", es decir, actúan como los apostadores en los casinos. Como las exigencias para invertir en el mercado o bolsa de valores son pocas, cualquiera puede comprar acciones. Yo no invierto en eso porque yo estoy en la Pista rápida y ahí puedo usar la deuda como dinero y pagar menos impuestos. Ese es el verdadero capitalismo.

En mi estado financiero, así se ve lo que "yo hago":

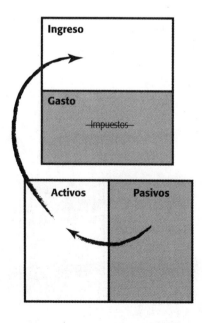

Marx dijo:

> *Para un desarrollo adecuado del comunismo se requiere de un impuesto sobre los ingresos denso o progresivo o gradual.*

Para aprender más sobre la manera en que los capitalistas ganan dinero y pueden pagar poquísimos impuestos de manera legal gracias a los incentivos fiscales del gobierno, te recomiendo leer el libro de la serie de Asesores de Padre Rico *Riqueza libre de impuestos* de Tom Wheelwright. Por otra parte, aunque aprender el funcionamiento del estado financiero es esencial, debes saber que si tú percibes todos tus ingresos como empleado en la zona E del cuadrante, Tom Wheelwright no puede ayudarte.

Para librarte de los impuestos debes estar en las zonas D e I del Cuadrante del flujo de dinero. Por otra parte, cuando tengas un estado financiero comprenderás mejor el Principio generalizado de Bucky Fuller: "La unidad es plural y mínimo dos."

Las notas en este sencillo diagrama te permitirán comprender las diferencias:

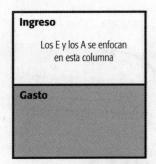

Desde hace mucho tiempo he opinado que en la mayoría de las escuelas se enseña la filosofía marxista porque la educación verdadera le abre los ojos a la gente para que opere en las zonas E y A del cuadrante, pero le oculta las zonas D e I.

Inteligencia contra ignorancia

Entre la inteligencia y la ignorancia, siempre elegiré la inteligencia, incluso si eso significa que escucharé ideas con las que no estaré de acuerdo, o que tendré que respetar puntos de vista distintos a los míos. Entender un estado financiero, es decir, saber cómo luce tu situación económica, te permite pararte en el borde de la moneda y ver ambos lados. La necesidad de "tener la razón" o de demostrar que alguien más "se equivoca" es

LA INTELIGENCIA ES LA CAPACIDAD DE VER AMBOS LADOS DE LA MONEDA

CORRECTO	INCORRECTO
RICO	POBRE
INTELIGENTE	ESTÚPIDO
IZQUIERDA	DERECHA
CAPITALISTA	MARXISTA
CONSERVADOR	LIBERAL

¡YO TENGO LA RAZÓN! ¡TÚ ESTÁS EQUIVOCADO!

¡YO TENGO LA RAZÓN! ¡TÚ ESTÁS EQUIVOCADO!

TODAS LAS MONEDAS TIENEN 3 LADOS
ANVERSO, REVERSO Y CANTO

una pérdida de energía. Yo trato de preguntarme: *¿Por qué esta persona piensa de esa manera? ¿Qué puedo aprender de ello?*

En el polvorín de emoción e indignación en que se ha convertido nuestro mundo, me parece que hoy en día es mejor colocarse por encima de nociones como "quién tiene la razón" y "quién está equivocado", así como de la política, el racismo, la identidad de género y la mentalidad de víctima. Cuando te paras en el borde o canto de la moneda, puedes ver ambos lados y te das cuenta de que, estés de acuerdo o no, el punto de vista y la opinión de toda la gente merecen respeto.

Pararse en el borde de la moneda y colocarse por encima del combate y la retórica emocional te permite encontrar un lugar de libertad, y esa libertad, a su vez, es lo que te da el poder de elegir qué lado te conviene más.

Recuerda que la educación posmoderna se basa en opiniones y emociones, en tanto que el estado financiero se basa en hechos.

Yo elijo ser capitalista, pero si tú deseas ser comunista, eres libre de hacerlo, esa es la verdadera libertad. Por otra parte, ver y comprender ambos lados te da poder, a eso me refiero cuando hablo de la inteligencia frente a la ignorancia.

Cuando te pares en el borde de la monedad podrás decidir entre ser capitalista y ser comunista. Identificarás y sopesarás las ventajas y las desventajas de ambas opciones. Eso es libertad. Pararse en el borde y entender ambos lados te da más independencia, así no tienes que entrar en el juego del "Yo tengo la razón" y "Te equivocas".

Por todo lo anterior, mi padre rico nos dio este consejo a su hijo y a mí: "Elijan a sus maestros y su educación con sabiduría."

No necesitas argumentar ni debatir, tampoco tienes que jugar a "yo tengo la razón y tú estás equivocado" porque contarás con el poder que te da tener una mente abierta. Padre rico solía decir: "Si te pones a discutir con un idiota, ya son dos idiotas."

Por qué mi padre pobre era pobre

Mi padre pobre nunca vio la otra cara de la moneda de tres lados. Como la mayoría de la gente no tiene un estado financiero, no entiende por qué la brecha entre los ricos y los pobres continúa aumentando. De hecho, casi todos los socialistas y comunistas culpan de esta brecha a los capitalistas, y también los culpan de los problemas que han provocado la izquierda liberal y las élites académicas socialistas.

Cuando la gente no tiene educación financiera real ni un estado financiero, se ve obligada a participar en el juego de Karl Marx: "Opresor y víctima." En lugar de educar, los marxistas trataron de crear una sociedad utópica en la que todos serían iguales.

Para Kim y para mí, nuestro estado financiero fue una "puerta secreta" a la zona D e I del Cuadrante del flujo de dinero, sin embargo, cuando logramos escapar de la Carrera de la rata, supimos que también necesitaríamos mejorar nuestras habilidades para operar en la Pista rápida.

Cuando se analiza un estado financiero, es posible ver las puertas secretas:

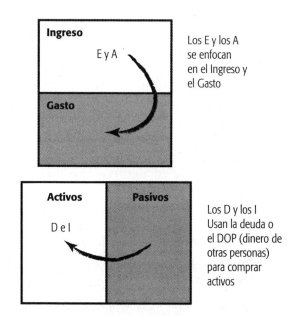

P: ¿El juego de *CASHFLOW* cambia el enfoque de los jugadores y lo transfiere de Ingreso y Gasto a Activos y Pasivos?

R: Siempre me ha resultado interesante que Marx haga esta distinción: "La forma en que la gente se gana la vida es lo que determina su perspectiva social."

Esto pasa porque el Cuadrante del flujo de dinero ilustra las opciones que tiene la gente para obtener sus ingresos, es decir, la forma en que "se gana la vida". Es importante señalar que todas las personas pueden recibir ingresos provenientes de cualquiera o de todas las zonas del cuadrante. Ganar tus ingresos a través de un cheque de nómina por ser E no impide que también puedas tener un pequeño negocio en la zona A del cuadrante, ni que poseas acciones que te paguen dividendos trimestrales en la zona I.

Si una persona modifica el origen de sus ingresos, es decir, si deja de trabajar por dinero como E y A, por ejemplo, y empieza a poseer activos en las zonas D e I, lo más probable es que cambie su perspectiva social.

En lo personal, yo nunca anhelé tener un "empleo seguro" en las zonas E y A del cuadrante como mi padre pobre. Yo quería alcanzar la libertad financiera que mi padre rico logró en las zonas D e I. Sin embargo, la libertad financiera te exige ser capaz de controlarte y responsabilizarte de tu estado financiero.

Es posible que cuando cambies de zona en el cuadrante pongas en duda el concepto de la especialización y pienses en la necesidad de ser más generalista en algunas áreas de tu pensamiento. Fuller advirtió:

> La especialización es, de hecho, solo una forma elegante de sometimiento en la que se engaña al "experto" para que acepte su esclavitud. El engaño se lleva a cabo haciéndole sentir que, a cambio, tiene acceso a la posición social y cultural que prefiere y que, por lo tanto, esta es permanente y ofrece un alto nivel de seguridad.

Los E y los A son especialistas; los D y los I son generalistas: caras opuestas de la misma moneda.

Como en tu camino hacia la libertad financiera todo comienza con la educación, recapitularé respecto a algunos puntos:

1. **la falta de educación financiera en nuestras escuelas** produce generaciones de personas que operan en la zona E y solo ven un lado de la moneda de la vida, gente que necesitará tomar la iniciativa y buscar la educación que requiere si desea caminar por el sendero de la libertad financiera.

2. **el mayor error de la educación radica en que nuestros maestros castiguen a los estudiantes por cometer errores** y que a los humanos se les haya engañado y hecho creer que equivocarse lo vuelve a uno estúpido. Los errores son oportunidades para aprender, no algo que tendría que ocultarse o de lo que uno debería sentirse avergonzado. Es la manera en que aprendemos y ahí está la clave, en identificar la enseñanza en cada fracaso o error, y aprender de ellos.

El Manifiesto capitalista les enseña a los estudiantes a cometer errores y aprender de ellos. El propósito del juego de mesa CASHFLOW es que aprendas equivocándote con dinero de juguete. Incluso iré un poco más lejos: la gente que comete errores y aprende de ellos se vuelve más inteligente.

¿Cómo aprendería un bebé a caminar si no lo intentara, caería y se pusiera de pie e insistiría hasta empezar a correr por todos lados? Si los niños no sienten miedo de equivocarse, repetirán este proceso para aprender a andar en bicicleta, manejar un auto, volar un aeroplano, incluso volverse ricos.

María Montessori enseñó lo siguiente:

> *El crecimiento es producto de la actividad, no de la comprensión intelectual.*

Tus cuatro inteligencias

El mayor error de la educación radica en la inteligencia emocional. Casi todos los maestros tienen un IQ elevado, pero cuando salen de la escuela lo hacen con un EQ o CE bajo, es decir, con un Coeficiente Emocional bajo. A casi todos les aterra cometer errores.

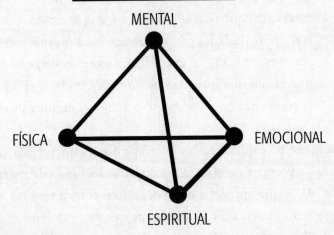

DESPIERTA TU GENIO FINANCIERO
TUS 4 INTELIGENCIAS

MENTAL

FÍSICA   EMOCIONAL

ESPIRITUAL

Si vivimos con miedo a cometer errores, ni siquiera importará que seamos genios, y si no nos desarrollamos de forma adecuada en los aspectos físico o emocional, siempre tendremos miedo de correr riesgos. El resultado será que no podremos desarrollar nuestro genio usando las cuatro inteligencias.

Nelson Mandela dijo lo siguiente:

No me juzguen por mi éxito, júzguenme por la cantidad de veces que caí y me volví a levantar.

El juego de *CASHFLOW* te permite cometer errores y aprender usando dinero de juguete, es decir elimina el riesgo, pero transmite la lección intacta. Por eso padre rico usaba el juego *Monopolio* para enseñarnos, a su hijo y a mí, a ser empresarios e inversionistas en las zonas D e I del Cuadrante del flujo de dinero. La principal razón por la que yo genero dinero y pago menos en impuestos que la mayoría de los maestros que tuve es que yo cometí más errores que ellos jugando con dinero de juguete.

3. **la vida y los negocios son deportes de equipo,** pero los maestros castigan a los estudiantes que cooperan. En la escuela, a la cooperación se le considera hacer trampa.

Nuestro Manifiesto capitalista promueve el aprendizaje cooperativo y te anima a iniciar negocios e invertir acompañado de un equipo de gente que piensa de manera similar a ti. Padre Rico pone gratuitamente a tu disposición los consejos de sus Asesores a través de YouTube.

La calma antes de la tormenta...

El momento más tranquilo en el portaaviones era justo antes de volar a la zona de combate. Todas las noches, antes de la batalla, me sentaba en la proa y meditaba; quería estar en paz conmigo antes de que llegara el amanecer.

Después del desayuno, a las 5 de la mañana, las tripulaciones se reunían para recibir instrucciones. Nos sentábamos en el compartimento para este propósito, el *ready room*, y permanecíamos ahí hasta que el capitán nos decía:

Pilotos, a volar sus aviones.

Todavía recuerdo con nitidez lo que se sentía salir a la cubierta de vuelo con mi tripulación: un copiloto, un jefe de tripulación y dos jóvenes artilleros. Estábamos más allá del miedo, nos sentíamos en paz. Éramos un grupo de soldados leales entre nosotros y nos dirigíamos a la batalla.

Una de las lecciones esenciales que aprenderás en este libro es la diferencia entre la educación en la academia militar y las universidades para copitos de nieve. En Kings Point desde el primer día nos enseñaban a operar como un equipo unido por una misión, nos educaban para guiar, seguir y funcionar como un grupo con lealtad absoluta. Ser el héroe no era bien visto, lo más importante era ser líder.

En las universidades para los copos de nieve sucede lo contrario. La competencia despiadada es lo más importante y a la cooperación se le considera trampa. Ayudar a un compañero de clase en problemas arruina tu probabilidad de alcanzar el éxito académico y el empleo mejor pagado.

Después de las actividades previas al vuelo en el artillero, los cinco hombres de nuestra tripulación nos ajustábamos el cinturón de seguridad. Los pilotos aceleraban los motores, los artilleros revisaban y volvían a revisar las armas y los misiles, y el jefe de tripulación les daba a los dos pilotos el visto bueno para despegar mostrándoles los pulgares. Los pilotos contestaban con el mismo

gesto. El oficial de despegue frente a nosotros nos hacía señales desde la cubierta de vuelo y, cuando la aeronave se elevaba para llevar-
nos a la zona de combate, hacía el saludo militar correspondiente.

Una vez que estábamos volando, todo era silencio, nadie vito-
reaba. Ya no había rangos ni títulos universitarios, ni promedios
escolares ni racismo. Éramos un grupo con una lealtad absoluta
entre nosotros. A pesar de que muchos hermanos no volvieron,
nunca hubo una tripulación que diera la media vuelta y regresara.
En cuanto estábamos en el cielo, Dios se convertía en nuestro copiloto y nos guiaba a la batalla.

La parte más importante del Triángulo D-I

Desde que yo tenía 10 años,
padre rico nos empezó a
preparar a su hijo y a mí
para que fuéramos empre-
sarios e inversionistas en las
zonas D e I del Cuadrante
del flujo de dinero.

Un equipo bajo presión

En 1965, cuando llegué a la academia, me di cuenta de que la educación que padre rico nos había proveído en el Triángulo D-I era
una educación militar.

Muchas personas provenientes de oficios específicos tienen éxito al volverse empresarios por una razón. Quienes han trabajado
en la milicia o en áreas de servicios de emergencia o de primera
respuesta, como los policías, los bomberos o los técnicos de urgencias médicas como las enfermeras, enfermeros y médicos militares,

cuentan con una educación que involucra las cuatro inteligencias, es decir, los elementos de la zona exterior del Triángulo D-I.

En el campo de batalla, los médicos militares me inspiraban profundamente. Estos hombres saltaban desarmados desde una aeronave para recoger a un Marine herido y traerlo de vuelta, y luego lo mantenían con vida mientras volábamos al hospital del portaaviones. Éramos un grupo de hombres leales hasta el fin, y nos guiaban ángeles.

El personal militar que ya mencioné, policías, bomberos y personal de servicios de emergencia, debe desarrollar al máximo varios coeficientes: mental, emocional, físico y espiritual (IQ, EQ, PQ y SQ, respectivamente, por sus siglas en inglés). Porque, ¿de qué otra manera podría un oficial de policía detener la violencia doméstica en un vecindario en que odian a los uniformados? ¿O cómo podría una enfermera contener la hemorragia provocada por una puñalada? ¿Cómo podría un bombero entrar a un edificio en llamas? En el mundo real del capitalismo empresarial, los IQ emocional, físico y espiritual son más importantes que el IQ mental de una persona, o que su promedio general o la universidad del circuito Ivy League de la que se graduó.

El mayor problema

El mayor problema es que la democracia se está transformando en fascismo.

Hitler dijo:

> *Qué afortunado es para el gobierno que la gente bajo su gestión… no piense.*

El mayor problema es que la mayoría de nuestros maestros, burócratas corporativos y políticos, y nuestros mal llamados "servidores públicos" tienen un IQ elevado, pero carecen de otros coeficientes como los IQ emocional, físico y, en especial, el espiritual.

Hitler también afirmó:

El pacifismo solo es cobardía disfrazada.

La mayoría de los maestros y los líderes corporativos y políticos de hoy carecen de valentía. La valentía es espiritual y emocional, y proviene del corazón y de nuestras convicciones.

En 2021 hemos visto a muchos líderes corporativos doblegarse ante el movimiento *Black Lives Matter* por miedo. Muchos de ellos despidieron a empleados porque se negaron a vacunarse. Eso no es libertad, es fascismo.

Me parece que tenemos que luchar por la libertad con hechos, que luchamos contra las noticias falsas con hechos, y que también nos enfrentamos al fascismo de la misma manera. Estos son algunos hechos relacionados con *Black Lives Matter* y con la falsa narrativa que le ha permitido a este movimiento recaudar 10 000 millones de dólares (sí, millones) en los últimos siete años para sus causas. Uno: el número preciso de personas negras desarmadas asesinadas por oficiales de policía es 14. Cierto, 14 son muchas personas, pero cuando vemos esta cifra en un contexto fáctico, son pocas. Dos: por cada uno de esos tiroteos, 270 negros fueron asesinados por otros negros, eso equivale a 3,780 muertes… pero solo 14 personas asesinadas por la policía. "Esa es la realidad —dijo Robert Woodson en Hillsdale College durante un foro sobre el movimiento *Black Lives Matter* y el movimiento de Derechos civiles—. La percepción tiene mayor impacto que los hechos."

Todo lo anterior nos obliga a preguntarnos: ¿Por qué está siendo perpetuada esta "narrativa fantasiosa" y por qué hay otras 3,766 muertes de gente negra perpetradas por gente negra que los medios noticiosos no han cubierto? Es el sesgo en los medios en su máxima expresión, y una declaración espantosa de la manera en que los reportajes selectivos, la emoción, los prejuicios y las narrativas basadas en ficción avivan la división y el odio. ¿Por qué existe siquiera esa "narrativa fantasiosa"? Muchos, como el personaje del coronel Jessup interpretado por Jack Nicholson en *Cuestión de honor*, dirían que es porque no podemos con la verdad.

EDUCACIÓN... GRATUITA

Te exhorto a que veas en YouTube este video de Hillsdale College. Aquí los oradores aclaran con hechos todo lo referente al movimiento BLM, los derechos civiles y las narrativas falsas.

Puedes acceder a él a través de RichDad.com/capitalist-manifesto

---

En agosto de 2021 me encontraba en Honolulu. Ya había tenido COVID y quizás había desarrollado anticuerpos, pero como me negué a vacunarme, me dijeron:

Quienes se niegan a vacunarse están matando a otras personas.

Hitler afirmó:

Entre más grande sea la mentira, mayor es la probabilidad de que la crean.

Respeto y valentía

Yo no siempre estuve de acuerdo con mi padre pobre, pero llegué a respetarlo mucho cuando renunció a su bien pagado empleo, a su cheque de nómina y al retiro para lanzarse como candidato y contendiente de su jefe, un hombre muy corrupto que era gobernador del Estado de Hawái y que, como era de esperarse, era demócrata. Mi padre tuvo el valor necesario para enfrentarse a la corrupción y actuar a pesar del gran riesgo personal que eso implicaba. Perdió la elección y, como era un republicano enfrentándose a un demócrata *en Hawái*, lo marginaron y estigmatizaron tanto que él y mamá hicieron planes para irse del estado. Sin embargo, mi madre falleció poco después y él se sintió demasiado abatido para partir.

En una entrevista de 2021 de Rich Dad Radio, el congresista y candidato presidencial constitucionalista Ron Paul nos recordó a los escuchas que la Constitución de Estados Unidos no tenía poder sin los Diez Mandamientos, sin las legendarias y sabias palabras del Antiguo testamento.

Después de esa entrevista con Ron volví a revisar los Diez mandamientos. Esta es la esencia de cada uno:

1. No adorarás a otros dioses.
2. No fabricarás ídolos.
3. No usarás en vano el nombre del Señor.
4. Santificarás el sábado.
5. Honrarás a tu padre y a tu madre.
6. No matarás.
7. No cometerás adulterio.
8. No robarás.
9. No mentirás
10. No codiciarás.

Nuestros líderes políticos deberían repetir estos Diez mandamientos cuando colocan su mano sobre la Biblia, le prometen a Dios que serán gente respetuosa de las leyes, recta y con fuerza moral, y prometen defender la Constitución de Estados Unidos.

El falso Fauci

El representante Ron Paul señala que la Constitución de Estados Unidos no tiene poder si los líderes carecen de valor moral y espiritual. Paul, quien también es médico, ha criticado los códigos legal, moral y ético del doctor Anthony Fauci. En pocas palabras, tal vez Fauci sea médico, pero carece de valentía y fuerza moral.

Escribo sobre antigua sabiduría religiosa porque la educación moderna, también llamada educación posmoderna, se basa en las enseñanzas de Marx, y Marx era racista y antirreligioso. La educación posmoderna está destruyendo el corazón y el alma del mundo.

La educación posmoderna se basa en opiniones y emociones, no en hechos.

Por eso es tan importante el estado financiero que mostré algunas páginas atrás: los estados financieros se basan en hechos.

Los Estados Divididos de América

La educación posmoderna es una tierra fértil perfecta para la Teoría crítica de la raza, la cultura de la cancelación y el movimiento Woke, así como para la división que estos movimientos pueden provocar en torno a dilemas como el de la diversidad, la inclusión, la justicia social y los pronombres de género.

La educación posmoderna no tiene que ver con la diversidad ni con la inclusión, sino con la división y la conquista. No se trata de Estados Unidos de América sino de los Estados Divididos de América.

El profesor Gad Saad, autor de *The Parasitic Mind*, advierte:

> *Estas iniciativas del lenguaje políticamente correcto están mal dirigidas y son dañinas. Producen "víctimas" profesionales totalmente convencidas de sus privilegios, las cuales, además de esperar no ser*

ofendidas en absoluto, engendran una atmósfera sofocante en la que todos los individuos caminan de puntitas por temor a cometer un pecado capital lingüístico.

Al analizar el diagrama del tetraedro de las Cuatro inteligencias, es fácil ver por qué la "fuerza", que en este caso es la integridad estructural del tetraedro mismo, se basa en las conexiones entre dichas inteligencias.

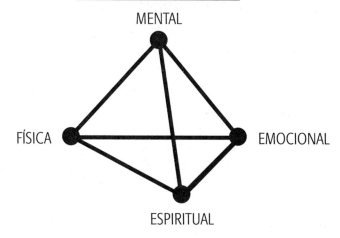

P: ¿Quieres decir que la educación posmoderna se basa de forma exclusiva en mantener a la gente en una conmoción permanente?

R: Sí, eso dije.

P: ¿Y que cuando eso sucede la gente tiene un EQ menor? O sea, ¿un coeficiente emocional más bajo?

R: Exacto. Se cree que el EQ es nuestra inteligencia más poderosa. Cuando la gente se altera, su IQ mental disminuye y no puede procesar datos ni hechos de manera lógica. Cuando su EQ disminuye, su IQ físico también es menor y, debido a eso, con frecuencia dice cosas de las que luego se arrepiente.

Por experiencia sé que cuando la emoción aumenta, la inteligencia disminuye.

P: Entonces, ¿la Teoría crítica de la raza, la cultura de la cancelación, el movimiento Woke y todo sobre lo que has escrito prospera gracias al bajo EQ de la educación modernista?

R: Sí. Y el sindicato de maestros, o sea, la Asociación Nacional de la Educación o NEA, es el pilar de la educación posmoderna.

Esta es una cita de un artículo de opinión publicado el 5 de julio de 2021 en *The New York Post*:

La izquierda política quiere que se imparta Teoría crítica de la raza en todos los distritos escolares del país.

El más grande sindicato de maestros del país aprobó un plan para promover la Teoría crítica de la raza en 50 estados y 14 000 distritos escolares locales.

Durante el fin de semana, la Asociación Nacional de la Educación (NEA) celebró su Asamblea anual de representantes, con delegados de todo Estados Unidos, quienes votaron por las prioridades y asignaron fondos para el próximo año escolar, otorgándole un lugar privilegiado a la Teoría crítica de la raza, una especie de marxismo basado en la raza.

El sindicato, que representa a tres millones de empleados de escuelas públicas, aprobó los fondos para tres rubros independientes relacionados con este tema: "incremento de la implementación" de la

"Teoría crítica de la raza" en los programas de K-12, promoción de la Teoría crítica de la raza en los distritos escolares locales, y ataque a oponentes de la Teoría crítica de la raza, incluyendo a las organizaciones de padres y a los centros conservadores de investigación.

Este es un cambio significativo. El mes pasado, críticos liberales y activistas insistieron en que la Teoría crítica de la raza no se enseñaba en las escuelas K-12. Esta fue siempre una afirmación de mala fe, ya que la Teoría crítica de la raza ha avanzado en las escuelas públicas durante más de una década. No obstante, el apoyo oficial de la NEA será lo que termine definiendo la situación.

Y el 4 de julio de 2021, de acuerdo con Fox News:

La Asociación Nacional de la Educación, con 2.3 millones de miembros, aprobó hace poco una resolución que afirma que incluir la Teoría crítica de la raza en los programas era "razonable y adecuado", y se comprometió a formar "un equipo de personal" para ayudar a los maestros a "luchar contra la retórica que ataca a la TCR.

En el sitio de Internet de la NEA se puede leer lo siguiente:

Para impulsar este esfuerzo, la NEA trabajará en la divulgación de "un estudio a profundidad realizado con anterioridad, el cual critica la supremacía blanca, la antinegritud, el antiindigenismo, el racismo, el patriarcado… el capitalismo… y otras formas de poder y opresión.

"Nos oponemos a los intentos por prohibir la Teoría crítica de la raza y/o el Proyecto 1619", declaró la NEA.

Así se definen estos términos: **TCR** asevera que el racismo no solo tiene que ver con el sesgo individual, sino con el sesgo sistémico en la sociedad, las políticas gubernamentales y las instituciones, incluyendo el sistema legal. El **Proyecto 1619** se refiere al esfuerzo de enfoque en el momento en que los primeros esclavos estadounidenses llegaron a Estados Unidos y en sus contribuciones al país.

En un tuit, el senador Ted Cruz fue al grano: "La Teoría crítica de la raza es una ideología marxista que ve el mundo como una batalla, no entre las clases como el marxismo clásico, sino entre las razas. Promueve la intolerancia y el gobierno federal no debería apoyarla."

P: ¿Los padres no están contraatacando la TCR, los pronombres de género y los mandatos de vacunación?

R: Sí. He visto las pancartas de los manifestantes, jugaron con las siglas en inglés (CRT) y crearon la frase: "Creando tensiones raciales".

P: ¿Cómo podemos *nosotros* contraatacar?

R: Poniéndonos por encima de la situación, parándonos en el borde de la moneda de tres lados y esforzándonos por ver ambos lados antes de elegir uno. Creo que el siguiente diagrama ayuda a ilustrar esta situación:

Sí, sé que estoy repitiendo lo que ya dije, pero... la educación posmoderna no tiene que ver con los hechos, sino con las opiniones y las emociones. La educación posmoderna está tratando de despedazar a Estados Unidos. Ya no somos Estados *Unidos* de América. Por eso repetiré otro pensamiento que tiene que ver con esto: cuando la emoción aumenta, la inteligencia disminuye.

Y de nueva cuenta... reitero la advertencia del profesor Gad Saad:

> *Los guerreros de la justicia social y las otras personas de su clase son terroristas intelectuales y pueden generar caos en la razón y en la vida pública, pueden limitar la disposición de la gente a hablar y pensar con libertad, sin siquiera constituir una mayoría.*

Lenin también promovió esta división:

> *Podemos y debemos escribir en un lenguaje que siembre entre las masas el odio, la repugnancia y el encono hacia aquellos que no están de acuerdo con nosotros.*

P: ¿Cómo nos protegemos de la educación posmoderna?
R: Repetiré lo que escribí:

> *Todas las noches, antes de la batalla, me sentaba en la proa del portaaviones y meditaba; quería estar en paz conmigo mismo antes de que llegara el amanecer.*
>
> *Después del desayuno, a las 5 de la mañana, las tripulaciones se reunían para recibir instrucciones. Nos sentábamos en el compartimento para este propósito, el ready room, y permanecíamos ahí hasta que el capitán nos decía: "Pilotos, a volar sus aviones."*
>
> *Todavía recuerdo con nitidez lo que se sentía salir a la cubierta de vuelo con mi tripulación: un copiloto, un jefe de tripulación y dos*

jóvenes artilleros. Estábamos más allá del miedo, Nos sentíamos en
paz. Éramos un grupo de soldados leales entre nosotros y nos dirigía-
mos a la batalla.

La lucha por la libertad

Nosotros, es decir, Kim, yo, The Rich Dad Company y nuestros
confiables Asesores, seguimos luchando por lo que nos parece es
una batalla justa, y continuamos defendiendo la educación, en especial la financiera. Nuestro mantra es *Parabellum*: si quieres paz,
prepárate para la guerra.

Defenderemos las libertades y a todos aquellos que luchan por
ellas. Hay muchos tipos de libertad, y todos están bajo asedio en
la actualidad.

En el siguiente capítulo te presentaré al equipo de asesores de
Padre Rico: hermanos, hermanas y ángeles. Descubrirás quiénes
son y por qué son tan importantes para nuestro futuro y el tuyo.

Nos hacemos llamar el Equipo infinito porque sabemos que,
con un equipo fuerte y comprometido, todo es posible.

Encontrar a los miembros de nuestro grupo no fue sencillo. Kim
y yo descubrimos que tendríamos que aprender ciertas lecciones respecto a la gente y los compañeros de equipo. Aprendimos que toda
la "gente buena" tiene un lado virtuoso y uno oscuro. Lidiamos con
la decepción y la codicia, con demandas legales y mentiras. Aprendimos muy pronto que a la mayoría de la gente le atraía más el dinero
que podría ganar trabajando para Padre Rico que nuestra misión.
Para nosotros, en cambio, la misión ha sido más importante que el
dinero desde el primer día, y esta prioridad nos ha hecho bien.

A lo largo del camino hemos aprovechado las lecciones de Bucky Fuller y de padre rico…

Lección de colaboración #1: "Uno no puede hacer buenos tratos con malos socios."

Lección de colaboración #2: "De toda mala colaboración surgen buenos colaboradores."

Todos los miembros del equipo de The Rich Dad Company y de nuestro Equipo infinito de asesores, a quienes conocerás a continuación, surgieron de malos socios y tratos de negocios horribles. La buena noticia es que, a partir de negocios pésimos y malos colaboradores, aparecieron excelentes socios, *coaches* y asesores profesionales. Actualmente, Rich Dad es un comprometido grupo de hermanos, hermanas y ángeles leales que promueven nuestra misión:

Mejorar el bienestar financiero de la humanidad.

Como ya dije, somos un comprometido grupo de leales hermanos, hermanas y ángeles. Si tú también apoyas nuestra misión, te invito a que te unas a nosotros a través de tu Club de CASHFLOW más cercano. Lo único que te pedimos es que cooperes respetando el Código de honor que publicamos, las reglas, y a los líderes y maestros. La misión es más importante que el dinero. Así como los buenos socios aparecen porque somos congruentes con nuestro propósito, el dinero que generamos es resultado de habernos consagrado a una misión espiritual.

Llegó la hora de que conozcas a *nuestros* copilotos, a nuestros Asesores.

Capítulo 14

EL ACTIVO MÁS IMPORTANTE DE UN EMPRESARIO

CONOCE AL EQUIPO DE ROBERT Y KIM

La diferencia entre mi padre rico y mi padre pobre era la palabra *equipo*.

La diferencia entre la riqueza de padre rico y la de padre pobre era el *equipo*.

La diferencia entre la escuela militar y la educación para los copos de nieve es el *equipo*.

Mayday, mayday, mayday

Un día por la mañana, frente a la costa de Vietnam, mi tripulación y yo estábamos realizando un vuelo a 500 metros de altitud, en lo que se conoce como "patrón de pista". Nos encontrábamos a poco más de kilómetro y medio del grupo de siete portaaviones. Estábamos esperando que otras aeronaves del grupo despegaran antes de realizar un ataque aéreo en Vietnam porque el patrón de pista es un patrón de contención que se efectúa en equipo.

De pronto, por el rabillo del ojo vi titilar el medidor de potencia Ng, un dispositivo que mide la velocidad del aire que ingresa por las turbinas del motor de chorro. En la escuela de vuelo nos dicen: "Cuando el medidor Ng titile, prepárense y comiencen a despedirse de este mundo cruel."

El motor se apagó de inmediato, las alarmas se activaron y las luces del panel de control se encendieron como si fuera Times Square en la víspera de Año Nuevo en Nueva York. La aeronave empezó a caer.

Sobrecarga de emoción

En una situación de crisis, el primer paso consiste en apagar tus emociones y es el más importante. Luego, en cuanto la aeronave deja de volar y empieza a caer, el deseo mental, emocional y físico que trataste de apagar insiste en "jalar" hacia arriba para ganar altitud. Sin embargo, utilizar la "palanca" para remontar te puede hacer morir más rápido.

P: ¿Es por eso que muchos pilotos se estrellan cuando el motor se apaga?

R: Sí. "Jalan" la palanca para remontar en lugar de "empujar hacia el frente".

P: ¿Empujar hacia el frente es aterrador?

R: Lo es. Una de las lecciones fundamentales de la escuela de vuelo es "empujar hacia el frente" cuando lo único que quiere hacer el piloto es "jalar" la palanca para subir de nuevo. Se requiere de mucha disciplina para hacer lo que se debe hacer cuando varias vidas penden de un hilo.

A esto se le llama EQ o inteligencia emocional. El EQ también controla a la inteligencia financiera.

Los ojos de la muerte

Empujé enseguida el morro del Huey hacia el frente y coloqué la aeronave en posición de picada. Los pilotos le llaman a esta maniobra "Mirar a la muerte a los ojos." Quienes entran en pánico y jalan la palanca, es decir, los que huyen como respuesta a sus emociones, mueren.

Al mismo tiempo empecé a transmitir la señal de alarma: "¡*Mayday, mayday, mayday!* Marine Echo Whiskey 96. Falla de motor. Cayendo a tres kilómetros del portaaviones.*"

Sin que les dijera qué hacer, los dos artilleros y el jefe de tripulación empezaron a tirar los misiles, las ametralladoras y las municiones. Nadie habló. No hubo pánico. No hubo culpables. Nadie gritó. Todos sabían qué hacer.

Habíamos practicado ese protocolo por lo menos mil veces porque en todos los vuelos de entrenamiento los pilotos nos preparamos una y otra vez para una colisión eventual. Repetimos el protocolo sin parar, todo comienza en la escuela de vuelo en Pensacola, Florida.

En las escuelas para los hipersensibles copos de nieve, lo más importante es el coeficiente intelectual o IQ. En la escuela militar, el EQ es más valioso que el IQ. Los valientes hombres y mujeres de nuestras fuerzas militares, el personal de los servicios de emergencia y la policía deben utilizar todas sus inteligencias. Al igual que los Marines, están entrenados para hacer esto. La mayoría de los académicos, en cambio, sienten miedo porque se enfocan en la inteligencia, es decir, en el coeficiente intelectual o IQ.

El principio del fin

Los últimos 30 segundos volamos sumidos en un mortífero silencio mientras veíamos el mar elevarse para recibirnos. Justo antes de chocar con el agua, lo único que hubo fue inteligencia espiritual. Y todo permaneció en silencio.

Como habíamos practicado el protocolo una y otra vez, justo antes de chocar con el agua levanté poco a poco el morro del avión. La velocidad disminuyó, nos deslizamos y, a unos 30 metros de las olas, nos detuvimos.

Cuando la aeronave se quedó sin velocidad aérea, levanté el morro, ahogué el motor, roté el morro hacia el frente y, en cuanto la aeronave se niveló, levanté el "colectivo" que controla las aspas. La nave se estabilizó con suavidad sobre las olas. Yo no pensaba en nada, no estaba utilizando mi IQ en absoluto. Todo fue coeficiente físico: 100 % de memoria física desarrollada tras años de repetir innumerables veces un escenario de colisión. Una "autorrotación" practicada una y otra vez, con fe, de manera religiosa, en bucle.

El día que mi motor falló, yo estaba listo para enfrentar la experiencia real. Estaba preparado para hacer lo necesario y aplicar la inteligencia emocional o EQ, la inteligencia física o PQ, la inteligencia espiritual o SQ, y solo un poquito del IQ o coeficiente intelectual del que dependen los académicos.

El helicóptero se sacudió con violencia y viró hacia la derecha. El aspa atravesó la cabina de mando y el motor explotó en cuanto el agua golpeó las aspas candentes. El Huey viró más a la derecha, el agua del mar inundó la cabina y la aeronave empezó a hundirse más rápido que un globo de plomo. En ese instante, nuestros días de escuela llegaron a su fin y la supervivencia en la vida real comenzó.

Mientras la aeronave se hundía y nosotros tratábamos de escapar, el pánico fue en aumento. Recordé a otra tripulación que había perecido algunos meses antes porque los tiburones llegaron a ellos antes de que pudieran ser rescatados.

Como la misión de combate tenía prioridad sobre nuestro rescate, los otros continuaron luchando sin nosotros. Unas cuatro horas después, un bote de salvamento de la Fuerza Naval recogió a los cinco integrantes de nuestra tripulación. Éramos cinco Marines que realizaron en equipo las maniobras específicas que les correspondían. Nos entrenaron para trabajar como equipo y eso salvó nuestra vida. Éramos cinco Marines felices de estar vivos.

Las lecciones que aprendí en la Academia y en el Cuerpo de Infantería de Marina las he aplicado en mis negocios.

En el Triángulo D-I de mi padre rico puedes identificar esos elementos: las 8 Integridades de un negocio.

El triángulo exterior representa lo que padre rico y la escuela militar me enseñaron respecto a la misión, el equipo y el liderazgo. Quienes se mueven en el interior del triángulo son especialistas. Las escuelas militares imparten lecciones de liderazgo, nos enseñan a ser generalistas y a trabajar en equipo. A Kings Point se le honró en una ocasión por ser una de las mejores escuelas en la enseñanza del liderazgo. El Cuerpo de Infantería de Marina es reconocido por enseñarles a ser líderes a los jóvenes hombres y mujeres que ahí se preparan, sin importar el rango. Si un líder cae en combate, otro Marine ocupa su lugar. Nos entrenan para operar y pensar de esa manera. De hecho, una de las frases que utilizamos es: "Todos los Marines portan un arma" porque, aunque un Marine puede ser especialista y desempeñarse como abogado o cocinero, a todos les enseñan a ser líderes y a disparar.

La misión frente al dinero

La palabra más importante en la Academia, la primera que aprendí en los Marines, fue *misión*. Cuando estudié en la escuela de negocios, la palabra más importante era *dinero*. Casi todos los estudiantes se preguntaban lo mismo: "¿Cuánto dinero puedo ganar?", por eso abandoné el programa de maestría en administración de negocios muy pronto. Me hacía falta algo… SQ: Inteligencia espiritual.

Una de las razones por las que un empresario en la zona A del cuadrante no crece es porque las personas que operan ahí realizan las 8 funciones del Triángulo D-I. La mayoría de los empresarios en la zona A son muy inteligentes y cuentan con un alto nivel académico como "especialistas", son médicos o dentistas. Sin embargo, carecen de las habilidades de un líder y no saben cómo dirigir a otros especialistas.

Atender un negocio no significa *tener* un negocio

Otra de las razones por las que 95 % de las empresas emergentes o *start-ups* fracasan o no crecen es porque el empresario es responsable de todos los elementos del Triángulo D-I. La mayoría de los empresarios en la zona A del cuadrante *atienden* un negocio en lugar de *tener* un negocio en la zona D.

El mantra del empresario en la zona A es:

Si quieres que se haga bien… hazlo tú mismo.

En cambio, la forma de pensar en las zonas D e I del cuadrante es:

Solo trabajo con gente más competente e inteligente que yo.

Y:

Yo trabajo en equipo.

P: Todas las personas que trabajan en el Triángulo D-I de Padre Rico, ¿son más competentes e inteligentes que tú?

416

R: Así es. Si no fueran más inteligentes que yo o si no pudieran hacer las cosas mucho mejor que yo, ¿por qué querría contratarlos?

P: ¿Los miembros de tu tripulación en el artillero también eran más competentes e inteligentes que tú?

R: Por supuesto. Todos teníamos tareas distintas, pero en el Cuerpo de Infantería de Marina el respeto es mucho más importante que el rango o los títulos universitarios. Yo fui piloto de dos generales en Vietnam que, sin importar el rango, trataban a todos con un respeto brutal, de los soldados rasos a otros generales.

KIM KIYOSAKI

Kim es líder y directora ejecutiva de The Rich Dad Company. Siempre te recibe con una sonrisa y trata con respeto a toda la gente. Si no supieras quién es, nunca adivinarías que es "la jefa", la propietaria de un negocio global multimillonario.

Kim mantiene el buen funcionamiento de la parte interior del triángulo y coordina el triángulo exterior, es decir, al equipo de asesores que colaboran con The Rich Dad Company.

La conocí en 1984 y a lo largo de los años la he visto crecer y convertirse en una mujer poderosa, respetada y con muchos logros, es una empresaria e inversionista a nivel mundial. Gracias a eso ha escrito dos libros: *Mujer Millonaria* y *Es hora de emprender el vuelo*.

Te aseguro que no se casó conmigo por mi dinero porque cuando nos conocimos yo era un don nadie. A pesar de ello, en 1985 tomó mi mano, me acompañó y juntos di-

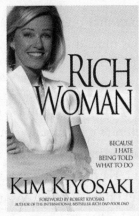

mos un salto de fe hacia lo desconocido. Por algún tiempo no tuvimos casa, vivimos en una Toyota color café que estacionábamos en una playa pública en San Diego, California.

De no ser por Kim, yo no sería quien soy ni estaría donde me encuentro ahora.

MONA GAMBETTA

Mi deporte predilecto es el rugby. Me encanta porque no es un juego que dependa del tamaño del jugador como el baloncesto, donde te va mucho mejor si eres alto. O como las carreras hípicas, donde los mejores jockeys son bajitos y ligeros. Y mucho menos como el futbol soccer, para el que es mejor ser delgado, rápido y ágil, además de tener buena coordinación.

En el rugby no importa tu tamaño, altura o peso, siempre hay un lugar para ti. Lo único que se requiere es que ames este deporte. El jugador más importante es el "medio melé", que para el equipo de rugby es como el mariscal de campo de un equipo de futbol americano.

Siempre digo que Mona es mi medio melé. Ella conecta el "interior de The Rich Dad Company con el mundo exterior. Cuando escribo un libro, por ejemplo, ella toma el altero de hojas garabateadas, todas las palabras mal escritas y, en la mayoría de las ocasiones, el revoltijo de ideas, mensajes y capítulos que yo le entrego, y transforma todo eso en un libro.

Haciendo honor a su título de medio melé, cuando tiene el libro terminado lo hace llegar a editores de todo el mundo con quienes tenemos acuerdos de licencias y que se encargan de que el libro se traduzca a 58 idiomas. Mona es responsable de toda la publicación, la distribución, los contratos y la publicidad de nuestros libros y juegos. Es un elemento invaluable del equipo. De no ser por ella, los libros de Padre Rico, los de nuestra serie de Asesores y, en especial, este *Manifiesto capitalista* no se habrían publicado nunca. Mona me dice que exagero cuando digo todo esto, pero entre más trabajo con ella, más seguro estoy de que es cierto.

En el interior del Triángulo D-I, el trabajo de Mona se integra a todas las áreas: Producto, claro, pero también tiene que ver con Comunicaciones, Sistemas, Legal y Flujo de efectivo. Ella trabaja con decenas de socios en todo el mundo para difundir los mensajes de Padre Rico y fortalecer nuestra red global. Hoy en día, a casi 25 años desde su primera edición, *Padre Rico, Padre Pobre* se mantiene en la cima como el libro #1 de finanzas personales en Amazon y también se encuentra entre sus 20 libros más vendidos de todos los tiempos. Nuestros libros se venden en decenas de miles de establecimientos de todo el mundo, desde las principales librerías de prestigio y las tiendas departamentales, hasta las adorables librerías independientes.

Mona ha estado en The Rich Dad Company desde 2000.

GARRETT SUTTON, ESQ.

Garret te dirá: "Los pobres y la clase media quieren tener a su nombre todo lo que poseen. Los ricos, en cambio, no quieren nada a su nombre, ellos quieren todo a nombre de una corporación… que *ellos* controlan."

Garret Sutton es el abogado corporativo de Rich Dad y se especializa en la protección de activos. Desde la perspectiva de Garret: "La 'A' del cuadrante significa 'Absoluto'" y ser "Propietario absoluto" significa que: *Algún día perderás todo.* Él respalda la estrategia legal y de protección de activos sustentada en el deseo de los empresarios de la zona D del cuadrante de no tener nada a su nombre.

Garrett nos advierte:

> *A medida que la brecha entre los ricos, los pobres y la clase media se ensancha, las demandas legales aumentan. A medida que empeora la economía, más y más gente considera que la mejor manera de volverse rico es "demandando a los ricos".*

La buena noticia es que, si Garrett establece un negocio como entidad corporativa, esta también protege al empresario de los impuestos del gobierno. Cuando un ciudadano común pierde dinero, sus pérdidas son personales, pero cuando una empresa pierde dinero, son pérdidas fiscales.

Garrett es nuestro asesor corporativo, y si necesitamos un abogado más especializado, para los asuntos de patentes y derechos de autor, por ejemplo, le llamamos y él nos recomienda a alguien o nos ayuda a hacer un escrutinio de los posibles colaboradores.

Piensa en esta reflexión de Padre rico:

> *¿Qué sucedería si algunos conductores manejaran del lado derecho de la calle y otros del lado izquierdo? Si los conductores en general*

no obedecieran el código, el tránsito se paralizaría y empezaría una carrera de demolición.

La Constitución y las leyes son la columna vertebral de Estados Unidos de América, por lo que, si la Constitución o las leyes fueran violadas, el país se paralizaría.

Por esta razón, todos nos esforzamos por obedecer la ley: The Rich Dad Company, nuestros asesores y los negocios con los que nos asociamos. Y cuando tenemos duda en algo, consultamos a un profesional.

Si una persona, empresa o Club de CASHFLOW no obedece la ley, dejamos de hacer negocios con esa persona o entidad de inmediato. Es más fácil hacer dinero con gente recta, honesta y con una actitud ética.

Siempre digo que Garret es nuestro "perro guardián", por eso es un miembro esencial del equipo Padre Rico.

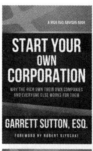
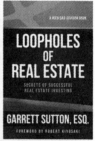

Garret ha escrito varios libros, uno de ellos es *Inicia tu propia corporación*.

¿Por qué trabajar para alguien más si puedes echar a andar y dirigir tu propia corporación?

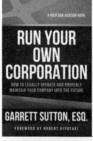
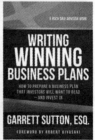

Entre los otros libros que Garret ha escrito para la Serie Asesores de Padre Rico, se encuentran los siguientes:

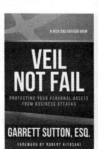

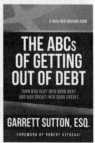

Run Your Own Corporation
Loopholes of Real Estate
Cómo diseñar planes de negocios exitosos
How to Buy and Sell a Business
El ABC para salir de deudas
Veil Not Fail

Garrett es Asesor de Padre Rico y ha trabajado con nosotros desde 2000.

TOM WHEELWRIGHT, CPA

Padre rico con frecuencia nos recordaba a su hijo y a mí que Estados Unidos nació siendo un "país libre de impuestos". Pero desde entonces, nos han estado despojando de nuestras libertades a través de las contribuciones. También nos recordaba que Estados Unidos nació a partir de un disturbio debido a los impuestos: el Motín del té de 1773. Tom es nuestro asesor fiscal y su libro para la serie Asesores de Padre Rico se intitula *Riqueza libre de impuestos*.

Una de las razones por las que padre rico nos alentaba a su hijo y a mí a volvernos capitalistas era para que fuéramos patriotas y minimizáramos, de manera legal, la cantidad a pagar por concepto de impuestos.

Tom nos advierte:

Hay dos maneras de pagar menos impuestos: una legal y la otra ilegal.

Si deseas pagar menos impuestos de manera legal, te sugiero que leas el libro de Tom, *Riqueza libre de impuestos*.

Leer y estudiar el libro de Tom es mucho menos costoso que contratar a un abogado para que te defienda en un juicio.

Cuando habla sobre los impuestos, Tom también usa el Cuadrante del flujo de dinero:

Tom dice:

> *La mayor cantidad de evasores fiscales se encuentran en las zonas E y A del cuadrante.*

El código fiscal fue escrito contra los E y los A, y a favor de los D y los I, por eso estos últimos no tienen que hacer trampa ni evadir al fisco. Las leyes fiscales les permiten eludir, de manera legal, el pago de impuestos.

Quienes operan en las zonas D e I tienen la capacidad de hacer lo que el gobierno desea que se haga. Tom explica que los "respiros" fiscales no son "lagunas en el código fiscal", sino incentivos fiscales otorgados por el gobierno. Por ejemplo, los gobiernos les ofrecen incentivos a los empresarios de la zona D porque ellos generan miles y miles de empleos.

Los impuestos representan tu mayor gasto en la vida, por eso el libro de Tom podría ahorrarte más dinero que cualquier otro que leas. Con él ganarás mucho más dinero y pagarás menos impuestos.

Leer este libro es mejor que ir a la escuela y conseguir un empleo mejor pagado o estudiar para ser médico o abogado, y terminar hundido en una profunda deuda por préstamo estudiantil y tener que pagar más impuestos aún.

O mejor aún: regálale el libro de Tom a tu contador y, si no está de acuerdo con nuestro experto, busca un nuevo profesional de impuestos.

¿De qué manera nos guía Tom a ti y a mí? En el mundo real de la actividad empresarial hay dos tipos de cifras:

Pronósticos (proyecciones)

Reales (hechos)

Tom nos guía a Kim y a mí educándonos para proyectar nuestras ganancias futuras. Nos guía para que nos enfoquemos en los tipos de ingreso que deseamos recibir más adelante.

Hay tres tipos de ingresos: ordinario, de portafolio y pasivo. Los E y los A trabajan para ganar ingreso ordinario, el cual está gravado con las tasas fiscales más elevadas. Los D y los I trabajan con el fin de obtener ingresos de portafolio e ingresos pasivos. Kim y yo queremos más "ingresos de portafolio" e "ingresos pasivos" provenientes de nuestras inversiones. Estos dos ingresos vienen de gente, activos, impuestos y dinero que trabajan muy duro para nosotros.

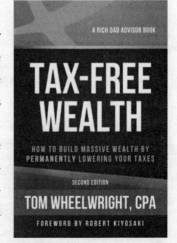

Los capitalistas solo quieren conocer los hechos, por eso tu banquero te pide tu estado financiero y no tu boleta de calificaciones. Por eso los contadores miran las cifras.

Todos los capitalistas de las zonas D e I quieren saber cómo convertir sus *pronósticos* en *hechos* y pagar menos impuestos de manera legal, por eso Tom es un miembro esencial del equipo Rich Dad.

El libro de Tom para la Serie de Asesores de Padre Rico se intitula *Riqueza libre de impuestos*.

Tom es Asesor de Padre Rico y ha trabajado con nosotros desde 2000.

KEN McELROY

Ken es nuestro asesor de deuda y bienes raíces:

> *Tu casa no es un activo, mis bloques de departamentos sí. Además, tu casa no te ofrece ventajas fiscales, mis bloques ofrecen ventajas fiscales enormes.*

Los porcentajes fiscales anotados en el Cuadrante del flujo de dinero lucen así debido a los bienes raíces y la deuda, ya que los E y los A que invierten en el mercado de valores siempre son quienes más impuestos pagan.

P: ¿La gente en las zonas E y A en verdad podrían llegar a pagar 0 % de impuestos?

R: Por supuesto. Pero para eso, tendrían que empezar a ver el mundo desde las zonas D e I del cuadrante.

P: ¿Por eso tu padre rico te sugirió tomar cursos de inversión en bienes raíces cuando volviste de Vietnam?

R: Así es. Si hubiera seguido los consejos de mi padre pobre y hubiera trabajado para aerolíneas comerciales o estudiado una maestría, habría terminado esclavizado a los impuestos y atrapado para siempre en las zonas E y A del cuadrante.

La primera copia de *Padre Rico, Padre Pobre* no se vendió en una librería sino en un lavado de automóviles en Austin, Texas. El primer libro lo compró el doctor Tom Burns, quien también estaba construyendo en aquel tiempo un negocio de mercadeo de redes en Amway. A pesar de que la élite académica del mundo editorial rechazó mis libros, la gente lo adoró.

En 2020 el doctor Tom Burns, cirujano ortopedista, médico del Equipo olímpico de esquí de Estados Unidos, distribuidor de Amway e inversionista en bienes raíces, publicó su libro *Why Doctors Don't Get Rich*.

El doctor Burns se volvió rico siguiendo, en buena medida, el mismo modelo de inversión en bienes raíces que enseña Ken McElroy.

P: ¿Cualquier persona puede hacer lo que hicieron Ken McElroy y el doctor Burns?

R: Es posible, aunque no probable. Tal vez te suene extraño, en particular ahora que la cantidad de gente sin casa va en aumento y es tan fácil negociar tasas bajas de financiamiento, pero no todos podrían hacer lo que Ken y Tom. Verás, la parte sencilla de la inversión en bienes raíces consiste en comprar y financiar la propiedad, y la parte difícil consiste en lograr lo que ellos hicieron *después* de obtener una propiedad para inversión.

Si en verdad eres serio respecto a ser inversionista profesional en bienes raíces y aprovechar las ventajas que ofrecen los incentivos fiscales del gobierno, te sugiero que empieces por leer los libros de Ken. Al igual que *Riqueza libre de impuestos* de Tom Wheelwright, Ken se enfoca en las zonas D e I del Cuadrante del flujo de dinero cuando escribe.

La mayoría de los E y A pueden comprar una casa, el problema son los pasivos. No olvides las definiciones de activo y pasivo: los pasivos hacen que salga dinero de tu bolsillo, los activos llevan dinero a tu bolsillo. Entender esta diferencia y aprender el léxico del dinero es parte del alfabetismo financiero.

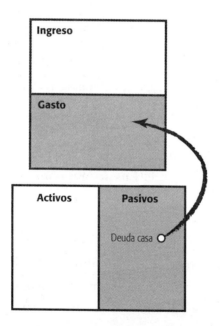

Muy pocos E y A pueden encontrar, conseguir financiamiento, adquirir y administrar bloques de departamentos y edificios comerciales. Recuerda la estrategia en el juego *Monopolio*, los jugadores comienzan con casitas verdes antes de invertir en los hoteles rojos.

Ken se encuentra en el juego de los hoteles rojos.

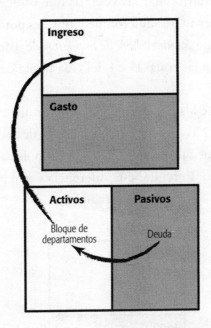

Durante más de 20 años, Ken, Tom, Garrett y yo hemos viajado por el mundo para explicar la inversión en bienes raíces desde las zonas D e I del cuadrante. Enseñamos cómo invertir en hoteles rojos en lugar de en cuatro casas verdes, ya que esta es la parte en la que la mayoría de los inversionistas se quedan estancados.

Casi siempre doy inicio a los seminarios preguntándole a Ken por cuánto se ha endeudado en los últimos meses y él suele responderme algo como: "El último mes pedí prestados 300 millones de dólares por concepto de financiamiento de deuda."

En ese momento se escuchan los gritos ahogados del público porque 300 millones no caben en la realidad ni en la mentalidad de los E y los A. Por eso los inversionistas se atoran al invertir en cuatro casas verdes.

En nuestros seminarios en vivo, Tom Wheelright explica por qué estas cantidades exorbitantes de deuda son esenciales para que los capitalistas, es decir, los D e I, hagan millones y paguen muy poco o nada de impuestos, pero de manera legal. El código fiscal fue escrito para los D y los I, para los inversionistas y capitalistas que obtienen incentivos fiscales por hacer lo que el gobierno desea que se haga.

Ken comenzó a invertir en bienes raíces como administrador de inmuebles. Se pagó la universidad trabajando como administrador de enormes complejos departamentales: "hoteles rojos" del juego *Monopolio*. No pasó mucho tiempo antes de que se diera cuenta de que estaba administrando propiedades para los ricos.

Los pequeños inversionistas en bienes raíces carecen de la experiencia en administración, las habilidades y los equipos de negocios necesarios para administrar hoteles rojos. Ken, en cambio, tiene más de 400 empleados en su negocio porque no podría hacer lo que hace si estuviera solo.

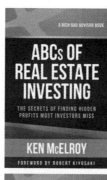
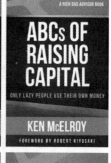
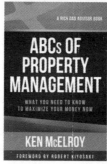

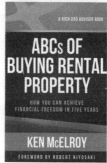

Te sugiero que antes de invertir en hoteles rojos y, en especial, antes de tratar de pagar menos impuestos, leas los libros de Ken McElroy, Tom Wheelwright, Garrett Sutton y el doctor Tom Burns. Al gobierno no le agradan los evasores fiscales. Recuerda: los E y los A son proclives a hacer trampa en el pago de impuestos, los D e I, en cambio, no tienen que hacerlo porque las leyes fiscales fueron escritas para beneficiarlos.

Estos son los libros de Ken en la Serie de Asesores de Padre Rico:

El ABC de la inversión en bienes raíces
El ABC de la administración de propiedades
ABCs of Advanced Real Estate Investing
ABCs of Buying Rental Property
ABCs of Raising Capital

Ken es Asesor de Padre Rico y ha trabajado con nosotros desde 2000

ANDY TANNER

Andy es el Asesor de Padre Rico de activos en papel y tiene un espíritu afín al mío: compartimos el gusto por la enseñanza.

Andy suele decir:

Yo gano dinero cuando el mercado de valores sube, pero hago más dinero cuando se desploma.

Existen dos tipos básicos de inversionistas:

1. Los inversionistas fundamentales
2. Los inversionistas técnicos

Los fundamentales invierten a partir de los estados financieros, invierten con base en hechos. Los inversionistas técnicos invierten con base en las tendencias, en los altibajos de una acción o de un negocio. Se fijan en las líneas de las gráficas, no en las cifras.

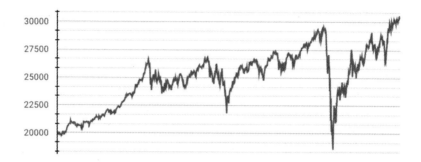

Me preocupa la inminente y colosal caída del mercado de valores. La provocarán los directores ejecutivos que utilizan la deuda corporativa de sus empresas para inflar los precios de sus acciones. Si esto sucede, el castillo de naipes se vendrá abajo y millones de *baby boomers* estarán en aprietos en su vejez.

Te recomiendo que leas los dos libros de Andy. Primero trata de comprender la fragilidad de cualquier 401(k) o plan de retiro que dependa del mercado de valores. En cuanto entiendas por qué los planes sustentados por activos de papel están en riesgo, lee el segundo libro, *Stock Market Cash Flow*. Si estudias este texto, no te importará si el mercado de valores sube o baja. Si practicas mucho, cometes errores y aprendes, te volverás como Andy Tanner: una persona capaz de generar dinero sin importar si los mercados se disparan o se desploman. De hecho, la mayor cantidad de dinero la podrías hacer en el contexto de un colapso del mercado.

Si los *baby boomers* estudiaran los libros de Andy podrían aprender estrategias útiles en lugar de tener que mudarse a casa de sus hijos.

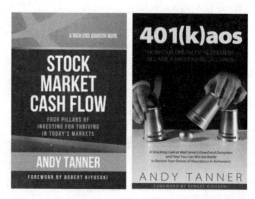

El libro de Andy para la Serie Asesores de Padre rico se llama:

Stock Market Cash Flow

También es autor de

401(k)aos

Este libro es de especial importancia para cualquier persona que dé por hecho que su plan 401(k) le ofrecerá seguridad financiera a largo plazo.

Andy es Asesor de Padre Rico y ha trabajado con nosotros desde 2008.

JOHN MACGREGOR

A pesar de que John es mucho más joven que yo, ha sido mi vecino y amigo en Hawái durante muchos años. Ambos jugamos en el mismo equipo de rugby en momentos distintos: los Arlequines de Hawái.

John y yo tenemos las mismas preocupaciones financieras. Millones de *baby boomers* que fueron adinerados cuando trabajaban, ahora sufrirán en su retiro. Por eso le pedí que se uniera al equipo de Asesores de Padre Rico, que escribiera un libro sobre sus inquietudes, las experiencias personales de clientes que alguna vez fueron ricos y luego cayeron en quiebra, y las posibles soluciones.

John ha compartido su conocimiento con nuestros equipos en incontables ocasiones:

Para los baby boomers fue fácil. Fue fácil volverse ricos entre las décadas de los sesenta y los noventa. Los precios de los inmuebles aumentaron y el mercado de valores también. Sin embargo, las cosas han cambiado, y si se presenta un colapso monumental del mercado de valores, muchos baby boomers serán pobres cuando su vida laboral llegue a su fin.

Sea pobre o rica, toda la gente necesita un asesor financiero. John ha entrenado asesores financieros y es uno de los mejores en su área, uno de los más conocedores y experimentados.

La educación financiera de Padre Rico suele ser para las personas que desean ser empresarios o empresarias en las zonas D e I del Cuadrante del flujo de dinero. Lo que John hace es más recomendable para quienes están en las zonas E y A, por eso le pedí que escribiera este libro y se uniera a nuestro equipo de asesores.

John y yo tenemos muchos conocidos en común en Hawái. De hecho, él estudió en Punahou, la misma escuela en Honolulu en que estudió Barack Obama. Todos sabemos lo que sucedió con Obamacare: se volvió más caro para la gente a la que más le costaba trabajo pagarlo.

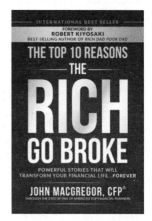

Insisto, Ken McElroy, Tom Wheelwright y Garren Sutton son guías para los empresarios en el lado D e I; los E y A, por otra parte, necesitan en su equipo un asesor financiero como John MacGregor.

El libro de John se llama:

The Top Ten Reasons the Rich Go Broke

John ha trabajado con nosotros desde 2012.

JOSH Y LISA LANNON

Josh y Lisa son empresarios sociales y Asesores de Padre Rico de capitalismo social. Ellos construyeron su negocio basándose en un

433

principio: los capitalistas de este tipo pueden hacerle mucho bien a la humanidad al atender problemas sociales, pero también pueden tener éxito financiero.

Estos dos empresarios suelen contar la historia de Josh y hablar de los años en que se entregó al alcohol, cuando administraba clubes nocturnos en Las Vegas, y del momento en que venció su adicción, se recuperó y ambos se convirtieron en capitalistas sociales.

Actualmente Josh y Lisa operan un negocio de asesoría y rehabilitación de adicciones llamado Warriors Heart (Corazón de guerreros), el cual fundaron en 2015 con su socio, Tom Spooner. Este centro atiende de manera exclusiva a personal militar activo, veteranos y personal de emergencia y primera respuesta como oficiales de policía, bomberos y técnicos de urgencias médicas. Estos aguerridos empresarios comprenden bien la palabra *misión*. Su corazón de guerreros, su noción de lo que significa la misión y su elevada inteligencia espiritual es lo que les da la fuerza para enfrentar las adicciones, luchar y vencerlas.

Gracias a Josh y Lisa he aprendido una lección esencial:

Todos tenemos adicciones que nos roban vida. El problema es que la mayoría de la gente niega tener una. La negación empodera a la adicción y esta continúa despojándolos de su existencia.

De acuerdo con información divulgada por políticos, organizaciones de servicio para veteranos y los medios de comunicación más veraces, 22 veteranos se suicidan cada día. El periódico liberal *The Washington Post* afirma que la cifra es menor: un suicidio diario. ¿Cuál será la verdad? La verdad es que quizá muchos veteranos que vuelven de la guerra no cometen suicidio, pero viven destrozados debido a su adicción al alcohol y las drogas.

Josh y Lisa son autores del libro *The Social Capitalist, Passion and Profits – an Entrepreneurial Journey*, el cual forma parte de la Serie de Asesores de Padre Rico.

Estos dos capitalistas construyeron su negocio del lado D e I del Cuadrante del flujo de dinero con la ayuda de varios de los mismos asesores de Padre Rico a los que Kim y yo recurrimos. Tom Wheelwright, Ken McElroy y Garren Sutton los guiaron en la construcción del negocio y luego les ayudaron a utilizarlo para adquirir bienes raíces.

Josh y Lisa usan la fórmula de McDonald's. Como lo expliqué en *Padre Rico, Padre Pobre*, cuando Ray Kroc, fundador de McDonald's, bebió algunas cervezas con los estudiantes de maestría en administración de empresas de la Universidad de Texas después de una conferencia, se produjo una interesante conversación:

—¿En qué negocio está McDonald's? —les preguntó a los jóvenes.

—Todos saben que McDonald's está en el negocio de las hamburguesas —respondieron los estudiantes.

Ray rio con ganas.

—No, McDonald's está en el negocio de los bienes raíces —les explicó.

Hoy en día, McDonald's posee más inmuebles que la Iglesia católica.

El negocio de Josh y Lisa es socialista y capitalista, es una astuta combinación financiera basada en filosofías económicas opuestas. Su pasión y noción del propósito impulsan el negocio de la rehabilitación y, al mismo tiempo, generan riqueza a través de fabulosos bienes raíces.

Si quieres aprender cómo tener éxito financiero al mismo tiempo que haces algo bueno por la humanidad, por favor lee su libro, aprende de su inspiradora historia y considera unirte a su cada vez más extensa familia de seguidores.

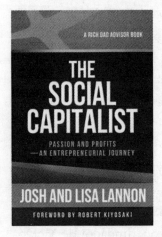

De no ser por Josh y Lisa, yo no habría tenido el valor y la honestidad necesarios para enfrentar mis adicciones personales y superarlas.

El libro de Josh y Lisa para la Serie de Asesores de Padre Rico se llama:

The Social Capitalist

Josh y Lisa han sido estudiantes de las filosofías de Padre Rico desde 2001. Forman parte de nuestro grupo de Asesores y han trabajado con nosotros desde 2012.

DOCTOR RADHA GOPALAN y DOCTORA NICOLE SREDNICKI

Nos lo advirtieron y, en este caso, Vladimir Lenin incluso explicó:

La medicina es la clave del arco del socialismo.

El Affordable Care Act (ACA, por sus siglas en inglés), antes Patient Protection and Affordable Care Act, y actualmente conocido de forma coloquial como Obamacare, es un estatuto federal promulgado por el 111 Congreso de Estados Unidos, firmado y aprobado como ley por el presidente Barack Obama el 23 de marzo de 2010. Entre los objetivos de esta ley se encuentra el de poner a disposición de más gente un servicio de salud asequible y extender el programa Medicaid.

Conocí al doctor Radha Gopalan, cardiólogo y especialista en trasplante de corazón, en 2007, cuando buscaba con desesperación a un médico porque mi corazón estaba teniendo problemas. Sabía que algo andaba mal, pero no encontraba un cardiólogo que se tomara el tiempo necesario para explicarme cuál era la falla.

Otros dos cardiólogos a los que consulté antes solo querían operarme sin explicarme, sin educarme sobre lo que estaba sucediendo. Un notable cardiólogo de Phoenix me dijo que necesitaba someterme a una cirugía a corazón abierto la misma noche que lo consulté o, de lo contrario, moriría. Me pareció sospechoso, así que me fui de inmediato.

Por suerte, un amigo quiropráctico llamó al amigo de un amigo, un cardiólogo en Londres, y le pidió que le recomendara al mejor cardiólogo del mundo. El quiropráctico le dijo a su amigo: "Robert viajará a dondequiera que sea necesario".

El cardiólogo en Londres dijo: "No vas a creer esto, pero el mejor cirujano cardiovascular del mundo acaba de mudarse a Phoenix." Dado que no morí esa noche como lo predijo el estimado cardiólogo de mi ciudad, hice una cita y, dos semanas después, conocí al doctor Gopalan. Fue el principio de una historia de amor entre un paciente y su médico porque al fin encontré el tipo de información y educación que buscaba.

Desde el primer instante me entendí muy bien con el doctor Gopalan; es un médico que maneja tanto la medicina occidental como la oriental. Nació en Sri Lanka y se entrenó como acupunturista, luego viajó a Occidente y estudió medicina, y ahora es un respetado cardiólogo especializado en el trasplante de órganos.

Como parte de la preparación para mi cirugía a corazón abierto, el doctor Gopalan me hizo practicar yoga y meditación, y me aplicó tratamientos regulares de acupuntura. Durante estos tratamientos se tomó el tiempo necesario para explicarme la manera en que las filosofías oriental y occidental se relacionaban con mi dañado corazón.

Desde que me operó y me ofreció su guía médica oriental-occidental, mi corazón empezó a funcionar cada vez mejor.

Cuando mi salud mejoró, animé al doctor Gopalan a que escribiera *Segunda opinión*. Este libro es una guía para quienes tienen problemas de salud y buscan respuestas desde la perspectiva occidental y oriental.

La doctora Nicole Srednicki se enfoca en la salud como si fuera un rayo láser, su negocio se llama Ultra Healthy Human, y su pasión son las tecnologías más recientes e innovadoras para la salud y el rejuvenecimiento.

En 2020, cuando me contagié de COVID-19, la doctora Srednicki fue como una bendición. Me atendieron dos médicos, me trataron con hidroxicloroquina, intravenosas de vitaminas, dosis enormes de vitamina C y luz solar. No me he vacunado. Paso todas las detecciones y exámenes, y, al parecer, todavía tengo anticuerpos.

La COVID-19 fue como una llamada de atención, fue lo que me hizo despertar a pesar de que estos dos profesionales habían tratado de hacerme entender durante años que la mejor medicina, la mejor vacuna, era contar con buena salud y preservarla.

En agosto de 2020 me comprometí a transformarme en un Humano ultrasaludable, puse mi salud en manos de Radha y Nicole, y permití que ellos me guiaran.

El primer proceso al que me sometí fue una desintoxicación de 21 días. Los primeros diez fueron horribles, cada mañana me despertaba con ganas de rendirme. Como dicen Josh y Lisa, todos tenemos adicciones, la mía es la comida, por eso como cuando estoy aburrido o estresado.

Nicole explica que nuestros órganos son como los filtros de un automóvil. Los autos tienen filtros de aceite, gasolina y agua, la diferencia es que los mecánicos pueden cambiar esos filtros. Los humanos permitimos que nuestros órganos se intoxiquen y, con el paso de los años, la toxicidad se acumula en el cuerpo. Esto tiene un impacto tanto en la salud como en la capacidad de sanar, y hace que la gente sea más propensa a enfermedades como el cáncer o a los virus como el coronavirus.

Cuando les pregunté a Radha y Nicole, "¿Por qué 21 días?", me dijeron que ese era el tiempo que tomaba cambiar la neuroplasticidad del cerebro humano. O, como dicen Josh y Lisa, para vencer a la adicción.

Desde que empecé el programa de Radha y Nicole me siento en mejor forma teniendo 74 años, que cuando era Marine y tenía 24. Además, medito, hago yoga y pilates con un instructor dos veces por semana, trabajo con un antiguo entrenador de la NFL, también dos veces a la semana, y tomo clases de *spinning*. Voy al gimnasio cinco días a la semana, y ahora puedo atestiguar sin problema que 21 días de purificación transformaron mi neuroplasticidad.

Agradezco a la COVID-19 por haberme despertado de tan mala manera, y a mis dos médicos por su amor, sabiduría y guía.

Radha es autor del libro *Segunda opinión*.

Radha Gopalan ha trabajado con nosotros desde 2008 y Nicole desde 2013.

BLAIR SINGER

Dejé a Blair al último porque fue el primero de mis amigos en este grupo. Lo conocí antes que a Kim y, de hecho, lo conocí después de pasar una semana con Bucky Fuller en 1981. Desde entonces hemos sido amigos, hemos estudiado, aprendido y cometido errores juntos.

Esta es la pregunta clave de este libro, la que te da acceso a la libertad del otro lado del Cuadrante del flujo de dinero:

¿Cómo pasa un empresario del lado E y A al lado D e I?

Esa es la tecnología súper especial de Blair, él es el experto para guiar a los empresarios y ayudarlos a pasar de A a D. (Con frecuencia me gusta molestar a Blair confundiéndolo con todas estas iniciales…)

Cuando veo el Triángulo D-I, pienso que Blair es una súper estrella en la línea de la comunicación.

¿Por qué es tan importante la línea de la comunicación? Excelente pregunta. La respuesta es porque se encuentra justo encima de la del Flujo de dinero. Si la comunicación es sólida, el flujo también lo es. Si las habilidades comunicativas de un empresario no son buenas, esto también se ve reflejado en el flujo.

Blair Singer es reconocido a nivel internacional como uno de los mejores entrenadores de ventas y liderazgo. Su libro, *Sales Dogs*, es lectura obligada para cualquier persona que quiera ser empresario, es una herramienta esencial de entrenamiento para el trabajo de *marketing* multinivel y para las empresas de ventas directas.

La tecnología más importante de Blair es la Técnica de revisión y evaluación de proyectos (PERT, por sus siglas en inglés). Esta técnica fue creada por la Fuerza Naval de Estados Unidos en la década de los cincuenta para desarrollar el sistema Polaris de misiles lanzados desde submarinos, pero también puede ayudar a los E y A a convertirse en D e I.

Blair ha enseñado PERT desde hace muchos años, lo usó para enseñarme a crecer y dejar de ser un pequeño empresario o A, y convertirme en D: dueño de negocio grande.

En 2020 The Rich Dad Company invitó a Blair para que les ofreciera a todos los miembros de la empresa una conferencia sobre cómo pasar de A a D. En esta imagen se ve el plan PERT real que desarrollamos guiados por él.

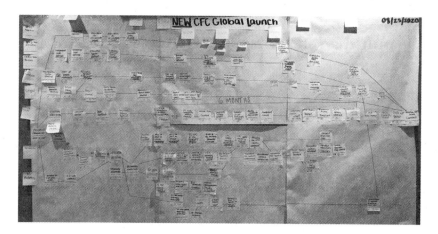

A pesar de que la economía mundial estuvo paralizada, 2021 ha sido el mejor de los 25 años de Padre Rico desde su creación, y esto se debió, en parte, a mi amigo Blair Singer.

En este momento Blair se encuentra desarrollando PERT como un producto comercial para que más E y A se conviertan en D e I, y pasen al otro lado del Cuadrante del flujo de dinero, donde se encuentra la libertad.

Estos son los libros de Blair para la Serie de Asesores de Padre Rico:

Sales Dogs
Team Code of Honor
Summit Leadership
Blair también es autor de *Little Voice Mastery*.

Blair, amigo y Asesor de Padre Rico, ha trabajado con nosotros desde 1982.

Una última reflexión sobre el equipo

La educación posmoderna se construye con opiniones y emociones que mantienen a la gente y a nuestro país divididos.

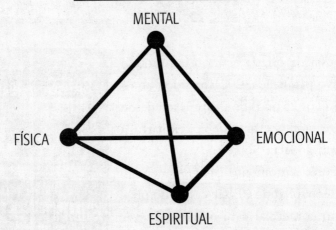

La mejor manera que he encontrado de enfrentar esta ideología marxista es permaneciendo tranquilo y fuerte, e involucrando mis cuatro inteligencias. Tener un equipo en el que confías te permite conservar la calma porque, como dicen los Marines: *"Semper fi"*: siempre fieles.

Así es como nos entrenan, nos enseñan a luchar en equipo, como un grupo de leales hermanos, hermanas y ángeles. Es la forma en que los Marines encuentran su SQ, es decir, la inteligencia espiritual y el valor necesarios para enfrentar a enemigos fanáticos.

Es lo que yo y mi tripulación hicimos cuando íbamos en picada, cuando vimos a la muerte directo a los ojos mientras nos preparábamos para estrellarnos con el mar.

Esta es la razón por la que The Rich Dad Company y nuestro equipo de asesores prosperaron durante el cierre por COVID. Al igual que todos los negocios y familias tuvimos que enfrentar varios desafíos, pero lo hicimos juntos y también juntos encontramos las respuestas y la manera de ejecutar nuestro plan a pesar de los protocolos o requisitos impuestos. Para eso son los equipos, para ayudarnos a dar lo mejor, para apoyarnos en tiempos difíciles y trabajar con base en hechos, no en opiniones.

Cerraré este capítulo con una sabia noción de la antigüedad que, en mi opinión, hace eco en nuestra vida actual.

Vivimos en un mundo en el que los ataques se vuelven cada vez más comunes, ataques a nuestras instituciones, creencias y libertades. Nos atacan por lo que hacemos y por lo que no hacemos, por cómo pensamos, cómo actuamos y hablamos. O por lo que no decimos. Resulta irónico, pero también nos atacan por lo que amamos.

Cuando me doy cuenta de que estoy discutiendo con alguien o de que me atacan, me esfuerzo por permanecer tranquilo. Respiro hondo y desacelero. Trato de no reaccionar de forma visceral. Elijo ser respetuoso, incluso si eso es lo último que quiero hacer o lo que menos me parece merecer la otra persona. Hago un esfuerzo por mantenerme por encima de la discusión. Espero que tú también lo hagas, que trates de entender el punto de vista del otro, la otra cara de su moneda. Porque, ¿cómo saberlo? Tal vez al abrir la mente aprenderemos algo que no sabíamos.

Padre rico solía decir: "Si te pones a discutir con un idiota, ya son dos idiotas." Muy a menudo yo he sido "el idiota" porque insisto en tener la razón. Cuando me doy cuenta de que me he comportado mal, hago lo necesario para recobrar la humildad porque, a partir de ahí, puedo obtener respeto, ser más inteligente, desarrollar la sabiduría, incluso disculparme. Créeme, ofrecer disculpas no cuesta mucho, solo hay que sacrificar un poquito de ego. Esa es la educación real, el verdadero aprendizaje que comienza por la humildad.

La sabiduría surge cuando nos damos cuenta de que no tenemos todas las respuestas, cuando entendemos que no lo sabemos todo. Nadie es Dios ni posee sabiduría infinita. La sabiduría empieza cuando comprendemos que podemos ser estudiantes... e hijos de Dios.

TERCERA PARTE

La libertad frente al poder

Introducción a la tercera parte

Por favor analiza esta reflexión de Abraham Lincoln sobre la libertad: "Estados Unidos nunca será destruido desde el exterior. Si fallamos y perdemos nuestras libertades, será porque nosotros mismos nos habremos destruido."

P: ¿Hay una gran diferencia entre libertad y poder?
R: No, no hay mucha.

Esta es la definición de *poder*:

Habilidad de hacer o actuar.

Esta es la definición de *libertad*:

Derecho a actuar, hablar o pensar sin restricciones.

Dicho llanamente, la gente con más libertad tiene más poder.

El 2 de octubre de 2021 salí de mi casa en Phoenix para ir de visita a mi casa en Hawái. Desde el momento en que mi chofer me dejó en el aeropuerto de Phoenix hasta que llegué a la casa de Hawái, me sentí bombardeado por letreros con advertencias:

Mandato federal: Todos deben usar cubrebocas y guardar una distancia de un metro.

Hawái implementó órdenes marxistas adicionales como las siguientes:

Los partidos de futbol deberán jugarse en estadios vacíos.
No puedo comer en un restaurante a menos de que tenga una cartilla de vacunación de COVID-19.
Las fiestas privadas están limitadas a 10 personas.

De acuerdo con el diccionario, esta es la definición de *mandato*:

Orden oficial o encargo de hacer algo.

Estas son mis definiciones personales de *mandato*:

Pérdida de la libertad. Pérdida del poder.

El mayor problema de Hawái es la fuerte influencia de la cultura japonesa. Los japoneses son el segundo grupo étnico más grande de Hawái y están entrenados genéticamente para no pensar… para solo hacer reverencias y obedecer. Lo sé porque, aunque soy estadounidense de cuarta generación, siento mi herencia y la cultura japonesa en mi alma.

En un viaje que hice a Japón me pusieron en un grupo de turistas estadounidenses. El guía tenía un pequeño banderín blanco y un silbato. Sopló el silbato, levantó el banderín y nos pidió que lo siguiéramos para hacer el paseo, pero yo me negué y me separé del grupo para explorar por cuenta propia. Insisto, soy estadounidense de cuarta generación, así que, todos los días de mi vida, he luchado como estadounidense capitalista contra mi herencia étnica y genética.

El milagro de Japón

Después de la Segunda Guerra Mundial, Japón se levantó de entre las cenizas de una explosión atómica y se convirtió en una potencia mundial. Su resurrección tras el devastador combate fue posible gracias a la cultura de los japoneses, a su disposición a dejarse guiar y controlar. A su disposición a acceder y no cuestionar el *statu quo* ni a la gente en el poder.

En la década de los setenta, Japón volvió a invadir a Estados Unidos. Esta vez, sin embargo, lo hizo transformado en el "milagro económico japonés" y, en lugar de bombas, utilizó dólares. Los japoneses compraron todo, de rascacielos en Nueva York a campos de golf en Pebble Beach, California y en Waikiki Beach, Hawái.

Para 1990, el milagro japonés caía en picada y envuelto en llamas. Los japoneses les vendieron demasiados aparatos Sony y automóviles Toyota a los estadounidenses, y no contaron con que su sistema bancario no soportaría el influjo de miles de millones de dólares. El poder del dólar fue lo que destruyó al "milagro" japonés.

En el excelente libro *The Dollar Crisis* de mi amigo, el macroeconomista Richard Duncan, se narra la manera en que esos miles de millones de dólares destruyeron a lo que entonces la gente llamaba "milagro económico japonés", y también se explica cómo el dólar estadounidense está destruyendo al mismo Estados Unidos y a toda la economía mundial de paso.

En 2021 Japón tiene la peor economía, la tasa más elevada de ahorros per cápita, la demografía con mayor cantidad de ancianos y la peor proporción deuda-PIB del mundo.

Esto es lo que pasa cuando gente inteligente, educada y trabajadora en extremo conforma una sociedad monocultural entrenada para obedecer y hacer lo que le digan en lugar de pensar por sí misma.

Esto es lo que le sucede al mundo cuando la gente buena, con una sólida instrucción académica, y sumamente trabajadora y productiva carece de educación financiera real.

Japón es reconocido por la altísima calidad de sus automóviles y aparatos electrónicos, pero ¿qué han inventado después del Walkman de Sony? La japonesa es una cultura que imita y mejora productos que ya son excelentes, y luego los pone a disposición de la gente a precios competitivos, pero no innova ni crea.

Los japoneses son personas increíbles, son una raza maravillosa. Yo me siento agradecido de que por mis venas fluya sangre nipona, pero debo admitir que, como cultura, los japoneses solo triunfan porque saben seguir e imitar a otros. Sonríen, hacen una reverencia, obedecen… e imitan.

Hawái acepta lo que otros considerarían severos mandatos marxistas porque la cultura japonesa adora las reglas. Me parece incluso que los japoneses aman más a las reglas que a sus libertades.

Sé que algunos dirán que mi manera de pensar es racista, pero hay mucha gente de otras razas que opina y dice lo mismo. Yo, sin embargo, tengo la ventaja de ser 100 % japonés y por eso puedo decir lo que otras razas tal vez piensen, pero no se atreven a decir.

Estoy orgulloso de mi herencia nipona, de la herencia samurái de mi familia. Yo soy samurái y por eso me uní a los Marines estadounidenses. Lo aclaro porque, sin importar la raza, muchos obedecemos mandatos impuestos por razones políticas y pagamos con nuestra libertad, pero no nos quejamos ni decimos nada.

Lenin advirtió:

El fascismo es capitalismo en decadencia.

Hace poco uno de mis tuits fue eliminado porque me referí al doctor Anthony Fauci de la siguiente manera: "el fascista Fauci."

A los fascistas les encantan los mandatos y les fascina robarnos nuestras libertades.

¿Qué es la valentía?

La palabra "coraje" también quiere decir "valentía" y proviene de la palabra francesa *coeur*, que significa "corazón". Escribo todo esto porque creo que la gente necesita coraje, necesita encontrar su valentía y escuchar su corazón latir en su pecho.

En la Tercera parte de este libro hablaré de la manera en que nos han estado robando nuestras libertades a través de los mandatos fascistas del gobierno y sobre el hecho de que, durante muchos años, si no es que décadas, nadie ha dicho nada.

La gente está entrenada para obedecer al hombrecito con el silbato y el banderín blanco, para obedecer sin decir nada.

Ayn Rand advirtió:

> *Nos acercamos con celeridad al momento de la última inversión: la etapa en que el gobierno es libre de hacer lo que le plazca, mientras los ciudadanos solo pueden actuar si les dan permiso, la etapa de los períodos más oscuros de la historia humana, la etapa del gobierno por medio de la fuerza bruta.*

Un Marine en confinamiento solitario

El 30 de agosto de 2021 Ryan Morgan Stuart Scheller, el teniente coronel de los Marines que fue separado de su cargo por publicar un video en el que les llamaba la atención a los líderes militares por su manera de manejar la situación en Afganistán dijo en un nuevo video que no se retractaría.

En este preciso momento, a principios de octubre, el teniente coronel Scheller se encuentra en confinamiento solitario por manifestar su opinión.

Más mandatos

El 9 de septiembre de 2021 el presidente Biden emitió una orden ejecutiva que obligaba a todos los empleados federales a vacunarse contra la COVID-19. Desde el momento en que se emitió la orden, el National Border Patrol Council (NBPC) les ordenó a sus siete abogados que abandonaran cualquier otro asunto, que se consagraran al estudio de esta problemática y que desarrollaran estrategias para responder al mandato. Tras varios días de análisis de todas las leyes y precedentes pertinentes, los abogados determinaron que la orden ejecutiva era legal y que no había manera alguna de oponerse a ella.

Resulta irónico que los oficiales de la patrulla fronteriza sean despedidos por no vacunarse, y que, al mismo tiempo, miles de personas extranjeras indocumentadas y, muy posiblemente, no vacunadas, entren al país todos los días.

Los trabajadores de la salud en el frente

Todos hemos leído los impresionantes encabezados y las historias en las noticias tras las decisiones tomadas respecto al coronavirus en 2021.

NUEVA YORK, 27 de septiembre (Reuters) – El lunes los hospitales de Nueva York empezaron a despedir o suspender a trabajadores de la salud por desafiar una orden estatal que los obliga a vacunarse contra la COVID-19. La subsecuente escasez de empleados obligó a algunos hospitales a posponer cirugías optativas o restringir los servicios.

El 4 de octubre de 2021 los hospitales de Nueva York anunciaron que 100 % de su personal estaba vacunado. Lo que no han reportado es que despidieron a 1,400 empleados que rechazaron la vacuna.

Repetiré la advertencia de Ayn Rand:

> *Nos acercamos con celeridad al momento de la última inversión: la etapa en que el gobierno es libre de hacer lo que le plazca, mientras los ciudadanos solo pueden actuar si les dan permiso, la etapa de los períodos más oscuros de la historia humana, la etapa del gobierno por medio de la fuerza bruta.*

Me parece que todo se reduce a la lucha entre el poder y la libertad.

En la Tercera parte veremos cómo dejar de perder nuestro poder y libertades frente a quienes, en nombre de la gobernanza, nos arrean con sus silbatos y sus banderines blancos, con mandatos, decretos y órdenes ejecutivas. También veremos que, en muchos sentidos, somos como los japoneses que se niegan a contraatacar o cuestionar al *statu quo* o los planes de la élite académica. Todos los días, cuando veo que "Se debe usar cubrebocas por mandato federal", pienso que la realidad actual tiene un impacto en nuestras libertades y poder.

Capítulo 15
ESTADOS UNIDOS DESPIERTA

Como lo mencioné, el lenguaje no es solo el sistema que nos permite comunicarnos. Por eso, es esencial que seamos cristalinos en nuestra manera de definir las palabras que usamos para transmitir nuestras ideas.

De acuerdo con Wikipedia y otras fuentes, esta es la definición de *woke*:

> *Woke (WOHK) es un término político surgido en Estados Unidos. Se refiere a la conciencia percibida de problemáticas relacionadas con la justicia social y racial. Proviene de la expresión vernácula afroestadounidense "be woke" (estar despierto), cuya enunciación gramatical hace referencia a la conciencia continua de dichas problemáticas.*

La definición del diccionario *Merriam-Webster* es: "Consciente de, alerta, consciente y atento de forma activa a hechos y dificultades importantes (en especial, a asuntos de justicia racial y social)".

Un diccionario urbano define *woke* como "estar consciente de la verdad detrás de las cosas que 'el hombre' (*the man*) no quiere que sepas". Mientras tanto, otra definición que parece convenir muestra un cambio en el significado: "El acto de ser sumamente pretencioso respecto a cuánto te importa un problema social."

Un extranjero en tierra extranjera

En enero de 1973 volví a Estados Unidos y me sentí como un extranjero en una tierra extranjera. Acababa de salir la guerra de Vietnam, uno de los ambientes más aterradores creados por el hombre en la historia. Vietnam fue un campo de pruebas para las recientes tecnologías y para un nuevo tipo de conflicto en el que la alta tecnología se enfrentaba a la guerrilla. Estados Unidos estaba de un lado, y del otro se encontraban China y Rusia.

Ahora estaba en casa, en Hawái, una tierra con palmeras, chicas hula y Mai Tai. A nadie parecía importarle lo que yo acababa de vivir porque, para la mayoría de la gente, la guerra de Vietnam se libraba lejos de ahí, lejos de su mente. De pronto me pregunté para qué hicimos todo eso…

Perdí a amigos cercanos que nunca volvieron a casa. Dos de ellos volaron el A-6 Intruder, uno era Marine y, el otro, piloto de la Fuerza Naval. Ambos desaparecieron en combate, nunca encontraron ni sus cuerpos ni sus aviones. Otro amigo, compañero de clase, fue piloto, volaba un Air Force F-4 Phantom. Lo atraparon y fue prisionero en el Hanoi Hilton, pero lo liberaron cuando terminó la guerra.

Otros tres de mis compañeros de clase fueron reclutados, lucharon en tierra y regresaron vivos, pero un poco "perturbados" por lo que vivieron.

Louie, compañero de la preparatoria, era un chico muy gentil. Lo reclutaron a la fuerza porque no se presentó como voluntario. Dicen que le dispararon en la espalda. Por lo que se cuenta, en cuanto comenzó el tiroteo él giró y corrió, fue su propio teniente quien le disparó, a modo de advertencia para el resto de la tropa. Louie nunca debió ir a la guerra, debió quedarse a trabajar en una tienda de mascotas.

La mayoría de mis compañeros de clase eludió la guerra de Vietnam con prórrogas por ser estudiantes y continuaron estudiando en la universidad o se inscribieron en una maestría.

Lo que quiero decir con todo esto es que volví a casa de uno de los ambientes más aterradores que alguien haya enfrentado, pero eso no parecía importarle a nadie. Nadie hablaba al respecto. Nadie dijo: "Bienvenido a casa." Nadie dijo: "Gracias por tu servicio." En realidad, no era que yo y mis compañeros Marines esperáramos que eso sucediera, más bien, notamos que nadie reconocía que había estadounidenses arriesgando su vida por su país y por nuestras libertades.

En 1973, después de pasar cuatro años en la Academia estudiando a Marx, Hitler, Stalin, Lenin y Mao; después de volar y luchar contra el comunismo en Vietnam; de comprar oro cuando Nixon sacó al dólar del patrón oro; y de volver a casa solo para que me escupieran los pacíficos hippies... "desperté".

En 1959 Jrushchov declaró:

Ustedes, los estadounidenses, son muy ingenuos.

Estados Unidos cae en el letargo

En 1974 salí por última vez por la reja principal de la Base aérea de la Marina, devolví mi último saludo militar y entré al mundo de los negocios. De inmediato vi cómo el *Manifiesto comunista* de Marx y la advertencia de Jrushchov se desarrollaban a mi alrededor.

Mientras trabajaba para Xerox Corporation, en el centro de Honolulu, percibí que a la gente le estaban enseñando a ser marxista, pero no lo sabía. Noté que casi nadie tenía idea de lo que estaba sucediendo o de lo que se avecinaba. Recordé a mi maestro de la academia que nos hizo discutir sobre la advertencia de Lenin:

Hay décadas en las que no pasa nada y semanas en las que pasan décadas.

Marx tenía un plan a largo plazo:

1. Democracia
2. Socialismo
3. Comunismo

Marx advirtió:

La democracia es el camino al socialismo.

En cuanto el socialismo estuviera implantado, los comunistas asesinarían a los socialistas.

P: ¿Por eso el número de víctimas asciende a millones?

R: Sí. Vilfredo Pareto (1848-1923) fue un ingeniero, sociólogo, economista y capitalista libertario nacido en Italia. Es conocido por la famosa regla que lleva su nombre: la regla 80/20 de Pareto. Esta fue su advertencia: "Cuando les resulta útil, los hombres pueden creer en una teoría de la que no saben nada más que el nombre."

P: ¿Quieres decir que la mayoría de la gente no conoce las diferencias entre democracia, socialismo y comunismo?

R: Correcto. Pareto también advirtió: "Cualquiera que se convierta en oveja encontrará un lobo que lo devore."

P: ¿Por eso a los socialistas los asesinan los comunistas?

R: Sí. Eso es lo que nos muestra la historia. Lenin, Stalin, Hitler y Mao fueron asesinos en masa y lograron que su propia gente cometiera los asesinatos. Todos fueron socialistas al principio.

Pequeñas atrocidades

Con anterioridad mencioné que Hitler cometió "pequeñas atrocidades" como obligar a los judíos a usar estrellas amarillas en su ropa. Ahora mi permiso de conducir tiene una estrella amarilla y a todos nos obligan a usar cubrebocas y a vacunarnos.

Recuerda que el partido nazi es en realidad el nombre corto del Partido Nacionalsocialista Obrero Alemán, y que U.R.S.S. quiere decir Unión de Repúblicas Soviéticas Socialistas. China es la República Popular China o R.P.C.

Estados Unidos despierta

En abril de 1975 me encontraba en la "carrera de la rata" en Honolulu. Estaba aprendiendo a vender y tratando de subir por el escalafón corporativo, pero seguía en contacto con la guerra porque tenía amigos que todavía estaban en Vietnam. Un amigo que era teniente Marine con base en tierra recibió un disparo en la cabeza en su segundo viaje. Por suerte, se recuperó. El 30 de abril de 1975 la guerra de Vietnam por fin llegó a su fin, cuando un tanque de las Fuerzas Armadas de la República de Vietnam rompió la reja de entrada a la Embajada de Estados Unidos en Saigón.

Yo estaba trabajando en el centro de Honolulu cuando vi estas imágenes, y se me rompió el corazón.

Un compañero de trabajo de Xerox que estaba parado junto a la barra con una cerveza en la mano negó con la cabeza como gesto de incredulidad y dijo: "¿Cómo puede estar sucediendo esto? Pensé que íbamos ganando la guerra."

Jrushchov advirtió:

Ustedes, los estadounidenses, son muy ingenuos.

En 1975, en todos los medios noticiosos se podían ver fotografías como las que aquí se muestran. Se veía a un helicóptero siendo empujado al lado del techo para liberar espacio para otros helicópteros. Los volaban pilotos survietnamitas que huían de la muerte o la tortura a manos de los comunistas de Vietnam del Norte.

Como dicen, una imagen vale más que mil palabras. El helicóptero que se ve a la derecha en la fotografía no es militar, es un helicóptero Air America, es decir, perteneciente a la CIA. Obviamente, las aeronaves de esta agencia no podían transportar a todo el personal militar presa del pánico que quería llegar a un lugar seguro. El piloto del Air America empuja a la gente hacia atrás porque está esperando a los pasajeros VIP: los diplomáticos estadounidenses también conocidos como "los espías".

Es 2021 y en Afganistán se vive una debacle. La evacuación en masa que se está llevando a cabo es tan caótica que, además de poner la vida de estadounidenses en riesgo, permitirá que se quede allá equipo militar comprado con el dinero de los contribuyentes, equipo por un valor de miles de millones de dólares que pasará a manos de nuestros enemigos. Después de esto no resulta sorprendente que se haya erosionado la confianza que le tenían a Estados Unidos sus aliados... y el mundo.

Actualmente, en 2021, hay millones de dueños de pequeños negocios que no encuentran empleados porque el gobierno le paga a la gente por *no* trabajar. Si eso no es marxismo, no sé qué sea.

Muchos saben que lo que se avecina es el Ingreso básico universal o IBU, o la Teoría marxista… disculpa, quise decir la Teoría monetaria moderna o TMM.

¿Será otra pequeña atrocidad?

Marx advirtió:

El último capitalista al que colgaremos será el que nos vendió la soga.

Y Jordan Peterson dijo:

Marx no amaba a los pobres, Marx odiaba a los ricos.

Feliz aniversario número 100.

El año 2021 marca el 100 aniversario del Partido Comunista de China.

El 14 de agosto de 1945 se rindió Japón, Corea cedió y, luego, el 15 de agosto de 1948, se formó la República de Corea. Antes de que se cumpliera un mes, se estableció la República Democrática Popular de Corea. La Segunda Guerra Mundial llegó a su fin y empezó la Guerra Fría.

Y mientras tanto, el *Manifiesto comunista* de Marx se extendía por el mundo.

La "Teoría dominó" del comunismo

El 7 de abril de 1954 el presidente Eisenhower advirtió que, si Vietnam caía en manos del comunismo, poco después caería el resto del sudeste de Asia.

Dwight D. Eisenhower, general de 5 estrellas y 34° presidente de Estados Unidos, advirtió:

Finalmente, podrían deducirse reflexiones más amplias de lo que llamaríamos principio de la "caída dominó". Se tiene una hilera de

fichas de dominó paradas, se golpea la primera y se sabe con certeza
que la última caerá muy rápido. Así pues, se podría hablar del inicio
de una desintegración con efectos en extremo profundos.

Marx advirtió:

> *Los comunistas del mundo apoyan todo movimiento revolucionario*
> *en contra del orden político y social actual. Declaran abiertamente que*
> *sus objetivos solo pueden lograrse por medio de la eliminación forzosa*
> *de todas las condiciones sociales existentes.*

En 1962 mi familia y yo fuimos testigos, desde la ventana de nuestra cocina, de la detonación de una bomba atómica. Parecía que alguien había derramado sangre en el cielo.

En agosto de 1965 partí de Hawái y fui a la Academia de la Marina Mercante, donde estudié a Marx, Lenin, Hitler, Stalin y Mao. En 1966 navegué a bordo de un buque clase Victory de la Segunda Guerra Mundial que transportaba bombas para la guerra de Vietnam.

En enero de 1972 despegué de un portaaviones en el Mar de la China Meridional. En 1975 estaba viendo televisión mientras empujaban helicópteros al lado de un portaaviones, también en el Mar de la China Meridional.

La historia se repite

En agosto de 2021 se me rompe el corazón y se me revuelve el estómago al ver cómo se repite la historia en Afganistán. Siento pena por los miles de hombres y mujeres que perdieron la vida o un miembro. Siento pena por sus familias. Siento pena por los millones de afganos leales que apoyaron a Estados Unidos, muchos de ellos han sido o serán asesinados, torturados o enviados a campos de rehabilitación.

Afganistán es otro agujero en el cinturón del comunismo.

Historia de una traición

En 2021 los estadounidenses volvimos a traicionar a la gente que confió en nosotros. Millones de afganos, en especial la Alianza del Norte, pelearon valerosamente por Estados Unidos. Esta alianza, conocida de manera oficial como Frente Islámico Unido por la Salvación de Afganistán, ha luchado durante décadas contra los talibanes.

En 2021 Estados Unidos abandonó a la Alianza del Norte. Y luego los estadounidenses se pregunta por qué su país pierde frente al comunismo. Primero Vietnam y ahora Afganistán. ¿Se puede confiar en nosotros?

Me inquieta mucho que, ahora que Estados Unidos está fuera de la guerra, se acelere la propagación del comunismo.

¿Qué viene a continuación?

Me preocupa que Taiwán, Corea del Sur, México, El Salvador, Perú, Argentina, Sudáfrica, Zimbabue, Ucrania, Polonia, Bulgaria y Estonia sean los siguientes.

Estas son algunas reflexiones de Marx respecto a la libertad:

> *No se dejen engañar por la abstracta palabra "libertad". ¿La libertad de quién? No de un individuo con relación a otro, sino libertad del capital para que aniquile al trabajador.*

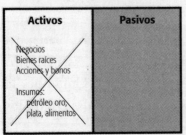

Postura de Marx:

La teoría del comunismo puede resumirse en una frase: abolición de la propiedad privada.

Cuando le pregunté a mi padre rico qué significaba "abolición de la propiedad privada", solo dibujó este sencillo diagrama que yo ya conocía:

Marx señaló:

Los arrendadores, como todos los demás, adoran cosechar donde nunca han plantado.

464

Mi padre rico era rico porque era arrendador. Mi padre pobre, en cambio, no tenía activos, era empleado del gobierno y contaba con las prestaciones médicas y de jubilación que éste le ofrecía.

> **P:** ¿Eso es lo que quiere Marx? ¿Qué la gente continúe dependiendo? ¿Por eso no se imparte educación financiera en nuestras escuelas?
>
> **R:** Mi trabajo coincide en hacer preguntas que te hagan pensar y, luego, hacer más preguntas. Estas son cosas que deberías preguntarte.

En 1975, después de ser testigo de la caída de Vietnam, empecé a decirles a mis amigos cercanos que veía cómo se estaba filtrando el comunismo en nuestras vidas. La mayoría no quiso escuchar mi advertencia y algunos incluso me tacharon de practicar el macartismo.

Esta práctica se llama así por el senador Joseph R. McCarthy, un senador junior de Wisconsin que fue poco conocido hasta que en febrero de 1950 declaró tener en sus manos una lista de 205 miembros del partido comunista empleados en el Departamento de Estado. A partir de ese momento el senador McCarthy se convirtió en un incansable cruzado contra el comunismo. Era mediados de los cincuenta, un período al que se le hace referencia con el nombre "Temor rojo". Como presidente del Subcomité de investigaciones permanentes del senado, el senador McCarthy condujo audiencias por subversión comunista en Estados Unidos e investigó la supuesta infiltración comunista en las Fuerzas Armadas. Su subsecuente exilio de la política coincidió con el momento en que su nombre se transformó en un sustantivo moderno: *macartismo*.

El senador McCarthy fue censurado por el senado de Estados Unidos el 2 de diciembre de 1954 y murió el 2 de mayo de 1957.

En 1974 me recomendaron que no hablara de mis opiniones políticas con otros, pero me niego a que me censuren. Por eso continúo ejerciendo mi libertad de expresión.

A menudo se le atribuye a Edmund Burke la siguiente advertencia:

> *Lo único que se necesita para que triunfe el mal es que los hombres buenos no hagan nada.*

En 2021 Estados Unidos empezó a "despertar" y descubrimos que mucha gente no hacía nada.

El profesor Jordan Peterson advirtió:

> *Si crees que los hombres fuertes son peligrosos, espera a que veas de lo que son capaces los débiles…*

En la actualidad, millones de hombres y mujeres débiles, a quienes muchos llaman "la chusma" y que han constituido "la cobarde cultura de la cancelación", atacan desde la comodidad y seguridad de una pantalla de computadora. Los cobardes han ganado poder gracias a las redes sociales. Ejercen su derecho de expresión, pero a ti… te lo niegan.

Estos son los débiles y cobardes seres sobre los que nos advierte Jordan Peterson.

El cáncer en la educación

En 2021 Estados Unidos también "despertó" y se encontró con el cáncer en la educación.

En 2020 escuché una charla en la que el profesor Gad Saad habló de:

1. *Black Lives Matter*
2. Teoría crítica de la raza

3. Antifa
4. Educación posmoderna

Estas cuatro organizaciones reconocen con franqueza sus raíces marxistas.

Tal vez estas no sean las palabras precisas del profesor Saad, pero estoy diciendo lo que escuché. En esencia, dijo:

El marxismo es un cáncer que está haciendo metástasis en todo Estados Unidos y el mundo.

Metástasis quiere decir que algo se extiende a otras partes del cuerpo, de una cultura o una institución.

En 2020 el profesor Gad Saad advirtió:

Entonces, ¿de dónde vienen estas ideas patogénicas? Todas provienen del ecosistema universitario.

Gad Saad advierte:

Gracias a un análisis de las donaciones a las campañas políticas en una amplia gama de industrias se descubrió que las cuatro profesiones más liberales, en orden decreciente, eran las de la industria del entretenimiento, la academia, los servicios informáticos en línea, y los periódicos y medios de comunicación impresos.

Y Lenin advirtió:

La causa del pueblo pierde siempre que se les confía a los profesores.

El cáncer que está haciendo metástasis es al que el profesor Gad Saad llama "ideas patogénicas" o "parasíticas".

Yo les llamo ideas patogénicas socialistas, marxistas y comunistas. Los maestros les están transmitiendo estos cánceres a los niños. Marx declaró:

> *Desde el momento en que los niños pueden manejarse sin que su madre los cuide, su educación se lleva a cabo en las instituciones estatales.*

Lenin advirtió:

> *Permítannos cuidar a un niño ocho años y será un bolchevique para toda la vida.*

¿Qué es un bolchevique? Te daré una definición. Un bolchevique es un miembro de la facción mayoritaria del Partido Obrero Socialdemócrata de Rusia, el cual fue renombrado Partido Comunista de Rusia después de que obtuvo el poder durante la Revolución bolchevique de 1917.

El cáncer de la educación se propaga a la religión

Esto fue lo que dijo Marx sobre el cristianismo:

> *El concepto democrático del hombre es falso porque es cristiano. El concepto democrático sostiene que cada hombre es un ser soberano. Esa es la ilusión, el sueño y el postulado del cristianismo.*

También advirtió:

> *Sabemos que las medidas violentas en contra de la religión son un disparate, pero esto es una opinión: a medida que el socialismo crezca, la religión desaparecerá. Su desaparición deberá efectuarse por medio del desarrollo social, y la educación deberá desempeñar un papel.*

El ministro de Barack Obama

Reflexiona sobre lo siguiente, fue tomado de la edición del 29 de julio de 2019 de *The Moguldom Nation*:

> *El reverendo Jeremiah Wright es el antiguo pastor de la Iglesia Unida de la Trinidad de Cristo en Chicago, la cual comenzó a dirigir en 1971. Se le atribuye haber transformado la iglesia de 250 miembros en la denominación más grande de la Iglesia Unida de Cristo. Wright es conocido por haber incorporado en sus sermones la teología de la liberación negra que, entre otras cosas, fue lo que atrajo a Barack Obama y Oprah Winfrey.*
>
> *El título de la biografía de 2006 de Obama,* The Audacity of Hope, *está inspirado en uno de los sermones de Wright. Este sermón también inspiró algunos temas del discurso que dio el entonces presidente en la Convención Nacional Democrática de 2004.*

En Internet surgió un sermón del reverendo Wright donde dice:

> *Permítanme dejarles otra reflexión… No es "Dios bendiga a Estados Unidos", sino "¡Dios maldiga a Estados Unidos!" Eso está en la Biblia, por asesinar a gente inocente. Dios maldiga a Estados Unidos por tratar a sus ciudadanos como menos que humanos. Dios maldiga a Estados Unidos mientras continúe tratando de actuar como si fuera Dios, ¡como si fuera supremo!* [El énfasis es mío.]

Vladimir Lenin fue quien advirtió:

> *Podemos y debemos escribir en un **lenguaje** que siembre entre las masas el odio, la repugnancia y el encono hacia aquellos que no están de acuerdo con nosotros.*

Y Thomas Sowell dijo:

Con el paso de las generaciones, los líderes negros dejaron de ser almas nobles y se convirtieron en charlatanes desvergonzados.

Es comprensible que Obama y Oprah hayan tenido que dar fin a su relación con el reverendo Wright a pesar de que casó a Michelle y Barack, y bautizó a sus hijas. Aunque Wright ya se retiró, se ha mantenido en los medios y aparece de vez en cuando. En 2010 habló sobre el distanciamiento y, respecto a Obama, dijo: "Me sacrificó en beneficio propio", y luego añadió que el entonces presidente era una persona "tóxica" para la Casa Blanca.

En 2021 estamos viendo a muchas iglesias anunciar su apoyo al movimiento *Black Lives Matter*.

A pesar de que Marx advirtió:

Los principios sociales del cristianismo predican la cobardía, el desprecio a uno mismo, la degradación, la sumisión, la pequeñez. En resumen, todas las características del canalla.

Al decir "canalla", Marx recurre al significado antiguo de esta palabra de origen latino que pasó del francés al italiano como *canaglia*, y que significa "manada de perros".

El cáncer de la educación convierte a la raza humana en... "racismo"

Yo crecí en Hawái, un lugar donde la cultura es multirracial, por eso aprendí que todas *las vidas* importan, es decir, *All Lives Matter*. El ambiente en el que me crie era un crisol de muchas culturas y gente de orígenes étnicos distintos, era el hogar de una exuberante vida vegetal y de océanos repletos de criaturas vivas de todas formas, tamaños y colores. Este ambiente nos hacía valorar todas las formas de vida y, en ese sentido, también digo que todo *lo vivo* importa, o sea, *All Life Matters*.

En 2020, en lugar de mostrar respeto por la raza humana, veo que el movimiento *Black Lives Matter* hace que los seres humanos sean racistas. Por eso me parece interesante que muchos partidarios y líderes de este movimiento y de la Teoría crítica de la raza digan que son seguidores de Marx. Me parece que la mayoría de la gente estaría de acuerdo con que Marx era racista.

En 1965, cuando estaba en la Academia, compartía mi habitación con Thomas W. Jackson III, un afroestadounidense originario de Washington, D. C. En Hawái nunca tuve compañeros negros porque en Hilo solo había una familia negra y sus hijos eran más pequeños que yo. El hecho de tener a Tom Jackson como compañero de cuarto un año me proveyó una enseñanza reveladora respecto a la enfermedad espiritual conocida como "prejuicio racial".

Tom rompió con su novia poco después de su ingreso a Kings Point y, cuando hablamos de ello me permitió leer la carta que la joven le envió para romper con él y que comenzaba con "Querido Tom…". Rompió con él porque, a diferencia de ella, él no iba a estudiar en Howard University, una institución privada subsidiada por el gobierno federal y dedicada desde siempre a la educación de los estudiantes afroestadounidenses. De acuerdo con la exnovia, Tom "no era suficientemente negro".

A lo largo del año que compartimos la habitación, Tom y yo pasamos muchas horas reflexionando sobre temas raciales.

¿Eres racista?

En la cultura "woke" actual, si dices que *no* eres racista, significa que *sí* eres racista. Si no dices nada, también eres racista. Y si eres blanco y no abres la boca, entonces no solo eres racista, también eres defensor de la supremacía blanca.

A mí me han acusado de ser ambas cosas, racista y supremacista de la raza blanca, lo cual me resulta muy extraño. También me entristece por muchas razones, en especial porque quienes me acusan no me conocen y, en algunos casos, tienen objetivos personales que respaldan con narrativas creadas con este propósito. Por eso no dejo de preguntarme: *¿Cómo llegamos a este punto?*

Thomas Sowell dice:

> *La palabra "racismo" es como la salsa cátsup: se la puedes añadir prácticamente a todo, pero si alguien exige evidencias, lo catalogan de "racista".*

Candace Owens nos advierte:

> *Si sabes jugar con habilidad la carta de la negritud, puedes ganar premios y hacer millones de dólares, y al mismo tiempo, sostener que la gente que te puso donde te encuentras te odia.*

En agosto de 2021, Larry Elder, anfitrión y presentador de radio conservador, autor, político, abogado y candidato afroestadounidense a gobernador de California, fue acusado por *Los Angeles Times* de ser "el rostro blanco de la supremacía negra".

Larry Elder explica:

> *La fórmula para alcanzar el éxito perteneciendo a la clase media es sencilla. Termina la preparatoria, no tengas hijos antes de los veinte años y cásate antes de tener hijos.*

¿Quién es racista?

En mi opinión, en el mundo de ahora, la persona que acusa a alguien de ser racista es el verdadero racista.

Thomas Sowell también advirtió:

El racismo no ha muerto, se encuentra en sistema de respiración asistida, es decir, lo mantienen vivo los políticos, los estafadores de la raza y la gente a la que le agrada sentirse superior por denunciar a otros como "racistas".

El cáncer de la educación se extiende a nuestra libertad de expresión

Marx no decía gran cosa respecto a la "libertad de expresión" porque estaba más enfocado en la lucha de clases y en la eliminación de la sociedad. Lenin, en cambio, hablaba mucho de este tema.

Lenin declaró:

La libertad de expresión es un prejuicio burgués.

"Burgués" es otra forma de llamarle a un capitalista de clase media.

En lugar de permitir que otras personas expresen sus puntos de vista, Lenin recomendó lo siguiente:

Por supuesto, es mucho más fácil gritar, abusar y aullar en lugar de tratar de entender, explicar.

Asimismo, el profesor Gad Saad advierte:

Estas iniciativas del lenguaje políticamente correcto están mal dirigidas y son dañinas. Producen "víctimas" profesionales totalmente convencidas de sus privilegios, las cuales, además de esperar no ser ofendidas en absoluto, engendran una atmósfera sofocante en la que todos los individuos caminan de puntitas por temor a cometer un pecado capital lingüístico.

El profesor Jordan Peterson advierte:

> *La intolerancia frente a los puntos de vista de otros, sin importar cuán ignorantes o incoherentes sean, no solo es incorrecta. En un mundo en el que nada es ni correcto ni incorrecto, resulta aún peor: es señal de que careces de sofisticación a un punto embarazoso o, incluso, peligroso.*

Enseñar racismo no es "libertad de expresión". Enseñar racismo bajo el disfraz de la Teoría crítica de la raza es el equivalente a enseñar odio. La enseñanza de la Teoría crítica de la raza promueve la división, no la diversidad. La enseñanza de la TCR forma parte de una agenda marxista que está dividiendo a Estados Unidos de América.

Llegó la hora de que Estados Unidos "despierte" y se dé cuenta de lo que están enseñando los maestros. Es hora de que averigüemos lo que hacen la Asociación Nacional de la Educación (NEA) y la Federación Estadounidense de Maestros (AFT, por sus siglas en inglés): los dos sindicatos laborales más poderosos y ricos del país.

Porque Karl Marx advirtió:

> *Sin la lucha de clases, sería difícil justificar la existencia de los sindicatos.*

Estados Unidos no es un país racista de manera sistemática. Es un país capitalista de manera sistemática, una república democrática consagrada a la libertad de expresión, a la libre empresa, a la libertad y a la posibilidad (no a la garantía) del Sueño americano. Estados Unidos no es una utopía marxista, no es un lugar donde a todos les toca trofeo.

En palabras de Vilfredo Pareto:

> *La afirmación de que, de manera objetiva, los hombres son iguales, es tan absurda que ni siquiera vale la pena refutarla.*

Si todos los hombres fueran iguales, yo sería tan guapo como Brad Pitt, jugaría golf tan bien como Tiger Woods y cantaría como Sting, fundador del grupo The Police. Es hora de que Estados Unidos "despierte" y se dé cuenta de lo que están enseñando los maestros en las escuelas.

El cáncer de la educación se extiende a la prensa

Joseph Stalin advirtió:

> *La prensa debe crecer día tras día: es el arma más incisiva y poderosa de nuestro Partido.*

El Proyecto 1619

El periódico *The New York Times* publicó una edición especial de 100 páginas de uno de los números de su revista dominical aparecidos en agosto de 2019. En él se promovía el "Proyecto 1619" (*The 1619 Project*). Este "Proyecto" presenta e interpreta la historia estadounidense vista de forma exclusiva a través del prisma de la raza y del conflicto racial. La publicación de este número especial marca el aniversario número 400 de la llegada de los primeros 20 esclavos africanos a Point Comfort, cuando Virginia era aún una colonia británica en Norteamérica. Al día siguiente a su llegada, los esclavos fueron intercambiados por alimentos.

Según *The New York Times*, el "Proyecto" tiene como objetivo cambiar la historia. También busca "modificar la estructura" histórica de Estados Unidos. *The Times* promueve la institución de 1619 como el año de la fundación de nuestro país.

El Proyecto 1619 pone las consecuencias de la esclavitud y las contribuciones de los negros estadounidenses en el centro del pro-

475

ceso de fundación de Estados Unidos, por eso están profanando las estatuas de Cristóbal Colón.

The New York Times trata de cambiar la historia a través de la escritura de una "nueva narrativa".

Fue Marx quien advirtió:

> *Despoja de su herencia a una nación y te será más fácil persuadir a su gente.*

El "Proyecto" está tan lleno de mentiras, imprecisiones emocionales y opiniones que en el sitio de Internet de los Socialistas Mundiales (WSWS.org) se puede leer la siguiente advertencia:

> *A pesar de su pretensión de establecer la "verdadera" fundación de Estados Unidos, The 1619 Project es una falsificación política de la historia. Su objetivo es crear una narrativa que legitime la labor del Partido Demócrata para construir una coalición electoral con base en la priorización de las "identidades" personales como las de género, preferencia sexual, etnia y, sobre todo, raza.*

El cáncer de la educación se extiende a la 2ª Enmienda

Cada vez que escucho el grito de batalla "¡Desfinanciamiento de la policía!" me pregunto si alguno de los manifestantes ha pensado en las consecuencias que esto tendría.

Lenin advirtió:

> *Un hombre con un arma puede controlar a cien hombres desarmados.*

Y Mao advirtió:

Todo el poder político proviene del cañón de un arma. El partido comunista debe controlar todas las armas para que estas nunca sean utilizadas para controlar al partido.

Lenin también dijo:

Deben actuar con toda su energía. Búsquedas masivas. Ejecución de quienes oculten armas.

Armar a los talibanes

Mientras los liberales en Estados Unidos quieren desfinanciar a la policía y negarles a los ciudadanos su derecho a la 2ª Enmienda, la deshonrosa retirada de la Administración de Biden de Afganistán permitió que más de medio millón de armas quedaran en manos de los talibanes. Esta no es una declaración política, solo estoy señalando un hecho bien documentado.

Tú y yo sabemos que esas mismas armas fabricadas en Estados Unidos regresarán como contrabando a nuestro país y llegarán a otros países también, y con ellas probablemente se asesinará a millones de personas inocentes.

Lenin explicó:

Una de las condiciones básicas para la victoria del socialismo es armar a los trabajadores (comunistas) y desarmar a la burguesía (la clase media).

El cáncer de la educación
se extiende a Hollywood

Cuando era actor, la gente reconocía a Ronald Reagan como un anticomunista acérrimo. Mucha gente no sabe que su reputación empezó a formarse muchos años antes de que llegara a ser presidente de Estados Unidos. Reagan inició su cruzada anticomunista cuando era presidente del Sindicato de Actores de Cine de Estados Unidos (*Screen Actors Guild of America*).

Me parece interesante que Lenin mencionara al "cine" en la siguiente advertencia:

> *De todas las artes, la más importante para nosotros es la cinematografía.*

El Sindicato de Actores de Cine era campo fértil para Marx y su propaganda. Entre más hablaba Reagan sobre los comunistas en Hollywood, menos proyectos de actuación le proponían. Por eso al final se vio forzado a trabajar en televisión.

Los sentimientos políticos en la industria del entretenimiento inspiraron a Ronald Reagan a postularse como candidato a gobernador de California y, tiempo después, a presidente de Estados Unidos.

Uno de los "papeles" más importantes que interpretó Reagan fue el de presidente de nuestro país. El 2 de junio de 1987 se presentó en la Puerta de Brandemburgo, en Berlín, y emitió un desafío internacional dirigido a Mijaíl Gorbachov, entonces secretario del Partido Comunista de la Unión Soviética.

Este fue el desafío de Reagan:

> *Detrás de mí hay un muro que circunda los sectores libres de esta ciudad, es parte de un vasto sistema de barreras que divide a todo el continente europeo. [...] Estando de pie frente a la Puerta de Brandemburgo, todo hombre es un alemán separado de sus congéneres. Todo hombre es un berlinés forzado a mirar una cicatriz. [...] Mientras esta puerta permanezca cerrada, mientras se permita que esta cicatriz en forma de muro continúe en pie, no se tratará solamente de un asunto alemán sin resolver, sino de la libertad de toda la humanidad. [...]*

Secretario general Gorbachov, si busca la paz, si busca prosperi-
dad para la Unión Soviética y Europa del Este, si busca la liberali-
zación, venga a esta puerta.
Señor Gorbachov, ¡abra esta puerta!
Señor Gorbachov, ¡derribe este muro!

Dos años después, en 1989, fue la caída del Muro de Berlín. En la actualidad, no resulta sorprendente que algunos digan que los comunistas siguen dirigiendo Hollywood.

Muchos liberales trabajan para organizaciones no gubernamentales o ONG, agrupaciones de caridad, comités de acción política y muchos otros tipos de organizaciones sin fines de lucro que tienen como objetivo hacer el bien y sentirse bien.

La mayoría de los benefactores de verdad realizan una labor benéfica, pero, al igual que Marx, no saben producir dinero. Entonces, ¿quién es más generoso? ¿Los liberales o los conservadores?

Thomas Sowell descubrió lo siguiente:

La gente que se identifica como conservadora dona dinero a la caridad
con más frecuencia que quienes se presentan como liberales. Dona
más dinero y dona un mayor porcentaje de sus ingresos.

Por desgracia, muchos ultrarricos donan recursos a causas liberales radicales. El dinero y las huellas del megamultimillonario George Soros, por ejemplo, están presentes en todas las organizaciones que apoyan iniciativas como la del desfinanciamiento de la policía.

De acuerdo con registros archivados en la Comisión de Elecciones Federales (Federal Election Comission) y el *Washington Free Beacon*, el multimillonario George Soros suele respaldar a candidatos democráticos congresales y a fiscales generales, y donó un millón de dólares al Comité de Acción Política (PAC) Color of Change, el cual exige el desfinanciamiento de la policía. El PAC se describe a sí mismo como la organización de justicia racial en línea más extensa del país. Soros continúa apoyando con recursos económicos a organizaciones que promueven el desfinanciamiento policiaco en todo el mundo a pesar de que los crímenes violentos continúan aumentando. Y, por otra parte, tenemos a Jeff Bezos, quien es dueño de *The Washington Post*...

El cáncer de la educación se extiende a la economía

Los comunistas culpan a los capitalistas de la brecha entre los ricos y los pobres. Los comunistas culpan a los capitalistas de la desigualdad en el ingreso. Los comunistas culpan a los capitalistas de que mucha gente no tenga casa.

Estas son las mentiras de los socialistas, los marxistas y los comunistas. Los socialistas, marxistas y comunistas son la causa de la desigualdad en el ingreso y de la brecha entre los ricos y los pobres. Para que el *Manifiesto comunista* de Marx tenga éxito, es esencial que haya malestar social y económico.

Los socialistas, los marxistas y los comunistas son la gente que está provocando la verdadera pobreza en el mundo.

La explicación súper simple o *KISS*: Los capitalistas generan prosperidad. Los comunistas generan pobreza.

P: ¿Por qué los marxistas quieren que haya pobreza?

R: En mi opinión, por dos razones:

Razón #1: Marx era un intelectual pobre y enojado, pertenecía a la élite académica. Necesitaba culpar a alguien de su pobreza.

Él mismo dijo que era un perdedor. El 8 de enero de 1863 escribió:

Solo el diablo sabe por qué a todos en nuestro círculo los aqueja la mala suerte estos días. Yo ya tampoco sé para dónde mirar. Mis intentos por hacer dinero en Francia y Alemania no han tenido ningún resultado y, por supuesto, debí prever que 15 libras solo servirían para detener la avalancha un par de semanas. Aparte del hecho de que nadie nos vende nada a crédito, salvo por el carnicero y el panadero que también dejarán de fiarnos esta semana, la pandilla completa me cobra con insistencia las colegiaturas y la renta. A quienes les di algunas libras a cuenta fueron astutos y las guardaron celosamente para acosarme con un vigor renovado. Para colmo, los niños no tienen ropa ni zapatos para salir. En resumen, se ha desatado el infierno.

P: ¿Por eso Marx odiaba a los capitalistas y al capitalismo? ¿Porque era un perdedor y no tenía dinero?

R: Te sugiero que leas de nuevo las palabras del propio Marx y decidas por ti mismo. De esa manera, la opinión informada que tengas será tuya y no mía.

Razón #2: Marx necesitaba que la gente fuera pobre y estuviera enojada igual que él, solo así podría instigar una revolución.

Marx advirtió:

La lucha de clases conduce de forma necesaria a la dictadura del proletariado.

Te presento una definición de proletariado:

Obreros o gente de la clase trabajadora. Ciudadanos de la clase más baja en la Antigua Roma.

P: ¿Marx proponía un gobierno dirigido por gente pobre?

R: Sí, gente pobre, intelectuales académicos igual a él.

¿Quién causa la pobreza?

¿Por qué digo que los socialistas, marxistas y comunistas son la causa de la desigualdad en el ingreso, la brecha entre los ricos y los pobres? La respuesta es sencilla: el nombre del juego es *rescate*. Anteriormente mencioné a *La criatura de la Isla de Jekyll*, también conocida como "La Fed". Afirmé que los banqueros del mundo podían ser "rescatados" si se metían en problemas. Los pobres y la clase media, en cambio, tienen que declararse "en bancarrota".

Bucky Fuller advirtió:

> *Están jugando con el dinero.*

Las reglas del juego del dinero son distintas para los ricos, los pobres y la clase media. La pregunta es: ¿Quién diseñó a la Criatura de la Isla de Jekyll?

Jim Rickards escribe:

> *En 2008 los bancos centrales rescataron a Wall Street. Cuando se presente la siguiente crisis, ¿quién va a rescatar a los grandes bancos? Dicho de otra forma, cada nueva crisis es más desmesurada que la anterior. Cada rescate es más considerable que el anterior. Estamos en el punto en que ya excedimos la capacidad que tienen los bancos centrales para "salvarnos".*

Lenin advirtió:

> *El establecimiento de un banco central representa 90 % del proceso para que un país se vuelva comunista.*

En 1913 se fundó el Banco de la Reserva Federal. La Fed es un banco central, el tercero de Estados Unidos.

Recuerda que la Fed no es estadounidense ni es un banco comercial. Es un "banco central" y forma parte de un cartel bancario mundial.

El comunismo empieza con el "control central" de la economía, por eso la Fed es esencial para el *Manifiesto comunista* de Marx.

La Declaración de Independencia

Thomas Jefferson (1743-1826) fue el tercer presidente de Estados Unidos, no solo fue signatario de la Declaración de Independencia, también se le considera el impulsor principal de la misma.

Thomas Jefferson advirtió:

> *Si los estadounidenses llegan a permitir que los bancos privados controlen la emisión de su moneda, primero a través de la inflación y luego de la deflación, los bancos y las corporaciones que crecerán alrededor [los bancos] privarán a la gente de toda propiedad hasta que sus hijos despierten un día y no tengan un hogar en el continente que sus ancestros conquistaron. El poder de emisión debe ser arrebatado a los bancos y devuelto a la gente, a quien le pertenece por ley.*
>
> ***Sinceramente creo*** *que los establecimientos bancarios son más peligrosos que los ejércitos permanentes, y que el principio de gastar dinero que, bajo el pretexto del financiamiento, deberá pagar la posteridad, no es más que una manera de desfalcar a la gente del futuro a gran escala.* [El énfasis es mío.]

Ron Paul, congresista y candidato republicano a la presidencia de Estados Unidos, está de acuerdo con Jefferson. En su libro, *End the Fed*, nos advierte:

> *La primera razón es que la Constitución no la autoriza, es una institución ilegal. La segunda razón es que es una institución inmoral*

porque le otorgamos a una entidad secreta el privilegio de crear dinero de la nada; si tú o yo hiciéramos eso, nos tacharían de falsificadores, y entonces, ¿por qué legalizamos la falsificación? Las razones económicas, por otra parte, son abrumadoras: la Reserva Federal es una criatura que roba valor.

Y en palabras de George Washington:

El papel moneda puede tener en tu estado el efecto, por siempre invariable, de arruinar el comercio, oprimir a los honestos y abrir la puerta a todo tipo de fraudes e injusticias.

En su libro *Fed Up: An Insider's Take on Why the Federal Reserve is Bad for America*, Danielle Di Martino Booth advierte:

La reputación de la Fed se ha fortalecido hasta cierto punto entre el público gracias a que siempre ha prestado mucha atención a la tarea de tranquilizar a la gente a través de los medios y comprar a sus probables detractores.

Otro libro relevante para esta discusión es *Collusion: How Central Bankers Rigged the World* de Nomi Prins, publicado en 2018.

Nomi escribe:

Renuncié a Wall Street y decidí que había llegado el momento de hablar más sobre lo que sucedía en el interior porque la situación había cambiado. ¿Se habría vuelto mucho más siniestra y peligrosa?

Conozco a Nomi personalmente, tiene más cerebro, agallas y tenacidad que la mayoría de los hombres con quienes he hecho negocios en Wall Street. Es una mujer de *acciones, no palabras*. Renunció a su empleo como infiltrada en Wall Street y viajó por el mundo para investigar y entrevistar a banqueros centrales. Sus hallazgos respaldan lo que expone Bucky Fuller en su libro de 1983, *El flagrante atraco universal del efectivo*. El libro de Nomi, *Collusion*, te enfurecerá y alarmará.

P: ¿Por eso fueron creados la Fed y el departamento fiscal en 1913?

R: Sí. El dinero falso no puede existir sin impuestos falsos. El dinero falso es la razón por la que el mercado de valores ha permanecido en su punto más alto desde el brote de la COVID-19. Los directores ejecutivos están usando este dinero para mantener elevado el precio de sus acciones.

P: ¿Por eso tú y el antiguo abogado de la SEC, Ted Siedle escribieron juntos *Who Stole My Pension?* en 2020?

R: Así es. Este libro va tras bambalinas para ver lo que hacen los jefes de los sindicatos laborales, los funcionarios del gobierno y Wall Street. Si tú o alguien a quien estimas recibe una pensión, el libro *Who Stole My Pension?* les abrirá los ojos. Es mejor prepararse desde ahora.

Mis compañeros Marines que consiguieron empleo como pilotos para United Airlines perdieron todo en el contrato sindical de esta aerolínea, y como muchos de ellos ya son demasiado mayores para seguir volando, ahora enfrentan dificultades económicas.

Thomas Sowell nos advirtió:

Una de las fallas comunes entre la gente honorable es no darse cuenta cuán inmorales pueden ser otros y cuán peligroso es confiar en ellos.

También lo hizo Jim Rickards:

Quizás sea muy tarde para salvar al dólar, pero no para conservar la riqueza. Vivimos en un sistema monetario artificial que llegó a su etapa final.

P: ¿Las pensiones tendrán que ser rescatadas?

R: Tal vez prefieras investigar y estudiar este tema por ti mismo para tomar tus propias decisiones, pero si yo dependiera de una pensión, me sentiría inquieto porque siempre me han preocupado las cosas que no puedo controlar.

Las pensiones son parte del *GRUNCH*, del flagrante atraco, del Fantasmal sistema bancario y del "Pantano" que el presidente Trump estaba drenando.

Nacimiento de Estados Unidos

En 1913, con la aprobación de la 16ª Enmienda, fue creado el Internal Revenue Service (IRS), es decir, el servicio tributario. Vale la pena notar que la verdadera fecha de la fundación de Estados Unidos no fue 1619, sino 1773, año en que los estadounidenses, disfrazados de indios americanos, organizaron un motín y lanzaron el té inglés al mar en el puerto de Boston. El Motín del té fue un disturbio provocado por los impuestos. Así nacieron los Estados Unidos.

Marx advirtió:

Para un desarrollo adecuado del comunismo se requiere de un impuesto sobre los ingresos denso o progresivo o gradual.

Marx advirtió:

Los impuestos son la fuente de vida de la burocracia, el ejército, la iglesia y la corte; en resumen, de todo el aparato del poder ejecutivo.

Un gobierno fuerte equivale de manera idéntica a una fiscalidad robusta.

La destrucción del dólar

El dinero, el poder y la libertad... están demasiado entrelazados. Cada vez que veo la fuerza del dólar estadounidense pienso en las palabras de advertencia de Lenin:

La mejor manera de destruir el sistema capitalista es corrompiendo la moneda.

En 1971 el presidente Richard Nixon sacó al dólar del patrón oro y la inflación se disparó. En 1971, justo como lo advirtió Lenin, el dólar estadounidense fue corrompido.

Lenin también advirtió:

La mejor manera de vencer a la burguesía es machacándola entre las dos piedras del molino: los impuestos y la inflación.

En cuanto el dólar ya no estuvo respaldado por oro, los marxistas pudieron realizar la profecía de Lenin. Ahora podían provocar inflación por medio de una desmesurada impresión de dinero.

En 2020, cuando la economía fue puesta en pausa, la Fed y el Tesoro empezaron a imprimir billones de dólares.

P: ¿Por eso en 1972 volaste más allá de las líneas enemigas para comprar oro?

R: Sí, y es la misma razón por la que en 2020 empecé a invertir en bitcoin.

En 1972 una mujer vietnamita me dijo: "El oro y la plata son el dinero de dios." Dinero fabricado por Dios. El bitcoin es el "dinero del pueblo".

El banco central, es decir, la Fed, no tiene control sobre el oro, ni sobre la plata o el bitcoin.

No te estoy sugiriendo que inviertas en oro, plata o bitcoin, esa será decisión tuya. Solo te cuento lo que yo hago.

Como lo he explicado en *Padre Rico, Padre Pobre* y otros libros de la serie Padre Rico, "Los ahorradores son perdedores". Yo no he ahorrado en dólares desde 1972. Actualmente, cada vez que necesito dinero, uso la deuda, pago lo menos posible en impuestos de manera legal y ahorro en oro, plata y bitcoin.

Jim Rickards advierte:

> *Desde su fundación en 2013, el mandato más importante de la Fed ha sido mantener el poder adquisitivo del dólar. Sin embargo, nuestra moneda ha perdido desde ese año más de noventa y cinco por ciento de su valor. Dicho de otra forma, hoy se necesitan veinte dólares para comprar lo que se compraba con un solo dólar en 1913.*

P: El colapso del mercado Repo no fue difundido en las noticias, y luego sobrevino la pandemia de COVID-19. ¿Fue por eso por lo que el 17 de septiembre de 2019, fecha del colapso, tus sentidos entraron en Alerta roja?

R: Así es. Luego los mercados colapsaron, los pequeños comercios tuvieron que cerrar, comenzaron los disturbios, se empezó a impartir la Teoría crítica de la raza, se dio inicio al proceso de destitución de Donald Trump, hubo elecciones falsas, las ciudades fueron incendiadas, comenzó el movimiento en favor del desfinanciamiento de la policía, las escuelas cerraron por la pandemia, se dieron a conocer los mandatos respecto a los cubrebocas y las vacunas, hubo una cobertura plagada de *fake news*, la Fed y el Tesoro imprimieron billones de dólares en dinero falso, el mercado de valores falso siguió operando, las pensiones están siendo saqueadas justo cuando los *baby boomers* se están retirando, Afganistán cayó… la lista es interminable.

De pronto sospeché que la advertencia de Lenin se estaba volviendo realidad:

Hay décadas en las que no pasa nada y semanas en las que pasan décadas.

Mi Alerta roja encontró la lógica de las advertencias del senador Joseph McCarthy, el congresista Ron Paul y los presidentes Eisenhower y Reagan. Nos lo advirtieron…

También Thomas Sowell advirtió:

Una de las fallas comunes entre la gente honorable es no darse cuenta cuán inmorales pueden ser otros y cuán peligroso es confiar en ellos.

Las indemnizaciones… y el ascenso de Hitler al poder

En 2020 el movimiento *Black Lives Matter* hace sonar los tambores con la intención de cobrar indemnizaciones por los salarios no pagados durante el período de esclavitud en Estados Unidos. La ironía es que las indemnizaciones serán pagadas a personas que nunca fueron esclavizadas y que las pagarán personas que nunca poseyeron esclavos.

Antes de que Estados Unidos acceda a pagar estas indemnizaciones, tal vez sea el momento oportuno para analizar algunas lecciones en la historia.

Hitler ascendió al poder al finalizar la Primera Guerra Mundial, tras la firma del Tratado de Versalles. Este tratado le exigía al pueblo alemán pagar indemnizaciones a los países ganadores. El problema fue que Alemania estaba tan devastada por la guerra que no podía producir ni exportar, ni pagar indemnizaciones. Para cumplir con el acuerdo, el gobierno alemán, es decir, la República de Weimar, empezó a imprimir billones de Reichsmark.

Esto condujo a una hiperinflación, hambruna, malestar civil y al ascenso al poder de un hombre que fue soldado raso en la Primera Guerra Mundial, Adolf Hitler.

Debido a las indemnizaciones, la impresión desmedida de dinero y el fracaso de la economía alemana en 1933, Hitler fue elegido Canciller de Alemania, y ya todos sabemos lo que ocurrió después.

En 1933 Hitler advirtió:

> De hecho, la política de indemnizaciones solo podía financiarse por medio de las exportaciones alemanas. Sin embargo, mientras que, en beneficio de las indemnizaciones, Alemania fuera considerada una empresa exportadora internacional, la exportación de las naciones acreedoras resultaría afectada de forma necesaria. Por lo tanto, el beneficio económico acumulado por los pagos de indemnización podría no paliar nunca el daño que el sistema de reparaciones infligió sobre los sistemas económicos individuales.

La Segunda Guerra Mundial empezó el 1 de septiembre de 1939 con la invasión alemana de Polonia.

Hitler era racista, odiaba a la comunidad judía y quería borrarla de la faz de la tierra. Un cálculo aproximado indica que durante su reinado de terror murieron 11 millones de personas, de las cuales, 6 millones eran judías.

P: ¿Después de 2021 habrá inflación o deflación?

R: Lo más probable es que sucedan las dos cosas. Si el ascenso de Hitler puede servir de indicador, primero habrá hiperinflación, le seguirá la depresión y luego un colapso económico.

Jim Rickards recurre a la definición de "depresión" de John Maynard Keynes:

> *La definición de depresión de John Maynard Keynes como "condición crónica de la actividad subnormal durante un período considerable sin ninguna tendencia marcada, ni hacia la recuperación, ni hacia el colapso absoluto".*

Jim también advierte lo siguiente:

> *Si esperamos lo suficiente, el cierre de emergencia en 2020 de la economía estadounidense será visto como la torpeza política más grande de todos los tiempos. La riqueza y los ingresos perdidos ascenderán a billones de dólares.*

En su libro *The New Great Depression*, Jim advierte que la COVID-19:

> *Conducirá al colapso económico más grande en la historia de Estados Unidos.*

P: ¿Jim Rickards tiene razón?

R: No estoy seguro de que esa sea la pregunta más importante. Jim ha sido facilitador de juegos de guerra financiera para el Departamento de Defensa y para la CIA y sabe más que la mayoría de la gente sobre el tema de guerras financieras con dinero, pero tal vez sería mejor que te preguntaras lo siguiente:

Si Jim tiene razón y se avecina el colapso económico más grande en la historia, la pregunta "WOKE", la pregunta para despertar, sería: ¿Qué piensas hacer tú?

En 1972, cuando la pequeña vietnamita me ayudó a "despertar", empecé a ahorrar en oro y plata en lugar de dólares. Actualmente también ahorro en bitcoin.

Insisto, ¿qué piensas hacer?

¿Se está repitiendo la historia? Hitler ascendió al poder en 1933, cuando el gobierno alemán de la República de Weimar imprimía dinero y fingía que pagaba las indemnizaciones de la Primera Guerra Mundial.

En 2021, la Fed, el Departamento del Tesoro y Wall Street continúan imprimiendo dinero y fingiendo que la economía estadounidense es sólida.

Jim Rickards advierte:

> El oro es el tipo de activo más incomprendido del mundo. La confusión surge porque se comercia como si fuera un insumo, pero en realidad es dinero.

Y:

> Los bancos centrales y los ministerios de finanzas no guardan cobre, aluminio ni suministros de acero, lo que acumulan es oro. La única explicación para que un banco central acumule oro es obvia: el oro es dinero.

Jim ahorra en "cosas que perduran". Invierte en oro, bienes raíces y arte digno de presentarse en museos.

Ernest Hemingway advirtió:

> La primera panacea para un país mal manejado es la inflación de la divisa, la segunda es la guerra. Ambas cosas traen consigo una

prosperidad temporal, ambas traen ruina permanente. *No obstante, ambas son el refugio de los oportunistas políticos y económicos.*

Te reitero la advertencia de Thomas Jefferson:

Si los estadounidenses llegan a permitir que los bancos privados controlen la emisión de su moneda, primero a través de la inflación y luego de la deflación, los bancos y las corporaciones que crecerán alrededor [los bancos] privarán a la gente de toda propiedad hasta que sus hijos despierten un día y no tengan un hogar en el continente que sus ancestros conquistaron. El poder de emisión debe ser arrebatado a los bancos y devuelto a la gente, a quien le pertenece por ley.

Y varias reflexiones de Lenin:

El establecimiento de un banco central representa 90 % del proceso para que un país se vuelva comunista.

La mejor manera de destruir el sistema capitalista es corrompiendo la moneda.

La mejor manera de vencer a la burguesía es machacándola entre las dos piedras del molino: los impuestos y la inflación.

En 2019… la COVID-19 entró a nuestra vida.

Lenin advirtió:

La medicina es la clave del arco del socialismo.

La COVID-19 apareció en octubre, es decir, después de que el mercado Repo o mercado de los acuerdos de recompra colapsara el 17 de septiembre de 2019.

La economía fue puesta en pausa, la gente fue confinada, no tenía permitido ni trabajar, ni ir a la iglesia ni a la escuela. Y en cuanto los agitadores empezaron a incendiar y saquear, comenzó la censura.

Marx advirtió:

Modifica la base económica y cambiarás a los seres humanos.

Trump realizó una campaña vigorosa e incansable, mientras que Biden permaneció oculto en su sótano. Y a pesar de eso, Trump perdió y no fue reelecto.

Stalin advirtió:

La que cuenta no es la gente que vota, sino la que cuenta los votos.

El muro de Trump

¿Por qué el presidente Biden y la vicepresidenta Kamala Harris detuvieron la construcción del muro de Trump y permitieron que millones de personas se colaran a Estados Unidos?

En agosto de 2021, 340 000 indocumentados cruzaron nuestra frontera sur.

Pienso en las palabras de advertencia de Thomas Sowell:

Entre más gente dependa de las limosnas del gobierno, con más votos contará la izquierda para crear un estado de prestaciones sociales en constante expansión.

La guerra siempre se hace por dinero.

En su libro *Currency Wars*, Jim Rickards escribe sobre la guerra que se libra con dinero.

Imprimir dólares en casa implica mayor inflación en China, alimentos a precios más elevados en Egipto y burbujas bursátiles en Brasil. Imprimir dinero significa devaluar la deuda estadounidense para que a los acreedores en el extranjero se les pague con dólares más baratos. La devaluación implica mayor índice de desempleo en las economías en desarrollo mientras que sus exportaciones se vuelven más costosas para los estadounidenses. La inflación resultante también implica precios más elevados en los insumos necesarios en las economías en desarrollo, como el cobre, el maíz, el aceite y el trigo. Los otros países han empezado a implementar subsidios, aranceles y controles de capital para luchar contra la inflación provocada por Estados Unidos. La guerra de divisas se extiende con rapidez.

Como aprendimos en el Cuerpo de Infantería de Marina, en la guerra se utilizan distintos tipos de armas. El dólar estadounidense es un arma. La COVID-19 podría ser otra. La COVID-19 apareció más o menos al mismo tiempo que la gente en Hong Kong se manifestaba en contra del Partido Comunista de China. ¿Lo oportuno del momento no resulta sospechoso? Y, ¿el objetivo será la destrucción masiva de la economía estadounidense?

Capítulo 16

POR ENCIMA DE TODO

¿Cómo podemos protegernos y evitar la pérdida de nuestras libertades? Aunque es más fácil decirlo que hacerlo, todo comienza con que cada uno asuma la responsabilidad de lo que puede controlar. Podemos, por ejemplo, controlar la información que permitimos que entre a nuestra mente y la manera en que la procesamos. Los maestros son la fuente de lo que les da forma a muchas vidas, así que podemos elegir a maestros en quienes confiemos y que deseen apoyarnos para fortalecer nuestras libertades en lugar de destruirlas.

Libertad significa... elevarse hasta la cima

Podemos controlar nuestras emociones y no ser víctimas de la retórica y las opiniones diseñadas para avivar la furia y la división. Podemos elevarnos y ponernos por encima del combate, llegar a la cima... y analizar los hechos. Podemos pararnos en el borde de la moneda para apreciar ambos lados.

En agosto de 2021 estaba desayunando en un pintoresco café en Botsuana, África.

A mi alrededor había una gran diversidad de gente, africanos, blancos, asiáticos, adolescentes, mayores, ancianos, ricos y pobres. Todos tenían celulares, incluso el mendigo que pedía dinero en la calle tenía un celular.

Yo también estaba mirando mi teléfono, le estaba enviando un mensaje de texto a Marin Katusa, quien se encontraba en Vancouver, en la región de British Columbia, Canadá. Estábamos finalizando un "Nuevo Pacto Verde" o GND que habría hecho muy feliz a la socialista Alexandria Ocasio-Cortez. Marin y yo estábamos por terminar un negocio de créditos de carbono que algunos meses después cotizaría en la bolsa.

P: ¿Quieres decir que una socialista como Alexandria Ocasio Cortez te está enriqueciendo? ¿A ti? ¿Un capitalista?

R: Así es. La ironía *es* generosa, ¿no es cierto? Los socialistas como AOC prefieren culpar a otros y quejarse. Ella no sabe cómo salvar al medio ambiente ni cómo generar dinero, por eso es socialista. Es una "embaucadora política" cuyo dinero proviene de las contribuciones a las campañas políticas… son limosnas de socialistas liberales adinerados de izquierda que odian a los capitalistas.

La buena noticia es que su "Nuevo Pacto Verde" nos volverá muy ricos a nosotros, los verdaderos capitalistas.

Falsos ambientalistas

Al "movimiento ambientalista" se le ha denominado Caballo de Troya del marxismo. Los marxistas entran a nuestras escuelas ocultos en su Caballo de Troya: un regalo para las escuelas bajo el nombre de "programa educativo".

En la *Eneida* de Virgilio, después de sitiar la ciudad de Troya diez años sin resultados, los griegos, guiados por Odiseo, construyeron un enorme caballo y escondieron en él un selecto ejército. Luego fingieron partir y los troyanos jalaron el caballo para meterlo a la ciudad como trofeo de la victoria. Esa noche, los soldados salieron del caballo y abrieron las puertas para que pudiera entrar el resto del ejército griego, que ya había vuelto a la ciudad al abrigo de la oscuridad nocturna. Los griegos entraron y destruyeron Troya, dando así fin a la guerra.

Los marxistas entraron a nuestras escuelas de la misma manera. Bajo el disfraz del "salvamento del medio ambiente", los marxistas plantan sus ideas en las mentes de los estudiantes. El movimiento *"Black Lives Matter"* y la "Teoría crítica de la raza" se cuelan en la cabeza de los jóvenes y niños de esa forma.

P: ¿Quieres decir que la ideología marxista ingresó a nuestras escuelas como caballos de Troya?

R: Es algo en lo que en verdad deberíamos pensar. Thomas Sowell advirtió:

Hoy en día, en muchas de nuestras escuelas no solo se descuida la educación, también se le reemplaza en gran medida con adoctrinamiento ideológico.

Emociones frente a hechos

La ideología marxista penetra los sistemas educativos en forma de regalos para los maestros, quienes ya están impregnados de la doctrina de la educación posmoderna. La educación posmoderna, el marxismo, el socialismo, el comunismo y el fascismo se basan en emociones y opiniones, no en hechos.

El capitalismo exige hechos. Los banqueros me piden mi estado financiero porque quieren conocer los hechos y porque las cifras les cuentan una historia. Mi estado financiero es mi boleta de calificaciones y le dice a mi banquero cuán inteligente soy con mi dinero.

El dinero es un tema muy visceral y la mayoría de la gente no puede lidiar con los hechos. La verdad, sin embargo, se mide en hechos. Por ejemplo:

1. Tienes 3,000 dólares en ahorros que te generan 1.5 % de interés, y tienes 15 000 dólares en una deuda de tarjeta de crédito que te cobra 18 % de interés.
2. Tienes una deuda de 95 000 dólares por préstamo estudiantil y ganas 35 000 dólares al año.
3. Ganas 50 000 dólares al año, pero gastas 55 000.
4. Rentas un automóvil por 75 000 dólares con el sistema de *leasing*, y luego te inquietas cuando ves que el precio de la gasolina aumenta.

Estos son hechos, son certezas.

Los posmodernistas culparán a los capitalistas de provocar sus problemas financieros personales, por eso dudo que alguna vez impartan verdadera educación financiera. Recordemos lo que dijo el personaje del coronel Jessup, interpretado por Jack Nicholson, en la película *Cuestión de honor*: "Usted no puede con la verdad."

Las excusas frente a los hechos

Cuando yo tenía 14 años, padre rico nos enviaba, a mí y a su hijo, a cobrarles la renta a sus inquilinos. Estoy seguro de que ya te conté esto...

Muy pronto nos dimos cuenta por qué la gente era pobre: los inquilinos que no podían pagar la renta siempre tenían una excusa.

Cuando padre rico nos preguntó qué habíamos ganado gracias a esa experiencia, a modo de broma, contesté:

¡Un doctorado en excusas!

También noté que muchas de las excusas ya las había escuchado porque mis padres las usaban con frecuencia.

Repetiré la advertencia de Jack Nicholson cuando le responde al abogado que le pide que diga la verdad: "Usted no puede con la verdad."

Por eso los estados financieros son "herramientas capitalistas" fundamentales para los empresarios que operan en las zonas D e I del cuadrante.

Si quieres cambiar tu vida y ser más rico, ser una persona que aprende a cometer errores y aprende de ellos, debes ser capaz de "lidiar con la verdad", debes "poder con ella" y lidiar con "los hechos". Lidiar con la verdad a menudo significa mirarse en el espejo. Tu estado financiero es tu espejo, tu momento de verdad, tu boleta de calificaciones en el mundo real, cuando ya no gozas de la seguridad de la escuela.

P: ¿Por eso crearon *CASHFLOW*? Te he escuchado decir que el verdadero tablero del juego es el estado financiero…

R: Es correcto. Por eso el "auditor" y el Estado financiero son componentes esenciales. En el mundo real del capitalismo, los auditores son fundamentales para que *tú* conozcas la verdad y puedas "lidiar" con ella. El auditor necesita conocer los hechos.

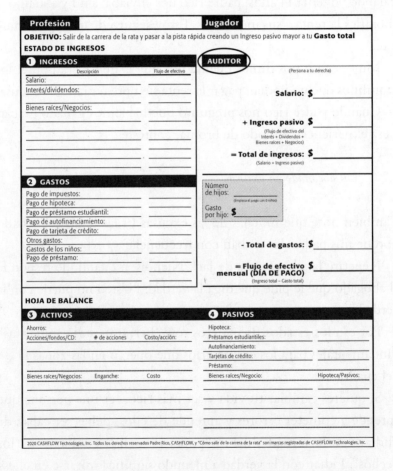

P: ¿Los E y los A no necesitan estados financieros?

R: Exacto. En general, lo único que necesitan son los estados de cuenta bancarios y las declaraciones de impuestos.

P: ¿Por eso las escuelas nunca impartirán educación financiera real?

R: Como quizás ya sabes, tengo una opinión al respecto. Los maestros podrían impartir educación financiera a los E y A, pero no a los D e I. Pueden enseñarle a la gente a graduarse de la preparatoria o incluso de la universidad, a obtener un empleo, hacer el balance de una chequera, ahorrar dinero, vivir sin deudas e invertir en un programa de jubilación del gobierno patrocinado por Wall Street, como el 401(k). Pero tal vez eso sea todo.

Dudo que los maestros en las áreas E y A puedan impartir educación financiera auténtica a quienes desean ser empresarios en las zonas D e I del cuadrante. Creo que muy pocos de los profesores, incluso los universitarios, cuentan con estados financieros trimestrales auditados, lo cual es un requisito para los verdaderos capitalistas.

Muchos maestros viven de un pago al siguiente, esperando su cheque de nómina; dependen de opiniones y emociones financieras, no hechos. Además, con frecuencia vemos que, en las discusiones sobre la desigualdad, la gente confunde la "igualdad en el ingreso" con "igualdad de oportunidades".

La mayoría de los maestros tiene un IQ financiero bajo, y ya sabes que con eso me refiero a la capacidad de una persona para resolver problemas económicos.

La mayoría de los maestros son analfabetas financieros, lo que significa que no hablan el lenguaje del dinero.

La mayoría de los maestros hablan sobre los problemas ambientales desde una perspectiva socialista, imparten la Teoría crítica de la raza, y enseñan pronombres de género y la filosofía de "todos se llevan trofeo a casa". En este contexto, a los ganadores los tachan de opresores.

Aquí tienes algunas preguntas para hacerte reflexionar:

¿Qué opinas? ¿Qué piensas al respecto? ¿Qué tan sofisticados son los maestros? ¿Cuántos maestros conoces que viven de un cheque de nómina al siguiente, igual que los padres de sus alumnos?

Los padres se vuelven terroristas

El 11 de octubre de 2021 el procurador general Merrick Garland abrió una investigación por supuestas amenazas de violencia contra los comités escolares en todo el país. Garland les ordenó a las oficinas de los procuradores y al FBI que efectuaran la investigación, la cual implicaba indagar respecto a padres que habían participado en manifestaciones y en acalorados debates durante reuniones escolares del comité.

> **P:** ¿Quieres decir que ahora el FBI está investigando *a los padres* por terrorismo?
>
> **R:** Bueno, los llamaron "terroristas domésticos". El FBI no se da cuenta de que los verdaderos terroristas son los maestros y el programa marxista.

> **P:** ¿Por qué el procurador general de Estados Unidos está haciendo esto?
>
> **R:** Al analizar los hechos descubrí que la hija de Merrick Garland está casada con el fundador de un grupo educativo que promueve la Teoría crítica de la raza.

Más hechos:

Rebecca Garland se casó en 2018 con Xan Tanner, fundador de Panorama Education.

La empresa de Xan Tanner se asocia con escuelas para la utilización de ciertas herramientas informáticas, entre ellas las encuestas que miden el bienestar emocional y mental de los estudiantes.

Al parecer, en una encuesta realizada entre niños de doce años, se les pregunta respecto a su sexualidad.

Panorama Education tiene contratos con escuelas en la Ciudad de Nueva York, San Francisco y Dallas.

Los críticos de las encuestas de la empresa dicen que estas promueven la Teoría crítica de la raza.

Y algo más: En 2016 Merrick Garland fue nominado por el presidente Barack Obama para formar parte de la Suprema Corte de Estados Unidos.

P: ¿El presidente Obama promueve la enseñanza de la Teoría crítica de la raza?

R: No lo sé, ¿tú qué opinas?

P: ¿Entonces quiénes son los verdaderos terroristas? ¿Los padres? ¿Garland? ¿Obama?

R: Te sugiero que analices los *hechos*, que averigües más y que formes tu propia *opinión*.

Soy ambientalista

Es un hecho, estoy de acuerdo con que debemos proteger y salvar a nuestro medio ambiente. Amo nuestros mares. Crecí surfeando y estudié en la academia para navegar en ellos. También Bucky Fuller creció junto al mar y se graduó de la Academia de la Marina Mercante de Estados Unidos, por eso le dijo a nuestro grupo:

Los hombres de mar son distintos a los hombres de tierra.

P: ¿Qué quiso decir con eso?

R: Los hombres y mujeres de mar deben estar alerta, vivir en armonía y respetar el poder de los océanos, el ambiente, el

505

universo y Dios. El hombre puede fingir que es Dios en la tierra, pero no lo es en el mar.

Tal vez también podrían decir que soy un "abrazador de árboles". El hecho es que los planto dondequiera que voy. Nuestros mares y los árboles son los pulmones del planeta tierra, son su sistema de purificación.

No soy marxista, socialista ni comunista. Una persona puede ser ambas cosas: capitalista y ambientalista.

P: ¿Qué te hace ambientalista?

R: Los hechos, para empezar. Yo invierto en proyectos que protegen el medio ambiente, es decir, pongo mi dinero en proyectos cercanos a mi corazón.

P: ¿Alexandria Ocasio Cortez invierte en negocios ambientalistas?

R: No lo sé. ¿Tú qué piensas? ¿Cuáles son los hechos? ¿Qué opinas? Yo creo que… vaya, dudo que AOC invierta en el medio ambiente. Sospecho que solo usa su "Nuevo Pacto Verde" para pescar contribuciones de la izquierda socialista liberal.

En 2021, cada vez que el presidente Biden se mete en honduras, "masculla" algo respecto a salvar el medio ambiente, pero creo que es un falso ambientalista, es decir, uno del peor tipo.

La buena noticia

Los capitalistas ganan dinero resolviendo problemas. Yo invertí en una *start-up* de créditos de carbono porque este negocio resolverá problemas ambientales enormes y generará empleos técnicos muy bien pagados. Como ambientalista y capitalista, es muy probable que gane mucho dinero al invertir con Marin Katusa en su *start-up* de "créditos de carbono". Eso es libertad.

Invertí con Marin porque los planes de negocios de créditos de carbono han convocado a los *rangers* del carbono.

P: ¿Quiénes son los *rangers* del carbono?

R: Los *Carbon rangers* son gente joven entrenada para usar las tecnologías más recientes y adentrarse en medios ambientes específicos como el bosque. La tarea de un *carbon ranger* consiste en reunir información basada en hechos respecto al estado de los árboles, el suelo, el agua, el aire, los insectos y los animales, es decir, sobre todo el medio ambiente. Los *carbon rangers* tendrán ventaja en la experiencia técnica y una carrera de por vida sin necesidad de estudiar una carrera universitaria.

Para ser congruente con el lema de Kings Point, *Acta non verba*, acciones, no palabras, yo invierto mi dinero en proyectos cercanos a mi corazón.

Hay otro dicho que me agrada: "Las acciones hablan más que las palabras".

Banqueros falsos

P: ¿Fue por eso que invertiste en bitcoin? ¿Para protestar contra el hecho de que la Fed sea una empresa marxista?

R: En mi opinión, el presidente de la Fed es como el Mago de Oz porque, de entrada, la Fed es una broma. Como el mago mismo que se esconde detrás de una cortina y con un micrófono proyecta al "gran y poderoso" Oz, el presidente de la Fed es un hombrecito que se oculta detrás de su título de doctor. En 2008, en lugar de arreglar los problemas que ella misma provocó, la Fed rescató a la gente más adinerada de la tierra y a sus amigotes banqueros.

Este mago de Oz, también conocido como la "Fed" regala "dinero falso", "Expansión cuantitativa" (*Quantitative Easing*) o "dinero salido de la nada". Este "dinero falso" hace que los ricos se vuelvan más ricos, mientras que los pobres y la clase media solo empobrecen más. Desde 1980 la Fed ha provocado que la inflación aumente y las tasas de interés se desplomen, y esta combinación es lo que ha devastado los salarios de los trabajadores y los ahorros de los ahorradores.

En 1983 se publicó el libro de Fuller, *El flagrante atraco universal del efectivo* (*Grunch of Giants*).

Desde la década de los ochenta la Fed ha entrenado a los perros de Pávlov del sistema bancario y de Wall Street para que digan frases como: "Opción de venta de Greenspan", "No luches contra la Fed" y "Compra cuando el precio caiga".

Es 2020 y la brecha entre los ricos y todos los demás se ha transformado en un artefacto explosivo improvisado, en un manojo de paja en espera de que un fósforo lo encienda.

¿Nos dirigimos a un colapso financiero? ¿A otra depresión? El colapso ya sucedió y, en cuanto a lo otro, hemos estado en depresión desde 2008.

El colapso

El 17 de septiembre de 2019, el día que se desplomó el mercado Repo del Fantasmal Sistema Bancario, la Fed empezó a regalar miles de millones de dólares falsos, es decir, dinero por decreto. En lugar de solucionar el problema, tomó una pésima situación y la transformó en un desastre financiero a futuro.

El gigantesco colapso sucedió en el "mercado de crédito", no en el "mercado bursátil". Por eso opino que hay algo sospechoso respecto a lo oportuno del momento y a la aparición de la COVID-19. No tengo hechos, no soy médico, solo doy mi opinión.

Te reitero la aseveración de Lenin:

La medicina es la clave del arco del socialismo.

Por desgracia, veo que se avecina una crisis aún más devastadora. Comenzará en el mercado de crédito, pero luego conducirá al desplome del mercado bursátil, del mercado de bienes raíces y de la economía global.

En su libro más reciente, *The New Depression*, Jim Rickards define la palabra "depresión" y explica por qué el mundo entró en una "Nueva depresión" en 2009. La Fed salvó a los banqueros competentes, pero también a los incompetentes. Les dio billones de dólares con tasas de interés en extremo bajas a bancos inmorales y banqueros fraudulentos.

La Fed debió permitir que los malos bancos fracasaran por completo en lugar de comportarse como el maestro que premia y les da trofeo a todos.

Rescatar a los banqueros ricos e incompetentes solo debilita la economía y le dificulta aún más la vida a la gente honesta y trabajadora.

Imprimir dinero provoca inflación en los mercados financieros porque infla las burbujas del mercado bursátil, el mercado de bonos y el inmobiliario. En 2021 millones de trabajadores no pueden pagar una casa, mucha gente sin hogar tiene empleo, pero no puede pagar un lugar dónde vivir.

Cuando la Fed salva a los banqueros incompetentes, contribuye al ensanchamiento de la brecha entre los ricos y los pobres. Esta brecha, a su vez, genera desestabilidad económica y malestar social.

Vale la pena repetir la advertencia de Marx:

Las revoluciones son las locomotoras de la historia.

Es bueno recordar que el Banco de la Reserva Federal no es Federal. La Fed es tan "federal" como la empresa de mensajería Federal Express. La Fed es un negocio privado y le pertenece a un cartel mundial de gente sumamente rica. La Fed no es estadounidense en esencia porque su corazón es marxista.

Recuerda la advertencia de Lenin:

El establecimiento de un banco central representa 90 % del proceso para que un país se vuelva comunista.

Y de Thomas Jefferson:

Si los estadounidenses llegan a permitir que los bancos privados controlen la emisión de su moneda, primero a través de la inflación y luego de la deflación, los bancos y las corporaciones que crecerán alrededor [los bancos] privarán a la gente de toda propiedad hasta que sus hijos despierten un día y no tengan un hogar en el continente que sus ancestros conquistaron. El poder de emisión debe ser arrebatado a los bancos y devuelto a la gente, a quien le pertenece por ley.

Ahora te hablaré de otro hecho. La Fed que tenemos ahora es el tercer banco central de Estados Unidos. Fue fundada en 1913, el mismo año que se creó el ISR (Internal Revenue Service) o servicio tributario. Qué coincidencia tan interesante, ¿no? Si es que se trata solo de una coincidencia, claro.

P: ¿Por qué la Fed fue fundada el mismo año de la creación del ISR?

R: Porque, para que la Fed pueda imprimir dinero falso, el gobierno debe estar en posibilidad de recaudar impuestos. Una de las razones por las que el dólar es más poderoso que el bitcoin es que todos los impuestos de Estados Unidos deben ser pagados en dólares.

P: ¿Entonces todo está relacionado? ¿La Fed, el gobierno, el dinero y los impuestos?

R: Sí. El dólar estadounidense no existiría sin los impuestos, recuerda la advertencia de Marx:

Para un desarrollo adecuado del comunismo se requiere de un impuesto sobre los ingresos denso o progresivo o gradual.

Un Estados Unidos libre de impuestos

Estados Unidos nació en 1773 por el Motín del Té en Boston, una revuelta causada por la inconformidad de la gente respecto a los tributos que exigía Inglaterra. Estados Unidos nació como un país "libre de impuestos", no como un "país de esclavos" como quiere hacernos creer el Proyecto 1619.

Dos hechos más:

El primero: en 1944 el dólar estadounidense se convirtió en la divisa de reserva del mundo en la Conferencia Bretton Woods. En 1944 Estados Unidos prometió respaldar con oro cada dólar. En 1944 el dólar se volvió, literalmente, "tan bueno como el oro".

El segundo: en 1971 el presidente Nixon sacó al dólar estadounidense del patrón oro.

Lenin predijo el futuro:

La mejor manera de destruir el sistema capitalista es corrompiendo la moneda.

Me parece que fue Mao quien dijo esta profética frase en 1971, después de que Nixon sacó al dólar del patrón oro: "Ahora veo el fin de Estados Unidos".

La Fed, nuestro dinero y los impuestos son la esencia del sueño de Karl Marx respecto al control de un gobierno central sobre el capitalismo.

Cóbrenles impuestos a los ricos

En la gala del Met de 2021, Alexandria Ocasio Cortez usó su vestido para hacer una declaración política. ¿Cuál fue su mensaje? Y, ¿es capitalista o comunista?

Yo digo que analices los hechos, que veas el panorama. Vuelve a leer la advertencia de Marx sobre el impuesto sobre los ingresos graduales. Recuerda que la Fed y el IRS fueron fundados al mismo tiempo. Vuelve a leer la advertencia de Lenin respecto a "corromper la moneda". Luego decide si Alexandria Ocasio Cortez es capitalista o comunista.

Y para hacer todo más sospechoso, Alexandria Ocasio Cortez usó este vestido en la Gala del Met de Nueva York, un evento por el que se tiene que pagar un boleto que cuesta 30 000 dólares y una mesa que cuesta 275 000. ¿Ella pagó su boleto? ¿Compró una mesa?

¿O solo fue a ver a sus camaradas marxistas para convencerlos de donar más contribuciones de campaña?

Yo quiero ser lo más libre e independiente posible de la Fed, el Tesoro de Estados Unidos y Wall Street porque valoro mi independencia del dinero. Uso la deuda para comprar activos y no ahorro dinero, sino oro, plata y bitcoin. La deuda no está gravada porque, cuando pides prestado, "imprimes dinero".

Una advertencia más

La deuda es peligrosa. Cuando volví de Vietnam, padre rico me recomendó tomar cursos de bienes raíces para aprender a usarla y generar con ella retornos infinitos. Retornos infinitos significa que no necesitas dinero para generar dinero, y que puedes pagar muy poco o nada por concepto de impuestos.

Antes de que uses la deuda como dinero, te recomiendo mucho que leas los libros de Ken McElroy y veas cómo invierte él en bienes raíces; el libro de Tom Wheelwright sobre riqueza libre de impuestos; y los libros de Garrett Sutton sobre cómo usar las corporaciones para acelerar las pérdidas fiscales, las ganancias corporativas y para proteger tus activos de los depredadores.

Si tienes una educación financiera limitada, te recomiendo que seas sumamente cuidadoso cuando te endeudes. Dicho lo anterior, recuerda que tomarte el tiempo necesario para aprender a usar la deuda a tu favor puede tener un impacto en tus impuestos. Las ventajas fiscales son incentivos para los empresarios que hacen lo que el gobierno desea que se haga, por eso yo, como empresario de la zona D del cuadrante, genero empleos y, así, pago menos impuestos.

Destrucción de empleos

Cuando el presidente Biden aniquiló el proyecto Keystone Pipeline no solo destruyó miles de empleos bien pagados, también pro-

LA INTELIGENCIA ES LA CAPACIDAD DE VER AMBOS LADOS DE LA MONEDA

CORRECTO   INCORRECTO

RICO   POBRE

INTELIGENTE   ESTÚPIDO

IZQUIERDA   DERECHA

CAPITALISTA   MARXISTA

CONSERVADOR   LIBERAL

¡YO TENGO LA RAZÓN! ¡TÚ ESTÁS EQUIVOCADO!

¡YO TENGO LA RAZÓN! ¡TÚ ESTÁS EQUIVOCADO!

TODAS LAS MONEDAS TIENEN 3 LADOS
ANVERSO, REVERSO Y CANTO

vocó que aumentara el precio del petróleo y, esto, a su vez, causó una inflación que le dificultó aún más la vida a la clase trabajadora. Por si fuera poco, esta situación volvió a Estados Unidos más dependiente del petróleo extranjero y nos debilitó en el aspecto militar. A esta incapacidad para tomar buenas decisiones y para ser líder, se suma el hecho de que dejó miles de millones de dólares en armas estadounidenses en manos de los enemigos de nuestro país y de Israel.

¿Cómo logramos la libertad? Poniéndonos en la cima, por encima, y utilizando otro de los Principios generalizados de Fuller: "La unidad es plural y mínimo dos."

La ilustración de los tres lados de la moneda nos permite comprender este principio generalizado de forma visual.

¿Por encima de qué debemos colocarnos? Necesitamos colocarnos por encima de todo aquello que nos convierte en víctimas en lugar de en arquitectos de nuestro propio futuro.

Todos somos iguales

La élite liberal marxista de izquierda quiere que creamos que los capitalistas son opresores, pero eso no es cierto. La élite liberal marxista de izquierda quiere que creamos que los capitalistas son los causantes de la desigualdad, pero en realidad son ellos quienes la provocan por medio de la división que crean. Los capitalistas crean igualdad.

¿Cómo crean igualdad los capitalistas? Hay muchos ejemplos, uno de ellos es Henry Ford. Ford fue uno de los más grandes capitalistas de Estados Unidos. La declaración de su misión personal era: "Democratizar el automóvil."

La misión de Henry Ford era poner el automóvil a disposición de las masas. Otros fabricantes de automóviles solo producían para los ricos, pero él cambió todo eso al hacer que sus vehículos fueran accesibles para más gente. En este sentido, Ford siguió otro de los Principios generalizados de Bucky Fuller: "Entre más gente le sirvo, más eficiente me vuelvo".

En mi opinión, la mejor manera de volverse rico es sirviéndole a la mayor cantidad de gente posible, de forma legal, honesta, moral y ética.

¿Es posible lograr la igualdad? Pienso que sí. La élite liberal y académica quiere dividirnos, por eso se enfoca en la desigualdad. Se quejan, refunfuñan, reniegan y culpan a los capitalistas de las desigualdades que existen en el mundo. En lugar de unir, la élite académica socialista nos separa porque Estados Divididos de América le resulta conveniente para sus objetivos.

Los grandes ecualizadores

No importa el color de nuestra piel: todos sangramos en rojo. Todos tenemos días de 24 horas, todos necesitamos alimento, aire, agua y refugio. Todos tenemos dificultades y emociones, altibajos, metas y sueños.

En 1873 Samuel Colt, inventor y capitalista, inventó el revólver Colt 45. Lo publicitaron como "El pacificador", también como "El ecualizador". Le llamaron así porque, en una confrontación física, les daba a los hombres y a las mujeres un nivel de oportunidad hasta cierto punto "igual". Con el revólver en mano, la altura, fuerza, género y edad de una persona dejaba de importar. Un individuo bajito y débil con una Colt 45 podía enfrentarse a alguien más fuerte y corpulento.

Un joven emprendedor y desertor escolar llamado Steve Jobs creó otro tipo de ecualizador: el iPhone de Apple.

Hoy en día, miles de millones de personas tienen acceso a información y hechos en la palma de su mano. Ya no necesitamos una costosa educación universitaria para aprender de algunas de las personas más inteligentes del planeta.

El cielo o el infierno

En este libro he dedicado mucho tiempo a escribir sobre el Banco de la Reserva Federal porque nos lo advirtieron. Pienso que, como no cuentan con educación financiera real, miles de millones de personas se dirigen en este momento a un pandemónium económico. George Washington le advirtió al mundo. Thomas Jefferson y Marx también. El congresista Ron Paul nos advirtió. Mi instructor en Kings Point le advirtió a nuestro grupo.

No fue sino hasta que me uní al Cuerpo de la Marina Mercante y volé a Vietnam que lo vi con mis propios ojos en la vida real y luego con el *Manifiesto comunista* de Karl Marx.

Para conocer a la mejor maestra que he tenido, en 1972 tuve que volar más allá de las líneas enemigas en busca de oro. Aquella mujer vietnamita convirtió las lecciones de mi instructor de la academia en experiencias de la vida real.

También validó la advertencia de Lenin:

> *La mejor manera de destruir el sistema capitalista es corrompiendo la moneda.*

La mujer vietnamita reafirmó las enseñanzas y las advertencias de mi instructor en Kings Point. Me confirmó que lo que el maestro le enseñó a nuestro grupo en 1965 se estaba volviendo realidad.

La escuela frente a los estudios

En 1983 leí *El flagrante atraco universal del efectivo* de Fuller y, por primera vez en mi vida, me convertí en estudiante.

Fuller escribió otro libro intitulado *Education Automation: Freeing the Scholar to Return to His Studies*. Trata sobre la posibilidad de permitir que el estudiante deje la escuela y estudie aquello hacia lo que su genio natural lo hace gravitar, lo que le interesa. Como dije, fue cuando leí a Fuller que las piezas del rompecabezas que era mi vida encontraron su lugar: pasado, presente y futuro.

Después de leer *El flagrante atraco universal del efectivo* entendí por qué cuando era un niño de nueve años empecé a fabricar monedas de cinco y veinticinco centavos con tubos de plomo para pasta dental que derretí. Entendí por qué, también a los nueve años, le preguntaba a mi maestra todo el tiempo: "¿Cuándo vamos a aprender sobre el dinero?", y por qué fui en busca de un nuevo maestro en cuanto me dijo que en la escuela no se impartía esa materia. Encontré al maestro, a mi padre rico. Para enseñarnos sobre el dinero, a mí y a su hijo, padre rico nos hacía jugar *Monopolio*. Mi gusto por los juegos y su poder como herramienta didáctica encendió el deseo que condujo a la creación del juego de mesa *CASHFLOW*.

Aunque en ese tiempo yo no lo sabía, estaba estudiando la razón por la que los gobiernos y los blancos juegan a "los ganadores y los perdedores" con dinero de juguete.

Lo más importante es que comprendí que, para volver a mis estudios… tenía que abandonar la escuela.

Capítulo 17

SÉ LA FED

Creo que no soy, en absoluto, el único que apoya este grito de guerra:

No luches contra la Fed – Sé la Fed

La Fed falsa

Los expertos financieros dicen: "No luches contra la Fed."

Yo digo: "La Fed es falsa." También su presidente.

En lugar de "No luchar contra la Fed", yo prefiero "Ser la Fed".

Yo digo que "el presidente de la Fed es el Mago de Oz". Lo digo porque, al igual que el mago de la película, la Fed no tiene poder alguno. Escribí al respecto en un artículo que apareció en un número de 2020 de la revista *Jetset*.

Una imagen vale más que mil palabras, y esta ilustración simplifica un tema sumamente complejo: la Fed, el sistema monetario y el Fantasmal Sistema Bancario... el *verdadero* sistema bancario. La ilustración que aquí te presento renueva mi compromiso *KISS* de explicar las cosas de una manera súper simple (*Keep It Super Simple!*)

Q: ¿Quieres decir que el Fantasmal Sistema Bancario es más poderoso que la Fed?

R: Sí, muchísimo más. Porque el Fantasmal Sistema Bancario es colosal y no tiene que obedecer las reglas de la Fed.

P: ¿Por eso son importantes los colapsos del mercado Repo y del mercado Repo inverso?

R: Sí. Recuerda que en 2008 la Fed empezó la Expansión cuantitativa o QE. Cada vez que los expertos financieros escuchan estas palabras creen que la Fed está "imprimiendo dinero", pero la Fed no imprime dinero, solo produce "reservas bancarias" y esas reservas no son dinero. Es decir, ni tú ni yo podemos gastar "reservas bancarias".

P: ¿Por eso dices que el presidente de la Fed es el Mago de Oz?

R: Sí. Cuando el presidente de la Fed anuncia más expansión cuantitativa todos creen que la Fed está imprimiendo dinero, todos piensan "aquí viene la inflación".

P: ¿Y es cierto? ¿Aquí viene la inflación?

R: No necesariamente, pero eso es lo que el "mago" quiere que pienses. A esto se le llama "Teoría de la expectativa" y en el mercado de valores se le conoce como "preanuncio monetario" (*forward guidance*).

P: ¿La gente espera que haya inflación?

R: Así es. El hecho es que, en 2021, mientras millones de personas se creen todo lo que les dicen, como "No luches contra la Fed", "Habrá inflación", en realidad el colosal y fantasmal sistema bancario está en "deflación".

P: ¿Por eso dices que el presidente de la Fed no tiene poder?

R: Correcto. El fantasmal sistema bancario es colosal, y es mucho más poderoso que la Fed porque es mucho más grande. En 2021 todos esperan "inflación" porque se ha dicho que la Fed le está "inyectando a la economía miles de millones de dólares cada mes".

En 1913 hubo dos sucesos trascendentes:

1. Fundación de la Fed.
2. Fundación del sistema tributario o IRS.

Las cosas funcionan así: los impuestos para el IRS deben ser pagados en dólares. La Fed les emite "reservas bancarias" a los bancos. El dinero se crea cuando la gente les pide prestado a los bancos. Ese es el sistema monetario controlado por la Fed. El IRS recauda impuestos pagados en dólares estadounidenses.

P: Entonces, ¿cómo puede una persona "ser la Fed"?

R: "Ser la Fed" significa ser capaz de "crear tus propios activos". Permíteme explicarte. El sistema monetario necesita mucho dinero, el cual se crea cuando los bancos prestan dinero. Sin embargo, aunque los E y los A se endeudan con tarjetas de crédito, préstamos estudiantiles, autofinanciamientos, hipotecas y deudas de consumo, no piden prestado lo suficiente para que se genere la cantidad de dinero necesaria para mantener a flote la economía.

La Fed y el IRS necesitan a los D e I, es decir, dueños de grandes negocios que puedan "generar sus propios activos". Porque, cuando un D o un I crea un "activo considerable", como lo hace Ken McElroy cada vez que adquiere un complejo de 400 departamentos, los bancos pueden prestarle millones de dólares con mucho gusto. Así se crea el dinero. Por eso al IRS, mejor conocido como "el recaudador de impuestos", le encanta ofrecerles incentivos fiscales a los empresarios en las zonas D e I del cuadrante, y por eso hay gente en la zona I que con frecuencia paga 0 % de impuestos.

Tú también puedes ser la Fed, solo tienes que crear activos y pedir dinero prestado. Cuando Ken McElroy pide, digamos, 30 millones de dólares, usa su complejo de departamentos como garantía, y paga casi nada o nada de impuestos por el dinero que le prestaron. Y así… Ken es la Fed.

Las reservas bancarias emitidas por la Fed respaldan la garantía de Ken, es decir, su complejo de departamentos. Esta es la manera en que el dinero que pide prestado ingresa a la economía en forma de dólares estadounidenses.

Así tú también puedes Ser la Fed.

Capítulo 18

EL POSMODERNISMO FRENTE A LA SABIDURÍA DE ANTAÑO

El propósito de este libro, *Manifiesto capitalista* es hacer frente a la educación marxista posmoderna que se imparte en nuestras escuelas.

Las opiniones y emociones frente a los hechos

Las ideas patogénicas posmodernas están echando raíces en la educación. La educación posmoderna ha reemplazado a casi todo salvo las materias de Ciencia, Tecnología, Ingeniería y Matemáticas, o grupo STEM, por sus siglas en inglés.

La educación posmoderna se basa en opiniones y emociones, no en hechos o evidencia.

A menudo se le atribuye la siguiente reflexión a Platón, el antiguo filósofo griego:

> *La opinión es la forma más ínfima de conocimiento humano. No exige responsabilidad ni entendimiento.*

Thomas Sowell dijo:
> *El punto fuerte de los liberales no son los hechos sino la retórica.*

P: ¿Entonces cómo contraatacas a la educación posmoderna que se imparte en las escuelas?

R: Enseñando los hechos en lugar de dar opiniones avivadas por la emoción.

Repetiré la reflexión de Platón para que prestemos más atención a las palabras que en ella se utilizan:

> *La opinión es la forma más ínfima de conocimiento humano. No exige responsabilidad ni entendimiento.*

Opinión… forma más ínfima… conocimiento humano…

Por todo lo anterior, la educación marxista posmoderna se basa en la forma más ínfima de conocimiento humano.

Tenemos otras dos palabras importantes: *responsabilidad* y *entendimiento*. "La opinión… no exige responsabilidad ni entendimiento."

Estas dos palabras son la base de nuestro Manifiesto capitalista, el cual comenzó a construirse en 1996, cuando diseñamos una herramienta para adquirir conocimiento y comprensión, y para apreciar la responsabilidad personal vinculada a las finanzas personales y el dinero. Me refiero al juego de mesa *CASHFLOW*.

Kim y yo diseñamos *CASHFLOW* para enseñar *responsabilidad* personal financiera y para *entender* cómo funciona el dinero. Es un proceso que comienza con hechos, no con opiniones.

En incontables ocasiones, padre rico nos dijo a su hijo y a mí:

> *Mi banquero nunca me ha pedido mi boleta de calificaciones. No le importa en qué escuela estudié ni cuántos títulos tengo. Mi banquero quiere ver mi estado financiero porque, en el mundo real, esa es mi boleta de calificaciones.*

Los banqueros quieren conocer tus hechos, no tus opiniones.

Thomas Sowell era marxista, pero cuando le preguntaron qué lo hizo dejar de creer en los principios del marxismo, no dudó ni un instante y contestó de manera contundente: "Los hechos".

La forma más elevada de conocimiento

La cita completa que se le atribuye a Platón incluye estas palabras:

…requiere un propósito profundo y más grande que uno mismo.

La forma más elevada de conocimiento es la empatía porque nos exige suspender nuestro ego y vivir en el mundo de otro. Requiere un propósito profundo y más grande que uno mismo.

Ahí es donde entra nuestra misión: "Mejorar el bienestar financiero de la humanidad."

El Manifiesto capitalista de Padre Rico presenta, en términos muy sencillos, la educación posmoderna frente a la sabiduría antigua. En él se retoma la costumbre de mi padre rico de mostrar los hechos y el poder del estado financiero, frente a la academia y la disposición actual a privilegiar las opiniones.

En la década de los treinta los marxistas abandonaron la Escuela de Fráncfort en Alemania. Los maestros de esta institución son discípulos de Marx. En los treinta las enseñanzas de Karl Marx hicieron metástasis y se extendieron al Teachers College de la Universidad de Columbia.

Lenin advirtió:

> Denme cuatro años para enseñarles a los niños y plantaré en ellos una semilla que jamás podrá ser arrancada.

De la Universidad de Columbia, las "raíces" del marxismo hicieron metástasis y se diseminaron a la educación pública, la religión, la banca, el gobierno, Wall Street, los medios, Hollywood, Silicon Valley y, hace poco, a la milicia.

En su libro de 2019, *Madness of Crowds*, Douglas Murray calcula que 18 % de todos los profesores universitarios en la actualidad son marxistas declarados.

El libro de Murray examina los asuntos más divisorios del siglo veintiuno: la orientación sexual, el feminismo, la transexualidad, la tecnología y la raza. Asimismo, el autor revela las asombrosas nuevas guerras culturales que, en nombre de la justicia social, las políticas de la identidad y la interseccionalidad, se libran en nuestros centros laborales, universidades, escuelas y hogares. Estamos atravesando una era posmoderna en la que la victimización y la corrección han distorsionado las grandes narrativas de la religión y la ideología política.

Un resumen *KISS*, súper simple, de esto: la educación posmoderna les enseña a los estudiantes a ser hipersensibles copos de nieve.

Alejandro Magno declaró:

> No le temo a un ejército de leones capitaneado por un borrego, le temo a un ejército de borregos capitaneado por un león.

Te reitero la advertencia de Jordan Peterson:

Si crees que los hombres fuertes son peligrosos, espera a que te encuentres con un montón de hombres débiles.

También la advertencia de María Montessori:

Una educación capaz de salvar a la humanidad no es una tarea sencilla: implica el desarrollo espiritual de un hombre, el mejoramiento de su valor como individuo y preparar a la gente joven para entender los tiempos en que vive.

Lenin aseveró:

La causa del pueblo pierde cuando se les confía a los profesores.

Resulta difícil creer que haya pasado casi un cuarto de siglo desde que lanzamos el juego de mesa *CASHFLOW* y vimos surgir Clubes en todo el mundo. Kim y yo diseñamos el juego para que tomara nuestro lugar y enseñara lo que aprendimos sobre el camino hacia la libertad financiera. Fuimos testigos de la poderosa experiencia de mucha gente que usó el juego como mapa para instruir a otros. Los maestros son líderes, y en los Clubes de CASHFLOW de todo el mundo hemos visto a estudiantes transformarse en líderes.

P: ¿Quieres decir que, con una educación financiera real, un celular y acceso a los mejores maestros reales del mundo, uno se puede volver rico?

R: Exacto.

P: Eso significa que, incluso en las ciudades más pobres de Estados Unidos y los lugares más remotos del mundo, ¿uno puede volverse capitalista y rico?

R: Así es.

P: ¿Estás diciendo que todos tenemos la capacidad de elevarnos, ponernos por encima de la locura del mundo y alcanzar la libertad financiera?

R: Sí. No tienes por qué discutir ni decidir quién tiene la razón y quién está equivocado. Tampoco tienes que usar ni dejar de usar cubrebocas, no tienes que vacunarte o perder tu empleo. No tienes que trabajar más duro solo y pagar más impuestos. Eso no es libertad.

Libertad verdadera

La verdadera libertad es poder colocarse por encima de todo el ruido, los mandatos, el dogma, la culpa y la ira. La libertad es algo por lo que vale la pena estudiar… y luchar. Y lo más importante es que la libertad es algo por lo que vale la pena vivir. La verdadera libertad exige educación financiera real.

Te reitero la antigua sabiduría de la que hablé al principio de este capítulo:

> *La forma más elevada de conocimiento es la empatía porque nos exige suspender nuestro ego y vivir en el mundo de otro. Requiere un propósito profundo y más grande que uno mismo.*

El objetivo de los Clubes de CASHFLOW no es vencer a los otros jugadores, tampoco se trata de ver quién hace más dinero. El propósito de los clubes es aprender cometiendo errores, ayudar a los compañeros de juego a aprender, divertirse, ser paciente, amable y comprensivo. Los clubes son una manera maravillosa de desarrollar la empatía por nuestros congéneres y aprender juntos. Como es un ambiente de aprendizaje, los jugadores pueden "poner en pausa" su ego y disfrutar del hecho de que todos están aprendiendo, de que nadie es, ni experto ni especialista, y de que nadie espera que sepan todas las respuestas.

Aquí hay otra frase de la sabiduría platónica relacionada con la empatía. Me parece que es relevante, en especial en estos tiempos: "Sé amable, todas las personas con quienes tratas están librando una batalla difícil."

Para 2021 hay miles de Clubes de CASHFLOW tratando de reivindicar el Manifiesto capitalista en todo el mundo:

> *La mejor manera de hacer frente al comunismo que se imparte en las escuelas es enseñando el capitalismo... en nuestro hogar.*

La antigua sabiduría de Platón

Los Clubes de CASHFLOW ponen en práctica la antigua sabiduría de Platón porque evitan las opiniones, privilegian el uso de las cifras como hechos, enseñan con empatía y les exigen a los jugadores poner en pausa su ego y vivir en un mundo distinto.

El hecho de que a alguien le tome más tiempo aprender a jugar *CASHFLOW* no quiere decir que sea una persona estúpida o que siempre vaya a ser pobre. El juego está diseñado para jugarse una y otra vez porque la repetición es la mejor manera de aprender. Tiger Woods, por ejemplo, no habría llegado a ser un golfista fabuloso si se hubiera dado por rendido la primera vez que no le dio a un *putt* o que golpeó una pelota y esta cayó en el agua. El talento no basta, lo que lleva al éxito es el fracaso. Los únicos fracasados son quienes no se dan permiso de fracasar.

El lenguaje del dinero

Jugar *CASHFLOW* es como aprender una lengua o idioma. Al jugar y ver los videos los jugadores aprenden el lenguaje del dinero y el capitalismo. Aprenden lecciones prácticas sobre la manera en que funciona el dinero en nuestra vida cotidiana. A esto se le llama alfabetismo financiero.

Como sabes, para aprender una lengua se requiere de tiempo. El hecho de que yo sea japonés no significa que pueda aprender el japonés más rápido que otra persona que solo habla inglés, español o chino. De la misma manera sucede cuando se aprende un nuevo idioma, el compromiso de alfabetizarse en el lenguaje financiero requiere de tiempo y perseverancia.

Por qué la educación posmoderna les falla a los estudiantes

Además de usar como base opiniones en lugar de hechos, los dos mayores problemas que veo en la educación posmoderna son:

1. A los estudiantes se les castiga por cometer errores, lo cual les enseña que equivocarse los vuelve estúpidos.
2. La educación posmoderna les enseña a los estudiantes a ser esclavos intelectuales, es decir, "especialistas" que deben saber todas las respuestas por sí mismos. Los "esclavos intelectuales especialistas" no ayudan a sus compañeros de clase porque ayudarse entre sí es "trampa" y pedir ayuda significa ser "estúpido".

Fuller advirtió:

> *La especialización es, de hecho, solo una forma elegante de sometimiento en la que se engaña al "experto" para que acepte su esclavitud. El engaño se lleva a cabo haciéndole sentir que, a cambio, tiene acceso a la posición social y cultural que prefiere y que, por lo tanto, esta es permanente y ofrece un alto nivel de seguridad.*

También dijo:

Todos nacen siendo genios, pero se des-genian muy pronto.

También dijo que la más importante de las lecciones en la vida era:

El valor de apegarse a la verdad y, luego, el valor de enfrenarse a sí mismo y admitir con honestidad todos los errores que se han cometido. Los errores solo son pecado cuando no se reconocen.

Si le damos a un hombre un pescado lo alimentamos un día y garantizamos su dependencia del gobierno y sus programas. Si les enseñamos a los hombres, las mujeres y los niños a "pescar", es decir, a aprender habilidades para que puedan depender de sí mismos, los empoderaremos y podrán asumir el control de su vida. La enseñanza es el cimiento de The Rich Dad Company. Asimismo, con el juego *CASHFLOW* la gente puede enseñarse entre sí. Las personas pueden aprender juntas, aprender los unos de los otros y divertirse tanto que olvidarán que se están "educando" y adquiriendo una habilidad de vida que se volverá parte de su existencia cotidiana.

La antigua sabiduría de Platón y las enseñanzas de Einstein y Fuller se pueden aplicar en muchos aspectos de nuestra vida:

La opinión es la forma más ínfima de conocimiento humano. No exige responsabilidad ni entendimiento.

¿Quién será responsable del futuro de la educación? No me refiero solo a enseñar, sino también a lo que se enseñe. ¿O solo vamos a dejar que las "opiniones" del posmodernismo echen raíz y se extiendan?

Da la impresión de que, hoy en día, todos libramos batallas de distintos tipos, y lo hacemos de diferentes maneras. Muchas de ellas son por nuestras libertades, y recuerda que una de las más valiosas es la financiera.

CUARTA PARTE

El futuro del dinero y del comunismo

EL GRAN HERMANO NOS VIGILA

El tema de este libro es "Nos lo advirtieron" y con él vamos tejiendo el pasado con el presente y el futuro.

Esta es una frase que se le atribuye a Abraham Lincoln. Fue tomada de un discurso que dio en 1838 y contiene una advertencia:

> *Estados Unidos nunca será destruido desde el exterior. Si fallamos y perdemos nuestras libertades, será porque nosotros mismos nos habremos destruido desde el interior.*

Sé que la noción de que el Gran Hermano nos "vigila" no tiene nada de original.

Sé que yo y este libro, *Manifiesto capitalista*, seremos atacados, desacreditados y desprestigiados.

Por eso Jordan Peterson advierte:

> *Si crees que los hombres fuertes son peligrosos, espera a que te encuentres con un montón de hombres débiles.*

En el ambiente actual de las redes sociales, millones de hombres y mujeres débiles pueden ocultarse entre las sombras, atacar a la gente desde sus celulares y apuñalar a los fuertes por la espalda por defender sus convicciones. Los débiles atacan como una multitud, como una cofradía de cobardes. Asesinan nuestra libertad de expresión e imponen la censura apoyándose en una pandemia de miedo.

En el mundo real, los hombres y las mujeres fuertes prefieren dialogar de frente, sostener debates y discusiones sabiendo que los otros tienen derecho a opinar distinto y tener otras creencias, y los respetan incluso si no están de acuerdo con ellos. Para eso se necesita valor. La cultura de la cancelación, *Black Lives Matter*, Antifa y otros movimientos se manejan con base en la cobardía.

Combatir el fuego con fuego

Con el fin de prepararnos para los ataques del socialismo y su cultura de la cancelación, y de los guerreros de la justicia social, desarrollamos una serie de videos educativos para YouTube. También creamos caricaturas educativas para contraatacar, para neutralizar el miedo y el odio que diseminan los hombres y las mujeres cobardes. Son videos en los que aparece gente real y valerosa que ha luchado contra el comunismo.

Estos estremecedores videos educativos presentan relatos de gente real que cuenta lo que sucedió cuando el comunismo se apoderó de su país y cuando le robaron su libertad y su riqueza.

También incluimos otros videos didácticos en los que aparecen militares hablando de su experiencia en guerras en que lucharon contra los marxistas y los comunistas.

Es probable que estos relatos personales sobre el comunismo sea la mejor educación de la vida real a la que podrás tener acceso. En ellos verás la manera en que los comunistas se están apoderando del mundo libre, de la democracia y el capitalismo.

Todos estamos bajo ataque. Nos están robando nuestras libertades con miedo, miedo a expresarnos, miedo a la censura, temor a no ser políticamente correctos, a utilizar mal los pronombres de género.

Sé que cuando se publique este *Manifiesto capitalista* aumentarán los ataques de los hombres y mujeres cobardes.

Así que recuerda la advertencia de George Orwell:

El Gran Hermano te vigila.

Estos videos fueron creados para darte la fuerza necesaria para contraatacar con historias de valentía y educación, no con amenazas, acoso o balas.

Oprah Winfrey dice:

Donde no hay lucha, no hay fortaleza.

Toda esta gente ha luchado contra el comunismo y a compartido su historia:

1. Yeonmi Park
2. Debbie D'Souza
3. Philip Haslam

4. General Jack Bergman
5. Barry Mitchell
6. Nely Galan
7. Patrick Bet-David
8. Dan Campbell
9. General de brigada Robert Spalding

The Rich Dad Company

Para saber más sobre The Rich Dad Company

Visita RichDad.com

El mejor lugar para comenzar es:

La historia de la marca Rich Dad

Capítulo 19

EL DÍA DESPUÉS DE MAÑANA

"El futuro dependerá de lo que hagas hoy."

—*Mahatma Gandhi*

¿Tú qué opinas?, ¿Marx ganó en 2020 y 2021?

Todos tenemos un punto de vista respecto a este tema, yo opino que sí, que Marx ganó en 2020. Marx ganó cuando Donald Trump perdió la reelección.

Sé que esto suena muy mal, pero necesito que me escuches. Si Donald Trump te desagrada, lo comprendo. La política es un juego corrupto y asqueroso. Yo me salí de ella en los setenta, cuando mi padre pobre contendió como republicano por el puesto de Vicegobernador del Estado de Hawái.

No obstante, Donald Trump y sus hijos han sido amigos míos durante muchos años, los conozco personalmente.

Esto no se trata de política, si tú odias a mi amigo, respeto tu libertad de elegir. Este libro no lo escribí para cambiar lo que piensas de Donald Trump. No me importa si eres republicano, demócrata, conservador o liberal. Este libro tampoco es sobre religión ni género, tus creencias religiosas y preferencias sexuales no le incumben a nadie.

Este libro es sobre algo mucho más importante que la política, la religión, el sexo o la raza, es sobre nuestras libertades. Es sobre cuánto nos han advertido durante años que nos están robando nuestra libertad.

Piensa, por ejemplo, ¿cómo es posible que, a ti, a mí y al presidente de Estados Unidos nos censuren en las redes sociales? ¿Qué sucedió con nuestra libertad de expresión? ¿Quién le dio a Silicon Valley el derecho de censurar y negar nuestra libertad de expresión? Yo no fui, te lo aseguro.

Creo que, en muchos sentidos, debimos verlo venir porque, te repito: nos lo advirtieron. Por otra parte, a menudo también pienso que habría sido difícil que nos enseñaran qué hacer para prepararnos y protegernos, dado que la principal organización detrás de este despojo de libertades es nuestro propio sistema educativo.

Por todo lo anterior, a pesar del gran riesgo que corro, comencé el libro hablando de la NEA, la Asociación Nacional de la Educación, un sindicato laboral conformado por gente sumamente instruida. Como mi padre pobre.

John Kennedy, Martin Luther King y Bobby Kennedy fueron los héroes de mi generación, los *baby boomers*. A todos los mataron y nosotros fuimos testigos de ello, vimos por televisión los asesinatos y sus consecuencias. Ahora me pregunto: ¿Habrá todo sido una advertencia? ¿Una manera de censurarnos? ¿Los asesinatos serían un mensaje tipo "Permanezca en su carril" u "Obedezca o de lo contrario…"? Estas espantosas advertencias de la década de los sesenta, ¿serían lo mismo que las amenazas que recibimos en 2020 y 2021? ¿Amenazas como: "Vacúnese y use cubrebocas… si no quiere que lo despidamos"?

En 2021, Jordan Peterson, quien también es profesor universitario, advirtió:

Si crees que los hombres fuertes son peligrosos, espera a que te encuentres con un montón de hombres débiles.

Los sentimientos expresados en la canción *Abraham, Martin, and John*, y en la advertencia de Jordan Peterson me instaron a producir *Mi domo de hierro*, la serie de videos de la que he hablado en el libro y que puedes ver en YouTube. Estos videos fueron realizados para ofrecernos a mí y a mi empresa cierto grado de protección antes de la publicación de *Manifiesto comunista*. Queríamos estar preparados para los ataques de los hombres y mujeres débiles, y de la cultura Woke de la cancelación.

Mahatma Gandhi advirtió:

El futuro dependerá de lo que hagas hoy.

Libros sobre el futuro

Quiero aclarar que no estoy culpando ni a los académicos ni a los liberales de ser marxistas, socialistas, fascistas y comunistas. La mayoría no tuvo, como yo, la ventaja de estudiar los libros de Marx, Hitler y Mao.

Asimismo, casi nadie se da cuenta de que el *Manifiesto comunista* de Marx es un libro sobre el futuro.

Muchos libros nos han advertido sobre lo que se avecina, a continuación te presento una breve lista:

Critical Path de Bucky Fuller
La rebelión de Atlas de Ayn Rand
1984 de George Orwell
El precio del mañana de Jeff Booth
The Fourth Turning de Strauss y Howe

La visión de Marx del futuro

El *Manifiesto comunista* de Marx es sobre la primera y la segunda etapa, es decir, la visión que él tenía de lo que sucedería cuando el capitalismo terminara en una revolución.

En mi opinión, la primera etapa terminó en 2020, cuando el presidente Trump se presentó para ser reelecto y perdió.

Stalin advirtió:

La que cuenta no es la gente que vota, sino la que cuenta los votos.

Marx advirtió:

La democracia es el camino al socialismo.

En 2020 Estados Unidos se convirtió en un país socialista.

¿Cómo lo sabemos? Es 2020 y en Estados Unidos prevalece "el derecho a los privilegios, a los subsidios", es un país en el que siguen implementados programas como Seguridad Social, Medicare, Medicaid, y otros que favorecen el otorgamiento de subsidios y privilegios. Sin embargo, muy pocas personas se atreven a hablar de responsabilidad personal.

Por desgracia, en 2020 millones de personas de la generación de los *baby boomers* se encuentran en la situación de mi padre pobre: dependen por completo del gobierno para sobrevivir. Eso es el socialismo.

He buscado otras señales de que la primera etapa llegó a su fin. Creo, por ejemplo, que terminó cuando la educación posmoderna se apoderó de nuestro sistema educativo. Recuerda que la educación posmoderna se basa en opiniones y emociones. Los capitalistas, en cambio, deben operar con base en hechos.

Este es un pasaje del *Manifiesto comunista* publicado en 1948. En la Academia estudiamos este texto de manera extensa, es decir, en

1965 y en 1996 discutimos cómo "se vería" el comunismo una vez implantado, y de qué manera podría darse este cambio del capitalismo al socialismo y luego al comunismo. Nuestras discusiones se centraron en el futuro, y ahora ese "futuro" está aquí. La Segunda etapa de Marx ha llegado.

Aquí tienes el pasaje:

> *Así pues, en 1847 el socialismo era un movimiento de clase media y el comunismo era un movimiento de la clase trabajadora. Al menos en el continente, el socialismo era "respetable", pero el comunismo era justo lo contrario.*

Te reitero las advertencias

Marx advirtió:

> *La educación es gratuita. La libertad de la educación deberá disfrutarse bajo las condiciones fijadas por la ley y por el supremo control del Estado.*

También advirtió lo siguiente:

> *Desde el momento en que los niños pueden manejarse sin que su madre los cuide, su educación se lleva a cabo en las instituciones estatales.*

Lenin advirtió:

> *Permítannos cuidar a un niño ocho años y será un bolchevique para toda la vida.*

Hitler advirtió:

> *Permítanme controlar los libros de texto y controlaré al estado.*

Por todo lo anterior, empecé este libro hablando de la NEA, la Asociación Nacional de la Educación.

Académicos como Jordan Peterson, Thomas Sowell, Victor David Hanson, Gad Saad y Dennis Prager nos han estado advirtiendo que la educación moderna adoctrina a los estudiantes a través de la Teoría crítica de la raza. Esta teoría promueve la idea de que ellos son las "víctimas" y que la "gente blanca" son los opresores.

Fuller fue otro académico que nos guio con sus palabras:

Fuimos llamados a ser los arquitectos del futuro, no sus víctimas.

El posmodernismo les está enseñando a los estudiantes a ser víctimas, a comportarse como debiluchos e hipersensibles copitos de nieve salidos de la Universidad *Snowflake*.

En 2020 se completó la primera etapa. Los estadounidenses dependieron aún más del gobierno para sobrevivir económicamente y la educación posmoderna quedó en manos del supremo control del estado.

Para colmo, además de que ahora Estados Unidos es un país socialista, hemos perdido los derechos de la 1ª Enmienda. En 2020 los medios de comunicación socialistas empezaron a imponer su censura, incluso censuraron a un presidente. La Organización Mundial de la Salud (OMS) continúa encontrando nuevas cepas mutantes de COVID, y dentro de poco todos estaremos vacunados, usando cubrebocas y portando una cartilla de vacunación para identificarnos.

Lo que implican los mandatos

Los mandatos implican la pérdida de nuestras libertades. Mandatos para usar cubrebocas, para portar cartillas de vacunación, para cerrar comercios, para viajar… Todo esto me recuerda a Hitler y su orden de que los judíos usaran una estrella amarilla.

Nos han robado nuestras libertades y la NEA es cómplice porque alienta a los maestros a adoctrinar a los estudiantes y convertirlos en copos de nieve, en víctimas y en individuos racistas.

Marx creía que antes de la primera Etapa los humanos pasaban por cuatro niveles de desarrollo socioeconómico:

1. **Tribal**

   Cazadores y recolectores sin estructura de clases. El trabajo de los hombres consistía en cazar y el de las mujeres en recolectar alimentos y criar a los hijos. Su estructura social económica era la tribu y todos eran iguales salvo el jefe.

   En la actualidad muchos nativos de Norteamérica y de todo el mundo continúan funcionando como tribus.

2. **Comunismo primitivo**

   La unión de varias tribus o comunas da como resultado una ciudad-estado. La Antigua Roma se formó de esta manera, y ahora Italia es un país.

   Hoy en día Roma y el Vaticano son poderosas ciudades-estado.

3. **Estados feudales**

   Las ciudades estado evolucionaron y se transformaron en estados feudales, castillos y ciudades amuralladas. Los estados feudales eran regidos por reyes, reinas, sacerdotes y jefes militares que controlaban a los siervos y esclavos. El cultivo de la tierra dio origen a los propietarios de tierra. Los artesanos se convirtieron en empresarios y los dueños de pequeños negocios, como los carniceros, panaderos o los fabricantes de velas. Los campesinos labraban la tierra. Una parte de la producción se le entregaba a la aristocracia y la iglesia como tributo. Inglaterra y Japón son un recuerdo de los estados feudales: tienen una reina y un emperador, respectivamente.

Asimismo, en muchos lugares del mundo aún se pueden ver castillos y palacios.

4. Capitalismo

A medida que aumentó el comercio, los miembros de las sociedades feudales empezaron a acumular capital y deuda. La posibilidad de trabajar el acero e invenciones como la pólvora dieron paso a los empresarios industriales que, más adelante, condujeron a la Revolución inglesa de 1640 y la Revolución francesa de 1789. Estos sucesos propiciaron el surgimiento de las sociedades capitalistas que se estructuraron con base en los insumos, la producción y las ganancias.

El capitalismo moderno surgió cuando llegó a su fin la Era agraria y comenzó la Era industrial.

De acuerdo con los historiadores, la Era industrial es un período de la historia en el que los animales y las herramientas manuales fueron remplazados por máquinas como la tejedora, impulsadas por artefactos como el motor de vapor y el motor de combustión interna.

En la actualidad, Estados Unidos, incluso China, son países capitalistas.

Un libro sobre el futuro

Como lo mencioné, el *Manifiesto comunista* es un libro sobre el futuro.

El capitalismo enfurecía a Marx porque él creía en el proletariado. La clase trabajadora fue objeto de un engaño, se le hizo creer que, aunque no poseía nada, era libre porque le pagaban por su labor.

Solo un pequeño porcentaje de la población controlaba el capital, en tanto que la clase trabajadora, los obreros y los empleados permanecían marginados. A medida que creció la brecha entre los ricos y los pobres, disminuyó la importancia de los reyes y las reinas, y los capitalistas se convirtieron en la nueva fuente de riqueza y poder. Eso también enfureció a Marx.

Marx creía que los trabajadores no tenían por qué controlar su propia vida. Creía que las fuerzas externas los instaban a "conseguir un empleo", pero alguien más poseía los medios de producción. Él pertenecía a esta categoría, era académico.

Lo que lo enfurecía aún más era que las fábricas, granjas y negocios fueran propiedad privada que podía ser transferida a los hijos en lugar de ser cedida al proletariado, los trabajadores, los empleados y los esclavos pagados.

Por eso podemos leer en sus palabras el tema de su *Manifiesto comunista*:

> *La teoría del comunismo puede resumirse en una frase: abolición de la propiedad privada.*

Impulsado por toda su ira, Marx escribió el *Manifiesto comunista* en 1848 y describió el futuro que veía en dos etapas.

La etapa uno llegó a su fin.

En 2021 la educación estadounidense se encuentra bajo control del estado.

En 2021 más y más estadounidenses dependen del dinero del gobierno.

En 2021 los medios de comunicación socialistas tienen amordazada a la gente y le roban los derechos que otorga la 1ª Enmienda.

En 2021 Estados Unidos es un país socialista.

Y la segunda etapa está comenzando…

El país listo para una revolución

¿Qué sucederá en la segunda etapa? ¿Qué podemos esperar para 2022 y los años por venir?

Estados Unidos maduró, está en el punto perfecto para la revolución.

En este capítulo hablaré de tres cosas que sucederán en el futuro:

1. La violencia aumentará
2. Los asesinatos aumentarán
3. La criptomoneda se apoderará de la economía

En su libro, *La rebelión de Atlas*, Ayn Rand predijo que los capitalistas se ocultarían. Tal vez por eso muchos capitalistas ahora tienen más de un pasaporte, varias casas y cuentas bancarias en el extranjero.

Aumento de la violencia

En la Primera etapa de Marx el socialismo remplaza a la democracia. Como Ayn Rand lo predijo, cuando los socialistas asumen el poder, la economía se derrumba. Porque la gente no trabaja, los trenes no funcionan y los anaqueles de los supermercados están vacíos.

En la segunda etapa el comunismo remplaza al socialismo. La historia nos ha enseñado que los comunistas asesinan a los socialistas.

Marx advirtió:

> *El estado socialista controlaría la economía y los medios de producción, y reprimiría la contrarrevolución de la burguesía y cualquier oposición.*

Todos hemos sido testigos de que han tachado a los padres de terroristas.

En 2021 el FBI declaró: "Los padres que se expresan" son "terroristas domésticos". Los padres son arrestados por cuestionar la Teoría crítica de la raza. Los acusan de terroristas y los arrestan por cuestionar la Teoría crítica de la raza que se imparte en nuestras escuelas.

Y así empezó todo…

El 22 de junio de 2021 se reportó:

Algunos padres fueron arrestados el martes cuando protestaban contra la Teoría crítica de la raza y la política transgénero en una reunión del comité escolar de una escuela de Virginia.

En un video publicado en Twitter se pudo ver que la reunión en el Condado de Loudoun County, Virginia, terminó de forma abrupta debido a que la multitud se alborotó y poco después la asamblea fue invalidada.

De acuerdo con los reportes, algunos padres se negaron a abandonar el lugar, por lo que se realizaron dos arrestos por violación de la propiedad privada.

La oficina del alguacil del Condado de Loudoun declaró que la reunión del comité escolar no había sido autorizada, por lo que todos debían abandonar el lugar. De lo contrario, estarían invadiendo propiedad privada.

La multitud estalló en gritos y el comité dio fin de forma abrupta a los testimonios en la asamblea. A continuación, los padres empezaron a cantar enfurecidos el himno de Estados Unidos.

Aumento en el número de asesinatos

Si la historia se repite, los asesinatos aumentarán porque los comunistas empezarán a asesinar a los socialistas. Esta es la razón por la que la "cantidad de cadáveres" se incrementa al inicio de la segunda etapa. Hablemos de un caso preciso en el que las estadísticas son aterradoras: la ciudad de Chicago. Los reportes de 2021 indican un récord de más de 800 homicidios.

Nuestro maestro de la Academia nos enseñó que, de manera tradicional, la transición del socialismo al comunismo da inicio cuando los comunistas empiezan a matar a los socialistas, las élites académicas… los maestros.

¿Por qué matar a los intelectuales, a los maestros y a la élite académica?

Porque la mayoría de los intelectuales, maestros y élites académicas socialistas son pacifistas. Son gente tranquila, prefieren "quererse, no pelearse". Por eso la educación posmoderna se basa en emociones y opiniones. En la actualidad, muchos estudiantes tienen opiniones fuertes y son sumamente emocionales… como copitos de nieve. Por esto resulta sencillo arrear a las élites académicas y asesinarlas, porque no contraatacan.

Muchas de las personas de la élite académica están en contra de las armas. Esto me recuerda la advertencia de Lenin:

Un hombre con un arma puede controlar a cien hombres desarmados.

Hemos sido testigos de campañas para el control de armas y de las discusiones para el desfinanciamiento de la policía. Se está extendiendo una pandemia de miedo que hace que sea más sencillo controlar a las masas.

Un notorio juicio por asesinato

El 19 de noviembre de 2021 *The New York Post* reportó:

Kyle Rittenhouse fue absuelto el viernes de todos los cargos relacionados con el tiroteo en que perdieron la vida dos hombres y un tercero resultó herido en el marco de los disturbios del año pasado en Keno-

sha, Wisconsin. El acusado de dieciocho años estalló en lágrimas y se desplomó en su asiento cuando se leyó el veredicto en la corte.

La élite liberal hizo todo lo posible para condenar a Kyle por ser "racista" y "asesino" a pesar de que los hombres a los que les disparó eran blancos. Lo acusaron de portar un arma y cruzar una frontera estatal, lo cual no es ilegal. Kyle Rittenhouse no es un copo de nieve debilucho, por eso contraatacó y se defendió.

Gente de todo el mundo fue testigo de la forma en que la élite académica y liberal trató de convertir la sala de la corte en "teatro político". Todo forma parte de la segunda etapa de Marx.

El miedo como arma

En 2021 el presidente Biden usó sus órdenes de vacunación para lograr que la gente obedeciera. El problema es que él no es un dictador, no es un individuo atemorizante. Muchos consideran que él y su administración son una broma porque titubean y cometen una torpeza tras otra. Yo diría que Biden coincide con la descripción que hicieron Strauss y Howe de un líder débil. Por eso la gente se burla de él cantando: *Let's go, Brandon* (Vamos, Brandon), frase que una reportera creyó escuchar cuando la gente en realidad gritaba *Fuck you, Biden*.

La frase *Let's go, Brandon* se ha convertido en el grito de guerra de la base republicana, es una especie de código entre la gente que está desencantada de Joe Biden.

Todos los dictadores de la historia han utilizado el miedo como arma para lograr que la gente haga lo que ellos desean. Sin embargo, Joe Biden no atemoriza a nadie, es casi un comediante; algunos dicen incluso que es una vergüenza y que está afectando la imagen de los demócratas.

Esta es una lista de dictadores que han usado el miedo para matar gente:

1. Joseph Stalin: entre 40 y 62 millones de personas
2. Mao Tse Tung: entre 45 y 60 millones de personas
3. Adolf Hitler: 17 millones, incluyendo 6 millones de judíos
4. Rey Leopold: 15 millones de personas en el Congo
5. Vladimir Lenin: entre 7 y 12 millones de personas
6. Chiang Kai-Shek: 10 millones de personas
7. Hirohito: 6 millones de personas
8. Hideki Tojo 5 millones de personas
9. Ismail Pasha: 1.8 millones de personas
10. Kim Il Sung: 1.6 millones de personas

Diferentes tipos de guerra

A los Marines les enseñan que, aparte de las que se libran con armas y municiones, hay tres tipos de guerra:

1. Atómica
2. Biológica
3. Química

Al principio del libro dije que me parecía que había algo sospechoso respecto al colapso del mercado Repo el 17 de septiembre de 2019… y la repentina aparición del coronavirus en octubre del mismo año. Sospecho que el desplome del mercado Repo del Fantasmal Sistema Bancario y la aparición de la COVID-19 son parte de una guerra biológica.

¿Puedo demostrarlo? No, no puedo, pero sospecho que ha comenzado la segunda etapa de Marx, la transición del socialismo al comunismo. En 2020 podemos considerar esta segunda etapa como un distinto tipo de guerra, ahora biológica, también es un tipo distinto de asesinato: "muertes" financieras que significan la desaparición de millones de pequeños negocios y el despido de los trabajadores por no vacunarse. Sospecho que la segunda etapa de Marx, la crisis financiera que atravesamos, es solo el comienzo.

Robert Kennedy Jr. escribió *The Real Anthony Fauci*, un libro publicado en 2021 que también es una advertencia. En él, Kennedy explica en detalle la manera en que el doctor Fauci, Bill Gates, la colosal industria farmacéutica y sus amigos aprovecharon el control que tienen sobre los medios de comunicación, las publicaciones científicas, las agencias del gobierno, las agencias de inteligencia mundial, los científicos influyentes y los médicos para amordazar y censurar de manera implacable a quienes estuvieran en desacuerdo con todo lo relacionado con la COVID-19.

En *The Real Anthony Fauci*, Kennedy detalla la manera en que Fauci y Gates:

> *Violaron de manera repetida las leyes federales para permitir que los socios de las grandes farmacéuticas usaran niños pobres y de piel oscura como ratas de laboratorio en experimentos letales con el tóxico SIDA y quimioterapias para el cáncer.*

A esto, Fauci, Gates y las grandes farmacéuticas le llaman *investigación*, pero cualquier Marine le llamaría *guerra biológica*.

Activos falsos

En 2021 la administración Biden y el Banco de la Reserva Federal imprimieron billones de dólares falsos para impedir que colapsara el sistema bancario estadounidense. Debo aclarar que no culpo al presidente del desastre, ya que este se fue forjando durante años, desde que Nixon sacó al dólar del patrón oro en 1971. El verdadero problema son los billones y trillones de activos falsos.

Como dije, todo esto me parecía sospechoso: que la inflación en activos falsos, acciones, bonos y bienes raíces hicieran a millones de estadounidenses sentirse ricos y felices. Por desgracia, la inflación ha hecho que millones de compatriotas ya no puedan comprarse una casa, ni siquiera los que tienen empleo.

Si debiéramos guiarnos por la historia, en 2021 y 2022 la inflación conduciría a una hiperinflación en el futuro. Esta hiperinflación llevaría a un posible colapso financiero o lo que algunos llaman el "Gran reinicio" (*The great reset*): un colapso de dinero falso que terminará en la Nueva gran depresión que predijo Jim Rickards.

¿Cuándo sucederá todo esto? No lo sé. Nadie sabe en qué momento el último copo de nieve, como dice Jim, desencadenará la avalancha financiera más grande de la historia. Sin embargo, creo que será pronto.

Todo esto nos da aún más razones para escuchar hoy la advertencia de Mahatma Gandhi:

El futuro dependerá de lo que hagas hoy.

También tenemos razones para prestar atención a otro de los Principios generalizados de Bucky Fuller:

Emergencia por emergencia.

Capítulo 20

EMERGENCIA POR EMERGENCIA

"La imaginación es más importante que el conocimiento."

—Albert Einstein

Las veces que estudié con Fuller, nos explicó que la raíz de la palabra emergencia es *emerger*.

¿Estaría tratando de decirnos que las emergencias hacen emerger un futuro nuevo? Me parece que sí, y además, creo que estamos en ese punto ahora.

¿Qué provocará la emergencia? Es posible que sea una convergencia de las *Tres D*:

1. **Demografía**

   Los *baby boomers* que no tienen el dinero que necesitan para jubilarse y los *millennials* que están sumidos en deudas por los préstamos estudiantiles

2. **Deuda**

   Es imposible que la deuda mundial sea pagada. Lo único que saben hacer los bancos centrales es imprimir más dinero y crear más deuda. Lo van a hacer sin cesar, hasta que el castillo de naipes se desplome.

3. Destrucción a través de la tecnología

Los grandes centros neurálgicos de Silicon Valley, es decir, las empresas como Amazon, Facebook y Twitter, han llegado a ser más ricas que la mayoría de los países del mundo. Todo es culpa de la demografía, la deuda y los trillones de dólares falsos en circulación.

Una vez más, si debiéramos guiarnos por la historia, sabríamos que una nueva tecnología terminará con todo eso de la misma manera en que Netflix arrasó con las tiendas de renta de video Blockbuster. Y de la forma en que Zoom ha cambiado la manera en que los negocios usan los viajes y los edificios de oficinas, o en que Amazon y los minoristas en línea, sustitutos de los centros comerciales y las tiendas físicas, han modificado nuestros hábitos y visión de los negocios.

Uno de los mejores libros sobre la Destrucción a través de la tecnología es *El precio del mañana* de Jeff Booth.

A menudo me preguntan qué es lo que más me inquieta.

Una vez más, pienso en la historia como guía. La principal causa de las revoluciones no es ni la infelicidad ni la desigualdad en el ingreso, es el hambre.

Eso nos obliga a observar a China, la súper potencia de 2020. ¿Por qué? Por el simple hecho de que tiene 1000 millones de bocas que alimentar.

Se ha pronosticado que en unos 100 años la población de la tierra excederá los 10 000 millones de personas, por eso en 1981 Fuller le advirtió a nuestro grupo que los verdaderos problemas para mi generación, los *baby boomers*, serían las enfermedades masivas, hambruna, las dificultades ambientales, económicas y energéticas, y la guerra.

En su libro *Critical Path*, Fuller dijo que la manera de resolver los dilemas de sobrepoblación y hambre sería elevando el nivel de vida de todas las personas del planeta. Tenía gráficas, hechos y estadísticas que respaldaban su tesis: cuando el estándar de vida aumenta, el índice de natalidad disminuye.

> **P:** ¿Eso quiere decir que cuando a la gente le cuesta más trabajo sobrevivir tiene más niños?
>
> **R:** Así es. La gente en los países más pobres tiene más niños porque más niños mueren siendo pequeños, y los padres quieren tener hijos que los cuiden cuando envejezcan. En los países más pobres los hijos y las familias son una especie de "seguridad social".

Esto me permite completar el círculo y explicar por qué en 1996 Kim y yo comenzamos nuestro Manifiesto capitalista con la misión de The Rich Dad Company como cimiento:

Mejorar el bienestar financiero de la humanidad.

> **P:** ¿Elevar el nivel de vida de la gente permite resolver muchas dificultades que enfrenta la humanidad en la actualidad?
>
> **R:** Desde hace mucho tiempo he creído que para atender la gran cantidad de desafíos que enfrentamos debemos empezar por la educación financiera real, o sea, las lecciones sobre el dinero que no se imparten en nuestras escuelas. La educación financiera real empieza con la comprensión de cómo se crea, manipula y corrompe el dinero.

Recuerda que en 2020 la segunda etapa de Marx apenas empezaba. Todavía tenemos la posibilidad de cambiar el futuro y nuestras libertades.

En 1981 Fuller les preguntó a los estudiantes de mi grupo lo mismo que él se preguntó muchas veces:

¿Qué puedo hacer yo si sólo soy una persona común?

En 1996 Kim y yo dimos inicio a nuestro Manifiesto capitalista con el juego de mesa *CASHFLOW.*

La criptomoneda del gobierno se apoderará de la economía

La verdadera educación financiera comienza con el entendimiento de lo que es en verdad el dinero y cómo se perfila su futuro.

En 1913 fue creada la Fed, o sea, el banco central. En 1913, con la aprobación de la 16ª Enmienda, nació el IRS o "el recaudador de impuestos" y el dólar se convirtió en un producto de la deuda y los impuestos.

Lenin declaró:

La mejor manera de vencer a la burguesía es machacándola entre las dos piedras del molino: los impuestos y la inflación.

En 1913 su declaración se volvió realidad.

Mayer Amschel Rothschild (1744-1812) advirtió:

Permítanme emitir y controlar el dinero de un país y no me importará quién redacte las leyes.

El bitcoin al rescate

El 8 de mayo de 2021, en su artículo "Govcoins: The digital currencies that will transform finance", *The Economist* reportó lo siguiente:

La interrupción menos notada en la frontera entre la tecnología y las finanzas podría terminar siendo la más revolucionaria: la creación de divisas digitales del gobierno que, de manera general, tendrían como objetivo permitirle a la gente depositar fondos de manera directa en un banco central circunvalando a los prestamistas convencionales.

Estas "govcoins" son una nueva encarnación del dinero.

Los empresarios han creado un mundo experimental de "finanzas descentralizadas" el cual alberga una enorme cantidad de monedas, bases de datos y conductos que interactúan en distintos grados con las finanzas tradicionales, y del que el bitcoin es el elemento más conocido. Mientras tanto, las firmas financieras de "plataforma" ya cuentan con tres mil millones de clientes que usan carteras electrónicas y aplicaciones de pago.

P: ¿Tres mil millones de personas? O sea, ¿casi la mitad de la población mundial?

R: Así es. La criptomoneda sirve a más gente que el dólar estadounidense y nos hace pensar en otro de los Principios generalizados de Fuller:

Entre más gente le sirvo, más eficiente me vuelvo.

P: ¿Eso significa que los bancos tradicionales como Bank of America, JP Morgan y Wells Fargo se volverán obsoletos?

R: Es posible. Los bancos comerciales tienen un costo elevado de uso. En un artículo de *The Economist* se lee lo siguiente:

Como resultado, las govcoins reducirían los gastos de operación de la industria financiera mundial, los cuales ascienden a más de 350 dólares al año por cada persona del planeta. Esta reducción, a su vez, podría ayudar a que 1700 millones de personas que no cuentan con una cuenta bancaria tuvieran acceso a servicios financieros.

En 2021, cuando vi cómo se había extendido la indigencia en Estados Unidos, pensé en la advertencia de Thomas Jefferson:

> *Si los estadounidenses llegan a permitir que los bancos privados controlen la emisión de su moneda, primero a través de la inflación y luego de la deflación, los bancos y las corporaciones que crecerán alrededor [los bancos] privarán a la gente de toda propiedad hasta que sus hijos despierten un día y no tengan un hogar en el continente que sus ancestros conquistaron.*

P: ¿Los bancos centrales como la Fed o Bank of England están inquietos por las criptomonedas como el bitcoin?

R: Responderé a esta pregunta con dos referencias a un artículo publicado en *The Economist*:

El miedo a perder el control es una motivación para los gobiernos y los bancos centrales.

Las monedas digitales del gobierno o de los bancos centrales son el siguiente paso en este ascenso, pero vienen acompañadas de un giro, ya que se centralizarían en el estado en lugar de extenderse a través de las redes o de ser entregadas a los monopolios privados. La idea base es muy sencilla, en lugar de tener una cuenta en un banco común comercial, la tendrías con un banco central a través de una interfase parecida a apps como Alipay o Venmo.

P: ¿De qué manera podrían las criptomonedas sacar del negocio a los bancos?

R: Lo expliqué en el capítulo Sé la Fed. Los bancos comerciales necesitan que los capitalistas soliciten dinero prestado porque, cada vez que se presta dinero, se crea dinero.

P: ¿Entonces la Fed *no* imprime dinero?

R: Correcto, la Fed no imprime dinero. La Fed imprime "reservas bancarias" y luego las envía a los bancos comerciales a través de los canales del Fantasmal sistema bancario, el mercado de contratos de recompra y los mercados Repo inversos.

Para que se puedan crear divisas fíat, dinero líquido y dólares estadounidenses, es necesario que capitalistas con sólidos estados financieros pidan prestados millones o miles de millones de dólares.

P: Si la Fed remplazara a los bancos comerciales con su propia moneda, los bancos se verían en aprietos porque les costaría trabajo prestar dinero, ¿cierto?

R: Correcto. Como sabes, los bancos no quieren que ahorres porque, como te tienen que pagar intereses, tus ahorros para ellos son un pasivo. Los bancos necesitan deudores, o sea, gente que pida dinero prestado y que tenga que pagar intereses por ese dinero. Asimismo, si los ahorradores dejan de ahorrar, los bancos tienen menos dinero para prestarles a los deudores.

P: Si la Fed produce una criptomoneda del gobierno, una moneda Fed o govcoin, ¿estaríamos hablando de comunismo puro?

R: En teoría, sí. Dicho de forma simple, el comunismo es un orden socioeconómico basado en la propiedad común de los medios de producción y los bancos. En teoría, una moneda Fed convertiría a Estados Unidos en una economía comunista y controlada de forma central.

P: Si la Fed produce moneda Fed, ¿estaría volviéndose socia del estado?

R: Así es.

561

P: ¿Qué puede hacer una persona común al respecto?

R: Aaahhh, esa es la verdadera pregunta, ¿no es cierto?

La imaginación hace que todo sea posible

¿Qué surgirá de este estado de emergencia global? ¿Y cómo podemos aprovechar lo que hemos aprendido para ser arquitectos de nuestro futuro?

Einstein afirmó:

La imaginación es más importante que el conocimiento.

Esta es la red que le da su poder al bitcoin, de la misma manera que la red de franquicias le da poder a McDonald's. En el mercadeo multinivel o en redes, lo que impulsa al negocio y sirve de combustible para su crecimiento es precisamente la red.

Imagino que las ciberredes de empresarios serán la clave del futuro. Insistí en que mi red de colaboradores apareciera en este libro porque el grupo de asesores de Padre Rico son un ejemplo o prototipo de lo que serán las ciberredes de empresarios en el futuro. En nuestro caso, Blair Singer, Ken McElroy, Tom Wheelwright, Josh y Lisa Lannon, Andy Tanner, John MacGregor y los doctores Nichole Srednicki y Radha Gophalan son la red de Padre Rico y a todos nos unifica la misión:

Mejorar el bienestar financiero de la humanidad.

Nuestro grupo encarna el mantra "Acciones, no palabras" con el que apoyamos a Trina Maduro, una querida amiga y líder de la comunidad con quien hemos trabajado durante diecisiete años. Rich Dad Company y nuestro grupo de asesores están trabajando para desarrollar un sistema educativo que haga llegar las enseñanzas del capitalismo a los vecindarios desfavorecidos.

P: ¿Quieres decir que "hablar no sirve de nada" y que es "mejor actuar que parlotear"? ¿Por eso la frase "Acciones, no palabras" es tan importante para la misión de las ciberredes?

R: Precisamente. El lema de la Academia de la Marina Mercante es *Acta Non Verba*, Acciones, no palabras. La misión y el lema de una academia militar son más importantes que los programas universitarios y las calificaciones.

La mayoría de las universidades posmodernas para los "copos de nieve" se enfoca en el adoctrinamiento, no en la educación.

Por eso repetiré la advertencia de Thomas Sowell:

Hoy en día, en muchas de nuestras escuelas no solo se descuida la educación, también se le reemplaza en gran medida con adoctrinamiento ideológico.

Y las palabras de Jordan Peterson sobre los educadores posmodernos:

No es que amen a los pobres, es que odian a los ricos.

Y, al mismo tiempo, aseguran que sus sentimientos "son auténticos".

En mi opinión, muchos de los grupos académicos liberales que se dedican a realizar "buenas acciones", en realidad pierden su tiempo "haciendo crítica constructiva", pero no mueven un dedo. El problema que veo con los críticos posmodernistas y académico-liberales es que practican el ciberacoso a los valientes, y alientan a los "oprimidos" para que vayan a "golpear, saquear y despojar", o a derribar las estatuas de los verdaderos héroes.

Padre rico solía decir: "Nunca nadie le ha erigido una estatua a un crítico."

Los productos de Padre Rico (juegos de mesa, libros y videos educativos de nuestros asesores), combinados con la red de Trina y su experiencia de mercadeo multinivel tendrán el poder de transformar vidas y sacar a gente de la pobreza.

El economista Adam Smith dijo:

La verdadera tragedia de los pobres es la pobreza de sus aspiraciones.

P: ¿Quieres decir que los arquitectos del futuro serán las redes de empresarios que resolverán los problemas que nuestros gobiernos socialistas no pueden?

R: Así es. Pero, más que eso, lo que digo es que el futuro nos exige usar la imaginación. Yo, por ejemplo, veo redes de empresarios que desarrollarán sus propias criptodivisas.

P: ¿Te refieres a una especie de criptomoneda de Padre Rico?

R: ¿Por qué no? Contamos con la cadena global para hacer algo así. Si nos guiamos por la sabiduría de Einstein y permitimos que nuestra imaginación atisbe a lo lejos, ¿por qué no llevar las finanzas descentralizadas hacia el futuro? La imaginación es infinita… podemos crear nuestro porvenir, no tenemos por qué ser víctimas del sistema. ¿Por qué permitir que el marxista Banco de la Reserva Federal, la banca centralizada, las inversiones en activos de Wall Street y el totalitario Tesoro de Estados Unidos nos mantengan estancados, atados y oprimidos?

P: Me parece que en 2021 Rusia e India firmaron un pacto para evitar al dólar estadounidense y comerciar en sus respectivas divisas, ¿es cierto?

R: En efecto. Una ciberred de empresarios podría hacer justo lo mismo.

Steve Jobs dejó estas reflexiones para las generaciones futuras:

La gente más exitosa se controla a sí misma, no necesita que le digan qué hacer. Una vez que sabe cuáles son sus tareas, se dedica a averiguar cómo efectuarlas. Lo que necesita es una visión, y eso es el liderazgo: tener una visión y ser capaz de articularla para que quienes te rodean puedan entenderla, y llegar a un consenso sobre un objetivo común.

Otra sabia reflexión del consumado empresario Steve Jobs:

Mi trabajo no es ser ni amable ni bueno con la gente talentosa, mi trabajo es presionarla y lograr que mejore aún más.

Y:

Los grandes logros en los negocios nunca los realiza una sola persona, siempre se trata de un equipo.

Y:

Reúne a diez personas inteligentes en una sala de juntas y verás que una o dos son creativas, dos son excelentes para resolver problemas y el resto serán críticos. Mantén a los creativos alejados de los críticos.

P: Tengo muchísimas preguntas. ¿Por dónde empiezo? ¿Esta es la razón por la que la educación posmoderna está destruyendo al capitalismo y robándonos nuestras libertades? ¿La educación posmoderna les está enseñando a los estudiantes a ser racistas y críticos? ¿Les está enseñando división en lugar de unidad? ¿Les está enseñando a odiar en lugar de amar y respetar? ¿Les está enseñando a ser pobres en lugar de prosperar? ¿Y a exigir "derechos" sin reconocer las responsabilidades que estos implican?

R: Ya leíste el libro, así que dejaré que contestes estas preguntas por ti mismo. El mundo cambió en 2020 y el futuro nunca será como el pasado. Hay, sin embargo, otra pregunta más importante sobre la que debes reflexionar: ¿Serás el arquitecto o arquitecta de tu futuro… o prefieres ser su víctima?

Mahatma Gandhi nos advirtió:

El futuro dependerá de lo que hagas hoy.

Como ya te conté en varias ocasiones, en 1972 volé más allá de las líneas enemigas para ir a buscar oro. Cuando traté de comprarlo con descuento, una diminuta y sabia mujer vietnamita me "jaló las orejas" y me dio una buena lección sobre el dinero. Entonces empecé a comprender mejor lo que me había estado diciendo mi padre rico y supe por qué en las escuelas no se impartía educación financiera. Entonces decidí escapar del control de la Fed porque no quería seguir siendo una marioneta y que alguien más moviera los hilos y me manipulara. No quería seguir corriendo de aquí para allá en busca de dinero.

En 1972 empecé a ahorrar en oro en lugar de en dólares. En 1974, después de tomar mi primer curso sobre bienes raíces, comencé a usar la deuda como dinero y a trabajar con estrategas fiscales para aprovechar en la mayor medida posible todos los incentivos que el gobierno me ofrecía para reducir mis impuestos.

P: ¿Quieres decir que en 1974 decidiste volverte capitalista?

R: Exacto. Ahora soy empresario, ya no necesito un empleo. En lugar de ahorrar el dinero del hombre, ahorro en oro y plata: el dinero de Dios. Estos metales no implican ningún riesgo de contraparte porque *Dios* es mi contraparte.

En el caso del bitcoin y el Ethereum, la contraparte es la tecnología *blockchain* o tecnología de cadena de bloques, así como una red de personas. Por eso al bitcoin y a las otras criptomonedas les llamo: "El dinero de la gente", y digo que es dinero que está fuera del alcance de la Fed.

Capítulo 21

PREPÁRATE PARA EL FUTURO

En 1983 empecé a prepararme para el futuro.

En 1984 Kim, Blair Singer y yo partimos de Hawái para volvernos empresarios en la industria de la educación y trabajar al margen del sistema escolar. Nos dejamos guiar por las predicciones y la inspiración de Buckmisnter Fuller respecto al futuro de la educación.

Hoy en día ahorro en oro, plata, bitcoin y Ethereum. Y si necesito dólares falsos, pido prestado dinero.

Incluso Fuller reconoció la importancia del oro:

> *Las computadoras relegarán todo el oro a sus usos exclusivamente funcionales, como supremo conductor y medio de reflexión electromagnético, y con su supremacía manifiesta entre los otros metales, de acuerdo con su peso y volumen por función cumplida.*

El oro es un metal precioso, el oro es dinero de verdad. Es el dinero de Dios.

Después de estudiar con Fuller en 1981, de leer *Grunch of Giants*, y de aprender sobre el flagrante atraco universal del efectivo, sospeché que la predicción que hizo hace décadas respecto a la llegada de las criptomonedas se cumpliría.

Te reitero su predicción:

> *Las computadoras facilitan que se vuelvan electrónicos los juegos de distribución de la riqueza que efectúan el movimiento de bienes y servicios en estructuras más canalizadas y diseñadas. Sin embargo, no es necesario un gran hermano porque no habría una autoridad planificadora central, solo muchos "juegos" accesibles en conexión, con costos y recompensas, que, quizás, atraerán a quienes tengan un interés personal en participar en el juego. Esos son los detalles.*

Fuller falleció el 1 de julio de 1983. El primer cliente bitcoin de código-abierto se lanzó el 9 de enero de 2009 en el servidor Source Forge.

Fuller vio venir todo esto. Para quienes lo conocimos no resulta sorprendente que John Denver le haya compuesto una canción y lo haya llamado "Abuelo del futuro".

Fuller también predijo el fin de la tiranía en la educación al decir lo siguiente:

> *Yo diría entonces que te enfrentas a un futuro en el que la educación será la más importante de todas las grandes industrias del mundo.*

También predijo la creación de YouTube:

> *Visto desde lejos, parece que el planeta estará lleno de profesores titulares trabajando con ahínco y realizando más actividades metafísicas que nunca.*

En febrero de 2005 tres antiguos empleados de PayPal crearon YouTube, un sitio para compartir videos que luego le fue vendido a Google en 2006.

Actualmente, las plataformas como YouTube imparten enseñanza a más gente que todas las escuelas del mundo juntas, y la mayor parte se ofrece de manera gratuita.

P: ¿Qué es lo peor que podría suceder si la Fed produjera una moneda propia? ¿La "Fed Coin"?

R: Estados Unidos estaría un paso más cerca de convertirse en un país comunista.

P: ¿Cuántos sucesos más deben presentarse para que se complete la segunda etapa de Marx? ¿Cuántos pasos más le tomaría a Estados Unidos convertirse en un país comunista?

R: Es posible que los siguientes dos pasos de la segunda etapa de Marx sean:

1. La imposición de portar una cartilla o identificación COVID.
2. El remplazo del dólar por la divisa de la Fed.

P: ¿En serio? ¿Por qué?

R: Para que el Gran Hermano pueda espiarte. Para que pueda controlar tu vida.

En 1972, aquella mujer vietnamita me enseñó una importante lección. Si no quieres que el Gran Hermano te espíe a través de tu dinero, considera la posibilidad de ahorrar oro, plata, bitcoin y otras criptomonedas que no estén bajo el control de la Fed, el Tesoro de Estados Unidos, el sistema bancario comercial o el mismo Gran Hermano en persona.

Antes de que la segunda etapa se posicione con más fuerza, considera *salirte* del sistema monetario del Gran Hermano. Te reitero la sabia reflexión de Gandhi:

El futuro dependerá de lo que hagas hoy.

Hoy en día, las advertencias sobre el Gran Hermano… son demasiado reales.

Hoy en día, todo lo que sabemos de cierto y que consideramos real respecto al mundo está cambiando de una manera estremecedora, escandalosa… surrealista:

Los ciudadanos y los gobiernos apoyan campañas para desfinanciar a la policía.

Las olas de saqueos continúan, y cada vez son más considerables y atrevidas.

Las cartillas de vacunación de COVID-19 se exigen en más y más lugares para permitir el acceso.

Las restricciones de viaje continúan siendo impuestas en todo el mundo.

Los confinamientos, mandatos y cierres de negocios abruman aún más a una economía de por sí ya fragilizada.

El fraude y la corrupción electoral siguen siendo temas de acalorados debates y contiendas.

En diciembre de 2021 *The Wall Street Journal* reportó que varias ciudades, entre ellas la de Nueva York, habían propuesto una legislación para que "cualquiera pudiera votar", lo cual les otorga derecho a votar en las elecciones a individuos que no tienen la ciudadanía estadounidense. [En el momento en que se imprimió este libro, esta iniciativa se encontraba en pugna.]

Un senador estadounidense aparece en una entrega de premios cuyos anfitriones son una organización de defensa política afiliada al Partido Comunista. Este fue el mensaje de Ben McManus, maestro de ceremonias del evento: "Los invitamos a unirse al Partido Comunista en este momento épico en el que estamos tratando de arrancar de raíz el racismo sistémico, reestructurar la economía bélica, fiscalizar a los ricos, atender los desafíos del cambio climático, asegurar el derecho al voto y crear un nuevo sistema socialista que privilegie a la gente, la paz y el planeta por encima de las ganancias.

Se "presenta y explora la idea" de una moneda del gobierno o *Govcoin*…

Nos encontramos en el sendero que lleva al comunismo, se está preparando el camino al totalitarismo: la última forma del comunismo.

La segunda etapa empezó en 2020 cuando Donald Trump perdió y no fue reelecto. Debo seguir enfatizando el hecho de que este libro no es ni sobre los republicanos ni sobre los demócratas; y tampoco sobre Donald Trump o Joe Biden. Este libro es sobre nuestras libertades, las cuales se encuentran bajo ataque mientras a nosotros nos imponen agendas comunistas, mientras los programas sociales se expanden y generan dependencia, y mientras secuestran a nuestra Constitución.

Recuerda: nos lo advirtieron

Este es el mensaje de 1959 de Nikita Jrushchov:

> *Ustedes, los estadounidenses, son muy ingenuos. No, no aceptarán el comunismo de inmediato, pero nosotros los seguiremos alimentando con ligeras dosis de socialismo hasta que por fin despierten y se den cuenta de que el comunismo llegó a su país. No tendremos que luchar contra ustedes, debilitaremos tanto su economía, que en algún momento caerán en nuestras manos como fruto maduro.*

Y estas son las sabias palabras de Fuller sobre el porvenir:

> *Fuimos llamados a ser los arquitectos del futuro, no sus víctimas.*

Cuando mi padre pobre renunció a su empleo como Superintendente de Educación en 1970 y se postuló como candidato a vicegobernador de Hawái y no ganó, en realidad perdió mucho más que una elección. Mi madre falleció poco después y él sabía que lo que había afectado su de por sí débil corazón fue el estrés, la decepción y la corrupción política. Él no pudo encontrar otro empleo en Hawái porque el gobernador lo vetó de cualquier actividad laboral en el gobierno estatal y, al verse desempleado de esa manera, comprendió que su doctorado no lo salvaría de la pobreza.

Por esa razón, cuando me preparaba para dejar el Cuerpo de la Marina Mercante en 1974, le pedí a mi padre rico que me aconsejara qué hacer.

A modo de conclusión te transmitiré lo que me dijo, las palabras que me lanzaron al camino para volverme capitalista:

> *No seas una víctima como tu papá. No vivas buscando una falsa seguridad. Vive para ser libre y aprende a ser un capitalista como yo.*

Y eso fue lo que hice.

En 1996 Kim y yo diseñamos el juego de mesa *CASHFLOW* para que personas como tú, quienes desean ser arquitectos de su destino, pudieran aprender a ser capitalistas. Es nuestra herramienta capitalista y la hemos compartido con el mundo.

LOS PADRES DE NUESTRA PATRIA… Y DE NUESTRAS LIBERTADES

George Washington no es conocido como el Rey de Estados Unidos, sino como el Padre de nuestra nación.

Washington fue soldado, estadista, Padre fundador y primer presidente de Estados Unidos. Él nos hizo esta advertencia hace más de dos siglos: "Si nos despojan de la libertad de expresión, nos podrán conducir, mudos y en silencio, como ovejas al matadero."

Me parece que no hemos escuchado con atención a nuestro padre porque los estadounidenses están despertando a la realidad y comprendiendo que nos están robando nuestras libertades, en especial la de expresión. Y en su lugar, en las escuelas se está impartiendo corrección política, pronombres de género, reescritura de la historia, profanación de estatuas, monitoreo y censura en redes sociales, una colérica e implacable retórica racista y... comunismo.

Este es un nuevo y valiente mundo en el que la palabra clave es valentía y en el que te invito a preguntarte, como yo lo hice, ¿tenemos el valor necesario para defender nuestras libertades y derechos? ¿Y para enfrentar y cumplir sus responsabilidades inherentes?

Daré fin a este libro con las palabras de Mahatma Gandhi:

El futuro dependerá de lo que hagas hoy.

GRACIAS POR LEER ESTE LIBRO.

Lanzado oficialmente el día del aniversario
del Cuerpo de la Marina Mercante de Estados Unidos
10 de noviembre de 2021
Bray Island, Carolina del Sur

ACERCA DEL AUTOR

ROBERT KIYOSAKI

Es el autor de *Padre rico, Padre pobre*, el libro #1 de finanzas personales de todos los tiempos, Robert Kiyosaki desafió y cambió la forma en que decenas de millones de personas de todo el orbe pensaban acerca del dinero. Robert Kiyosaki es empresario, maestro e inversionista, y cree que el mundo necesita más empresarios que creen empleos.

Debido a que sus opiniones respecto al dinero y las inversiones suelen contradecir la sabiduría tradicional, Robert ha ganado fama internacional por ser un autor franco, irreverente y valeroso. Asimismo, defiende la educación financiera con pasión y apertura.

Robert y Kim Kiyosaki, ambos autores, son fundadores de la empresa educativa The Rich Dad Company, y creadores de los juegos *CASHFLOW*.

A Robert se le ha reconocido como un visionario que cuenta con el don de simplificar conceptos complejos: ideas relacionadas con dinero, inversiones, finanzas y economía. Ha compartido su viaje personal hacia la libertad financiera de maneras que apelan a la sensibilidad de lectores de todas las edades y orígenes. Sus mensajes y principios fundamentales como "Tu casa no es un activo", o "Invierte para obtener flujo de efectivo" desencadenaron una tormenta de crítica y ridículo. En las últimas dos décadas, sin embargo, estos principios se han desarrollado de una forma perturbadoramente profética en el contexto económico mundial.

Robert nos explica que ese "viejo" consejo de conseguir un buen empleo, ahorrar, salir de deudas, invertir a largo plazo y diversificarse ya es obsoleto en medio de la rapidez con que se vive en la Era de la Información. La filosofía y mensajes de Padre Rico desafían al *statu quo*, y sus enseñanzas alientan a la gente a educarse en el aspecto financiero y a asumir un papel activo en la actividad bursátil para asegurar su futuro.

Además de ser autor de treinta libros, Robert también ha participado como invitado en un sinnúmero de programas en medios de todo el mundo: de Fox News, CNN, la BBC, Real Vision, Yahoo! Finance, Al Jazeera, GBTV y PBS; con *Larry King Live*, *Oprah*, *People's Daily*, *Sydney Morning Herald*, *The Doctors*, *The Straits Times*, *Bloomberg*, *NPR*, *USA TODAY* y cientos más. Sus libros han permanecido en los primeros lugares en ventas de las listas de *best sellers* durante dos décadas. Robert sigue enseñando e inspirando a públicos de todo el mundo.

Sus libros más recientes, *Who Stole My Pension?*, en coautoría con Edward Siedle, antiguo abogado de la SEC y denunciante de los fraudes en el sistema de pensiones, y *FALSO: Dinero falso. Maestros falsos. Activos falsos*, son dos estremecedores recordatorios de la importancia y el poder de la auténtica educación financiera.

Padre Rico, Padre Pobre es considerado en todo el mundo un clásico en el ámbito de las finanzas personales. Ha soportado el paso del tiempo y continúa haciendo eco en gente de todas las edades alrededor del mundo.

Robert también escribió dos libros con el empresario Donald Trump, antes de que presentara su exitosa propuesta para habitar la Casa Blanca y de que fuera electo presidente de Estados Unidos.

Para saber más, visita RichDad.com

LA SERIE DE VIDEOS DE MANIFIESTO CAPITALISTA
CONTRAATAQUE A LA CULTURA DE LA CANCELACIÓN MARXISTA...

En Estados Unidos se está librando una guerra contra el capitalismo. El problema es que la mayoría de la gente no sabe cuál es la diferencia entre socialismo, comunismo y capitalismo. A la gente sin instrucción se le atrae con la promesa de la educación y cuidados de salud gratuitos, y de la fiscalización a los ricos, pero no comprende cuál será el verdadero costo.

La serie Manifiesto capitalista presenta historias contadas por gente real de todo el mundo que vivió en carne propia los regímenes socialista o comunista.

En esta Serie escucharás historias verdaderas de...

Phililp Haslam... y por qué Robert escribió *Manifiesto capitalista* (Episodio 01)

Philip Haslam es asesor económico, escritor y orador. En su libro *When Money Destroys Nations* nos explica por qué el colapso del dólar de Zimbabue en 2009, tras años de una impresión rampante de dinero, es un aterrador ejemplo de lo que les espera a los países que recurran a la impresión desmesurada para pagar su deuda externa, rescatar a los bancos y los oligarcas, y enriquecer a las élites políticas.

Debbie D'Souza (Episodio 02)

Nacida en Caracas Venezuela, Debbie D'Souza comparte su perspectiva sobre lo que sucede en un país cuando los líderes políticos se capitalizan a costa de los más pobres. Debbie le llama a esto demonización socioeconómica y cree que es algo que está sucediendo aquí en Estados Unidos debido a que el Partido Democrático mantiene pobres a los pobres.

Patrick Bet-David (Episodio 03)

Durante la Revolución iraní de 1978, la familia de Patrick Bet-David tuvo que escapar para sobrevivir y terminó viviendo en un campo de refugiados en Erlangen, Alemania. Tras mudarse a California, servir en el ejército estadounidense e iniciarse en la actividad empresarial, Patrick se propuso crear un imperio de negocios. En este episodio describe la manera en que él y su familia lucharon para cumplir su Sueño americano.

Nely Galan (Episodio 04)

Nely Galan fue testigo de primera mano de los problemas que enfrentaron sus padres cuando tuvieron que huir de la Cuba comunista y perdieron todo por lo que habían trabajado en su vida. Nely describe las dificultades de tener que desempeñarse como traductora y terapeuta para sostenerse a ella y a sus padres. En este episodio recuerda el dolor de vivir bajo un régimen comunista y las consecuencias que esto tuvo para su familia.

Barry Mitchell (Episodio 05)

A Zimbabue, antes Rodesia, se le conocía como el país productor de cereales por excelencia en África. Barry Mitchel creció con su familia en una granja y describe cómo fue ver a un país, otrora próspero, sufrir debido a la hiperinflación. En este episodio habla de lo que significó vivir una redistribución de la riqueza cuando el gobierno se apropió de la granja de su padre.

Yeonmi Park (Episodio 06)

Yeonmi Park desertó de Corea del Norte. Es activista de derechos humanos y escapó a China en 2007. En 2009 se estableció en Corea del Sur, antes de mudarse a Estados Unidos en 2014. En este episodio, Yeonmi compara lo que fue vivir bajo una dictadura, con su nueva vida en el contexto capitalista del libre mercado en Estados Unidos.

Dan Campbell (Episodio 07)

Dan Campbell nació en California, pero cuando solo tenía dos años se mudó con sus padres a Sudamérica. Vivió en Colombia, Costa Rica, Argentina, Venezuela y Ecuador. En este episodio describe "los desastrosos efectos del socialismo y la manera en que este régimen afecta la vida de una persona, pero, sobre todo, su forma de coartar la libertad".

General de brigada Robert Spalding (Episodio 08)

El general Spalding fue el arquitecto principal de la tan alabada Estrategia de Seguridad Nacional de la Administración del presidente Trump. Spalding se describe como "experto en seguridad nacional y empresario patriota con habilidad para identificar amenazas a la seguridad, la economía y el estilo de vida de la nación. Estoy comprometido con la tarea de traer de vuelta los empleos a Estados Unidos por medio de la restauración de la manufactura nacional y la protección de nuestro recurso más importante: la información".

Diputado Jack Bergman de los Estados Unidos (Episodio 09)

El congresista Bergman sirvió en el Cuerpo de la Marina Mercante de los Estados Unidos durante 40 años. Fue piloto de helicópteros en Vietnam y, recientemente, comandante de la Reserva de la Fuerza Marina del Norte. Se retiró en 2009 con el rango de teniente general. En este episodio, él y Robert Kiyosaki comparten anécdotas sobre la lucha por la libertad y explican la manera en que el liderazgo fallido le abre las puertas al comunismo.

Para saber más sobre *Manifiesto capitalista*
y cómo preordenar la nueva edición de otoño 2021
Visita: RichDad.com/capitalist-manifesto

Para saber más sobre cómo tener acceso a la
Serie de podcasts y videos de Manifiesto capitalista
Visita:
RichDad.com/capitalist-manifesto

Conéctate…
y permanece en contacto
con la comunidad global
Padre Rico

Visita RichDad.com
para acceder a:
Noticias Blogs
Herramientas y recursos
Juegos *CASHFLOW*
Podcasts
La tienda Rich Dad

Sigue a Robert en…

@therealkiyosaki
@therealkiyosaki
@therichdadchannel
@therealkiyosaki

Manifiesto capitalista de Robert T. Kiyosaki
se terminó de imprimir en el mes de junio de 2023
en los talleres de
Grafimex Impresores S.A. de C.V.
Av. de las Torres No. 256 Valle de San Lorenzo
Iztapalapa, C.P. 09970, CDMX, Tel:3004-4444